CW00518874

GUIDE
DE LA
FRANCE MÉDIÉVALE

LES GUIDES SÉLÈNE

DANIÈLE ALEXANDRE-BIDON
PHILIPPE BOITEL
PHILIPPE BON

GUIDE
DE LA
FRANCE MÉDIÉVALE

LE LIVRE DE POCHE

Danièle ALEXANDRE-BIDON est historienne à l'EHESS.
A notamment publié (avec Didier Lett) dans la série « Vie Quotidienne »,
Les Enfants au Moyen Âge, Hachette-Littératures, 1997.

Philippe BOITEL est historien. Il dirige les revues *Ulysse* et *Notre Histoire*.

Philippe BON est historien médiéviste et archéologue.
Il est responsable du musée Charles VII de Mehun-sur-Yèvre.

Conception graphique et maquette de Michèle Defait

SOMMAIRE

✳ À voir au passage
✳✳ Mérite le détour
✳✳✳ À voir
    absolument

🏠 Bâtiments religieux
🏠 Bâtiments civils
🏰 Bâtiments fortifiés
🌳 Paysages

OT Office de tourisme
SI Syndicat d'initiative
*   Renvoi aux notices

*M*ille ans de Moyen Âge – du ve au xve siècle –, mille sites, ou presque, sont ici présentés ou évoqués : autant de haltes ou de buts de voyage sélectionnés par des historiens et archéologues qui, l'espace d'une saison, ont joué le rôle de « l'universitaire aux champs ». Le Moyen Âge que nous proposons est donc celui, très personnel, de trois spécialistes : l'un de la vie religieuse, l'autre de l'étude des châteaux, la dernière de la vie quotidienne des humbles et des puissants. Tous trois se sont efforcés, dans leurs choix, de combiner leurs « coups de cœur » et l'intérêt particulier, ayant toujours à l'esprit le souci d'aider le voyageur et le curieux à découvrir la civilisation médiévale.

Ils ont choisi de raconter *leur* Moyen Âge comme si vous vous promeniez avec eux. C'est pourquoi, faisant écho à des lieux précis, le lecteur trouvera des « encadrés » qui développent un thème quotidien, religieux, culturel, voire événementiel, assortis de nombreux conseils de lecture. C'est aussi pourquoi ce guide comprend deux parties : une première, la plus importante, destinée à conduire et à entraîner le lecteur de site en site ; une deuxième, plus courte, qui est un guide du « Moyen Âge aujourd'hui », véritable initiation à la manière de manger, de dormir, et même de jardiner médiéval !

C'est finalement à un double voyage que nous vous convions ici : en France et dans le temps. Même si les vestiges de la fin de cette longue période de notre histoire sont les mieux conservés, et les plus facilement visitables, il n'était pas question de renoncer aux premiers temps du Moyen Âge, aux civilisations mérovingiennes, aux Francs – qui, ne l'oublions pas, ont donné son nom à notre territoire. Outre les collections de musée, dans le cadre de « musées de plein air », des reconstitutions grandeur nature ont été réalisées par les archéologues et méritent d'être découvertes : maisons mérovingiennes, village de l'an Mil... Ainsi est-il désormais possible de visualiser les plus modestes habitats de l'homme médiéval et non plus seulement d'admirer les puissants châteaux de pierre qui, malgré maintes vicissitudes, ont traversé les siècles. Le « Moyen Âge », terme relativement péjoratif inventé par les hommes de la Renaissance, recouvre en réalité une succession de cultures, toutes différentes, mais toutes liées par une même religion, l'amour du Christ. Ce guide est une invitation à les traverser ensemble. En route !

ABC

ABBEVILLE (Somme) ⁂

Tél. OT : 03 22 24 27 92.

Comme beaucoup de villes picardes, Abbeville, capitale du Ponthieu, bien qu'en très grande partie détruite par la guerre, conserve encore quelques trésors d'architecture. La collégiale Saint-Vulfran, qui a des allures de cathédrale, est un édifice gothique des XVe et XVIe siècles. Elle a beaucoup souffert pendant la guerre, mais une longue campagne de restauration a été entreprise. Sa façade occidentale est encadrée de deux tours qui culminent à 55 m, entre lesquelles apparaissent les statues des saints patrons de l'église, Vulfran et Nicolas (XVIe s.). À voir également l'église du Saint-Sépulchre et l'église Saint-Gilles (XVe s.), dotée d'un beau portail flamboyant. Il ne faut pas manquer de visiter le musée Boucher de Perthes, cet Abbevillois considéré comme le père de la Préhistoire, installé dans l'ancien beffroi (XIIIe s.), l'Argenterie (XVe s.), et un bâtiment moderne qui contient, outre des objets préhistoriques, d'intéressantes pièces du XVe et du XVIe siècle.

📖 *La Picardie gothique*, Casterman, 1995.

ABONDANCE (Haute-Savoie) ⁂

Tél. OT : 04 50 73 02 90.

Le village est niché à la frontière de la Savoie médiévale, à 935 m d'altitude, au cœur d'un paysage de vallée de montagne, et une halte s'impose à l'ancienne abbaye du XIVe siècle, construite à flanc de montagne. À l'origine du peuplement de ce lieu, au début du VIe siècle, les Burgondes, qui se sont fixés à Saint-Maurice d'Agaune, autour du tombeau des martyrs de la légion thébaine. De Saint-Maurice, vers 1080, des chanoines parviennent dans le Val d'Abondance et y fondent un prieuré. Une abbatiale, qui date des années 1280, lui succède ; elle est construite sur le modèle de celle de *Charlieu, en Bourgogne et y sont établis des chanoines réguliers de l'ordre de Saint-Augustin. Bien qu'elle ait connu une belle prospérité, qui justifie le nom du lieu, elle a subi, comme tous les bâtiments médiévaux, nombre de vicissitudes et de réaménagements : le cloître du XIIe siècle a été rebâti dans les années 1330-1350 ; la nef, dont la couverture était alors de bardeaux

Musée : hors vacances, s'adresser au presbytère. Tél. : 04 50 73 00 22.

Cloître, visites hiver comme été.

de bois, est détruite par un incendie, reconstruite au xviiᵉ siècle, de même que le clocher, au xviiiᵉ. Un musée d'art religieux, installé dans le monastère, présente quelques exemples de mobilier sacré du xvᵉ siècle : stalles, chaire abbatiale de bois sculpté, ornements et objets liturgiques (calice, chasuble, manuscrits...). Il faut surtout s'attarder dans le cloître pour admirer les seize fresques de la vie de la Vierge (première moitié du xvᵉ s.), avant d'aller déguster le fromage remarquable qui porte le nom du lieu.

AGEN (Lot-et-Garonne) ✳

Tél. OT :
05 53 47 36 09.

La capitale de l'Agenais, défigurée au siècle dernier, garde encore bien des caractéristiques d'une bastide méridionale, avec sa promenade couverte, ses rues étroites bordées de vieilles maisons. Ne pas manquer la cathédrale Saint-Caprais, ancienne collégiale fondée au xiᵉ siècle. Le style est hétéroclite mais la partie romane (chœur, absides, absidioles) est particulièrement remarquable. Le clocher, néo-gothique, date de 1840. Voir aussi le musée des Beaux-Arts, qui présente une belle salle d'archéologie médiévale.

→ *A voir dans les environs Laparade, Clairac, Gontaud-de-Nogaret, Le Mas d'Agenais, Calonges, Tonneins, Verteuil d'Agenais, Aubiac (église fortifiée), etc.*

AIGUES-MORTES (Gard) ✳✳

Tél. OT :
04 66 53 73 00.

La ville fortifiée d'Aigues-Mortes (« les eaux qui ne bougent pas »), chef-d'œuvre de l'art militaire médiéval, se visite hors saison touristique. Entre mer et marais, c'est au printemps que le site revêt ses plus belles couleurs. En arrivant par la D 46, il faut remarquer la porte dite tour Carbonnière. Elle défend l'accès de la digue qui, aux travers des marais, permet l'entrée à la ville. Arrivé auprès de la cité ancienne, préférer le stationnement périphérique à celui proposé au pied des remparts.

Le roi Louis IX (saint Louis) acquit le site en 1240 ; il décida de construire un port en eaux calmes pour s'embarquer pour les croisades et une ville ; un vaste étang relié au golfe du Lion fut le site retenu, ce qui exigea d'énormes travaux de dragage. Saint Louis fit construire la ville nouvelle sur un ancien cordon littoral, coupé de la terre ferme par des marécages. Peu de temps après, il donne aux premiers habitants une charte de franchise. La tour principale, dite tour de Constance ou « Donjon du roi », est bâtie avant 1272. Parallèlement les murs de la ville s'élèvent, mais leur édification est longue et c'est surtout Philippe III le Hardi qui poursuit les constructions, puis Philippe IV le Bel qui les achève, à l'aube du xivᵉ siècle. Avec ses 22 m de diamètre et ses 30 m de hauteur, la tour de Constance domine l'ensemble des fortifications. Le rez-de-chaussée, haut de 11 m, est le niveau le plus remarquable : les portes sont particulièrement bien défendues, un couloir de défense annulaire domine la salle et l'ensemble est muni de puits, four et cheminées. La décoration sculptée est plus tardive et la tour de guet surplombant l'ensemble a également servi de phare. La longue enceinte urbaine protège une surface trapézoïdale d'environ 16 ha. Les remparts très épais sont crénelés, régulièrement ponctués de tours et percés de portes fortifiées. Chacune d'elles présente de multiples particularités : ici des latrines, là un assommoir ou une décoration plus soignée. Si le visiteur s'engage sur le chemin de ronde, il faut qu'il prenne le temps d'en faire le tour, car l'organisation de la ville avec ses maisons, jardins, rues ou églises se dévoile au fur et à mesure de sa marche. Les fossés sont comblés, mais côté lagune, derrière les herbes folles, les murailles ont encore fière allure. Cinq des dix portes donnent vers la mer, à la fois lieu de moindre danger et synonyme d'échanges et de découvertes, à l'image du départ des croisés pour la Terre Sainte.

Aigues-Mortes ne joua pas longtemps le rôle pour lequel elle avait été construite. Les caprices de la nature, les travaux onéreux sans cesse renouvelés pour dégager les chenaux envahis par les alluvions, les fièvres provoquées par la proximité des marais, la peste, le choléra, les guerres de Religion, la rentrée dans le giron royal de la ville de *Marseille, toutes ces causes vont faire perdre à Aigues-Mortes son activité portuaire. La tour de Constance est transformée avec la révocation de l'Édit de Nantes en geôle pour les protestants puis, en 1708, en prison de femmes.

(MONT) **AIGUILLE** (ISÈRE) ✳

Les paysages aussi sont des monuments historiques et peuvent « se visiter » dans cette optique. Au moment où Christophe Colomb découvre l'Amérique, un capitaine-châtelain de *Montélimar fait l'ascension, à la demande de Charles VIII et sans doute pour la première fois, de cette belle montagne du Vercors (2 087 m) située dans la commune de Chichilianne. Nous vous suggérons de ne pas imiter sans précaution les audacieux alpinistes de 1492, admirés par leurs contemporains qui jugeaient ce sommet inaccessible, constitué d'un grand plateau formant un fort à-pic au-dessus d'une pente plus douce. Un à-pic qui n'est pas pour autant en forme d'aiguille, comme on pourrait le croire au seul énoncé de son nom : la montagne était tout simplement décrite, au XIIIe siècle, comme *equa illi*, « égale à une autre », celle, proche, du Grand Veymont. Au XVe siècle, le mont Aiguille passait pour rien moins qu'une « merveille ». Par beau temps, on le pense encore aujourd'hui. Il y a de belles randonnées à faire dans la région, notamment au Veymont.

AIRAINES (Somme) ✳✳

Dans cette petite ville à 20 km d'*Abbeville, deux églises intéressantes : Notre-Dame d'Airaines est une ancienne chapelle d'un prieuré clunisien (XII-XIIIe s.), qui a gardé sa façade romane. L'église contient plusieurs œuvres d'art exceptionnelles : une statue du premier évêque de Paris, Denis, une Mise au tombeau et une cuve baptismale du XIe siècle, en pierre, dont les côtés sont ornés de personnages accroupis grossièrement sculptés ; cette cuve permettait une immersion complète, encore de règle alors. La deuxième église est consacrée à saint Denis et date des XVe et XVIe siècles.

AIRE-SUR-L'ADOUR (Landes) ✳✳

Tél. OT :
05 58 71 64 70.

Ancienne cité épiscopale à 50 km de *Pau. On visitera la cathédrale Saint-Jean-Baptiste, qui pour l'essentiel a été construite entre le XIIe et le XIIIe siècle, avec par la suite d'importants remaniements. À voir également l'église Sainte-Quitterie – un prénom qui revient à la mode – patronne de la Gascogne. L'édifice a subi maints ravages au cours du temps mais on peut descendre dans la crypte romane, où est exposé l'extraordinaire sarcophage sculpté en marbre blanc de sainte Quitterie (IVe s.). Les artistes ont réalisé un ensemble iconographique unique et d'une grande finesse.

ALBA-LA-ROMAINE (Drôme) ✳

Au pied d'un château postérieur au Moyen Âge, le réseau complexe et enchevêtré des ruelles en pente peut devenir prétexte à un véritable jeu de rôle médiéval dans lequel on aura plaisir à déambuler en famille de « traboule » en passage voûté ouvrant sur une autre ruelle perpendiculaire encore plus étroite, ou sur un escalier pour funambule passant abruptement au-dessus d'un arc de soutènement de maison. Le décor est évocateur de la vie médiévale, avec sa « Grande Rue » qui ne mérite guère son nom, vu sa relative étroitesse et la présence de pierres sculptées incluses dans les murs.

→ *Aller à *Cruas.*

 ALBI (Tarn) ✳✳✳

Tél. :
05 63 54 22 30.

Albi est une belle ville rose qui a gardé de l'époque médiévale un superbe monument avec la cathédrale Sainte-Cécile, l'une des plus remarquables réalisations de l'architecture gothique du Midi. Albi se trouva au centre du mouvement cathare qui, comme on le sait, enflamma le S-O aux XIIe-XIIIe siècles. Lorsque le Languedoc fut rattaché au royaume de France, en 1229, l'Église, désireuse de montrer sa puissance et sa force, ouvrit de grands chantiers religieux. La construction de Sainte-Cécile débuta en août 1282 ; conçue comme une forteresse, son clocher, tel un donjon, s'élevait à 78 m de haut. Il faudra un siècle pour que le chantier soit mené à son terme mais d'autres aménagements seront apportés aux siècles suivants. Les restaurations et modifications du XIXe siècle renforceront le côté forteresse de l'église, avec l'adjonction de faux mâchicoulis, d'un chemin de ronde surmonté de clochetons. Il s'agissait en fait d'alléger la toiture qui pesait trop sur la voûte peinte et menaçait de la détériorer. A l'intérieur, on ne manquera surtout pas le jubé et la galerie du chœur, intacts. Voir également, sous le magnifique orgue du XVIIIe siècle, adossé à l'ancienne entrée, une peinture sur enduit du XVe siècle, le Jugement dernier. La figure centrale du Christ a disparu avec la création, en 1693, de la chapelle Saint-Clair. La voûte vaut un long regard : c'est une immense fresque réalisée par des artistes bolonais entre 1509 et 1512. Elle est formée de douze travées qui illustrent chacune un thème. Sainte Cécile occupe une place d'honneur avec deux travées. Cette voûte est particulièrement impressionnante avec ses bleus et ses ors dominants.

 ALBON (Drôme) ✳

Ce lieu est le berceau du Dauphiné : là vécut en effet, au XIe siècle, le premier « Dauphin » de l'histoire, Guigue. Au XIIe ou au XIIIe siècle, à l'extrémité d'un plateau donnant sur le vaste panorama de la plaine du Rhône et des montagnes d'Auvergne, ses descendants édifient une « motte » sur laquelle ils bâtirent un donjon carré massif et trapu : 10 m de haut, 7 m de côté. Au pied de la tour, au xɪᵉ siècle, se dressait également une grande église, en cours de découverte. La visite est facilitée par des panneaux didactiques de qualité.

→ *Aller à *Crussol.*

Qu'est-ce qu'une motte ?

Le paysage français est ponctué de tertres de terre souvent confondus avec des tombes protohistoriques ou *tumulus.* Il s'agit le plus souvent de vestiges défensifs des xᵉ-xɪᵉ siècles : on en connaît des exemples représentés sur la broderie de *Bayeux, notamment pour les villes de *Dol, *Dinan ou Rennes. Ces mottes, qui portaient une tour de bois, puis de pierre, sont généralement formées par la terre du creusement de leurs propres fossés. On en trouve aussi bien en plaine qu'au sommet d'une éminence, encore surélevée de la sorte. Elles ne constituaient pas seulement une défense, mais un symbole du pouvoir, voire un phénomène de mode : elles se sont très rapidement diffusées, à partir du domaine normand, et après avoir été réservées aux seigneurs les plus puissants, chacun a voulu posséder sa motte. Certaines d'entre elles sont complétées par des basses cours, des doubles enceintes ou doubles fossés, des chicanes d'entrée et leurs remparts de terre étaient souvent hérissés de palissades et de pieux.

 ### ALLEUZE (Cantal) ✳✳

Le château d'Alleuze donne l'impression d'être perdu « au bout du monde » ; mais il faut s'imaginer qu'il dominait un village, dont il reste l'église et son cimetière, et qu'il commandait une voie de passage. Le site est naturellement beau même si l'aspect défensif se remarque moins depuis la montée artificielle des eaux de la Truyère. Le château et la paroisse sont connus depuis le milieu du

xiiie siècle et appartenaient à l'évêque de Clermont. Bien loin des préoccupations premières du prélat, le château servait pour l'essentiel de prison. Au xive siècle nous savons que seuls trois villageois de la paroisse voisine gardaient la place. Leur faible connaissance des armes ne leur permit pas de résister aux routiers. Le plan du château, très simple, s'organise autour d'un donjon rectangulaire augmenté de tours circulaires dans les angles. Sur la pente devaient se développer les communs et une basse cour. Il est intéressant de remarquer l'évolution des archères transformées au xve siècle pour l'utilisation des arbalètes.

ALLEVARD (Isère) ✳

Immédiatement au nord du bourg, on peut voir une haute maison-tour de quatre étages, à l'origine (aujourd'hui devenue restaurant) la « Tour du Treuil », avec ses murs de schiste épais comme ceux d'une forteresse. On peut s'arrêter ensuite au musée Joseph-Laforge-« Jadis Allevard » qui possède, outre des objets d'art liturgique, une rustique

Tlj sf le mar. de mai à sept., de 15 h à 18 h 30 ; hiver pr gr. sur rdz-vs. Tél. : 04 76 45 03 62.

mais rare porte gothique de bois à deux battants, provenant de l'ancienne église (démolie) Saint-Marcel d'Allevard. Une salle est consacrée à l'industrie du fer, exploité localement.

→ *Un « sentier du fer », qui traverse la commune, retrace toute l'histoire de cette exploitation du xiie au xviiie siècle (tél. : 04 76 45 10 11).*

AMANCEY (Jura) ✳

Dans l'arrondissement de *Besançon, non loin d'Ornans, le château de Cléron, une ancienne maison forte, est une construction des xive et xvie siècles bien conservée mais remaniée au très moyenâgeux xixe siècle. Bâtie au pied de la rivière Loue, il ravira les photographes. De superbes souvenirs en perspective...

AMBÉRIEU-EN-BUGEY (Ain) ✲✲

De mars à nov.
du lun. au ven.
de 10 h à 12 h
et de 14 h à 18 h,
les sam. dim.
de 14 h à 18 h.

Il faut voir son château dauphinois des Allymes, petite forteresse carrée, bâtie au début du XIVᵉ siècle et récemment restaurée, dans laquelle on pénètre par une barbacane et une passerelle de bois qui évoque l'ancien pont-levis. Deux tours protègent un logis confortable, doté de fenêtres à coussièges et de cheminées. Les courtines, originellement crénelées, disposent d'un chemin de ronde pavé de dalles jointoyées au plomb côté nord. Dans la cour étaient installés une forge, des magasins, des ateliers, un puits : de quoi vivre en quasi-autarcie. Une basse cour fortifiée, à laquelle on accédait depuis le château par une poterne, abritait quelques habitations. Frontalier, purement militaire, destiné à contrer les enne-

mis savoyards, sa silhouette ramassée, ses hauts murs et les tours quasi dépourvues de fenêtres témoignent bien du besoin de sécurité des hommes en ce siècle le plus troublé du Moyen Âge. Sous domination du Dauphin pendant une vingtaine d'années, le château passa ensuite aux mains des Savoyards. Au milieu du XVᵉ siècle, la frontière du Dauphiné fut repoussée vers le Rhône, ce qui rendit obsolète le château, guetteur à la retraite isolé sur sa montagne couverte de forêts. Une exposition permanente complète la visite du château.

→ *Voir aussi dans les environs le vieil Ambronay et son abbaye (IXᵉ-XIIIᵉ-XVᵉ s.), avec cloître, chapitre, tours et chapelle des XIVᵉ-XVᵉ siècles.*

AMBIERLE (Loire) ✲

Ambierle est un joli village issu d'une fondation priorale dépendant de l'ordre de Saint-Benoît. Dans sa belle église médiévale, au toit pentu couvert de tuiles polychromes, il faut voir le retable sculpté de la Passion du Christ, daté de 1461, sans doute par un atelier bourguignon et encadré d'un travail de menuiserie bruxellois. Les volets intérieurs figurent les donateurs, issus de la famille des Chaugy, qui avaient élu sépulture en ce lieu.

→ *À voir, dans la région, Saint-Haon-le-Châtel (remparts, château XVᵉs., bourg médiéval), Le Crozet (village fortifié, donjon d'époque romane).*

AMIENS (Somme) ✵✵✵

Tél. Comité
régional
du tourisme :
03 22 91 10 15.

Tél. OT :
03 22 91 79 28.

Outre les églises Saint-Germain et Saint-Leu, la ville d'Amiens n'a guère conservé de vestiges du Moyen Âge : les maisons, à pans de bois, sont principalement du XVIᵉ siècle. En revanche, sa cathédrale est le plus grand édifice de ce genre en France ; les chiffres sont plus époustouflants les uns que les autres : 7 000 m² d'emprise au sol pour 200 000 m³ estimés de volume, 145 m de longueur hors œuvre et une hauteur des voûtes, mesurée sous clef, de plus de 42 m. Le plus étonnant, c'est la flèche, du XVᵉ siècle, qui domine les tours (66 m) à près de 113 m. La première pierre est posée par Évrard de Fouilloy en 1220. Trois architectes vont se succéder, Robert de Luzarches, Thomas Cormont puis son fils, maître Renaud : du suivi de la construction est née l'homogénéité de l'édifice, qui présente une grande harmonie dans ses lignes. Les trois portails de la façade étaient terminés vers 1230. Sous leur dais de pierre, les statues se dégagent du sol par une décoration de quadrilobes enchâssant de nombreux motifs. Au-dessus des portails, une série d'arcatures forme la galerie des rois. Le percement de chapelles privées le long des bas-côtés de la nef va entraîner la construction, en 1375, d'un puissant contrefort appelé « beau pilier d'Amiens ». La qualité artistique des sculptures et des statues qu'il porte a parfois poussé à désigner André Beauneveu, qui a œuvré à *Bourges pour le duc de Berry, comme leur auteur. Tout comme la façade, le transept est percé de rosaces remarquables qui allègent et ouvrent complètement les murs de fermeture des croisillons. À l'intérieur, les parties basses de ces murs sont ornées d'arcatures aveugles et les belles stalles à miséricordes (1508) du chœur sont l'œuvre d'un « hucher » de la ville, Arnould Boulin. Elles sont encloses par un haut mur richement décoré (XVIᵉ s.) narrant la vie de saint Firmin.

QU'EST-CE QU'UNE MISÉRICORDE ?

Pour les chanoines debout durant leurs longues veillées de prières, les stalles de nombreuses églises médiévales sont, depuis le XIIᵉ siècle au moins, dotées de strapontins – les miséricordes – sur lesquels ils se reposaient discrètement « du bout des fesses ». La cathédrale d'Amiens en possède 110, sculptées de mille détails bibliques, dont la principale est un monument en dentelle de bois. Il ne faut pas hésiter à se pencher et relever les sièges des stalles pour voir soudain apparaître une floraison d'images sur leurs « miséricordes », et sur les « museaux » (les accoudoirs) sculptés. C'est toute la société amiénoise de la fin du Moyen Âge qu'on découvre : marchande de pommes, boulanger, apothicaire, colporteur, marchande de fruits et légumes, porteuse d'eau, maître d'école primaire, sculpteur sur bois, scribe, pèlerin, lavandière, etc.

D. et H. Kraus, *Le Monde caché des misécordes*, suivi du répertoire de quatre cents stalles d'églises de France, Éd. de L'Amateur, 1986.

ANGERS (MAINE-ET-LOIRE) ✳✳✳

Tél. OT :
02 41 23 51 11.

Aujourd'hui préfecture, l'ancienne capitale de l'Anjou compte plusieurs quartiers historiques fort intéressants. En venant de Paris, depuis l'autoroute, il faut se rendre directement sur la place au pied de la formidable citadelle royale bâtie par Blanche de Castille, mère de saint Louis, de 1228 à 1238, vaste pentagone irrégulier dominant le Maine, flanqué de 17 tours rondes et bicolores de schiste noir et de calcaire blanc, de 40 à 60 m de hauteur. Après avoir traversé le pont dormant, on peut soit visiter d'abord les bâtiments, tour du moulin avec sa vue panoramique, chapelle, édifiée en 1410, le logis royal, et vaste *aula* (salle d'audience et de cérémonies) en cours de fouille du premier château, avec sa porte romane et ses fenêtres redessinées au XIVᵉ siècle, soit aller se perdre tout de suite dans la contemplation envoûtée de la plus grande tapisserie médiévale du monde...

Prenez alors l'escalier qui descend, comme dans un cinéma, vers ce formidable récit-fleuve de tissu de 103 m de long et de 4,50 m de haut. Presque à tâtons, on pousse la porte et c'est le choc visuel :

une longue salle toute noire dans laquelle apparaît, seule à être éclairée, la tapisserie. Au bout d'une quarantaine de mètres, on tourne... nouvelle envolée d'images tissées. La tapisserie de l'Apocalypse a été créée pour Louis Iᵉʳ, duc d'Anjou, qui l'a commandée en 1373 à trois lissiers, au peintre Hennequin de Bruges, peintre de Charles V, et au lissier Robert Poinçon. Ce chef-d'œuvre immense, en 75 tableaux, à la dimension du château, présente des images choc, comme la destruction de Babylone. Le roi René, qui résidait à Angers, en fit don à la cathédrale Saint-Maurice, où elle était déployée lors des grandes fêtes. La Révolution la découpa en morceaux. Récupérée en 1848, elle sera restaurée.

La Tenture de l'Apocalypse d'Angers, Paris, 1995.

On ne manquera pas de visiter la cathédrale (deuxième moitié du XIIe s.), assez impressionnante par sa longueur (90 m et 25 m de haut) : flèches reconstruites dans les années 1530, vitraux du XIIIe siècle, dans le chœur des fresques murales découvertes en 1980. L'ancienne abbaye Saint-Aubin, fondée au VIe siècle, fut reconstruite aux XIIe et XVIIe siècles. À voir également l'église Saint-Martin (Xe-XIIe s.). L'église Saint-Serge pour son chœur, chef-d'œuvre du gothique angevin. L'ancienne abbaye du Ronceray, de style roman, fondée au XIe siècle par Foulques Nera et reconstruite au XVIIe siècle ; c'est aujourd'hui l'école des Arts et Métiers. L'église de la Trinité (XIIe s. et restaurée au XIXe). L'abbatiale Toussaint, une ruine magnifique du XIIIe siècle que sa toiture de verre transforme en monumental atelier, accueille aujourd'hui les sculptures de David d'Angers (1788-1856). On peut, ensuite, se rendre à l'hôpital Saint-Jean, construit à la fin du XIIe siècle, dont les admirables voûtes d'ogives, gothiques, abritent un musée Jean Lurçat, tapissier contemporain auteur d'un « Chant du monde » conçu comme une réponse à l'Apocalypse d'Angers.

tlj de
9 h à 18 h 30
du 12 juin au
17 sept. ;
hors saison
tlj sf lun. de 10 h
à 12 h et
de 14 h à 18 h.
Tél. :
02 41 88 64 65.

Angers compte de nombreux hôtels particuliers des XVe et XVIe siècles : le Logis Barrault, qui abrite le musée des Beaux-Arts, un hôtel de la fin du XVe siècle dans lequel sont exposés, au premier étage, des objets du Moyen Âge et de la Renaissance.

Le flamboyant hôtel de Pincé abrite aussi un musée (tél. : 02 41 88 69 93), et la plus bourgeoise maison d'Adam, tous deux du XVIe siècle, mais la seconde aux sculptures de bois parfois saugrenues... surtout celle qui vous tourne le dos.

→ *À voir dans les environs *Saint-Sylvain d'Anjou, *Le Plessis-Bourré, L'Île-Béhuard (église du XVe s., lieu d'un pèlerinage à la Vierge d'origine très ancienne), Chalonnes-sur-Loire (église XIIe-XIIIe s.) où Gilles de Rais (Barbe-Bleue) se maria en 1422 ; le vieux village de La Haie-Longue, le site de Rochefort-sur-Loire, etc.*

LES TAPISSERIES AU MOYEN ÂGE

On redécouvre aujourd'hui la place majeure qu'ont tenue, dès le XIIIe siècle, les tapisseries dans la décoration politique ou religieuse des édifices. C'est en grand nombre qu'elles étaient tissées, en haute lisse, à *Arras, Tournai ou Bruxelles puis, au XVe siècle, dans la vallée du Rhin. Cependant, il en reste relativement peu : à l'époque classique, on les a souvent transformées en couvertures de cheval ou en tapis de sol... Parsemées de fils d'or, elles étaient défaites pour en permettre la récupération. Il demeure heureusement quelques pièces majeures, comme la tapisserie d'Angers ou celle racontant, à la manière d'une bande dessinée, les aventures, y compris posthumes, de saint Étienne, conservée au musée national du Moyen Âge, à *Paris. Une grande exposition, au palais des Papes d'Avignon, sera consacrée en 1997 à ce thème et présentera également la tapisserie de saint Étienne, prêtée pour l'occasion.

Tentures médiévales, sous la dir. de F. Piponnier, Lyon, PUL (à paraître).

ANGLES-SUR-L'ANGLIN (Vienne) ✳✳✳

Tél. SI :
05 49 48 61 20.

Le village d'Angles-sur-l'Anglin est certainement l'un des plus beaux de France. Autour de l'église, les rues étroites et sinueuses descendent vers les rives de l'Anglin que dominent les surprenantes ruines du château. Ce dernier étire ses remparts sur plus de 150 m de longueur et se divise en deux cours que sépare un donjon. Un vaste

corps de logis domine la vallée ; près de la porte, est édifiée une chapelle, dont la fondation, comme celle du château, date du XIIe siècle. Les défenses ont été largement modifiées à la fin du Moyen Âge. La partie basse du village se resserre autour d'une ancienne

église monastique et permet de découvrir la vallée de l'Anglin par de magnifiques promenades (rochers, moulins). Une croix hosannière est dressée à quelque 100 m dans la vallée.

ANNECY (Haute-Savoie) ✳✳✳

Tél. Château :
04 50 33 87 30.

La silhouette composite mais élégante du château d'Annecy impose sa masse carrée au-dessus de la ville, sur fond d'un harmonieux paysage de lac et de montagnes. Il fut tour à tour résidence princière, capitale des comtes de Genève en 1219, et siège de duché, avec l'établissement de la maison de Savoie, enfin caserne au XVIIIe siècle. Les constructions successives des différents logis qui le composent ne déparent pas l'homogénéité du château, due à l'accumulation de volumes tous cubiques et de modules sensiblement égaux. Une avant-cour, disparue, protégeait l'entrée du château, restaurée au XIXe siècle. Autour de la vaste cour de 80 m de long, s'alignent les logis et les tours : à part la tour de la reine (XIIe siècle), les autres sont édifiées aux XIVe et XVe siècles. En façade sur la cour, le « Vieux Logis », daté des XIIIe et XIVe siècles, était l'ancienne partie résidentielle, contenant les cuisines, une salle basse voûtée, le four, la bouteillerie et, sur cour, abrité par une arcature basse, un puits au profil galbé. Le vieil Annecy est piétonnier et la ville, riante, vaut d'être visitée : quelques monuments anciens méri-

tent le coup d'œil, tels Saint-Maurice, ancienne église d'un couvent de dominicains fondée en 1427 ; voir le « transi » de Philibert de Monthouz, peint à fresque, les clefs de voûtes ornées des outils distinctifs des métiers (les ciseaux pour les tailleurs, le tranchet des cordonniers, etc.) dans les chapelles offertes par les corporations, et surtout le « Palais de l'Isle » (XIIᵉ et XVIᵉ siècles), en proue de navi-re, avec sa tourelle en encorbellement, qui fait figure de mini île de la Cité divisant en deux la rivière Thiou.

E. Sirot, *Le Château d'Annecy*, Lyon, PUL, 1990.

ANSE (Rhône) ✲

Les sam.
à 14 h 30 et
sur rdz-vs.
Tél. :
04 74 60 26 16.

À 30 km au nord de *Lyon, l'an-cienne cité gallo-romaine d'Anse comprend encore quelques ves-tiges médiévaux. Un petit châ-teau, édifié entre 1213 et 1218 et qui a sans doute succédé à une *aula* carolingienne, dresse ses deux tours au-dessus de la ville. En 1364, le château sert de repère à Seguin de Badefols, chef d'une troupe de mercenaires, les « Tard-venus », qui de là rayonnent sur le Forez, la vallée de la Saône et ran-çonnent même Lyon ! Dans la tour nord est conservé, chose

rare, un hourd de bois en chêne daté du XIIIᵉ siècle.

→ *Aller à *Trévoux.*

ARCY-SUR-CURE (Yonne) ✲

Tél. :
03 86 81 93 41.

Sur une falaise qui surplombe la rivière Cure, le château de Chastenay reconstruit au milieu du XIVᵉ siècle adopte les principes résidentiels d'une belle façade dotée d'une tour d'escalier hexago-nale. Les sculptures qui le décorent renvoient au goût pour l'al-chimie que partagent nombre de hauts personnages à cette période.

Tlj juil.-août sf le dim. mat., de 10 h 30 à 12 h et de 14 h 30 à 18 h ; hors saison, fins de sem. et jf sf le dim. mat.

ARGENTAT (Corrèze) ✳✳

Tél. OT :
05 55 28 16 05.

Avant de découvrir la ville d'Argentat et ses rues sinueuses, il faut admirer les vieux toits qui couvrent les maisons anciennes depuis le vieux pont de pierre qui franchit la Dordogne. Argentat est au centre de nombreux circuits de découverte de la région.
→ *Aller à *Saint-Géniez-ô-Merle.*

ARGENTEUIL (Val-d'Oise) ✳

Cette grande ville de la région parisienne doit son origine à une abbaye fondée au VIIe siècle et placée sous le patronage de Notre-Dame. Cette abbaye connut bien des vicissitudes jusqu'à la Révolution. Il n'en reste que quelques vestiges, dont une chapelle, très remaniée, dédiée à saint Jean-Baptiste, rue Notre-Dame, et une chapelle funéraire qui daterait de l'an Mil. La basilique Saint-Denis, construite au siècle dernier, abrite la Sainte Tunique que le Christ aurait portée le jour de sa crucifixion. Argenteuil est aussi célèbre pour avoir abrité, dans une abbaye de femmes, Héloïse qui, à vingt ans, venait d'épouser en secret le philosophe et théologien Abélard (1079-1142), ensuite condamné à être castré. En butte à l'hostilité de Suger, qui voulait rattacher l'abbaye d'Argenteuil à *Saint-Denis, les religieuses seront dispersées. Héloïse finira par se réfugier au Paraclet, près de Nogent-sur-Seine.

ARLES (Bouches-du-Rhône) ✳✳✳

Tél. OT :
04 90 18 41 20.

Arles est une cité où il fait bon flâner et où chaque rue du centre ville attire le voyageur à sa manière. Il faut absolument visiter les nombreux monuments antiques, qui faisaient partie du paysage urbain médiéval et qui portent souvent, comme les arènes, la marque du Moyen Âge. Elles ont gardé certaines des tours qui en faisaient un « château ». Les défenses de la ville ont réutilisé, en grande partie, celles de l'époque antique, avant d'être transformées, élargies ou démolies. On peut encore remarquer une curieuse tour qui porte les traces de ces multiples transformations à l'angle du boulevard des Lices et du boulevard Émile-Combes. Le long de la route qui conduit à Salon-de-Provence, et malheureusement emprisonné dans un de ces quartiers inesthétiques comme seul notre siècle sait en faire, il existe encore les ruines d'un des lieux les plus chargés d'histoire de Provence : les Alyscamps. Du ive au xiiie siècle, ce site a servi de nécropole. Une longue et impressionnante allée, bordée de sarcophages, mène à l'église Saint-Honorat. Cette église a été élevée à la fin du xiie siècle sur un édifice paléochrétien consacré à saint Genest et est restée inachevée. À gauche du monument, entre les arbres, remarquez dans les fouilles, déjà anciennes, l'entassement des sarcophages sur trois niveaux. Les plus beaux sont conservés au musée des Arts chrétiens. Déjà, au xiie siècle, on « visitait » les Alyscamps.

L'autre lieu de la ville à ne manquer sous aucun prétexte, c'est l'église et le cloître Saint-Trophime. Le portail, d'une richesse sculpturale absolument étonnante, rappelle celui de *Saint-Gilles, en Camargue. Au tympan, le Christ en majesté préside le Jugement dernier. Les Apôtres, les élus, les exclus du Paradis et toute une kyrielle de saints aux volumes et aux traits parfaitement tracés sont présents. À l'intérieur, des substructions préromanes sont conservées sous la nef ; les murs sont construits en petites pierres du xie siècle et le chœur de l'église a été repris aux xive et xve siècles. Tout à côté de l'église, un cloître d'une rare élégance et de proportions remarquables présente des chapiteaux richement ouvragés. Son édification a commencé au xiie siècle et s'est poursuivie jusqu'au xive siècle.

Aux scènes de l'Ancien et du Nouveau Testament se mêlent, dans les sculptures des chapiteaux, des histoires et des légendes de la Provence médiévale. En déambulant, comme le faisaient autrefois les chanoines, le visiteur découvre les deux très beaux pilastres sculptés et remarque les différentes étapes de construction (regarder la voûte).

→ *Aller à *Montmajour.*

ARLES-SUR-TECH (Pyrénées-Orientales) ✳✳

Tél. OT :
04 68 39 11 99.

On trouve là une abbaye fondée au xe siècle, où les pèlerins venaient de loin pour adorer les reliques des saints Abdon et Sennen, rapportées de Rome par saint Arnulphe pour protéger la ville de la peste. L'église des xie et xiie siècles est encadrée de deux tours quadrangulaires et son tympan porte un Christ en majesté et les symboles des évangélistes. On remarquera à l'intérieur le gisant de Guillaume de Taillet. À gauche de l'église, un curieux sarcophage paléochrétien qui se remplit inexplicablement et à l'improviste d'une eau très pure aux vertus multiples. Il reste vide, dit-on,

durant les grands conflits mondiaux... Un beau cloître datant du XIIIᵉ siècle et toujours impeccablement fleuri est accolé à l'église. Traditionnellement, tous les vendredis saints, a lieu dans la ville une procession nocturne des Pénitents noirs et une fête de l'Ours est organisée pour le 15 août.

→ *À voir dans les environs, pour les amoureux de grands espaces, l'abbaye *Saint-Martin du Canigou, en passant par le pla Guilhem.*

ARRAS (Pas-de-Calais) ✵✵

Tél. OT :
03 21 51 26 95.

Belle ville, dotée d'un patrimoine architectural exceptionnel, Arras n'a pas gardé grand trace de son passé médiéval. On verra cependant la Petite Place avec le beffroi (1440-1544), totalement anéanti en octobre 1914 mais reconstruit fidèlement, et des maisons médiévales, par exemple la plus ancienne des maisons de la ville, l'hôtel des Trois Lupars (1467), 49, Grand-Place. Le musée, installé dans le palais abbatial, présente des œuvres de grande valeur, notamment les anges de Sandemont, en bois doré du XIIIᵉ siècle, un masque funéraire du XIVᵉ, des chapiteaux du XIIIᵉ provenant de l'ancienne cathédrale. Seules les fouilles archéologiques peuvent encore rendre compte, aujourd'hui, de l'urbanisme médiéval et des activités d'alors : moulin, grenier à grains, brasseurs de bière, teinturiers et foulons, dont les cuves enterrées ont été préservées.

ASNIÈRES-SUR-OISE (Val d'Oise) ✵✵✵

Tél. :
01 30 55 88 90.

Dans cette commune du Val-d'Oise se trouve l'une des grandes abbayes cisterciennes de l'Île-de-France, Royaumont. Fondée en 1229 par saint Louis, l'église fut construite sur le modèle de l'abbatiale de Longpont, mesurant 105 m de long, avec une nef de neuf travées avec bas-côtés, un transept de 50 m de long entouré de collatéraux, un chœur avec un déambulatoire entourés de sept chapelles. De cette magnifique construction ne restent que les fondations et une partie du croisillon nord. Les autres bâtiments monastiques, bien conservés, sont superbes. Les deux nefs du réfectoire de 40 m de long sont couvertes de voûtes en ogive. L'abbaye, qui appartient à une fondation, est un centre culturel renommé, doté de très bonnes conditions d'hébergement pour les séminaires.

AUBAZINE (Corrèze) ✢✢

Tél. :
05 55 25 75 67.

Situé à 14 km de Brive, le monastère double d'Aubazine domine, à 300 m d'altitude, un large paysage. À l'origine de sa fondation, au XIIᵉ siècle, deux moines ermites, dont l'un, devenu saint, a été rendu célèbre par la rédaction de sa « Vie ». À 600 m de distance, dans un second monastère, Coyroux, aujourd'hui en ruine, s'étaient installées des moniales. La prière s'exprimait dans la rude et imposante église de pierre grise, voûtée en berceau brisé avec coupole sur la croisée du transept, surmonté d'un clocher roman octogonal. Un cloître, le lavabo, une salle capitulaire, un *scriptorium* (atelier de copistes) complètent la visite. On peut voir aujourd'hui dans l'abbaye tout un mobilier liturgique et sacré fort intéressant, depuis une très rare armoire de bois du XIIᵉ siècle, des stalles à miséricordes, des panneaux de reliquaire limousin émaillé du XIIIᵉ siècle, jusqu'au tombeau du saint fondateur, magnifiquement sculpté vers 1260 – il figure d'un côté la vie d'Étienne et de l'autre la Résurrection des morts ; ne manquez pas de vous pencher sur le visage des âmes, qui s'anime d'un sourire si radieux qu'il vous en ferait presque oublier toute crainte de la mort...

📖 *Vie de saint Étienne de Obazine,* éd. M. Aubrun, Clermont, 1970 ; B. Barrière, *Aubazine en Bas-Limousin,* Limoges, 1991.

AUBUSSON (Creuse) ✢

Maison du
Vieux Tapissier :
du 15 juin
au 15 sept.
de 9 h à 12 h et
de 14 h à 18 h.
Tél. :
05 55 66 35 81.

De cette ville tapissière depuis au moins le XVIᵉ siècle, on peut voir les ruines du donjon du château, la maison du Vieux Tapissier (XVᵉ s.).
→ *Aux environs, Saint-Maixant (château et église XIVᵉ et XIIᵉ s.), Saint-Médard (église fortifiée XIᵉ-XIVᵉ s.), Felletin (lanterne des morts, église XVᵉ s., anciennes maisons et pont médiéval), qui font, au milieu des forêts de Combraille, une jolie promenade d'été.*

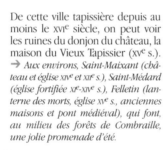

AUCH (Gers) ✢✢

Tél. :
05 62 05 22 89.

L'âge d'or de l'actuelle préfecture du Gers est le XVIIIᵉ siècle, mais Auch a un long passé médiéval. Son archevêché fut créé en 879. La ville, outre sa gastronomie réputée, mérite un arrêt pour sa cathédrale Sainte-Marie, dont la construction s'est étendue entre la fin du XIVᵉ siècle et le XVIIᵉ siècle, remplaçant une église romane des XIᵉ-XIIᵉ siècles. C'est l'une des dernières cathédrales gothiques édifiées en France. De vastes dimensions et de forme tout à fait classique, elle possède un remarquable mobilier Renaissance (vitraux, retable, Mise au tombeau de la chapelle Saint-Sépulchre, stalles absolument superbes).

→ *Nombreuses excursions possibles dans les environs : les bastides de Barran (voir l'église Saint-Jean-Baptiste et son clocher du XIIIe s. surmonté d'une flèche en bois de forme hélicoïdale), de Pavie (XIIe s.), le château de Montagut (XIIIe s. mais remanié au XVIIIe), l'abbatiale Saint-Michel à Pessan, l'église Notre-Dame-de-Pitié (pour son retable) à Biran, le village de Lavardens et son majestueux château ; Florance, pour l'imposante église Notre-Dame-et-Saint-Jean-Baptiste (gothique méridional, XIVe-XVIe s., clocher carré à lanternon octogonal) et l'église Notre-Dame (statue en pierre polychrome du XVe s.).*

AUDUN-LE-TICHE (Moselle) ✷✷

À quelque 50 km au nord de *Metz, en un lieu où ont été récemment découverts les vestiges exceptionnels d'un moulin à eau carolingien ayant actionné un atelier de rouissage du chanvre, vous pourrez visiter, chose rare, un cimetière mérovingien. Celui-ci date des VIIe-VIIIe siècles et a été fouillé puis ouvert au public, qui y verra une collection de tombes à coffrages de pierre.

AULNAY (Charente-Maritime) ✷✷

Si vous êtes en route pour Saint-Jacques de Compostelle, ne manquez pas de vous arrêter à Aulnay, grande église romane du début du XIIe siècle, entourée d'ifs – déjà considérés au Moyen Âge comme l'arbre des cimetières par excellence. À voir pour son porche majestueux et, dans la nef, ses remarquables chapiteaux aux motifs de lions, d'éléphants, de masques barbus et de scènes historiées.

AURILLAC (Cantal) ✷

Comme souvent, Aurillac doit son origine à une abbaye fondée à la fin du IXe siècle et près de laquelle une nouvelle cité s'est développée. Certaines maisons de la vieille ville datent du XVIe siècle. Aurillac compte un enfant célèbre en la personne de Gerbert, pape de 999 à 1003 sous le nom de Sylvestre II. Conseiller des princes d'Occident, Gerbert fut aussi un authentique savant, philosophe, astronome, musicien. On lui attribue l'introduction en France des chiffres arabes. Sa correspondance vient d'être éditée.

LETTRE DE GERBERT À L'ABBÉ GÉRAUD D'AURILLAC, SON MAÎTRE

« Est-il, je l'ignore, plus beau cadeau de la divinité aux mortels que des amis, si du moins ils sont gens à sembler mériter et d'être recherchés et d'être conservés ? Heureux jour, heureuse heure où il m'a été permis de connaître un homme dont le nom, à son seul rappel, a pu détourner loin de moi tous les ennuis. Si même un instant je pouvais jouir de sa présence, j'aurais de bonnes raisons de me juger encore plus heureux. Pour y parvenir, je m'étais ménagé en Italie un endroit où séjourner sans médiocrité. Mais la Fortune aveugle fait rouler le monde. Elle m'écrase sous des nuées, si bien que je ne sais si elle me précipite ou me conduit, tandis que je me porte tantôt ici, tantôt là. Mais les traits de l'ami restent gravés dans mon cœur. Je veux parler de celui qui est mon maître et mon père, Géraud, dont les volontés seront par nous exécutées (début 985). »

Gerbert d'Aurillac, *Correspondance*, éd. par Pierre Riché, Paris, Les Belles Lettres, 1993-1996, p. 115.

AURON (ALPES-MARITIMES) ✳✳

Auron n'est pas seulement une station de sport d'hiver. Elle était aussi sur la route des peintres itinérants italiens de la seconde moitié du XVᵉ siècle, qui s'arrêtaient de village en village, à la demande du curé ou des habitants, pour orner les chapelles de montagne. Celle d'Auron, avec ses deux petites absides jumelles, mérite d'être vue. À l'intérieur, chapelles peintes en 1451.

AUTUN (SAÔNE-ET-LOIRE) ✳✳✳

Tél. OT :
03 85 86 10 17.

Un riche passé et des monuments de toutes les époques font de cette cité une étape obligée sur la route du Moyen Âge. La ville ancienne, avec ses rues sinueuses, se resserre à l'abri d'une double enceinte antique, reprise et modifiée à l'époque médiévale. Le plan de la cité se développe particulièrement bien du haut de la flèche de la cathédrale Saint-Lazare, monument incontournable dans la visite de la ville. Traditionnellement datée du début du XIIᵉ siècle, elle a été cependant remaniée à l'époque gothique. Elle renferme des trésors d'architecture qui se dévoileront au fur et à mesure de son exploration : tout d'abord l'impressionnant narthex, puis le portail, fourmillant de mille détails et encadré d'un calendrier zodiacal. À l'intérieur, l'unité architecturale de l'ensemble est saisissante ; les sculptures sont attribuées à maître Gislebert. Les chapiteaux illuminent la pénombre de leur beauté ; les plus remarquables, initialement placés dans le sanctuaire, sont maintenant présentés dans l'ancienne salle capitulaire, située au-dessus de la salle de vente, à droite du chœur. Cette présentation a le mérite de montrer ces chefs-d'œuvre à une bonne hauteur de vue. Une sculpture représentant Ève couchée, œuvre du même maître, est exposée au musée Rolin, installé dans l'hôtel fortifié de la famille Rolin. Des pièces extraordinaires y sont exposées, dont une Vierge polychrome en pierre, du xve siècle. Au fil des monuments, le promeneur curieux découvrira des sculptures plus belles les unes que les autres, comme ce groupe de sainte Anne apprenant à lire à la Vierge dans l'église Notre-Dame, ou cette autre Vierge dans l'église Saint-Jean.

Tél. Musée :
03 85 52 09 76.

→ *Agréables promenades dans les alentours de la ville : ainsi, au sud de la ville, en direction de Broye, au bord de la D 120, un édifice énigmatique dénommé « pierre Couhard ».*

AUXERRE (Yonne) ✳✳✳

Tél. OT :
03 86 52 06 19.

Sise au bord de l'Yonne, la cité d'Auxerre est incontournable pour qui veut partir à la découverte du Moyen Âge. Bornons-nous simplement à attirer l'attention sur les trois monuments majeurs de la ville.

Cathédrale
Saint-Étienne :
tlj tte l'année
sf le dim. mat.
et pdt les offices
des jf,
de 9 h à 12 h et
de 14 h à 18 h ;
de juil. à sept.
de 9 h à 18 h.

Pour commencer la visite, grimper au sommet de la tour de la cathédrale Saint-Étienne. De là-haut, toute la cité se développe en un fin réseau de rues et de maisons anciennes d'où émergent les monuments. La cathédrale, édifiée à partir de 1215, ne comporte qu'une tour, ce qui lui confère l'aspect assez étrange d'un édifice inachevé. Le chevet date du xIII^e siècle, tout comme les vitraux qui éclairent le déambulatoire. La nef a été élevée aux xive et xve siècles ; comme tous les bâtiments de cette période, elle abrite de nombreuses sculptures et même un « trésor » : objets du culte, ciboires, calices, crucifix et châsses reliquaires en cuivre émaillé des xiie et xiiie siècles. L'ensemble succède à une église romane, fondée à l'emplacement d'un édifice construit au ve siècle par saint Amâtre, et repose sur une crypte romane, aux beaux piliers en pierre de taille et

voûtes d'arêtes, qui conserve de remarquables fresques. La plus connue représente le Christ chevauchant un superbe cheval blanc ; il est enchâssé dans une croix grecque et encadré par les anges cavaliers de l'Apocalypse. À cet ensemble de la fin du xıᵉ siècle s'ajoute, dans l'abside, un groupe plus tardif où figurent les symboles des évangélistes et le Christ en majesté. Cet ensemble unique vaut à lui seul le détour.

À midi, attention à ne pas vous laisser enfermer dans la crypte de la cathédrale Saint-Étienne : à l'appel de l'aimable gardienne, n'hésitez pas à manifester bruyamment votre présence. Les auteurs, saisis par la beauté du lieu, se sont laissés piéger...

Abbaye Saint-Germain : tlj sf le mar., de 10 h à 18 h 30.

Pour poursuivre la visite, prendre la rue Cochois et se diriger vers Saint-Germain. L'édifice présente de nombreuses reprises et mutilations. Cette ancienne église abbatiale, dont la fondation date du vıᵉ siècle, a été construite à l'emplacement même où saint Germain a été inhumé en 448. Une crypte complexe se développe sous l'édifice et renferme un ensemble de fresques unique en France. Elles datent du ıxᵉ siècle – au temps carolingien – et représentent des scènes de la vie et du martyre de saint Étienne, ainsi que des figurations en pied des évêques d'Auxerre, et des rois mages. Au cœur du sanctuaire, la voûte repose sur deux poutres vieilles de plus de 1 000 ans, soutenues par des colonnes gallo-romaines remployées, ornées de chapiteaux.

Avant de quitter la ville, voir la tour Gaillarde, construite au xvᵉ siècle, pour régler sa montre d'après l'horloge qui a toujours rythmé la vie des habitants, même si le superbe mécanisme qui orne la façade du bâtiment n'a été installé qu'à l'époque classique. En partant, prendre le pont de la Tournelle, puis le quai Saint-Martin, sur la rive droite de la rivière. Avec l'alignement de ses maisons, hérissé de clochers, c'est l'une des plus belles vues de la ville, qui vous laissera un souvenir impérissable de la cité.

 AVENAS (Rhône) ✳

Dans ce petit village situé non loin de Belleville, se dresse une église dédiée à la Vierge. Une restauration abusive en 1906 a dénaturé son caractère ancien, du moins pour l'extérieur. L'intérieur, bien repris, a gardé toute sa simplicité et sa fraîcheur. Mais ce qu'il y a de plus remarquable, dans cette toute petite église de campagne, est son autel de calcaire blanc : un pur « bijou » roman, dont aurait fait don un roi de France, Louis VI ou Louis VII (mais rien n'est sûr). Superbement sculpté, cet autel représente sur sa face principale le Christ en majesté entouré des apôtres et, sur la face latérale nord, quatre scènes de la vie de la Vierge.

AVIGNON (Vaucluse) ✳✳✳

Ouv. du 1er avr.
au 1er nov.
de 9 h à 19 h
(21 h en juil.,
20 h du 1er août
au 15 sept.) ;
de 9 h à 12 h 45
et de 14 h à 18 h
du 2 nov.
au 31 mars.
Tél. :
04 90 27 50 74.

Une ville fortifiée sur près de 4 500 m, au mur d'enceinte flanqué de 92 tours et protégée par des douves : voilà le résultat d'un programme défensif papal, débuté en 1348 sous Clément V et achevé en 1377. Même si la papauté retourne alors à Rome, la ville a gagné prospérité marchande et protection des biens et des hommes... La cité est tout entière marquée par la présence des papes, qui ont introduit un genre de vie somptueux. Le palais des Papes, que le chroniqueur Froissart, au xive siècle, qualifiait de « plus forte et plus belle construction du monde » est effectivement un palais-forteresse grandiose, dominant Avignon, et qui n'a guère d'équivalent dans l'Occident chrétien. Ce palais impressionne par l'alliance parfaite d'amples dimensions, de la puissance politique et de la beauté architecturale. L'intérieur notamment donne une incroyable impression d'immensité. Et même si vous l'avez déjà visité il y a plusieurs années, n'hésitez pas à revenir : un ambitieux programme de restauration a considérablement modifié le parcours et l'état des lieux, de nouvelles pièces sont ouvertes au public, abritant des expositions d'objets de la vie quotidienne, découverts dans les fouilles archéologiques. Aussi prévoyez de prendre votre temps : on peut en effet passer plusieurs heures à arpenter ce monument sans s'ennuyer. Choisissez surtout d'y venir hors saison pour profiter pleinement, et isolément ou presque, de l'atmosphère médiévale qui se dégage des lieux et de la piété intimiste des chapelles à fresques.

Pour rejoindre le palais des Papes, garez votre voiture dans la ville

basse. Ne vous laissez pas abuser par la « promenade des papes », ni par le « verger d'Urbain V », où ne poussent guère que quelques arbres isolés ; de là, cependant, jolie vue sur la façade arrière du palais. Empruntez l'impressionnante rue de la Peyrolerie, taillée dans le rocher et qui débouche sur une immense place quadrangulaire, avec au fond, le petit palais et à droite la forteresse papale, construite dès 1335, sous deux pontificats, celui de l'ancien cistercien Benoît XII puis de l'ex-archevêque de Rouen Clément VI. Les vastes salles du palais, toutes plus belles les unes que les autres, sont l'occasion d'exposer œuvres d'art ou objets du quotidien des papes. Admirez particulièrement les carrelages émaillés des sols et les céramiques de luxe du xive siècle, ou les pots de terre de cuisine, qui voisinent avec l'une des plus grandes cheminées qui soient. On découvre ensuite, dans la salle basse du Trésor, les caches soigneusement construites où étaient déposés sacs de monnaies et biens les plus précieux ; les lourdes dalles qui les scellaient ont été soulevées... et les visiteurs, c'est de circonstance, ne manquent pas d'y jeter quelque menue monnaie en souvenir. Salles à *sinopie* (dessins préparatoires aux fresques), plafonds peints, chapelles peintes, tout nous indique que du temps de sa splendeur, le palais tout entier était un arc-en-ciel de couleurs et d'images.

On longe ensuite le cloître, d'une grande simplicité, pour entrer, par une petite porte, dans une salle aux dimensions d'autant plus saisissantes (45 m de long, 10 m de large) et au plafond en carène de bateau renversée de toute beauté, où se tenaient de gigantesques banquets diplomatiques. Elle est flanquée d'une cuisine aux proportions tout aussi surprenantes, mais en hauteur, avec une voûte de 20 m de haut formant hotte. À côté de telles pièces, la grande chambre du pape fait intime. Une impression que contribue à donner sa décoration apaisante : ambiance chaleureuse des hauts murs peints d'un bleu somptueux orné de rinceaux et de petits animaux ; notez les cages à oiseaux peintes dans l'embrasure des fenêtres. Un sol de carrelages aux motifs variés, dont on a pu intégralement restituer l'apparence. Les carreaux sont des copies, mais admirablement vieillies, et l'on a l'impression de fouler le sol même que le pape a foulé. Son « bureau », carrelé de même, est peint de fresques célèbres figurant la chasse et la pêche. Enfin, la chapelle, même si elle est qualifiée de « grande », évoque plutôt une

vaste église : 52 m de long, 15 m de large, 20 m de haut... Après une nouvelle volée de chambres, on atteint la terrasse – où les visiteurs épuisés, en saison, peuvent se rafraîchir dans une cafeteria – puis la « loggia » à l'italienne, ouverte d'une large baie d'ogive et dotée d'un portail intérieur sculpté, partiellement mutilé à la Révolution. Mais il reste encore d'amusants quadrilobes, comme à Saint-Jean de *Lyon, figurant des monstres anthropo-zoomorphes, un dragon ailé, des animaux, une sirène, etc. : ne passez pas devant sans vous y arrêter un moment. Enfin, il vous reste à descendre l'escalier d'honneur, comblé de la vue de trésors si nombreux qu'on ne peut tous les signaler.

À la fin de la visite, on peut assister à la projection d'un film historique : *L'Autre Rome*.

De 9 h 30 à 12 h
et de 14 h à 18 h
sf le mar.
Tél. :
04 90 86 44 58.

Si vous en avez encore le courage, il faut traverser la place en zig-zaguant au milieu des planches et patins à roulettes, pour rejoindre le petit Palais, ou palais des Archevêques. Ce monument, remanié au cours des siècles et notamment au XIXe (échauguettes et fronton néo-gothique, de même que les peintures des voûtes de la chapelle), est construit entre 1317 et 1335 par un cardinal et neveu du pape Jean XXII, Arnaud de Via. Il abrite de remarquables collections médiévales de peintures et sculptures : œuvres des primitifs italiens, sculptures funéraires puissamment évocatrices – comme le terrible tombeau mutilé du cardinal de Lagrange († 1402) –, chapiteaux du cloître détruit de Notre-Dame-des-Doms, et quelques objets quotidiens rarement conservés : ainsi un beau plateau d'accouchée florentin peint au XVe siècle.

La ville elle-même est emplie de bâtiments remarquables, qui étaient peints à fresque et somptueusement meublés : ce sont les « livrées cardinalices », ou palais des cardinaux (voir la livrée Ceccano, 2 bis, rue Laboureur). La cathédrale romane Notre-Dame-des-Doms vaut le détour et possède un mobilier liturgique intéressant (chaire de marbre XIIe s., tombeau de Jean XXII de 1345). Au fil des rues, on longe quelques façades étroites en gothique flamboyant, quelques maisons de pierre à fenêtres à meneaux. Le célèbre pont d'Avignon lui-même, tout proche du palais des Papes si l'on emprunte la rue Pente-Rapide, est médiéval et il a une légende : c'est un petit garçon, saint Benezet, qui aurait, dans une vision comme le Moyen Âge aimait en prêter aux enfants, entendu Dieu lui ordonner de faire construire un pont en cet endroit. Construit au XIIe siècle, d'abord en bois, il est ensuite remplacé par un pont de pierre à la fin du XIIIe siècle, remanié au XVe siècle. À dire vrai, il n'est plus très beau ni spectaculaire, à l'exception de son châtelet d'entrée qui mérite la promenade, et ne possède plus que quatre arches et une chapelle à deux niveaux, l'un du XIIe siècle, l'autre du XVe, dédiée à saint Nicolas, patron des mariniers. Et il vous faudra payer un péage de 15 F pour aller y faire un pas de danse (sauf si vous êtes avignonnais ou âgé de moins de 8 ans...). Regardez-le plutôt d'en bas, en franchissant le rempart par la porte la plus proche. C'est donc en chantant que vous quitterez cette ville spectaculaire à tous les sens du mot après lui avoir consacré le plus de temps possible – n'espérez pas avoir tout vu en l'espace d'une journée...

→ *Il suffit de passer le pont... allez à* *Villeneuve-lès-Avignon *(fort Saint-André, XIVe s., avec graffitis de prisonniers, four à pain et marques de boulanger, donjon fin XIIIe s. et surtout l'incontournable* Couronnement de la Vierge – 1453 – *du peintre et enlumineur Enguerrand Quarton, au musée municipal). Puis dirigez-vous vers* *Saint-Maximin-la-Sainte-Baume.

AVIOTH (Meuse) ⁂

Avioth est un village de caractère qui possède une superbe basilique, construite du XIIIe au XVe siècle grâce aux dons des pèlerins. En avant de la façade, remarquable par son portail, se trouve un étonnant petit bâtiment appelé « Recevresse » (« qui permet de recevoir... »). C'est une structure polygonale, toute ouvragée en dentelle de pierre flamboyante, qui était intégrée au mur du cimetière.

AZINCOURT (Pas-de-Calais) *

Le 25 octobre 1415, Henri V de Lancastre battit à plate couture l'armée du roi de France. Après avoir pris Honfleur, le 22 septembre, Henri de Lancastre chercha à gagner *Calais pour embarquer ; Charles VI et ses conseillers décidèrent de lui barrer la route du retour. Des rivalités entre le duc de Bourgogne, Jean sans Peur, vassal du roi de France, et les Armagnacs empêchèrent l'armée du roi de France de se constituer dans de bonnes conditions. Jean sans Peur retira le contingent qu'il avait proposé d'amener. C'est donc une armée diminuée et mal encadrée qui va affronter les Anglais sur un plateau entre Azincourt et Trainecourt. Le terrain est détrempé, ce qui rend difficile toute manœuvre et empêche les charges de cavalerie dont les Français sont friands. Henri V donne l'assaut qu'il fait précéder d'un tir d'archers contre la cavalerie française, formée en carrée. Les chevaliers de Charles VI, qui ont dû raccourcir leurs lances pour faire face à un combat rapproché, vont être submergés et écrasés malgré leur courage. Cette bataille, qui s'achève à l'épée et à la hache, fut une véritable boucherie, d'autant que Henri V ordonna le massacre de tous les prisonniers. Plusieurs milliers de chevaliers périrent ce jour, dont plusieurs princes comme les deux frères de Jean sans Peur, le duc Jean Ier d'Alençon, le duc Édouard III d'Albret, le connétable Charles d'Albret. D'autres, comme Charles d'Orléans, furent emmenés en captivité en Angleterre. Charles VI et le dauphin avaient heureusement été tenus à l'écart, mais le royaume semblait aller à sa perte.

BARBASTE (Lᴏᴛ-ᴇᴛ-Gᴀʀᴏɴɴᴇ) ✲✲

Barbaste, au sud de Lavardac, par la D 655, est un moulin fortifié construit au bord de la Gélise, à la fin du xiiie-début du xive siècle. Vue de l'extérieur, la construction ressemble plus à celle d'un donjon qu'à un moulin ; pourtant, une roue à aubes est placée au centre du bâtiment. De plan rectangulaire, il est flanqué de quatre tours carrées aux bases talutées et percées de meurtrières. Bretèches en encorbellement et crénelage (rénové) des parties supérieures complètent les dispositifs de défense. Tout proche, un magnifique pont médiéval, portant toujours la trace d'un pont-levis, enjambe la rivière. Le cadre est reposant et le type d'installation suffisamment rare pour attirer le voyageur curieux.

Lᴇ ᴘᴀɪɴ ᴀᴜ Mᴏʏᴇɴ Âɢᴇ

« Donnez-nous aujourd'hui notre pain quotidien » n'était alors pas un vain mot. Le pain est essentiel à l'alimentation médiévale. Il en constituait, dit-on, la base, ce qui ne signifie pas pour autant qu'on ne mangeait que du pain... Le pain servait même d'assiette, sous forme de tranche rassie, en ce temps où les assiettes individuelles n'existaient pas encore. Il existait plusieurs sortes de pain : faits de farine de froment, pour les plus riches, qu'on appelait « pain blanc »,

ou de seigle, voire de méteil pour les autres, et surtout une grande variété dans les formes, ce dès le xiiie siècle : boules familiales, qu'on tranche sur sa poitrine, petites boules individuelles pour banquets ou aumônes aux pauvres, pains navettes dans les pays germaniques, pains-fuseaux, bretzels... À la table du Moyen Âge, le pain est roi.

F. Desportes, *Le Pain au Moyen Âge*, Paris, Orban, 1987.

BAS-EN-BASSET (Hᴀᴜᴛᴇ-Lᴏɪʀᴇ) ✲✲

Son château de Rochebaron date de la seconde moitié du xiie siècle ou des vingt premières années du xiiie siècle, mais les belles ruines juchées sur un suc cristallin à 650 m d'altitude, avec en arrière-plan les forêts du Livradois, sont sans doute pour la plupart le fruit d'un réaménagement du xve siècle. Placé en un point stratégique dominant, le regard portant loin dans la vallée de la Loire, il est défendu par trois enceintes concentriques, qui abritaient de surcroît quelques habitations. On pénètre sur le site par un petit chemin traversant la porte fortifiée d'un ouvrage défensif avancé flanqué de deux tours ; d'autres tours, rondes et triangulaire, encadrent une seconde enceinte impressionnante par sa hauteur

(10 m). La dernière enceinte abritait l'habitation seigneuriale et le puits. Malgré l'immensité de son premier mur de courtine, indéfendable, ce château fut à l'évidence un petit chef-d'œuvre de poliorcétique et l'on repère encore quelques aménagements originaux, notamment des

pièges et chausse-trapes dans la grosse tour ronde de la seconde enceinte.

→ *À voir dans les environs : Chamalières-sur-Loire (église romane), Saint-Pal-de-Chalencon (donjon, chapelle romane, maison ancienne, pont médiéval).*

BAUME-LES-MESSIEURS (JURA) ✳✳

Le village de Baume-les-Messieurs abrite les vestiges d'une abbaye fondée au VIe siècle par le moine irlandais saint Colomban. En 910, douze de ses moines créent l'abbaye de *Cluny. Celle de Baume périclitera au XVIe siècle, des chanoines nobles remplaçant les moines bénédictins. Baume-les-Moines deviendra alors Baume-les-Messieurs. La Révolution dispersera les derniers occupants et mettra les bâtiments en vente. Les ruines de l'abbaye sont retirées au fond d'une vallée encaissée, formée par l'intersection de trois gorges du Jura. Elle est encadrée de parois rocheuses hautes de plusieurs centaines de mètres. Les vestiges datent de la fin du Moyen Âge. L'ancienne abbatiale, de style roman, fut construite aux XIe et XIIe siècles, avec des reprises aux XIVe, XVe et XVIe siècles. Le vaisseau basilical comprend neuf travées et trois nefs. La nef est dallée de pierres tombales. Le transept n'a gardé que son croisillon sud. La façade comprend un intéressant portail : sur le trumeau on voit Dieu le Père bénissant, tandis que, sur les côtés, des anges soufflent dans des instruments. Dans le chœur, beau retable à volets du XVIe siècle.

BAYEUX (CALVADOS) ✳✳✳

Il faut voir à Bayeux la cathédrale Notre-Dame en gothique normand (XIe-XIIIe s.) et les maisons à pans de bois du centre ville. Mais en vérité, quel que soit l'intérêt de la ville, la seule vue de la tapisserie de Bayeux mériterait le voyage. Elle est superbement pré-

Tlj de 9 h à 19 h.
Tél. :
02 31 92 06 41.

sentée, ondulant doucement au rythme d'une immense salle dont les murs courbes scandent la lecture de cette immense image : sur plus de 70 m de long, sur une bande de 50 cm de large, en 58 séquences au moins (car peut-être manque-t-il la fin), est narrée – légendes (en latin) à l'appui – l'histoire mouvementée de la bataille de Hastings (1066). Le héros a nom Guillaume, dit le Conquérant, époux de Mathilde qui, telle Pénélope, aurait réalisé ce passionnant reportage de la conquête de la Normandie. Du moins l'a-t-on cru longtemps. En réalité, la toile de Bayeux n'est pas une tapisserie mais une broderie, et n'a pas été effectuée par la reine Mathilde mais par des hommes, sans doute des brodeurs professionnels qui, vers la fin du XIe siècle (avant 1077, date de sa première « exposition »), ont effectué ce travail pour un clerc, peut-être l'évêque Eudes de Bayeux. Quoique d'autres broderies de ce genre aient été réalisées à peu près à la même période – elles ont aujourd'hui disparu – celle de Bayeux n'a aucun équivalent au monde. Ne manquez donc pas la visite du musée de la Tapisserie, et n'omettez surtout pas de détailler du regard la « bande complémentaire » de l'histoire, un espace en forme de galon qui, au-dessous, aligne les sujets amusants surtout animaliers, mais aussi quotidiens (travaux agricoles, chasse à l'ours), voire sexuels (viol, homme nu accroupi de face). Cherchez aussi à reconnaître les châteaux à motte de *Dol, de *Dinan, de Rennes, attaqués par la cavalerie. Enfin, ne quittez pas le centre culturel Guillaume le Conquérant sans acquérir un fac-similé sur papier et en miniature de ce chef-d'œuvre, pour pouvoir, chez vous et à loisir, détailler ce qui est peut-être la première image de style cinématographique connue.

 M. Parisse, *La Tapisserie de Bayeux. Un documentaire du XIe siècle*, Paris, Denoël, 1983.

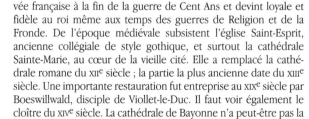

BAYONNE (PYRÉNÉES-ATLANTIQUES) ✳✳✳

Tél. OT :
05 59 46 01 46.

Bayonne a acquis son nom au XIe siècle, mais le site était occupé depuis longtemps. Anglaise durant trois siècles, la ville s'est retrouvée française à la fin de la guerre de Cent Ans et devint loyale et fidèle au roi même aux temps des guerres de Religion et de la Fronde. De l'époque médiévale subsistent l'église Saint-Esprit, ancienne collégiale de style gothique, et surtout la cathédrale Sainte-Marie, au cœur de la vieille cité. Elle a remplacé la cathédrale romane du XIIe siècle ; la partie la plus ancienne date du XIIIe siècle. Une importante restauration fut entreprise au XIXe siècle par Boeswillwald, disciple de Viollet-le-Duc. Il faut voir également le cloître du XIVe siècle. La cathédrale de Bayonne n'a peut-être pas la notoriété de *Chartres, d'*Amiens ou de *Reims, elle n'en est pas moins l'une des plus belles de France.

BEAUCAIRE (Gard) ✶✶

Tél. OT :
04 66 59 26 57.

La cité est essentiellement connue pour son château, qui domine le Rhône et qui fait face à celui de *Tarascon. Le monument, construit aux XIᵉ-XIIIᵉ siècles, est agrémenté d'un parc ombragé. Les courtines offrent des à-pics vertigineux sur les bases de l'éperon et rejoignent l'une des tours principales dite « tour triangulaire ». Les voûtes sont pesantes et les murs épais cachent l'escalier qui permet d'accéder à la plate-forme, d'où se dégage une vue

superbe sur la vallée. L'entrée du château est contrôlée par une porte ménagée dans une tour rectangulaire contre laquelle est accolée la chapelle castrale. À l'autre extrémité du site, subsiste encore l'une des grosses tours circulaires qui ponctuaient les remparts. La forteresse résista à de nombreux sièges, mais c'est finalement Richelieu qui ordonna son démantèlement.

Au sud de la ville (passer sous la voie ferrée), en direction d'*Arles par les rives du Rhône, au croisement de la D 5 et de la petite route qui va vers Bonnafoux, se dresse un curieux monument triangulaire. C'est une ancienne croix couverte, qui date du début du XVᵉ siècle. Commanditée par Jean de Berry, cette « croix hosannière » porte encore un décor sculpté très intéressant composé pour l'essentiel de feuillages et de petits personnages portant les moulures des arcs d'entrée. On peut déplorer la disparition de la croix, ce qui enlève toute la symbolique du monument.

→ Aller à *Tarascon.

(Massif du) BEAUFORT (Savoie) ✶

Pour qui aime à la fois le Moyen Âge et les vastes paysages montagneux couverts de forêts de résineux et de neige, il faut aller en Beaufortin grimper jusqu'au château des Vanches, édifié au XIIIᵉ siècle au confluent de deux vallées pour en défendre l'entrée. On peut ensuite se rendre à Hauteluce, pour s'étonner devant les surprenantes tonalités vert tendre, ocre et turquoise de la fresque de la chapelle de Belleville, figurant de façon originale la Vierge au grand manteau (XVᵉ s.) : plantée là comme une forte femme des montagnes, traits épais, regard décidé, menton volontaire, hanches fortes, poitrine opulente, matrone plus que Vierge, bien faite pour rassurer des populations soumises à l'inconfort et aux dangers de la vie montagnarde. La chapelle des Douze Apôtres présente également une fresque des apôtres au Credo, datée du XVe siècle.

Beaufortin, Images du Patrimoine, Lyon, 1991.

BEAUMONT (Vaucluse) ❀

Non loin de Vaison, à visiter obligatoirement si vous avez des enfants en âge d'apprendre à lire. Cette petite chapelle du XIIe siècle possède en effet une caractéristique unique : elle porte un alphabet complet taillé dans les pierres de ses murs et disposé à hauteur des yeux. En sortant, à gauche, débute l'alphabet ; lisez le A et continuez en faisant le tour de la chapelle jusqu'à votre point de départ, avec le Z gravé en vis-à-vis du A, de chaque côté de la porte. S'agit-il de marques de chantier ou bien les enfants des campagnes, qui n'avaient pas de livres, apprenaient-ils ainsi la lecture ?

APPRENDRE À LIRE AU MOYEN ÂGE

Si les enfants des bourgeois disposent de petites écoles dès le XIIe siècle, tenues par des clercs, si les enfants nobles avaient un précepteur à leur usage personnel, en revanche il faut attendre le XIIIe siècle pour que des écoles s'implantent dans les gros villages de campagne. Les petits ruraux n'étaient cependant pas incultes. Les prêtres avaient l'obligation de leur enseigner les rudiments. En l'absence de livres, trop coûteux, ils ont fait assaut d'imagination en matière de méthodes pédagogiques. On connaît, au XIIIe siècle, le cas du panneau didactique planté dans un jardin de cimetière, portant les prières majeures – texte sur lequel on apprenait à lire – écrites en grosses lettres. Il existait aussi des alphabets de bois ou sur carreaux de céramique, à manipuler ou peut-être même à lire sur le sol, comme à *Suscinio, des disques abécédaires de plâtre, des ceintures abécédaires de cuir. Il n'est pas exclu que cet alphabet de pierre participe du même puissant phénomène d'alphabétisation des XIIe-XIIIe siècles, qui ne retrouvera une telle ampleur qu'au XIXe siècle.

D. Alexandre-Bidon et D. Lett, *Les Enfants au Moyen Âge*, Paris, Hachette, coll. « La vie quotidienne », 1997.

BEAUMONT-DU-PÉRIGORD (Dordogne) ❀❀

Située à 29 km de *Bergerac, Beaumont, qu'Edouard Ier d'Angleterre appelait sa « première bastide royale », fut construite à partir de 1272, non en carré mais en forme de H pour, paraît-il, commémorer le souvenir de son frère Henri III ! Comme beaucoup d'autres bastides, Beaumont changea plusieurs fois de mains pour rester enfin française à partir de 1442. Elle fut également très convoitée durant les guerres de Religion. La cité a gardé ses nombreuses maisons à arcades (XIIIe-XVe s.) et des vestiges de ses remparts, la porte fortifiée de Luzier, notamment. Mais il faut voir tout

particulièrement l'église Saint-Laurent-et-Saint-Front (XIIIe-XIVe s.), un superbe monument gothique fortifié, avec quatre tours reliées par un chemin de ronde. Le portail gothique est surmonté d'une frise sculptée, fort intéressante à déchiffrer. Un bel ensemble militaire et religieux.

→ *À voir dans les environs le château de Bannes (fermé au public mais mérite d'être regardé pour son élégance), édifié au XIVe et remanié au XVe siècle.*

BEAUNE (CÔTE-D'OR) ✵✵✵

Tél. OT :
03 80 26 21 30.

Comment comprendre les traditions hospitalières des temps médiévaux – et, dans une commune étymologie, d'hospitalité aux pauvres ? En visitant l'Hôtel-Dieu, fondé en 1443 par un grand bourgeois, le chancelier Nicolas Rolin, et que sa femme finança grâce aux revenus qu'elle tirait des salines de Salins. Entrons dans la cour pavée de l'hospice, conçue à la manière d'un cloître, avec déambulatoire, puits et calvaire, dont les toitures chamarrées aux tuiles glaçurées multicolores composent des motifs losangés simples ou entrelacés, puis dans la « salle des pauvres », qui étonne non tant par ses dimensions que par sa décoration variée : mi-dallée, mi-carrelée de céramique en rouge et jaune, superbement charpentée en carène de navire renversée toute peinte de vignettes, aux poutres d'entraits achevées par des têtes de dragons, elle est scandée des deux côtés et sur toute la longueur de corbeaux alternativement en forme de visages humains (dont certains grimaçants comme s'ils étaient malades) et de têtes animales. Au fond, une chapelle est séparée des malades par un jubé de bois sculpté. La cuisine abrite une cheminée double monumentale encore équipée (mais le tourne-broche est du XVIIe s.) ; on y accède par un « tournavent », un sas de bois en forme de cage à deux portes destiné à éviter les courants d'air.

Tlj du 30 mars
au 17 nov.
de 9h à 18 h 30 ;
hors saison
de 9 h à 11 h 30
et de 14 h
à 17 h 30.

L'Hôtel-Dieu est aussi un musée riche en trésors du Moyen Âge : de grands coffres sculptés gothiques, des tapisseries dédiées à saint Antoine, patron des malades atteints du mal des Ardents, et à Éloi, saint patron des hôpitaux. Il s'enorgueillit surtout du fameux polyptyque du « Jugement dernier » du peintre flamand Van der Weyden, autrefois installé dans la chapelle, chef-d'œuvre hélas découpé au XIXe siècle pour qu'en soient admirés à la fois ses

deux côtés. Une loupe géante coulissante est à la disposition des visiteurs pour en examiner les détails saisissants. Elle gâte passablement la vue générale de l'immense tableau, mais on ne saurait trop recommander de la focaliser sur la représentation de l'Enfer, pour observer grandeur nature les grimaces épouvantables des damnés, d'autant qu'elle se déplace avec un grincement infernal qui convient admirablement au sujet !

Pour voir les bâtiments médiévaux qui font encore l'ornement de la ville, et retrouver le plan du *castrum* primitif, il faut prendre la rue de Paradis pour aboutir – évidemment – rue d'Enfer (!), voir l'Hôtel des ducs de Bourgogne, un élégant bâtiment en pierre et pans de bois des XIVe-XVIe siècles devenu musée du vin (ouv. de 9 h 30 à 18 h), le beffroi (une tour du XIIIe siècle), et partir à la recherche des quelques maisons médiévales qui subsistent. On verra, au 10, rue Rousseau-Deslandes, la maison romane de Beaune, avec sa belle fenêtre à claire-voie, comme à *Cluny, et l'hôtel de la Rochepot place Monge, une maison d'échevin avec ses fenêtres à meneaux. Pour finir, faire le tour en voiture des remparts à bossage, flanqués de tours rondes ou prendre le temps de les bien visiter, de même que les vestiges du château de Louis XI, en suivant la « promenade des remparts » avec l'Association des amis des remparts de Beaune (tél. : 03 80 24 70 25).

BEAURAIN (Nord) ✷✷

Dominant le cours de l'Oise, l'église fortifiée de Beaurain est typique des sanctuaires que l'on trouve en Thiérache. Quatre tourelles viennent renforcer le gros donjon carré.

→ *À voir dans les environs d'autres églises fortifiées : Malzy, Englancourt (église Saint-Nicolas et son grand donjon de briques rouges), Saint-Algis, Autreppes, Wimy.*

BEAUVAIS (Oise) ✳✳✳

Tél. OT :
03 44 45 08 18.

C'est en 1225 que fut décidée la construction de la cathédrale Saint-Pierre. Ses fondateurs, quelque peu inconscients, voulurent en faire un édifice digne de figurer dans le livre des records, s'il avait existé ! Mais on ne défie pas impunément les lois de la pesanteur, même quand on a du génie. La cathédrale ne sera jamais achevée et le chantier connaîtra bien des catastrophes : le manque d'argent et les guerres mettront un terme à l'entreprise mais, telle qu'elle nous est parvenue, sans nef et sans flèche, elle n'en demeure pas moins un chef-d'œuvre par sa hardiesse et son élégance. La cathédrale comprend un chœur à cinq nefs, se terminant par une abside, laquelle s'ouvre sur un déambulatoire de sept chapelles rayonnantes. Ce chœur débouche sur un transept, le tout atteignant 72,50 m de long, 43 m de large dans le chœur, 58 m dans le transept. Le chœur, qui culmine sous voûte à 46,80 m, record du monde battu dans sa spécialité, est un modèle du genre et prouve que l'architecte ne manquait ni d'audace ni de talent...

Jouxtant la cathédrale, se trouve Notre-Dame-de-la-Basse-Œuvre (ne se visite pas), qui doit d'exister encore au fait que la cathédrale ne fut jamais terminée. Cette église date de la seconde moitié du Xe siècle et reste un témoignage émouvant de l'époque carolingienne. Autre église à voir : l'église Saint-Étienne, qui date du XIIe siècle et a conservé de superbes vitraux du XVe siècle. Ne pas manquer non plus la visite du musée départemental de l'Oise, installé dans l'ancien palais des comtes-évêques de Beauvais, l'un des plus beaux exemples d'architecture civile des XIVe-XVe siècles. Ce musée contient de très intéressantes collections (archéologie, céramiques, peintures, sculptures, mobilier). Enfin, dans un quartier périphérique, il faut aller à la maladrerie Saint-Lazare (XIIe-XIIIe s.), un des rares témoins de l'architecture hospitalière du Moyen Âge.

→ *À voir dans le pays de Bray proche, l'abbaye de Saint-Germer-de-Fly (tél. : 01 44 82 62 74), un superbe monument du premier art gothique. Des bâtiments conventuels, il ne reste que la porterie et l'ancienne maison abbatiale. La Révolution a épargné l'église (qui mériterait une sérieuse restauration). Construite en grande partie au XIIe siècle et au début du XIIIe, elle présente une grande variété de styles. Prolongeant l'abside, une réplique de la Sainte-Chapelle de Paris, réalisée vers 1260.*

BELLEGARDE (Loiret) ✳

Il faut voir, mais de loin, le château construit au XIVe siècle (remanié au XVIIIe s., ne se visite pas), un grand bâtiment carré de briques et de pierre avec des tourelles d'angle, entouré de douves en eau et de jardins. L'église romane présente un porche intéressant quoique usé

De pancarte en pancarte routière : un voyage dans le temps

Les noms de lieux donnent nombre d'indications sur la présence médiévale dans le paysage. En amont et en aval de Bellegarde, sur la N 60, les toponymes révélateurs, le plus souvent militaires, se multiplient : Les Baillis, Le Pont-Gaillard (= fortifié), Le Bastillon, Bellegarde elle-même, Le Plessis (bois), Les Canaux (d'anciens fossés ?). Le voyageur peut ainsi en tous lieux se distraire à retrouver les traces de la vie médiévale : les « Villefranche » sont d'anciennes cités dotées de chartes de franchises, les « Villeneuve » des fondations royales du XIIIᵉ siècle, les innombrables « Châtillon » ou « Château... » se passent de commentaire... Quand ils sont « Gaillard », c'est qu'ils sont puissamment fortifiés, « Neuf » ou « Vieux », reconstruits. On trouve des « Échevins », des « Prévôt » ; les « Poypes » ou « Motte » sont des collines artificielles sur lesquelles étaient édifiés les premiers châteaux, les Montfort ou Rochefort, des élévations naturelles propices aux fortifications, les Mirebel et leurs composés évoquent les lieux élevés d'où l'on pouvait bien surveiller (« mirer ») les alentours. La vie religieuse est très présente : les Moûtiers sont des monastères et les Ouzoir ou Ouzouer des oratoires. La masse énorme des « Saint-... » est éloquente. La vie des simples gens se déroule également sous nos yeux : *Abondance renvoie à un riche terroir, les nombreux Forges ou Farges et les Moulins attestent l'ampleur de l'industrialisation féodale. La toponymie n'a souvent guère changé : c'est aujourd'hui encore celle du XIVᵉ siècle. Mais attention ! elle est parfois trompeuse... ainsi en va-t-il de la ville de Saint-Paul-Trois-Châteaux (Drôme) qui n'en a jamais connu tant.

C. Rostaing, *Les Noms de lieux*, Paris, PUF, 1965.

 par les intempéries, avec des chapiteaux historiés. À l'intérieur, sa charpente en berceau est peinte à la mode médiévale.

 BELLOCQ (Pyrénées-Atlantiques) ✳✳

Tél. :
05 59 65 20 66.

Bellocq est la plus ancienne des bastides fondées dans le vicomté de Béarn. Elle a conservé son plan du XIIIᵉ siècle, son château, son église et la disposition de ses maisons et de ses rues. Le château a été édifié par Gaston VII de Moncade. Sans une association de bénévoles, il n'en resterait plus que des pierres. Sur le plan défensif, le château comprend sept tours, dont deux carrées se situent dans les saillants et relient les courtines. Le tout forme un vaste rectangle. Gaston Febus réutilisa cet espace fortifié pour en faire une « reculade », autrement dit un lieu d'accueil où la population pouvait venir se protéger avec biens et bétail, en cas de menace aux frontières. On visitera également l'église dont le portail est orné de voussures aux sculptures énigmatiques.

→ *On peut voir dans les environs plusieurs vestiges de châteaux, dont celui de Beseux et Salles-Mongiscard, construits par Gaston IV et que Louis XIII fit démanteler.*

P. Tucoo-Chala, *Les Plus Beaux Châteaux en Béarn*, Éd. J. et D., Pau.

BELVÈS (DORDOGNE) �֍✷

Cette petite cité médiévale possède un étonnant patrimoine architectural. Bâtie sur un promontoire, à l'entrée de la Bessède, Belvès est habitée depuis les temps les plus anciens. Sans parler des hommes préhistoriques qui y séjournèrent, la tribu des Bellovaques, venus de Belgique, aurait occupé le site deux cent cinquante ans avant J.-C. Les Romains les remplacèrent par la suite. La ville s'est développée selon trois centres que l'on peut encore distinguer aujourd'hui. Un boulevard ceinture l'ancien château, là où se trouvait le noyau originel de la cité. Un donjon du XIIe siècle en est encore le témoin. La ville médiévale occupait à peu près la même position que Belvès aujourd'hui : le centre commercial se trouvait à la place d'Armes avec sa halle du XVe siècle entourée de tours des XIVe et XVe siècles, et de maisons gothiques et Renaissance. L'église, de style roman, se trouve hors de la ville. Dédiée à Notre-Dame, c'est le seul vestige d'un couvent bénédictin fondé au IXe siècle et qui sera réputé, jusqu'au XVIIe siècle, pour la qualité de son enseignement. Les guerres de Religion ne laissèrent que ruines et seule l'église échappa à la destruction. Autre témoin du passé, le couvent des dominicains fondé vers 1330 et dont il subsiste plusieurs salles (la mairie actuelle et un clocher du XIVe s.). Belvès est riche de plusieurs musées. Citons notamment ceux qui nous intéressent davantage : le musée d'Art sacré, le musée du *Castrum* et le musée des Vielles du Périgord noir.

→ *À voir dans les environs Monplaisant, pour son église du XIIe siècle, Urval, joli village avec son église fortifiée du XIIe et son four banal, *Cadouin, *Molières, *Saint-Avit-Sénieur, Montferrand-du-Périgord (château des XIIe et XVe s., église romane du XIIe s.)*

BERGERAC (DORDOGNE) ✷✷

Deuxième ville du Périgord après *Périgueux, Bergerac n'a pas vu naître le célèbre Cyrano comme on le croit parfois, mais que cela ne vous empêche pas de vous attarder quelque peu dans cette ville animée et active. Bergerac doit son développement au vin et à la rivière qui permettait de le transporter. Alors que *Périgueux et *Sarlat seront, durant les guerres de Religion, des villes catho-

Visites guidées tte l'année sur rdz-vs ; du 1er juil. au 31 août, mar. à 10 h 30, jeu. à 21 h, ven. à 10 h 30. Tél. : 05 53 57 03 11.

liques, Bergerac optera pour le protestantisme, dont elle sera l'une des places fortes militaire et intellectuelle. Richelieu en fait raser les remparts en 1629 et nombre de Bergeracois de confession huguenote quittèrent la cité lors de la révocation de l'Édit de Nantes. À défaut de monuments importants, on peut encore voir des maisons d'époque médiévale rue de la Myrpe, rue Saint-Jacques, rue des Fontaines. Rue Saint-James, la Vieille Auberge présente encore ses arcades moulurées et des chapiteaux du XIVe siècle. L'ancien couvent des Récollets a gardé deux ailes de son cloître où subsistent des éléments du XIVe siècle. La chapelle, transformée en temple protestant en 1792, date du XIIIe siècle. L'église Saint-Jacques existait déjà au XIe siècle. Elle a été ruinée durant les guerres de Religion et restaurée au siècle dernier. Ne pas manquer, même s'il n'est pas médiéval et porte sur un sujet anachronique, le musée du Tabac, unique en son genre. Il n'y a pas besoin d'être fumeur pour s'y intéresser.

→ *À voir dans les environs : *Monbazillac, La Bastide, Couture pour son église romane, Cunèges (église romane), Lamouzie, Montastruc (église et château). D'autres châteaux et manoirs retiendront également votre attention, sans oublier les célèbres vignobles du Bergeracois, ces petits cousins des vins de *Bordeaux qui existaient déjà au Moyen Âge. Ils réservent de très agréables surprises pour des prix abordables...*

BERGHEIM (HAUT-RHIN) ⁂

La cité de Bergheim était ceinturée d'un double rempart qui résista aux assauts du duc Charles le Téméraire. C'est grâce à l'alignement des maisons que l'on voit le tracé de la première enceinte quadrangulaire. La deuxième a été construite parallèlement à la première, au XVe siècle. Il subsiste toute une série de tours, circulaires ou carrées, mais c'est surtout la Porte-Haute qui, avec son toit en tuiles vernissées, est l'un des édifices remarquables de la ville ; elle était complétée, dans son dispositif défensif, par une barbacane. Bergheim n'est pas seulement l'un des points de départ de la route des vins, puisque l'on peut encore y voir l'un des plus anciens arbres de France : c'est un tilleul qui daterait du début du XIVe siècle.

BESANÇON (Doubs) ✻

Tél. :
03 81 80 92 55.

La cité médiévale de Besançon a grandi au pied d'un *oppidum*, sur un pont de pierre jeté sur le Doubs. Ville épiscopale, c'était aussi un marché situé sur une route commerciale. Au Xe siècle, selon une vie de saint, la ville était une cité « spacieuse » (pour l'époque s'entend), un lieu « sans égal parmi tous les monts de la Gaule », protégé sur trois côtés par un cours d'eau aux rives abruptes et un « mont rocheux aux flancs altiers, à pic de part et d'autre ». Les ruines romaines du plateau étaient encore bien visibles. Aux XIe-XIIe siècles, la ville est divisée en deux quartiers : la ville capitulaire dans l'enceinte du Bas-Empire et sur les pentes de la citadelle, et le « quartier de pont » protégé d'une enceinte au XIIe. Aux XIIIe-XIVe siècles, la ville s'étend dans la Boucle, où s'installent nombre de communautés religieuses. Cependant, de sa période médiévale, Besançon n'a pas gardé beaucoup de monuments importants. La cathédrale Saint-Jean date en partie du XIIe siècle mais le clocher a été refait au XVIIIe, ainsi que l'abside. A voir, dans la chapelle du Saint-Sacrement un autel circulaire romain en marbre : la Rose de saint Jean. L'horloge astronomique dans le clocher est étonnante. Le palais Gravelle, construit entre 1534 et 1542, est un intéressant bâtiment de style Renaissance.

BESSE (Dordogne) ✻✻✻

Ce petit village, à 40 km au S-O de *Sarlat, dans la forêt de la Bessède, mérite une visite grâce à son église romane, ancien prieuré augustinien du XIIIe siècle. La nef à deux travées est surmontée d'une chambre de défense. Le transept et l'abside remontent au XVe siècle. La partie la plus admirable de l'église est sans conteste son portail sculpté (fin du XIe s.) : le style est sans doute naïf mais quelle richesse dans la figuration ! Une merveille devant laquelle il faut s'arrêter, avant d'aller, à 4 km de là, voir l'église romane fortifiée au XVe siècle de Prats-du-Périgord.

BEYNAC-ET-CAZENAC (Dordogne) ✻✻✻

Tél. OT :
05 53 29 50 40.

Peut-être le plus séduisant et le plus imposant des châteaux de France, du moins pour l'époque médiévale. Le château de Beynac, en Dordogne, c'est un peu la tour Eiffel du médiéviste : passage obligé, admiration garantie. Son histoire est très longue. Le premier seigneur connu, Adhémar de Beynac, vivait au XIIe siècle et il participa à la IIe croisade. Simon de Montfort – que l'on rencontre souvent en Dordogne – prit le château en 1214 et le rasa. Beynac vécut toutes les péripéties de la guerre de Cent Ans mais devint, après 1368, un des points forts de la résistance contre les Anglais. Les guerres de Religion apportèrent leur touche de destruction mais le château est resté dans la même famille jusqu'au xxᵉ siècle. Il constituait l'une des quatre baronnies du Périgord. L'architecture de Beynac est difficile à décrire. Le château se dresse sur un socle rocheux très en relief. D'origine médiévale, il a été maintes fois remanié, remodelé, rajeuni, restauré, « retapé » avec plus ou moins de bonheur, de goût et de compétence. Son propriétaire actuel a entrepris, à ses frais, de lui redonner tout son lustre ancien et de lui rendre une certaine cohérence, en relevant des parties ruinées ou fragiles. Le résultat vaut le déplacement. Beynac domine la Dordogne et en impose à toute la région. À l'intérieur, un oratoire du xvᵉ siècle abrite des fresques superbes : saint Christophe, un Christ de pitié, une Pietà, la Cène...

📖 *Le Château de Beynac*, Éd. Fragile, Paris, 1997.

BEYNES (YVELINES) ✶✶

En 1087, le *castrum* de Beynes existait déjà mais le château actuel date des xiiiᵉ et xivᵉ siècles. Entouré d'eau, il comprend deux parties bien distinctes. La motte primitive est enfermée dans une enceinte à neuf tours tandis qu'une deuxième, formée également de neuf tours, ceinture l'ensemble. Une route traverse la forteresse et sépare les logis en deux. La porte S-O est protégée par un système complexe de défense, le Ravelin.

BÉZIERS (HÉRAULT) ✶✶

Tél. OT :
04 67 76 47 00.

Tout le monde connaît cet horrible épisode de l'histoire de Béziers qui se déroula durant la croisade contre les Albigeois. Ralliée à ces derniers en 1209, la ville fut prise par les troupes de Simon de Montfort, chef des croisés. Réfugiées dans les églises, plusieurs centaines de personnes, hommes, femmes et enfants, furent massacrées en vertu du principe incontournable que Dieu reconnaîtrait les siens ! Béziers est riche de monuments de l'époque médiévale : la cathédrale Saint-Nazaire (xiiiᵉ s. mais remaniée), la basilique Saint-Aphrodise, première cathédrale de la ville (X^e-XVe s.), la chapelle des Récollets (XVe s.), la superbe église de la Madeleine, l'église Saint-Jacques, de style roman. Enfin les musées de Saint-Jacques et des Beaux-Arts contiennent d'intéressantes collections médiévales.

➜ *À voir dans les environs Pézenas, ville d'art, très riche en hôtels et monuments d'époques différentes, Fontcaude (à 18 km) où l'on peut admirer, en pleine garrigue, les vestiges importants d'une abbaye du XIIe siècle.*

LA CROISADE CONTRE LES ALBIGEOIS

La croisade contre les Albigeois, d'ailleurs assez mal nommée (*Albi n'ayant pas joué un rôle important dans cette affaire), a connu son point d'orgue à Béziers avec le fameux massacre de Simon de Montfort en 1209. Cet épisode appartient à l'Histoire et à notre propre histoire, dont il est un des événements majeurs. L'un de ses résultats, outre l'extermination des Cathares, est le rattachement du comté de *Toulouse au royaume de France. Tout le monde se souvient de la célèbre phrase qu'aurait prononcée le légat du pape, Arnaud Amaury, apprenant que la population tout entière s'était réfugiée dans les lieux de culte, pourtant supposés lieux d'asile : « Tuez-les tous, Dieu reconnaîtra les siens ! » Cette phrase, dont l'authenticité est d'ailleurs controversée, a elle-même une histoire : c'est un contemporain des faits, Césaire de Heisterbach, maître des novices dans un monastère cistercien près de Cologne et auteur d'un *Dialogus Miraculorum* qui, dans les années 1219-1220, la signale, disant très exactement que « l'on rapporte que... » le légat du pape aurait ordonné de la sorte le massacre. Mais a-t-il vraiment prononcé de tels mots ? Ces paroles, si

elles peuvent sembler cruelles aujourd'hui, sont vraisemblables : elles sont bien dans le style du temps et le caractère du légat ne dément pas ces mots, tant s'en faut. Le mot aurait d'ailleurs été prononcé « à chaud » sur la demande pressante de certains « piétons », ignorant tout de la présence de catholiques dans Béziers, et à plus forte raison des tractations antérieures (l'attaque se déroule peu après l'arrivée des croisés devant la ville). Arnaud Amaury justifie son ordre de massacre par le fait que le salut des non-hérétiques, tués à tort, sera assuré. Et ce, en citant un passage (« le Seigneur connaît les siens ») de la *Seconde Épître à Timothée* (II, 19), lié étroitement chez saint Paul à la lutte contre l'hérésie et chez les clercs du Moyen Âge au caractère implacable du Jugement dernier.

Au témoignage de Césaire, il faut ajouter celui... d'un revenant. L'Anglais Gervais de Tilbury rapporte dans ses *Divertissements pour un empereur* (dédiés à Othon IV et composés vers 1214) qu'à *Beaucaire, en 1211, un revenant serait apparu à sa cousine pour déclarer, entre autres choses, que Dieu avait grandement approuvé les massacres commis par les croisés et que « Dieu en son Jugement voulut que les bons soient distingués des mauvais ». Paroles qui font un étrange écho à celles du légat et montrent que ces dernières étaient loin d'être invraisemblables. On s'est donc très tôt interrogé sur l'efficacité ou la légitimité de cet acte. Le massacre avait-il réellement plu à Dieu ? Les contemporains ont jugé par l'affirmative. D'une part, dirent-ils, les bons chrétiens avaient au moins péché par tolérance envers le catharisme, d'autre part, comme le raconte cette stupéfiante histoire de fantôme, Dieu avait – à peine quelques années plus tard – déjà reconnu les siens...

J. Berlioz, *Tuez-les tous, Dieu reconnaîtra les siens. La Croisade contre les Albigeois, vue par Césaire de Heisterbach*, Portet-sur-Garonne, Éd. Loubatières, 1994.

BIRON (DORDOGNE) ✳✳✳

À 58 km de *Sarlat, voici l'un des plus remarquables châteaux du Périgord, situé sur le sommet d'un mamelon. Son défaut d'unité, les constructions qui s'échelonnent du XIIᵉ au XVIIᵉ siècle, lui donnent un charme particulier. Le château, propriété jusqu'au XXᵉ siècle de la famille des Gontaut-Biron, fut le siège de la première des quatre baronnies de Périgord. Il subit de nombreux sièges, connut plusieurs occupants, mais les Gontaut, quand ils retrouvaient leurs biens, le restauraient, l'agrandissaient et le mettaient à la mode du jour, plus par ajouts que par destructions. D'où cette diversité architecturale avec des bâtiments médiévaux tandis que d'autres datent de la Renaissance ou de l'époque classique. La chapelle seigneuriale, à deux nefs superposées, a été construite durant la première moitié du XVIᵉ siècle. Une Pietà qui l'ornait se trouve aujourd'hui... au Metropolitan Museum de New York.
Tlj du 1er juil. au 5 sept. de 9 h à 19 h ; du 8 fév. au 31 mars et du 16 oct. au 31 déc. de 14 h à 17 h sf lun. ; autres mois tlj sf lun. de 10 h à 14 h et de 14 h à 18 h. Tél. : 05 53 63 13 39.

BLANDY-LES-TOURS (SEINE-ET-MARNE) ✳✳✳

Forteresse médiévale peu connue de la région parisienne, à environ 15 km à l'est de Melun, qui vaut le voyage : ce vaste « château enceinte » dont le donjon constitue l'une des tours vient de connaître une belle restauration. On visite sous le roucoulement des colombes la tour des gardes, large et désormais creuse, laissant visible la charpente ; des archères évoquent sa fonction militaire tandis que cheminées et fenêtres à coussiège à chaque étage rappellent que les forteresses étaient aussi des résidences seigneuriales. Un logis gothique est accolé au mur d'enceinte, du côté

de l'église paroissiale voisine. Au centre de la cour, une belle cave voûtée creusée dans le substrat rappelle qu'un autre logis noble, aujourd'hui disparu, était anciennement édifié au-dessus. Installé pour résister aux sièges, un puits bien protégé par un édicule maçonné et une barbacane à mâchicoulis est creusé au pied du donjon, à la porte duquel subsiste, en place, une petite herse de bois. Ce château a une longue histoire. Installé sur une nécropole mérovingienne, à proximité d'une église Saint-Maurice dont l'appareil en arêtes de poisson laisse présumer son ancienneté, un manoir et sa chapelle sont édifiés au début du XIIIe siècle. Il est peu à peu renforcé de défenses (un fossé) et de bâtiments nouveaux : un donjon au XIVe siècle, des logis résidentiels entre le XVe et le XVIIe siècle. Aux XVIIIe et XIXe siècles, ce n'est plus qu'une vaste ferme fortifiée. Les larges fossés, autrefois profonds de 7 m, sont aujourd'hui comblés, mais à cette exception près le château a totalement retrouvé son aspect médiéval.

M. Vitré, *Le Château fort de Blandy-les-Tours*, Melun, 1994.

BLASIMON (GIRONDE) *

Ne pas manquer les vestiges de l'abbaye bénédictine (XIIe-XIIIe s.), l'ancienne église priorale Saint-Nicolas. La façade présente des sculptures de grande qualité.

→ *À voir, dans les environs, le moulin fortifié de Labarthe (XIVe s.), les ruines du château de Duras qui appartint jadis à Jean sans Terre, dont le donjon, cylindrique, a 30 m de hauteur. La bastide de Sainte-Foy-la-Grande, fondée en 1255 par le frère de saint Louis, Alphonse de Poitiers. L'église de Castelvieil (XIe-XIIe s.) pour son portail roman, splendide.*

BLOIS (LOIR-ET-CHER) *

Tél.
Château/Musée :
02 54 78 06 62.

Son château est essentiellement Renaissance et classique, mais il reste tout de même des parties bâties au XIIIe siècle : la grande salle des États. Si vous y allez, demandez à faire la « visite insolite » : on vous montrera les objets non exposés et les charpentes, les vieilles tours, les cachots, au son de l'énorme trousseau de clefs du guide, très compétent. En ville, église Saint-Nicolas, romane et gothique, la vieille ville et ses maisons de la Renaissance dans des rues aux noms évocateurs du Moyen Âge finissant : rue des Papegaults (des

Perroquets), rue du Puits-Chatel, rue des Juifs... Seule la crypte de la cathédrale Saint-Louis, dévastée par un incendie au XVIIᵉ siècle, est ancienne (Xᵉ-XIᵉ). Pour conclure, on peut aller au musée lapidaire du cimetière Saint-Saturnin (église XVᵉ-XVIIᵉ s.).

BOIS DE BOULOGNE (Paris) ✳

On peut encore chevaucher dans ce bois, qui ne constitue qu'une très petite portion de l'ancienne et immense forêt de Rouvray, qui s'étendait au N-O de *Paris. Sainte Isabelle, sœur de saint Louis, y fonda une abbaye à Longchamp. François Iᵉʳ y fit construire un superbe château, le château de Madrid, dont il ne reste plus une pierre...

BOIS DE VINCENNES (Paris) ✳

Situé à l'est de *Paris, le bois de Vincennes, comme le bois de Boulogne, n'est que le « résidu » d'une vaste forêt qui appartenait à la Couronne. Nos rois et princes, grands chasseurs, y traquèrent le gros gibier, comme on le voit dans une enluminure des *Très Riches Heures* du duc de Berry. Louis VII y fonda un prieuré en 1164.

→ *Aller à *Vincennes.*

BOIS-SIR-AMÉE (Cher) ✳✳

Le château de Bois-Sir-Amée est une ruine superbe. C'est la demeure de la belle Agnès Sorel qui attendait ici le roi Charles VII, son amant. La légende veut que du sommet de la plus haute tour du château on allumait un feu pour communiquer avec le donjon de *Mehun-sur-Yèvre où résidait ce dernier. Le corps de logis actuel date du XVᵉ siècle mais repose sur une maison forte de plan quadrangulaire beaucoup plus ancienne. Les douves donnent de la majesté à l'ensemble. En suivant le petit chemin qui borde les ruines, les promeneurs peuvent chercher dans les bois situés à l'arrière de la demeure l'ensemble exceptionnel de fortifications de terre. Attention cependant en période de chasse ; de plus, les ruines sont dangereuses, et propriété privée.

→ *Aller à *Vorly.*

51

BONIFACIO (Corse-du-Sud) ✶✶

La ville est conquise en 1195 par les Génois. On ne sait exactement l'étymologie de son nom : elle porterait celui d'un marquis toscan du ixᵉ siècle ou encore celui du pape Boniface II, au vᵉ siècle. Parmi les monuments médiévaux, l'église Sainte-Marie-Majeure (xiiᵉ-xiiiᵉ s.), possède un mobilier d'art sacré, tabernacle de marbre, coffre octogonal d'ivoire et ébène du xvᵉ siècle. Pour les promeneurs les plus aventureux, un escalier à pente raide, taillé au Moyen Âge dans le calcaire de la falaise, et qui faisait se rejoindre le Castelletto et la mer, est encore accessible en été.

BONNEVAL (Eure-et-Loir) ✶✶

C'est une charmante petite cité sise au bord du Loir, et qui porte l'empreinte de ses fonctions militaires. Les fossés en eau sont alimentés par la rivière, les portes Saint-Roch et de Boisville ainsi que les tours de l'enceinte marquent encore la paysage urbain de leur masse imposante qui traduit leur fonction. L'abbaye Saint-

Florentin (transformée en hôpital, ne se visite pas), située au sud de la ville, serait à l'origine de son implantation. L'église Notre-Dame date du xiiiᵉ siècle et laisse apparaître, dans ses colonnades, les différentes étapes de sa construction. Tout autour de l'édifice, un élégant *triforium* unit l'ensemble. L'une des travées de voûte est couverte d'une curieuse coupole, qui porte un clocher reconstruit au xviᵉ siècle. Très beau panorama sur la cité depuis le pont de la N 10 qui enjambe le Loir au N-O de la ville.

→ *Aller à *Châteaudun.*

BORDEAUX (Gironde) ✶✶

Tél. OT :
05 56 44 28 41.

Outre les œnologues et, pour des raisons historiques, les Anglais, la ville intéressera surtout l'amateur de grand siècle car le cœur de la cité est essentiellement constitué de remarquables bâtiments du xviiiᵉ. Mais il demeure encore plusieurs monuments médiévaux que l'on visitera en dégustant un cannelet, délicieux gâteau au goût caramélisé, spécialité du lieu. Les gourmands n'omettront pas d'aller ensuite méditer sur le porche roman de l'église Sainte-Croix, aux sculptures pleines de verve, où est stigmatisée, entre autres péchés capitaux, la luxure. L'église Saint-Seurin est dotée d'un clocher roman et d'une crypte du xiᵉ siècle, dans laquelle sont disposés des sarcophages mérovingiens autour des vestiges d'un baptistère. On peut voir aussi la cathédrale gothique Saint-André et son campanile. Face au fleuve, la porte de la grosse cloche (cette dernière ne datant que du xviiiᵉ s.), aussi dénommée Saint-Éloi parce que la flanque une église dédiée à ce saint, a été élevée au xiiiᵉ siècle, surélevée en 1449 et découronnée au siècle suivant. Bien que la ville soit française depuis la fin de la guerre de Cent Ans, elle a longtemps porté en guise de girouette le léopard héraldique symbole de l'Angleterre... En revanche, une autre porte, dite Cailhau, à la lourde architecture édifiée en 1495, qui commandait l'accès au palais du roi d'Angleterre et des ducs d'Aquitaine, passe pour être le premier monument « français » de la ville après le départ des Anglais.

LES VINS DE BORDEAUX AU MOYEN ÂGE

La viticulture bordelaise est mentionnée déjà par Pline l'Ancien, au Iᵉʳ siècle de notre ère. Mais il faut attendre la fin du xiiᵉ siècle pour que les vins de Bordeaux acquièrent une importance économique de premier plan. Ce sont alors l'évêque et les chanoines de Saint-Seurin qui possèdent les vignes, dont les meilleures sont situées autour de la ville, car le Médoc est encore pour l'essentiel une terre céréalière. Dès le xiiiᵉ siècle, les vins de Bordeaux, ville anglaise, s'installent en force sur le marché insulaire. Au début du xivᵉ siècle, ils sont servis lors des grandes fêtes, comme le couronnement d'Édouard II et une flotte dite « du vin nouveau » appareille en octobre-novembre pour livrer le vin de Noël aux Anglais. Ce sont alors de 70 000 à 100 000 tonneaux par an qui quittent le continent en direction de Londres ou Hull, chargés sur des navires jaugeant une centaine de tonneaux. Les bourgeois sont alors devenus producteurs. Mais la guerre de Cent Ans ruine le pays et il faut attendre le début du xviᵉ siècle pour que l'activité économique redémarre avec un succès définitif.

📖 M. Lachiver, *Vins, vignes et vignerons. Histoire du vignoble français*, Paris, Fayard, 1988.

→ *Aller à *Saint-Émilion.*

BOULOGNE-SUR-MER (PAS-DE-CALAIS) ✳✳

Tél. :
03 21 31 68 38.

Malgré la guerre qui l'a détruite en partie, la ville a gardé d'importantes constructions médiévales : le château des comtes de Boulogne (xiiiᵉ s., remanié au xviiᵉ), aujourd'hui musée et le beffroi (xiiᵉ-xiiiᵉ s.). La basilique Notre-Dame, construite en 1827 sur les ruines de l'abbatiale du xiiᵉ siècle détruite pendant la Révolution, témoigne de l'ancienneté du culte à Notre-Dame de

Boulogne. Selon la légende, une statue de la Vierge aurait « débarqué » à Boulogne vers l'an 636, portée par une embarcation sans voilure ni marin. Des pèlerins en prière dans une chapelle située à l'emplacement de la basilique actuelle virent la Vierge qui leur annonça l'arrivée de la statue. Le pèlerinage à Notre-Dame de Boulogne connut un développement considérable : rois de France et rois d'Angleterre vinrent y faire leurs dévotions. Nombre de petites enseignes de pèlerinage conservées au musée national du Moyen Âge, à *Paris, exposées depuis peu, témoignent de cette dévotion à la Vierge de Boulogne qui, aujourd'hui encore, attire de nombreux pèlerins.

 BOULOIRE (Sarthe) ✳

On peut s'arrêter quelques minutes, et s'asseoir au soleil à la terrasse d'un café opportunément placé en vis-à-vis, pour admirer la jolie et rustique maison forte ou petit château des XIVe-XVe siècles situé au centre du village, immédiatement à côté de l'église, avec

tourelle de façade, grande toiture pentue et tour crénelée accolée au logis. Le pont-levis a disparu et la place actuelle du village donne la mesure de ce que fut le mur d'enceinte. Remanié à la fin du XIXe siècle, le rez-de-chaussée alors transformé en halle au blé, et l'étage en mairie, le bâtiment va être bientôt restauré.

 BOURDEILLES (Dordogne) ✳✳✳

Tél. :
05 53 03 42 96.

Bourdeilles compte deux châteaux, bâtis sur une falaise dominant la Dronne. À la pointe du promontoire, la forteresse médiévale du XIIIe siècle avec un beau donjon polygonal. À l'autre extrémité, Jacquette de Montbron, femme d'André de Bourdeilles, a fait construire en 1588 un château de style Renaissance (le château dit « vieux »). Bourdeilles a bénéficié de l'attention de généreux et intelligents mécènes, avant d'être propriété du département, et possède une inestimable collection de mobilier de haute époque, des tapisseries, des sculptures, des armes et des armures, des peintures...

Tlj du 1er juil. au 6 sept. de 10 h à 19 h ; du 9 fév. au 31 mars et du 16 oct. au 31 déc. sf mar. de 14 h à 17 h ; autres mois sf mar. de 10 h à 12 h et de 14 h à 18 h.

BOURGES (CHER) ✳✳✳

Tél. OT :
02 48 24 75 93.

Protégée par ses marais, la cité de Bourges a développé, tout au long du Moyen Âge, ses activités commerciales, artistiques et intellectuelles à l'ombre de puissants remparts. À la fin du Moyen Âge, Bourges est une grande ville, qui compte environ 20 000 habitants. Toujours visible dans le parcellaire et support des monuments les plus prestigieux, l'enceinte gallo-romaine va « protéger » la ville

jusqu'à la fin du XIIᵉ siècle, date à laquelle Louis VII puis Philippe Auguste ordonnent la construction d'une longue muraille ponctuée de tours. L'une d'elles, plus grosse, plus élevée, commandait l'ensemble des fortifications et fermait l'accès de la ville haute vers l'intérieur du plateau. Le visiteur à la découverte du passé médiéval de la cité ne manquera pas de repérer les nombreux témoignages de ces défenses (suivre la promenade des remparts, depuis la rue des Trois-Maillets, au nord de la cathédrale).

Du sommet de la plus haute tour de la cathédrale, le paysage se déroule en une mosaïque de quartiers verdoyants. À cheval sur la première enceinte, l'édifice développe, sur 120 m de longueur, son majestueux vaisseau de pierre et de verre. Construite à partir de 1195, elle a failli être romane comme en témoignent les deux portails sud et nord ; mais un architecte audacieux a tracé pour Bourges un plan étonnant de simplicité et de beauté. À une nef principale, d'une hauteur de 37,15 m, sont accolés de part et d'autre deux bas-côtés qui, sans transept, viennent s'enrouler autour du chœur en un double déambulatoire aux voûtes savamment étudiées. Cette partition au sol en cinq travées se retrouve également dans les élévations où trois niveaux de lumière sont séparés par deux niveaux obscurs agrémentés toutefois par d'élégantes galeries à *triforium*. Les vitraux sont exceptionnels tant par l'harmonie des couleurs des baies du XIIIᵉ siècle que pour la qualité des grisailles plus tardives ; une autre particularité de l'édifice étant, dans sa partie orientale, de reposer sur un puissant soubassement, parfois appelé à tort crypte. Cette église basse qui s'inscrit dans le plan du chœur conserve les tracés de la grande rosace sur son sol et est baignée d'une douce lumière. En effet, la grandeur des baies a permis de replacer une partie des vitraux de la Sainte-Chapelle de la ville, aujourd'hui détruite. Ces derniers ont été dessinés par André Beauneveu, maître imagier du duc de Berry. Le gisant de ce prince sculpté par Jean de *Cambrai au début du XVᵉ

αβc

Promenades
« Découvertes de
la vieille ville ».
Espace
patrimoine.
Tél. Palais
Jacques-Cœur :
02 48 24 06 87.

Billet combiné
avec crypte
et tour de
la cathédrale.
Tél. musée
du Berry :
02 48 70 41 92.

Tous les musées
de la ville
sont gratuits.

siècle est également conservé ici. Il faut encore remarquer les imposants fragments de l'ancien jubé datable des premières années du XIIIe siècle. Les scènes représentées sont tout à fait exceptionnelles et comparables à celles sculptées sur le grand tympan de la façade. À remarquer, dans le déambulatoire supérieur, les priants du duc et de la duchesse de Berry auprès de la statue de Notre-Dame-la-Blanche ainsi que les fresques de la chapelle Saint-Jean-Baptiste de la famille de Breuil, attribuables à un atelier de miniaturistes berruyers dirigé par Jean Colombe, voire au passage à Bourges d'un autre maître : Fouquet.

Également bâtie sur l'ancien rempart gallo-romain, la maison de Jacques Cœur domine la basse ville. De par ses dimensions, cet édifice est souvent appelé palais ; d'ailleurs, on y retrouve beaucoup des caractéristiques palatiales du milieu du XVe siècle. La chapelle domine la porte d'entrée et sa fenêtre dessine une fleur de lys. Les corps de logis s'articulent autour d'une cour intérieure bordée de galeries que l'on retrouve parfois à l'étage. Latrines, étuves et loge de musiciens sont autant d'éléments de confort qui en font une demeure somptueuse. Les charpentes sont remarquables, tout autant que certains plafonds lambrissés en carène de bateau renversé. Le décor est soigné et rappelle les nombreuses expéditions de Jacques Cœur en Orient à bord de ses galées. Telle une invitation au voyage, ces galées sont représentées sur un vitrail ou au-dessus des portes des salles. Partout, sont rappelées les armes parlantes du maître de la maison : la coquille Saint-Jacques et les cœurs entrelacés, ainsi que ses devises : *À vaillant cœur rien d'impossible* et *En bouche close, n'entre mouche !*

Tout proche de cette demeure se trouvait un autre palais (augmenté d'une Sainte-Chapelle) : celui du duc de Berry. Mais il reste bien peu de vestiges de ces grandioses constructions. Aussi, pour se donner une idée du raffinement artistique que développait le duc, il faut visiter le musée du Berry où sont exposés pleurants de marbre et d'albâtre, statues polychromes, éléments du tombeau ducal et tête d'angelot.

Rues Mirebeau, Bourbonnoux ou Coursarlon, mais surtout place Gordaine, les maisons à colombages montrent « pignon sur rue ». Le cœur de la ville présente un ensemble particulièrement bien conservé de ces maisons construites à la suite du grand incendie de la Magdeleine, en 1493. Cité du nord ouverte sur le sud, Bourges a d'abord été une capitale artistique princière avant de devenir celle du « petit roi de Bourges » : Charles VII.

J. Favière, *L'Hôtel de Jacques Cœur à Bourges,* Paris, 1992.

→ *Aller à *Mehun-sur-Yèvre.*

BOUSSAC (CREUSE) ✳

Boussac est le château dans lequel ont été retrouvées les tapisseries de la Dame à la Licorne qui sont actuellement présentées au musée national du Moyen Âge à *Paris. C'est un site perché exceptionnel qui domine la vallée de la petite Creuse. Les constructions du XVe siècle, commanditées par le maréchal de Brosse, compagnon de Jeanne d'Arc, reposent sur les infrastructures d'édifices du XIIe siècle. Les jardins actuels ont été aménagés sur la plateforme des bâtiments disparus. Malgré un prix d'entrée quelque peu abusif, les expositions temporaires et les collections permanentes sont d'un réel intérêt ; de plus, les salles basses sont magnifiques. Les amoureux de la nature ne manqueront pas d'aller admirer le château de Boussac depuis le site naturel des Pierres Jaumâtres.

→ Aller à *Lavaufranche.

BRANDES-EN-OISANS (ISÈRE) ✳

Dans un magnifique paysage de haute montagne, à proximité de l'Alpe d'Huez (à quelques centaines de mètres de l'altiport), une mine de plomb argentifère médiévale a fonctionné malgré les difficiles conditions climatiques : neuf mois d'enneigement. Du XIIe au milieu du XIVe siècle, sous la haute surveillance du Dauphin, les ouvriers en ont extrait l'argent nécessaire à battre monnaie. À 1800 m d'altitude, le paysage, à la végétation rase, porte encore les traces en creux du village minier de pierre sèche, aujourd'hui disparu (quatre-vingts fonds de cabane), et des boyaux de mines, saignées ouvertes dans le sol pour suivre les filons à ciel ouvert. On voit encore des épandages de quartz barytine et des pierres à usage de meule pour concasser le minerai. Les mineurs vivaient toute l'année avec femmes et enfants dans ce village placé sous la protection d'une motte, dont le profil caractéristique domine le site depuis le XIe siècle ; mais il ne reste que quelques assises des murs de la tour qui la surmontait.

M.-C. Bailly-Maitre et J. Bruno Dupraz, *Brandes-en-Oisans. La mine d'argent des Dauphins (XIIe-XIVe s.),* Lyon, DARA, 9, 1994.

BRANTÔME (DORDOGNE) ✳✳

Tél. : 05 53 05 80 52.

L'ancienne abbaye de Brantôme aurait été fondée en 769 par Charlemagne. Elle connut un grand rayonnement grâce aux reliques de saint Sicaire, qui attiraient de nombreux pèlerins. Pillée par les Normands, l'abbaye sera reconstruite au XIe siècle et remaniée profondément aux XIVe et XVIIIe siècles. Il faut voir l'église abbatiale troglodyte, restaurée par Abadie au XIXe siècle. La nef a deux travées et le chœur se termine par un chevet plat, couvert de voûtes angevines sur nervures. Mais il faut surtout admirer le clocher, superbe construction du XIe siècle qui s'élève sur le rocher au-dessus d'une grotte, légèrement à l'écart de l'église. Sa base surplombe de 12 m le sol de l'abbatiale. Il s'étire sur quatre étages coiffés par une pyramide de pierre.

L'écrivain Pierre de Bourdeille, plus connu sous le nom de Brantôme, en fut abbé commendataire. Outre l'abbaye, le visiteur flânera dans la ville, fort pittoresque avec ses maisons anciennes, son pont coudé et son église du XVIe siècle. On verra aussi, dans les environs, le château de Richemont : Brantôme est inhumé dans la chapelle.

BRESSIEUX (Isère) ✳✳✳

Juil.-août
du mer. au dim.
de 15 h à 19 h.
Mai-juin, sept.-
oct., les fins
de sem. de 15 h
à 19 h.
Visites guidées
sur rdz-vs.
Tél. :
04 74 20 15 45.

Il ne faut pas manquer la visite de ce site remarquable et encore peu connu, doté d'un musée petit mais superbe. En venant de La Côte-Saint-André, on arrive au pied d'une belle colline que surmonte une vaste forteresse de brique rose, construite au XIIIe siècle, entourée de grands arbres ; en été, on est ébloui par l'alliance des couleurs. Par temps clair, la vue panoramique atteint les 200 km, jusqu'au Vivarais et au Massif central d'une part, jusqu'au mont Blanc d'autre part. Pour parvenir au château, on s'arrête dans l'actuel village, encore doté d'une porte d'enceinte et, suivant un chemin pentu franchissant les énormes fossés, dans lesquels nous avons débusqué un chevreuil, on parvient au pied d'un puissant châtelet d'entrée. Il ouvre sur une vaste cour, avec

un grand donjon et les vestiges arasés du logis seigneurial à gauche, et ceux des cuisines, de la panèterie et d'un puits profond à droite. Bressieux, siège d'une des grandes baronnies du Dauphiné, fut édifié face à l'enclave savoyarde ennemie que constituait le bourg de La Côte-Saint-André (voir encore sur la route le toponyme révélateur « Rival » entre les deux communes). On doit absolument compléter la visite par le musée de Bressieux, situé au pied du site, vers la mairie. Y sont exposés, dans une superbe présentation muséographique, les objets de la vie quotidienne retrouvés dans les fouilles du château.

→ *On peut voir, dans les environs, la place du marché de La Côte-Saint-André et sa halle médiévale, chère aux amateurs d'Hector Berlioz qui viennent chaque année écouter l'une de ses œuvres sous l'enchevêtrement magnifique des poutres de châtaignier de sa charpente (n'oubliez pas de vous offrir une pogne aux pralines, rue de l'Hôtel-de-ville), et surtout le village médiéval immergé de *Charavines à Colletières.*

BRINAY (Cher) ✲✲

La petite église romane Saint-Aignan de Brinay est blottie dans un cadre de verdure toujours parfaitement entretenu et fleuri. On y pénètre par un caquetoire accolé au clocher. La nef, formée d'un rectangle sans transept, communique avec le chœur par un arc diaphragme ; l'ensemble est d'une grande simplicité. L'histoire de cette église est assez mal connue, mais les différentes modifications visibles au niveau des fenêtres laissent entrevoir deux phases principales de construction. Le chœur, de plan carré, est traditionnellement daté du XIe siècle et reposerait sur des fondations préromanes.

Saint-Aignan de Brinay a la particularité de posséder des fresques admirables datées du milieu du XIIe siècle. L'artiste avait une grande maîtrise de ses tracés, et la quiétude des personnages est mise en valeur par l'harmonie des couleurs. Les scènes représentent d'une part un calendrier qui découpe en douze tableaux l'intrados de l'arc d'entrée et d'autre part la vie du Christ que complètent huit grandes figures d'Apôtres et de Prophètes. Le cycle de la Nativité est particulièrement bien traité et nous attirons l'attention du visiteur sur la sensibilité expressive des visages, des Rois mages et de Joseph, puis sur le rendu dramatique du massacre des Innocents et de la fuite en Égypte. Les Noces de Cana et la Tentation du Christ complètent ce bel ensemble.

Brinay s'inscrit dans un ensemble de petites églises du Berry à « grandes peintures » comme Allouis, Avord, Vic, Méobecq ou *Chalivoy.

BRIOUDE (Haute-Loire) ✲✲✲

Tél. :
04 71 74 97 49.

Cette ville fut, grâce à saint Julien, un haut-lieu du christianisme. Si l'on se fie à Grégoire de Tours, qui « arrange » souvent l'Histoire à sa manière, c'était un militaire romain du temps de Dioclétien (IVe s.). Il se serait converti, ce qui l'aurait amené à fuir l'armée et à se réfugier à Brioude. Retrouvé, il fut condamné à mort et exécuté. Le corps du martyr fut inhumé par deux vieillards qui retrouvèrent, nous dit-on, une nouvelle jeunesse, ce qui, on s'en doute, fit grand bruit. La basilique Saint-Julien est la plus grande église d'Auvergne (74 m de long). Les travaux commencés dès la fin du XIe siècle ont duré jusqu'au XIIIe siècle. Cet étalement fait que l'église n'a pas d'homogénéité architecturale, ce qui d'ailleurs ne nuit pas à son charme. Un monument superbe et original.

→ *À voir, dans les environs, l'église romane de Beaumont (à 3 km), le bourg d'Auzon pour sa collégiale Saint-Laurent, qui mérite un arrêt ; les ruines du château fort de Léotoing (XIe s.) ; le château de Domeyrat ; l'abbatiale Saint-André à Lavaudieu (bel ensemble, église des XIe-XIIe s., le cloître notamment est intact) ; les villages médiévaux de *Saint-Ilpize et de La Voûte-Chilhac.*

(Forêt de) **BROCÉLIANDE** (Ille-et-Vilaine) ✣

Les derniers vestiges de la grande forêt bretonne, ceux de l'ancienne Brocéliande, font regretter le temps des chants de la Table ronde. Où sont passées les profondes forêts d'autrefois ? Le cercle magique dans lequel Merlin a été enfermé par Viviane s'est réduit à bien peu. On aura plaisir cependant à suivre à partir de Paimpont, beau village sur un lac avec son abbaye du XIIe siècle, la fin du circuit touristique de Brocéliande, à s'arrêter au Val sans retour et à la Fontaine de Barenton, ou de Merlin, à traverser le hameau des Forges de Paimpont.

La forêt au Moyen Âge

Pour l'homme médiéval, la forêt est un lieu ambigu : à la fois source de légendes ou territoire d'inquiétude et ressource économique majeure. Omniprésente, elle est très tôt exploitée rationnellement : pacage des troupeaux, cueillette, chasse pour les plus nobles et surtout mise en coupe des arbres, dont on tire le bois de charpente, de chauffe, des meubles et de multiples objets de la vie domestique. Si les premiers défrichements sont d'origine carolingienne, c'est le XIe siècle qui est responsable des coupes claires qui ont définitivement transformé le paysage français ; bien des noms de lieux – Les Essarts, *Essertines, etc. – en témoignent encore. Dès le XIIIe siècle, l'accès à la forêt est strictement réglementé et des gardes forestiers la protègent de l'exploitation paysanne. Les ruraux doivent payer des droits d'usage pour profiter de ses ressources bien que des franchises sur le sable, la glaise et le bois mort leur soient souvent concédées, ainsi en Normandie.

BRUNIQUEL (Tarn-et-Garonne) ✻

Tlj en juil.-août,
de 10 h à 12 h 30
et de 14 h à 19 h,
18 h autres mois,
hors saison
se renseigner.
Tél. Château :
05 63 67 27 67.

Bel exemple de village médiéval fortifié et perché, bien remis en valeur, aux maisons des XIVe et XVe siècles, de pierre, les plus anciennes, ou à pans de bois, à tourelles, fenêtres géminées ou à meneaux, dans un réseau de magnifiques ruelles en pente aux noms évocateurs (rue Bombecul ou rue Trotte-Garce par exemple), auxquelles on a accès en passant les hautes portes du bourg. Le village était une petite cité marchande et une halte sur la route de Saint-Jacques-de-Compostelle. Le château des XIIe-XIIIe siècles, remanié aux XVIe-XVIIIe siècles, ancienne propriété des comtes de Toulouse, est abruptement juché tout en haut d'un piton dont l'à-pic domine la vallée. La Maison Payrol, ancien hôtel des gouverneurs de la ville (XIIIe-XVIIe s.) abrite des vestiges de fresques médiévales et accueille un musée d'Art et Traditions populaires régional.

Maison Payrol, tlj du 1er avr. au 30 sept. de 10 h à 12 h et de 14 h à 18 h, hors saison sur rdz-vs. Tél. : 05 63 67 26 42.

Visite guidée de la ville. Tél. : 05 63 67 25 18.

BRUZAC (Dordogne) ✻✻

Dominant la vallée de la Côle, se dressent, dans la commune de Saint-Pierre-de-Côle, les ruines de deux châteaux jumeaux bâtis entre le XIIe et le XVe siècles. Les promeneurs devront grimper une colline escarpée pour apprécier la richesse architecturale du haut

château, le blason de la tour nord, figurant l'écu des premiers bâtisseurs, la famille Flamenc, surmonté d'un heaume richement décoré, ou encore les latrines flanquant le pont-levis (à droite), dotées d'un double conduit d'évacuation et intégrées dans la maçonnerie. Le château bas, daté des XIIe-XIIIe siècles, donne accès à un réseau de souterrains aménagés : c'est d'une salle circulaire taillée dans le roc que partent plusieurs galeries, aujourd'hui comblées aux trois quarts. La façade du logis avec ses fenêtres à meneaux suggère la fonction résidentielle du lieu de la fin du Moyen Âge jusqu'à ses derniers habitants, au XVIIIe siècle.

BUOUX (Vaucluse) ✳✳✳

Visite de 8 h
à 20 h en saison.

Il n'est pas évident de se rendre au fort de Buoux, mais le site (7 ha) vaut le détour. En venant d'*Avignon, prendre la direction de Bonnieux par la D 36, puis d'Apt par la D 232, et de Buoux par la D 113. Laissez Seguin à droite et poursuivre jusqu'au parking. Là, un long chemin pédestre taillé à flanc de montagne vous conduira aux ruines de l'une des citadelles les plus folles qui ait jamais été construite. L'ancienneté de l'occupation humaine est attestée, mais c'est aux XIIe et XIIIe siècles que les principales constructions ont été édifiées. Sur un étroit plateau rocheux, abrupt de toutes parts et de plus de 600 m de longueur, le visiteur découvre dans le cadre magnifiquement sauvage de la vallée de l'Aigue-Brun un habitat, parfois creusé dans le rocher, avec des silos, des citernes... le tout défendu par des remparts, des tours, des fossés. La place forte est en fait divisée en deux parties. La forteresse militaire et seigneuriale domine un village fortifié organisé autour d'une église et d'une maison commune. Il faut remarquer le difficile passage en chicane permettant l'accès au château, les corps de garde répartis sur le site et les ornières laissées par les chariots... Pour repartir, prendre la poterne dérobée, un pittoresque escalier (tenir les enfants par la main) permet de redescendre dans le vallon. En été, prévoir un chapeau et de l'eau.

BURANLURE (Cher) ✳

Buranlure est une maison forte blottie au creux d'un vallon que l'on découvre en suivant une adorable petite route (la D 55) qui, depuis le village de Sainte-Gemme-en-Sancerrois, rattrape la départementale de Saint-Satur/Leré (D 995/D 751). Cette maison forte a été construite pour la famille de Vinon ; datant de l'extrême fin du XVe siècle, mais toujours caractéristique du Moyen Âge, elle s'organise autour d'une cour fermée et les corps de logis

sont complétés de tours qui plongent dans les douves en eau. La tourelle d'escalier de la cour intérieure présente une intéressante architecture en encorbellement. Se visite en été.

→ *Aller à *Sancerre.*

Qu'est-ce qu'une maison forte ?

Tous les châteaux ne sont pas des chefs-lieux de châtellenie. La plupart d'entre eux ne constituent que la simple résidence d'un petit seigneur, quelquefois fortifiée : on leur donne le nom de « maison forte ». Il en existe plusieurs par paroisse. Elles sont souvent bâties au centre du village et présentent certains caractères défensifs. Toutefois, ils ne sont pas assez affirmés pour être totalement fonctionnels. Les maisons fortes datent principalement de la fin du Moyen Âge. Elles sont souvent construites sur une plate-forme artificielle quadrangulaire et entourées d'un fossé généralement en eau. Elles comportaient aussi granges et celliers, un colombier, parfois un pressoir et les paysans venaient s'y abriter en cas de danger.

CADOUIN (Dordogne) ***

Tél. : 05 53 63 36 28.

Cadouin fut le siège d'une abbaye fondée en 1115 par Robert d'Arbrissel qui rejoignit l'Ordre de Cîteaux en 1119. L'abbaye dut sa renommée et son rayonnement au fait qu'elle abritait une pièce de tissu ramenée d'Antioche, que l'on considérait comme étant le Saint-Suaire du Christ. La présence de cette relique prestigieuse valut à Cadouin d'être très fréquentée par les pèlerins, notamment ceux de Saint-Jacques-de-Compostelle. Il faudra attendre l'année 1934 et les expertises d'un jésuite, le père Francès, pour que l'on s'aperçoive que le fameux Saint-Suaire n'était qu'un voile du XIIe siècle, portant des inscriptions en arabe ancien et des invocations à Allah...

Cadouin ne s'est pas encore remise de cette découverte de 1934 et le village, si animé au moment des pèlerinages d'antan, s'est enfoncé dans une certaine torpeur que d'aucuns tentent de secouer. Il n'en reste pas moins qu'une visite à l'abbaye du lieu s'impose. Au premier abord, le jardin et la couleur de la pierre attirent le regard. La puissance majestueuse de l'église contraste avec le raffinement de la recherche sculpturale du cloître. Le plan de l'église obéit à la décoration de Cîteaux. La façade occidentale, dissymétrique, est influencée par le style saintongeais avec son portail encadré de fausses baies et son arcature décorative. La triple nef est suivie d'un transept surmonté d'une coupole à la croisée, coiffée d'un clocher de bois originel. L'abside est encadrée d'absidioles. Le cloître est particulièrement célèbre

Du 1er juil.
au 6 sept. tlj
de 10 h à 19 h ;
hors saison
sf mar.
de 10 h à 12 h et
de 14 h à 18 h ;
du 9 fév. au
31 mars
et du 16 oct.
au 31 déc.
de 14 h à 17 h.

et attire, à juste titre, la foule des touristes. Même si elle a été fortement restaurée, on admirera la galerie occidentale, édifiée au xvie siècle, dont les colonnes sont particulièrement ouvragées. Des chapiteaux en forme de mâchicoulis présentent des scènes savoureuses qui ne manquent pas d'humour et de réalisme. Dans l'ancienne salle capitulaire, une exposition, fort bien faite, relate l'« épopée » du Saint-Suaire que l'on peut d'ailleurs admirer. À défaut d'être authentique, ce morceau de tissu mérite le déplacement par la ferveur et les miracles (mais oui !) qu'il provoqua.

→ *En sortant de Cadouin on pourra voir, dans les alentours, Badefols-sur-Dordogne, château de Seguin de Badefols, terrible capitaine des Grandes Compagnies, Couze-et-Saint-Front, *Lanquais, *Saint-Avit-Sénieur, *Beaumont, l'église priorale bénédictine de Sainte-Croix-de-Beaumont, entièrement romane, et enfin la bastide de *Molières.*

CAEN (CALVADOS) ✲✲

Tél. OT :
02 31 27 14 14.

Malgré les destructions dues à la Deuxième Guerre mondiale, Caen a gardé d'importants monuments de l'époque médiévale, à commencer par ceux qu'édifia Guillaume le Conquérant, dont ce fut la résidence préférée : le château, que la reconstruction de la ville a permis de dégager et d'aménager en parc public, l'Abbaye-aux-hommes (xie s.) dont les flèches répondent à celles de l'Abbaye-aux-dames, fondée par la reine Mathilde (xie s.). Les deux églises abbatiales sont des chefs-d'œuvre de l'architecture romane normande. D'autres édifices religieux méritent une visite. Saint-Nicolas (milieu xie s.), Saint-Sauveur (xive-xve s.), Saint-Jean (xve s.) et Saint-Pierre (xiiie-xvie s.). L'université de Caen, célèbre pour l'enseignement du droit, fut fondée au xve siècle.

Voir notamment, au musée de Normandie, le riche mobilier funéraire de la tombe d'Airan (Calvados), datant de la fin du ive ou de la première moitié du ve siècle.

CAHORS (LOT) ✲✲

Tél. OT :
05 65 35 09 56.

Préfecture du Lot, Cahors est une ville moyenne dont l'origine remonte à l'époque gallo-romaine. Au xiie siècle, c'est une des villes les plus importantes de France avec un évêque tout-puissant. Les marchands de Cahors sont connus dans toute l'Europe. Les banquiers de la cité prêtent en effet à tous les grands du royaume et acquièrent une solide réputation d'usuriers (on appelait d'ailleurs communément les usuriers des « cahorsins »...). En 1316, un Cadurcien, Jacques Duèze, appartenant justement à une famille de banquiers, devient pape en Avignon sous le nom de Jean XXII. Fidèle à sa ville, il va la combler de bienfaits ainsi que d'autres cités de la région. Grâce à lui, Cahors se dote d'une université, en 1332, tandis que la ville se transforme. Durant les guerres de Religion, Cahors reste catholique ; en 1560, Henri IV, suite à un massacre des protestants, prend la ville et la livre au pillage.

Il faut voir particulièrement le pont Valentré. Fortifié, il a bien résisté au temps et ses défenses ont plusieurs fois sauvé la ville. La cathédrale Saint-Étienne (XIᵉ s., avec restaurations aux XIIIᵉ, XIVᵉ, XVᵉ et XVIIᵉ s.) : le tympan du portail nord est une intéressante réalisation de l'art roman méridional du XIIᵉ siècle. La nef est la plus large (20 m) des églises à coupoles de France. Ces coupoles, de 16,50 m de diamètre, s'élèvent à 32 m au-dessus du sol. Elles ont été décorées de fresques au XIVᵉ siècle, puis badigeonnées au XVIIIᵉ. Certaines ont pu être sauvées et restaurées au XIXᵉ siècle. On ne manquera pas de visiter le cloître (XVIᵉ s.), bien mutilé par les Huguenots. Donnant sur le cloître, la chapelle Saint-Gausbert (fin du XVᵉ s.) abrite un musée d'Art sacré. On a découvert, en 1960, des peintures murales du XVᵉ siècle : on y voit notamment une représentation du Jugement dernier. Voir aussi le grenier du chapitre, édifié au début du XIIIᵉ siècle. Une autre église, Saint-Barthélemy, construite au début du XIVᵉ siècle, mérite une visite. Cahors compte enfin de nombreuses maisons et autres bâtiments médiévaux que l'on découvrira en flânant dans la vieille ville.

CALAIS (Pas-de-Calais) ✷✷

Tél. OT :
03 21 96 62 40.

Une longue histoire mouvementée, un haut lieu de la rivalité franco-anglaise. Tombée entre les mains du roi d'Angleterre en 1346, Calais restera anglaise jusqu'en 1558. Jusqu'à la réconciliation avec nos voisins d'outre-Manche, la ville demeura une tête de pont pointée vers l'ennemi, Angleterre et Pays-Bas espagnols. Les deux guerres mondiales la détruiront en grande partie. Il faut voir, dans le vieux Calais presque anéanti par la guerre, la tour de guet (XIIIᵉ s., mais restaurée et remaniée après sa destruction partielle en 1940), l'église Notre-Dame (XIIIᵉ-XIVᵉ s., quasi détruite en 1939-1945 – la reconstruction n'est pas encore achevée...), le musée des Beaux-Arts pour son évocation de l'histoire de la cité et... le monument des Bourgeois de Calais, sculpté par Rodin en 1883 et qui évoque l'épisode des six notables offrant les clés de la ville au roi d'Angleterre et leur vie en même temps pour sauver la population affamée.

CAMBRAI (Nord) ✳

Déjà au xᵉ siècle, Cambrai était une métropole religieuse importante. Sur le plan monumental, Cambrai est d'abord une ville baroque. Du Moyen Âge, on verra le beffroi, ancien clocher de l'église Saint-Martin (xvᵉ s.), des restes de remparts avec trois tours et deux portes : l'une ouvrait vers la France, l'autre vers la Flandre. La cathédrale actuelle date de Louis XIV et a remplacé le sanctuaire médiéval, qui a totalement disparu à la Révolution.

CANDES-SAINT-MARTIN (Indre-et-Loire) ✳

Ouverture
en permanence,
jusqu'à la nuit.

La collégiale de Candes-Saint-Martin a été construite sur le site même où saint Martin serait mort. Elle date des xiiᵉ et xiiiᵉ siècles et présente un décor tout à fait remarquable. Le narthex, unique en son genre, est garni de statues faisant totalement corps avec le mur. Sa voûte repose sur une colonne centrale, ce qui lui donne un aspect de palmier. Sous les retombées des arcs doubleaux du portail, des statues de belle facture reposent sur un savant décor sculpté. Elles sont séparées les unes des autres par de fines colonnettes et invitent le visiteur à pénétrer dans l'édifice. À l'intérieur, la hauteur et le désaxage des voûtes sont impressionnants. Il faut partir à la découverte des très nombreuses sculptures, parfois polychromes, qui sont accrochées aux colonnes, sous les chapiteaux.
→ *Aller à *Fontevraud.*

CARBINI (Corse-du-Sud) ✳✳

Son église Saint-Jean-Baptiste, édifiée au xiiᵉ siècle, est ornée de médaillons figurant des masques humains et des fleurs. Une fine tour surmontée d'une toiture triangulaire, ajoutée au xixᵉ siècle, la jouxte. Avec son rez-de-chaussée aveugle et ses fenêtres géminées sous un mâchicoulis, elle évoque davantage la construction aristocratique qu'ecclésiastique. C'était sans doute, antérieurement, une habitation noble, peut-être crénelée. Remarquer les trous de boulins soigneux, très régulièrement espacés, qui ont permis d'installer les échafaudages lors de sa construction.

CARCASSONNE (Aude) ✳✳✳

Tél. :
04 68 11 42 00.

Passez au moins une journée à Carcassonne et replongez-vous dans le Moyen Âge, même si la Renaissance, le xviiiᵉ et le xixᵉ siècles y ont apporté leurs ajouts ou leurs restaurations. Grâce à

Prosper Mérimée – que l'on rencontre un peu partout lorsque l'on évoque la France médiévale –, bien mise à mal par la Révolution, la cité qui faillit devenir une gigantesque carrière de pierres a été sauvée et restaurée par le génial et inventif Viollet-le-Duc. Ce n'est pas le lieu de vous présenter la ville, ce qui exigerait beaucoup de pages, mais sachez qu'il s'agit d'une visite absolument incontournable. Vous ne pouvez pas priver vos enfants de cette découverte qui les aidera à mieux comprendre l'histoire du Moyen Âge et bien davantage. Carcassonne a plus de 2000 ans d'âge et a vu passer Gaulois, Romains, Wisigoths, Sarrasins, Francs, cathares, et croisés dans le style de Simon de Montfort, qui pillaient et incendiaient sans scrupules et au nom de la foi... Après 1240, Carcassonne devint une cité royale et une position stratégique importante en raison de la proximité de la frontière catalane. Quand le Roussillon sera rattaché à la France, la cité perdra de son intérêt militaire et ne jouera plus qu'un rôle de caserne. La citadelle sera vendue sous l'Empire à des démolisseurs professionnels. Les touristes affluent en masse du monde entier : choisissez bien la période de votre visite, mais, même s'il y a foule, il ne faut manquer cette merveille à aucun prix.

CARENNAC (Lot) ✳✳✳

Superbe petit village, siège d'un prieuré clunisien fondé au XIe siècle, que guerres de Cent Ans et de Religion laissèrent en triste état ; mais il retrouva une certaine prospérité quand, en 1605, il échut aux La Mothe-Fénelon. Attardez-vous dans le village avant d'entrer dans l'église ; le porche abrite un superbe tympan où l'on peut voir le Christ en majesté entouré des symboles des évangélistes. L'intérieur comprend une nef unique (XIe -XIIe s.) flanquée d'un transept, d'un chevet plat et de bas-côtés. Le cloître, restauré, a gardé une galerie romane. On verra encore une Mise au tombeau du début du XVIe siècle, magnifique, et des peintures murales (fin XVe s.) retrouvées en 1977.

CASTELNAU-BRÉTENOUX (Lot) ✳✳✳

Tél. Mairie :
05 65 21 94 21

Situé à 7 km de Saint-Céré, le château de Castelnau-Brétenoux est l'un des plus importants de France, l'un des plus beaux aussi.

Dominant les vallées de la Bave et de la Dordogne, il témoigne de la puissance des barons de Castelnau qui érigèrent d'abord un donjon au XIe siècle, un corps de logis au XIIe, puis d'autres bâtiments au siècle suivant, dont la grande tour-donjon carrée de 50 m de haut. La forteresse ne sera prise qu'une fois, en 1159, par les troupes d'Henri II d'Angleterre qui la réduisirent par la famine. Le château fut quelque peu transformé au XVIIe siècle pour répondre à la mode du moment. Abandonné au XVIIIe, un incendie le ravagea en partie en 1851. En 1896, un ténor fortuné, Jean Mouliérat, en tomba amoureux, le racheta, le restaura, le meubla et en fit don à l'État, ce qui est une trajectoire parfaite ! Il faut absolument voir ce château féodal à la couleur ocre, en faire complètement le tour extérieur et bien sûr le visiter, car il contient des merveilles. On pourra compléter la visite du château par un coup d'œil sur l'ancienne collégiale (XVe s.) qui se trouve à ses pieds, de grand intérêt pour ses vitraux et ses stalles du XVe siècle.

CASTELNAUD-LA-CHAPELLE (Dordogne) ✳✳✳

Tél. :
05 53 31 30 00.

Castelnaud, c'est le rival anglais de *Beynac, avec la Dordogne qui les sépare. Construit à 15 km de *Sarlat, sur une arête rocheuse qui surplombe le fleuve, Castelnaud ne mérite plus le titre de ruine grandiose. Sous l'impulsion de son propriétaire-mécène, dont l'on espère que la fortune est inépuisable, le château a repris de sa superbe et peut toiser fièrement son implacable rival. Le château

a la forme d'un vaste triangle et domine le magnifique paysage du confluent de la Dordogne et du Ceou. La construction s'est étalée entre le XIIe et le XVe siècles et fait aujourd'hui l'objet d'une restauration-reconstitution assez remarquable. Y est installé un très intéressant musée de la Guerre au Moyen Âge, où sont présentées des machines de siège.

CASTERA-LOUBIX (Pyrénées-Atlantiques) ✳✳✳

Eh oui, il arrive encore au XXe siècle que l'on trouve un trésor caché ! L'église Saint-Michel de Castera-Loubix, à 38 km de *Pau, en est un bel exemple. Le bâtiment lui-même est très simple : édifié sans doute à la période romane, il a été remanié à la fin du XVe siècle et au XVIIIe. Son plan comprend une abside semi-circulaire que prolonge une nef précédée d'un porche couvert. Dans le chœur, jusqu'en septembre 1967, se trouvait un retable classé d'une très belle facture mais en mauvais état. Le Service des Monuments historiques entreprit de le restaurer. Lors de sa dépose, on s'aperçut qu'il masquait des fresques d'une extraordinaire richesse. Selon l'historien Pierre Tucoo-Chala, elles sont « l'un des meilleurs exemples du maintien des traditions médiévales et de leur conversion aux nouveaux modes d'expérience de la Renaissance au tournant des xvᵉ et xvɪᵉ siècles ». Elles représentent une étonnante variété de détails de scènes de la Passion du Christ et du Jugement dernier (ah ! ces diables qui embrochent les damnés ou emportent quelques pécheresses dans leur hotte !). Parmi les autres séquences, on peut voir l'arrestation et la flagellation du Christ, le jugement de Pilate, le portement de croix, la crucifixion, la descente de croix, la mise au tombeau. Restaurées en 1969, ces fresques aux couleurs simples (ocre rouge et jaune, terre de Sienne naturelle et brûlée, noir, gris de différentes nuances) aident à mieux comprendre la mentalité de l'univers médiéval.

CASTILLON-LA-BATAILLE (Gɪʀᴏɴᴅᴇ) ✳

Le 17 juin 1453, les troupes de Charles VII réussissent à mettre en déroute les troupes anglaises commandées par le vieux Talbot. Cette bataille met pratiquement un terme à la guerre de Cent Ans. Si à *Crécy les Français individualistes et indisciplinés furent défaits par l'efficacité tactique des Anglais, à Castillon ce sont ces derniers qui furent écrasés par la nouvelle technologie guerrière : l'artillerie, dont ils sous-estimaient la redoutable portée. Les Français assiégeaient Castillon et avaient construit un retranchement non loin de la ville, tandis que leur cavalerie se terrait quelque peu à l'écart. Talbot, chef aguerri, mais âgé de 80 ans, pensa sans doute qu'il ne ferait qu'une bouchée de la piétaille française. Il avait seulement oublié que le roi de France Charles VII disposait, grâce aux frères Bureau, d'une artillerie de campagne mobile qui n'avait plus grand-chose à voir avec l'artillerie de siège, efficace mais quasi immobile. Trompés par les Français qui organisent une fausse retraite, Talbot lance ses cavaliers à l'assaut du retranchement où elles sont accueillies par une canonnade nourrie et terriblement meurtrière. Les troupes anglaises décontenancées tentent de s'enfuir mais sont rattrapées par la cavalerie française. Talbot et son fils meurent au cours du combat qui laissa plusieurs milliers de victimes. Une chapelle rappelle aujourd'hui le souvenir du chef anglais. La victoire de Castillon ouvrait aux Français la route de *Bordeaux et sonna le glas de la présence anglaise.

CÉNAC (Dordogne) ✳✳

À 10 km de *Sarlat, d'une ancienne église romane subsiste l'abside avec de magnifiques chapiteaux sculptés (1130), aux scènes très expressives, parmi les plus belles du Périgord. Dans les environs, châteaux, manoirs et églises romanes à foison. Prenez votre temps !

CHALIVOY-MILON (Cher) ✳✳

L'église romane de Chalivoy atteste l'existence d'un ancien prieuré. Tous les murs et les voûtes du chœur sont recouverts de fresques d'une très grande qualité artistique. Les colonnes sont parfois sculptées de motifs géométriques que complètent des chapiteaux richement décorés.

→ *Aller à Dun-sur-Auron (remparts du XIIIᵉ s.).*

CHÂLONS-EN-CHAMPAGNE (Marne) ✳✳✳

Tél. OT :
03 26 65 17 89.

Tél. Musée
du cloître :
03 26 64 03 87.

À l'ombre de l'abbatiale Notre-Dame-en-Vaux, le musée du cloître Notre-Dame conserve de remarquables éléments sculptés provenant du cloître du XIIᵉ siècle, détruit. Ce dernier est évoqué dans une restitution mettant en scène les nombreux fragments découverts. La précision de taille des œuvres est saisissante mais le plus frappant est l'expression de pureté qui se dégage des statues-colonnes, plus particulièrement des Prophètes, véritables portraits aux pommettes et à la barbe soignée, aux yeux de pierre tellement expressifs. Le musée municipal, place Godart, conserve des collections mérovingiennes et des sculptures des XIIᵉ-XVᵉ siècles. Voir également la cathédrale Saint-Étienne, qui présente un savant mélange architectural (tour et triple nef XIIᵉ, façade XVIᵉ s.).

→ *Aller à *L'Épine.*

CHAMBÉRY (Savoie) ✳✳

Tél. Musée :
04 79 33 44 48.

Capitale historique de la Savoie, carrefour économique alpin, la ville comptait environ 3 000 habitants à la fin du XVᵉ siècle. Son château médiéval (XIVᵉ-XVᵉ s.) a été remanié jusqu'au XIXᵉ siècle et fait aujourd'hui fonction de préfecture. La cité peut s'enorgueillir de posséder le plus ancien « monument » religieux de Savoie : le baptistère de Lémenc (IXᵉ s.), rude rotonde souterraine dotée de six colonnes à chapiteaux corinthiens édifiée sur le site du premier peuplement de la ville, habité entre l'époque romaine et le XIᵉ siècle ; ensuite la cité s'est fixée autour d'un château à Chambéryle-Vieux. Une Sainte-Chapelle construite entre 1408 et 1430, qu'on peut visiter, intéressera le voyageur qui aura déjà vu celles de *Châteaudun ou *Vincennes, mais c'est surtout au musée Savoisien que nous vous conseillerons d'aller. Il abrite depuis peu les belles fresques du château de la Rive, à Cruet, récemment découvertes et déposées : 40 m de peintures murales du XIIIᵉ siècle dépeignant des aventures chevaleresques mal identifiées, dont une mystérieuse scène, figurant une vache devant une ville assiégée, fait penser, peut-être, à celles de Girart de Roussillon. On verra aussi, dans une galerie du cloître, des œuvres des primitifs savoyards.

📖 R. Brondy, *Chambéry, histoire d'une capitale*, Lyon, PUL, 1988 ; C. Fernex de Mongex et D. Richard, *Peintures médiévales de Cruet*, Barberaz, Éd. Agraf, 1990.

→ *Aller à *Miolans et aux tours de Montmayeur, situées sur un sentier de randonnée. Vue magnifique sur la vallée et les montagnes enneigées au printemps.*

CHAMBOIS (Orne) ✳✳

Tél. Mairie : 02 33 36 72 91.

Le donjon de Chambois est une surprenante construction du XIIᵉ siècle qui était complétée par une enceinte. C'est un vaste rectangle renforcé dans les angles par des tourelles en faible saillie. Avec ses fenêtres géminées et son chemin de ronde sur mâchicoulis, le bâtiment a une allure très anglaise : rien de plus normal, c'est un Normand du nom de Guillaume de Mandeville qui l'édifia. Cadre agréable, à visiter sous une légère brume...

CHAMPEAUX (Seine-et-Marne) ✳✳

Derrière l'austère et puissante façade romane, surmontée de deux tours poivrières, se cache dans le chœur une très amusante série de miséricordes de stalles. En bois clair, bien éclairées, on y voit des sujets animaliers (pélican, lion et ours, cochon au biniou), du zodiaque (le sagittaire), des sujets profanes (le chevalier, le marché, la cuisine, le jeu de balle, le faux monnayeur) ou bibliques (un cycle des malheurs de Job), folkloriques (l'homme sauvage, la sirène, le diable au baquet), des proverbes (trois têtes sous le même bonnet, « petite pluie abat grand vent » figure un homme qui se soulage sur un grand van !), qui rappellent que les clercs ne manquaient pas

d'humour et qu'ils ne répugnaient pas à s'asseoir pour prier, dans l'église, sur ces chefs-d'œuvre du rire de l'extrême fin du Moyen Âge. Après avoir ri ou souri, retrouver son sérieux en remontant la nef dallée de pierres tombales.

→ *Aller à *Provins.*

CHAMPVALLON (Yonne) ✳

Du 1er mars
au 31 sept. de
14 h à 18 h 30.
Hors saison, pour
gr. et sur rdz-vs.
Tél. :
03 86 91 07 69.

Entre Joigny et Aillant-sur-Tholon, il faut voir les pressoirs à abattage de Champvallon, qui datent des XIIe-XIIIe siècles et ont vraisemblablement été réparés, comme c'est souvent le cas, au XVe siècle. Ils constituent un ensemble unique, le seul qui soit médiéval à fonctionner encore, une fois par an, aux alentours du 1er octobre, pour les vendanges : surtout ne manquez pas cette occasion. D'autant qu'ils ont failli nous échapper : ils ont manqué être achetés successivement par des Américains, des Japonais, de grands producteurs de champagne – le canton a heureusement réussi à les conserver *in situ*. En outre, la visite des pressoirs est commentée.

« BANAL » ET MYSTIQUE... : LE PRESSOIR

Le pressoir n'est pas un outil répandu : la plupart des vignerons pressent encore par foulage à la fin du Moyen Âge. Seuls les seigneurs riches et puissants peuvent assumer la dépense et l'entretien de ces énormes machines qui exigeaient des arbres centenaires. Soigneusement entretenus, ils sont quelquefois parvenus jusqu'à nous. Outre ceux de Champvallon et *Chenôve,

on connaît celui du château de la Marquetterie, en Champagne. Il pèse douze tonnes et passe pour dater du XIIIe siècle, mais la probabilité est forte que les bois ou la vis en aient été changés depuis, comme à Chenôve. La rareté et la préciosité de cet outil ont poussé les laïcs à l'identifier à la puissance divine : à la fin du Moyen Âge, on a imaginé, et représenté, Dieu le Père en vigneron divin pressurant le corps du Christ dans le pressoir en lui serrant la vis : le sang qui jaillit de ses plaies devient le vin de messe. On peut admirer à *Recloses (Seine-et-Marne) un retable sculpté consacré à ce thème.

📖 *Le Pressoir mystique*, sous la direction de D. Alexandre-Bidon, Paris, Éd. du Cerf, 1990.

CHANCELADE (Dordogne) ✳✳

Il ne faut pas manquer, en quittant *Périgueux, de visiter l'abbaye de Chancelade dont l'église fut construite en 1147 et qui devint l'un des centres importants de la vie religieuse et intellectuelle en Périgord. L'église est cruciforme, à cinq travées. Sa porte est romane, la croisée couverte d'une coupole sur pendentifs, et des fresques du XIVᵉ siècle ornent le chœur. À côté de l'église, les bâtiments conventuels du XVᵉ siècle furent remaniés au XVIIᵉ et en partie détruits à la Révolution. Mais on peut encore voir un moulin fortifié des XIVᵉ et XVᵉ siècles, un cuvier du XVᵉ. À quelques pas de l'abbaye, ne pas oublier d'aller voir la petite chapelle romane dédiée à saint Jean.

CHAOURCE (Aube) ✳✳

Chaource est une petite ville agréable, qui conserve une très belle église et une Mise au tombeau exceptionnelle (1515). Elle possède également un blason amusant (à voir aussi sur les vitraux de l'église) puisqu'il représente un chat et un ours, ce qui phonétiquement traduit le nom de la cité. Le goût pour les jeux de mots et les armes parlantes est d'ailleurs une caractéristique des derniers siècles du Moyen Âge.

CHARAVINES (Isère) ✳✳✳

Musée des Trois Vals, lac de Paladru. En mai, oct. et nov.

Là, à Colletières, entre 1030 et 1035, ont vécu des « chevaliers-paysans ». Leurs demeures de bois, construites en bordure d'un lac occupant une ancienne vallée glaciaire, soumises aux variations climatiques et aux fluctuations des eaux, ont fini par être submergées. Le village était protégé par une puissante palissade de bois. Les maisons, de grandes dimensions, étaient fondées sur des

les sam. dim.
de 14 h à 18 h.
Juin-sept. tlj
de 10 h à 12 h et
de 14 h à 18 h.
Juil.-août
de 10 h à 12 h
et de 15 h à 19 h.
Visite guidée
tlj sf le mar.
en juil.-août
à 14 h 30 et 16 h.
Tél. :
04 76 55 77 47.

poteaux de chêne enfoncés dans le sol humide au bord du lac. Les murs de clayonnage, entrelac d'osier enduit d'argile, ont abrité des paysans et des aristocrates, ces derniers reconnaissables à leurs armes ou à leurs activités militaires (équitation, garde) ou ludiques (les échecs). En attendant la reconstitution du village, en projet, sont exposés sur place, dans un musée, les objets de la vie quotidienne et artisanale que des fouilles célèbres ont retrouvés. Une maquette permet au visiteur de visualiser l'habitat aristocratique en milieu rural en ces temps rigoureux. Trompe de guet et instruments de musique, bijoux, pots de terre, écuelles de bois, rien ne manque à l'inventaire. On peut encore admirer le lac de Paladru, véritable vivier avec ses foulques et ses poissons, comme le faisaient les colons de l'an Mil, et même suivre une visite guidée du chantier de fouilles archéologiques.

→ *À voir, dans les alentours du lac, le puissant château de Clermont (XIIIᵉ s.), la motte castrale du Châtelard (seconde moitié du XIᵉ s.), qu'on rejoint en suivant un chemin de terre prenant au nord, face aux dernières maisons du hameau de ce lieu, et le château de Virieu-sur-Bourbre (XIIIᵉ-XIVᵉ s., en partie remanié aux XVIᵉ-XVIIIᵉ s.). Circuits de découverte du patrimoine médiéval : « Du château à motte au château de pierre », « Églises, monastères et prieurés ».*

📖 M. Colardelle et É. Verdel, *Chevaliers-paysans de l'an Mil,* Paris, Errance, 1993.

CHARLEVILLE-MÉZIÈRES (ARDENNES) ✳

Charleville-Mézières est « une » ville (double) du XVIIᵉ siècle dotée d'une belle place ducale mais qui a connu un très ancien peuplement. Son musée conserve les remarquables découvertes d'armement et de mobilier mérovingiens provenant des fouilles de l'hôpital de Manchester de la ville.

→ *Aux environs, voir le château en ruines de Montcornet (XIIᵉ-XVIᵉ s.) et, à une quinzaine de kilomètres, les crêtes des Quatre-Fils-Aymon, baptisées en souvenir d'une célèbre épopée médiévale...*

CHARLIEU (LOIRE) ✳

On est d'abord charmé, en entrant dans cette petite ville, par l'ocre chaleureux des pierres de la « tour de Philippe Auguste », donjon abbatial, et de l'abbaye bénédictine qui la jouxte. Mais, malgré quelques belles pièces d'art religieux exposées dans les salles

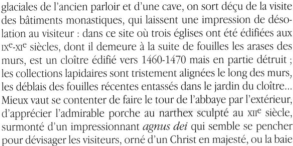

Abbaye : tlj
de 9 h à 12 h et
de 14 h à 17 h ;
du 15 juin
au 15 sept.
tlj de 9 h à 19 h.
Tél. :
04 77 60 08 17.

Billet groupé
abbaye et
couvent.

Ville :
visite guidée
les mer. et sam.
en juil.-août.
Tél. :
04 77 60 12 42.

glaciales de l'ancien parloir et d'une cave, on sort déçu de la visite des bâtiments monastiques, qui laissent une impression de désolation au visiteur : dans ce site où trois églises ont été édifiées aux IXe-XIe siècles, dont il demeure à la suite de fouilles les arases des murs, est un cloître édifié vers 1460-1470 mais en partie détruit ; les collections lapidaires sont tristement alignées le long des murs, les déblais des fouilles récentes entassés dans le jardin du cloître... Mieux vaut se contenter de faire le tour de l'abbaye par l'extérieur, d'apprécier l'admirable porche au narthex sculpté au XIIe siècle, surmonté d'un impressionnant *agnus dei* qui semble se pencher pour dévisager les visiteurs, orné d'un Christ en majesté, ou la baie

qui s'ouvre à sa droite, surmontée d'une scène figurant les Noces de Cana. Allez visiter ensuite le paisible couvent des cordeliers, tout proche, édifié au XIIIe et reconstruit à la fin du XIVe siècle, aux toits moussus et aux amusants chapiteaux ; son église présente un beau volume autrefois couvert de fresques, dont il reste quelques témoignages. Une promenade à pied dans les rues de Charlieu permettra enfin d'observer d'assez nombreuses maisons médiévales – la ville comptait en effet près de 3000 habitants au XIIIe siècle ; elles sont en pierre et aux fenêtres à claire-voie, comme à *Cluny ou à pan de bois et double encorbellement, place Saint-Philibert, rue Chevroterie (rue A.-Farinet), tout le long de la rue Chanteloup ou à l'angle de la rue Fromagerie – des noms qui fleurent encore bon le Moyen Âge...

→ *Aller à Saint-Nizier-sous-Charlieu, au couvent des dominicains, puis à *La Bénisson-Dieu... en passant par le Pont du Diable (médiéval) de Pouilly-sur-Charlieu. À voir, dans les environs, Anzy-le-Duc, Saint-Julien-de-Jonzy, Iguerande, Montceaux-l'Étoile, Varenne-l'Arconce (églises romanes).*

CHÂROST (Cher) ✳

Le grès rougeâtre utilisé pour la construction de l'église de Chârost lui confère un aspect sévère. L'ensemble présente de belles proportions et cache dans son décor quelques particularités. C'est tout d'abord côté cimetière qu'il faut se diriger pour voir deux chapiteaux qui, prisonniers dans l'épaisseur du mur, marquent l'ancienne croisée du transept. Sur l'autre face, dans les arcatures aveugles basses du chœur de l'édifice, un chapiteau représente des chats, ligotés ensemble : petite allusion phonétique, comme à *Chaource, entre cette figuration sculptée et le nom du lieu...

CHARROUX (Vienne) ✷✷

Tél. Musée :
05 49 87 62 43.

Une étonnante tour-lanterne octogonale du XIe siècle domine les vestiges d'une abbaye abritant un trésor (reliquaires) et un musée lapidaire (sculptures du portail détruit, XIIIe s.). Une halle du XVe siècle, quelques maisons à pans de bois de la fin du Moyen Âge, font l'intérêt de ce bourg.

CHARTRES (Eure-et-Loir) ✷✷✷

Tél. OT :
02 37 21 50 00.

Quel que soit le chemin par lequel on arrive, c'est de très loin qu'on voit la cathédrale Notre-Dame veiller sur la vallée de l'Eure. Le visiteur se doit d'aller admirer le monument et la cité qu'il domine. De fait, la cathédrale a toujours fait l'objet d'un pèlerinage important, lié au culte de la Vierge, qui a enrichi spirituellement – et matériellement – la cité et a contribué à la construction de l'édifice. Sur des bases très anciennes, datant du IXe siècle, l'évêque Fulbert construit, après l'incendie de 1020, un grand édifice (de 105 m de long sur 35 m de large) qui sert toujours de base à l'actuelle cathédrale. Dans la première moitié du XIIe siècle, le massif d'entrée, comprenant deux tours et le portail royal, est construit. L'organisation de la façade est étonnante, même si la pureté initiale a été quelque peu perturbée par la transformation des étages supérieurs des tours, au XVIe siècle. Les trois portes du portail royal ne donnent accès qu'à un seul vaisseau intérieur. Elles sont ornées de statues-colonnes. L'ensemble de la décoration est d'une rare beauté. Tout l'espace est occupé par des sculptures plus raffinées les unes que les autres, complétées par des rinceaux de feuillages et des entrelacs géométriques d'une grande virtuosité. Le portail central présente un Christ dans une mandorle, entouré des quatre symboles des évangélistes, le lion (Marc), l'aigle (Jean), le taureau (Luc) et l'ange (Matthieu). Ce groupe se place entre les apôtres, qui ornent le linteau de la porte, et les anges et vieillards de l'Apocalypse, qui s'alignent dans la voussure. Les deux autres portes représentent l'enfance du Christ et l'Ascension, complétée par un calendrier des travaux des mois. Trois baies, toujours pourvues de leur verrière du XIIe siècle, s'alignent dans l'axe des portes et sont surmontées par une très belle rosace. Au-dessus de cet ensemble se développe la galerie des rois, mise en place au XIIIe siècle. À nouveau un incendie vient mettre à mal le monument, le 10 juin 1184. La cathédrale de Fulbert devient alors la base d'un édifice gothique construit entre 1194 et 1235. De cette rapidité est ressortie une grande homogénéité dans la construction. La conser-

vation des bases anciennes a conditionné le nouveau plan. De ce fait, l'architecte, ne pouvant rallonger l'édifice, a donné plus d'ampleur au transept.

Le transept présente également des sculptures de grande qualité. Les portes de la branche N-E de la croix sont ornées de l'histoire et du couronnement de la Vierge ainsi que de l'enfance du Christ et du livre de Job. À l'opposé, la branche N-O est principalement consacrée au Jugement dernier. Pour compléter cette visite, signalons différentes adjonctions à la fin du XIIIe et au XIVe siècle : une salle capitulaire, située en avant des chapelles du chevet, la clôture du chœur, et une sacristie, achevée vers 1310. Sur les 183 verrières qui ont été réalisées très rapidement, entre 1200 et 1235, grâce à 110 donateurs, 145 nous sont parvenues. Elles forment un ensemble exceptionnel.

La cité possède bien d'autres monuments, comme l'église Saint-Pierre-en-Vallée, mais ce sont surtout les vieux quartiers qu'il faut découvrir. En face de la cathédrale, il reste une belle maison canoniale construite à la fin du XIIIe siècle et au n° 5 de la rue du Cardinal-Pie, c'est un cellier voûté qui porte un grenier en pans de bois. La maison dite de « la Truie qui file », ou du « Saumon », située place de la Poissonnerie, doit son nom au décor sculpté du XVe siècle qui orne son colombage. Une autre maison du XIIIe siècle, en pierre, est encore visible rue du Cygne. Enfin, au hasard des rues, vous découvrirez à quel point les colombages du Moyen Âge ont perduré, puisque la maison des Consuls possède un escalier en encorbellement, savamment sculpté, du XVIe siècle.

 J.-P. Deremble et C. Manhes, *Les Vitraux légendaires de Chartres*, Paris, Desclée de Brouwer, 1988.

CHÂTEAUDUN (EURE-ET-LOIR) ✳✳✳

Tél. OT :
02 37 45 22 46.

Connu depuis l'époque mérovingienne, le château de Châteaudun présente un exemple intéressant d'évolution architecturale : tout d'abord une grosse tour circulaire de 46 m de haut, élevée à la fin du XIIe siècle, qui domine les constructions, la ville et la vallée du Loir. Stratégiquement placée, cette tour montre la puissance de la forteresse. Puis un grand corps de logis, « l'aile Dunois », construit au xvᵉ siècle. Un haut toit pointu rythmé de lucarnes recouvre l'ensemble. Formant une liaison entre la grosse tour et cette aile, une Sainte-Chapelle à deux niveaux et au chevet à trois pans conserve de remarquables statues ; l'une d'elles est peut-être la figuration de Dunois ; une grande fresque représentant le Jugement dernier complète la décoration intérieure. Enfin, une autre aile du xvıᵉ siècle s'élève perpendiculairement à la précédente. Le château possède deux magnifiques escaliers. Le premier, de la fin du xvᵉ siècle, a été construit par Colin Duval de Rouen, dans la tradition de la « grant vis » du Louvre de Charles V. Le deuxième s'est inspiré

du premier tout en voulant rivaliser en hauteur et en beauté. Très novateur dans le style Renaissance, il servira de modèle pour celui de *Blois. Après la visite des cuisines du château et pour compléter, l'office du tourisme propose une agréable promenade dans la ville, à la découverte des vieux quartiers (loge des portiers). Ce circuit vous mènera par la « venelle des ribaudes » vers les remparts et l'abbatiale Sainte-Marie-Madeleine.

→ *Aller à *Bonneval (enceinte, porte et église, pont du xıııᵉ s.).*

QU'EST-CE QU'UNE « SAINTE-CHAPELLE » ?

Entre le xıııᵉ et le xvıᵉ siècles, il en existe une douzaine en France, surtout autour de Paris (*Paris, *Saint-Germain, *Vincennes, etc.), non seulement à *Châteaudun, mais aussi à Champigny, dans la région Centre (à *Bourges, Aigueperse, *Riom, Vic-le-Comte) et en Savoie, à *Chambéry. Fondées par saint Louis ou l'un de ses descendants, elles ont en commun d'être toutes des chapelles castrales, de posséder des reliques de la Sainte Croix ou de la Couronne d'épines et le culte y est célébré selon l'usage de Paris.

📖 *L'Église et le château, xᵉ-xvıııᵉ s.,* sous la dir. d'A. Chastel, *Cahiers de Commarque,* 1988 (voir l'article de C. Billot).

CHÂTEAU-LANDON (SEINE-ET-MARNE) ✳

Il faut arriver par la vallée, rue du Bas-Larry, admirer de loin ce site en falaise, évocateur du choix des sites forts à la ligne de maisons ponctuée de tours, puis remonter en laissant l'abbaye aux puissants contreforts derrière soi pour

aller, rue du Porche, voir une maison médiévale curieusement préservée, sans doute l'ultime vestige d'une rue médiévale sur galerie voûtée.

CHÂTEAUNEUF-EN-AUXOIS (CÔTE-D'OR) ✳✳

Du 1er avr.
au 30 sept. de
9 h 30 à 12 h 30
et de 14 h à 18 h
et du 1er oct.
au 30 mars
de 10 h à 12 h et
de 14 h à 16 h.
Tél. :
03 80 33 00 77.

La meilleure manière d'aborder ce site est, paradoxalement, de le longer d'abord depuis l'autoroute A 6 (sortie Pouilly-en-Auxois) : de là on en a une vision panoramique exceptionnelle. Juché sur sa colline non déparée de constructions modernes, Châteauneuf est par excellence l'image hollywoodienne du château médiéval. On imagine tout à fait une cavalcade de chevaliers, toutes bannières au vent, dévalant la colline ! Et pourtant, le site est authentique et le visiteur averti ne sort pas déçu de sa visite guidée, de très bonne qualité, complétée par d'excellents panneaux didactiques. On pénètre dans le château par un castelet desservi par un pont-levis (transformé aujourd'hui en pont dormant). Les fossés, actuellement engazonnés, et des canonnières défendent la porte. La « salle des gardes » possède encore son carrelage médiéval historié et une cheminée vraiment monumentale, aux armes de Philippe Pot, un proche du duc de Bourgogne au xve siècle : il en était en effet chambellan et conseiller. Le donjon, édifié au xiie siècle, conserve la décoration de ses derniers habitants, aux xviie-xviiie siècles, mais les carrelages pourtant très simples ne manquent pas d'intérêt avec leurs motifs ornementaux ou prophylactiques en forme d'étoile de David ou d'empreintes animales estampés dans l'argile. Une chapelle castrale remarquable, élégamment carrelée, au décor peint rayé de rouge, jaune et noir (aux couleurs des Pot), datant de 1485, est ornée de l'image du Christ et des apôtres et de la copie du gisant de Philippe Pot, conservé au musée du Louvre. Deux logis du xve siècle, dont l'un resté inachevé confère une touche de romantisme au site, présentent des façades sculptées d'une grande élégance. Enfin, le château est entouré de plusieurs maisons nobles à tourelle, qui donnent une image très précise d'un village fort de la fin du Moyen Âge, avec son enceinte et ses portes.

CHÂTEAUPONSAC (HAUTE-VIENNE) ❋❋

Tél. Maison
du Terroir :
05 55 76 39 52
ou
05 55 76 56 72.

Visite de la ville
en été ou
« à la carte »
sur rdz-vs pr gr.

Châteauponsac est une cité superbe, perchée sur une colline qui domine la vallée de la Gartempe. Depuis le pont qui franchit la rivière se développent les quartiers anciens. Au-dessus des toits, pointent la porte de la ville et le clocher de l'église, élevée au XIIe siècle et remaniée au XVe siècle. Le calme et l'harmonie des vieilles rues vous mèneront auprès de l'ancien prieuré du XVe siècle. Le musée des Arts et Traditions populaires (25 salles) qu'il abrite est articulé autour de l'escalier, dont la tourelle est à la fois élégante et rustique. Le panorama est très agréable depuis la pointe de l'éperon et invite à la promenade sur les sentiers des environs.

➜ *À 8 km, vous découvrirez l'église romane de Rancon (fortifiée au XIVe s.). Remarquez la lanterne des morts qui veillait sur le cimetière, considérée comme l'une des rares lanternes romanes qui subsistent.*

CHÂTEAU-ROCHER (PUY-DE-DÔME) ❋❋

Les ruines du château révèlent encore la puissance de ses fortifications, construites sur les ordres de la famille de Bourbon. Les tours circulaires, commandées par Philippe Auguste, ont réutilisé les bases de la forteresse du XIe siècle. L'éperon granitique qui la supporte domine la vallée et a été retaillé pour servir de carrière de pierre et tranché d'un large fossé. Ce site, qu'il vaut mieux voir par beau temps, peut être, avec l'église de Menat, le but d'une agréable promenade à la découverte des gorges de la Sioule, par la D 109 ou la D 915.

➜ *Aller à *Riom.*

CHÂTELDON (PUY-DE-DÔME) ❋❋

Tél. Mairie :
05 55 25 50 50.

S'il est regrettable que le château de Châteldon ne se visite qu'exceptionnellement (à l'occasion des journées du Patrimoine), le village, quant à lui, mérite le détour. Une porte (XIVe s.), maintes fois remaniée, donne accès à la partie haute du village et l'on reconnaît dans le parcellaire et dans la forme des constructions le tracé d'une enceinte. Quelques maisons du XVe siècle sont particulièrement remarquables. Sur la place principale du village se dresse une maison fort bien remise en valeur. Son rez-de-chaussée est en pierre et l'on y remarque les encadrements moulurés d'une ancienne échoppe. Elle devait initialement se diviser en une boutique et un « ouvroir » (atelier). Le dernier étage est aménagé d'une galerie en encorbellement. À l'arrière, donnant dans une ruelle, une autre maison à colombages est à signaler. Une rapide promenade dans les ruelles du village permet de découvrir bien d'autres vieilles constructions ; mais attention aux rénovations trompeuses...

CHÂTILLON-COLIGNY (Loiret) ✻

Tél. :
02 38 92 50 50.

Le château est privé et l'on peut regretter qu'il ne se visite que rarement. Il faut faire abstraction des bâtiments construits au XIXe siècle pour imaginer la forteresse médiévale. Le comte de Sancerre a bâti, à la fin du XIIe siècle, un puissant donjon. Sur une base circulaire, la tour s'élève en une succession de facettes contrefortées. Il subsiste également les restes de la basse cour et des remparts de la ville. Dans une maison ancienne est installé un « musée du terroir ».

CHÂTILLON-D'AZERGUES (Rhône) ✻✻

Chapelle :
ts les dim. et
jf de Pâques à
la Toussaint, de
14 h 30 à 18 h.
Tél. :
04 78 43 91 11.

La région située immédiatement à l'est de *Lyon porte le nom magique de « pays des pierres dorées ». Mais il faut dépasser les villages de Civrieux, industrieux, et de Lozanne, pavillonnaire, pour apprécier la couleur ocre jaune intense des murs des villages anciens et de leurs églises et châteaux. Arrêtez-vous donc à

Châtillon-d'Azergues, un site perché fort pittoresque, né aux alentours de l'an Mil. À la fin du XIIe siècle, la première forteresse passe aux mains de la famille d'Oingt, qui fait construire l'actuel donjon au XIIIe siècle. Garez-vous de préférence sur la place du marché, pour avoir le plaisir de grimper à pied les venelles étroites et les escaliers pentus qui mènent au château, bordés de maisons du XVIe et de la fin du Moyen Âge. On arrive enfin au pied du donjon circulaire et d'une grande chapelle, tous deux d'époque romane et déclinés dans cette gamme chromatique harmonieuse, voire surprenante, sous le soleil du Lyonnais. Hélas, le château est privé et ne se visite qu'exceptionnellement.

→ *Il y a quelques promenades médiévales à faire aux alentours, décevantes comparées à Châtillon-d'Azergues : Ternand, village d'origine* médiévale mais qui ne présente plus que d'assez maigres vestiges du château de Renaud de Forez. Voir cependant un escalier en colimaçon où chaque marche porte la marque du tailleur de pierre, en évitant de regarder, sur le chemin du château, comble de mauvais goût, la boîte aux lettres en forme de heaume de chevalier qui est accrochée à une porte voisine... Oingt et son petit donjon circulaire, coincé entre deux parcelles habitées, village desservi par une jolie petite route encadrée de vignobles. Il ne reste guère qu'une porte de ville, et l'on doit regretter que pour donner une ambiance (faussement) médiévale, les édiles aient eu l'idée de placarder en caractères évidemment gothiques des noms de rues évocateurs (rue Tyre-Laine, rue Coupe-Jarret) mais qui ne font que renforcer le caractère factice d'un Moyen Âge ici trop effacé.

→ Aller à *Anse puis à *Trévoux.

CHAUVIGNY (Vienne) ✳✳✳

Tél. OT :
05 49 46 39 01.

Donjon
de Gouzon :
du 1er avr.
au 14 juin
et du 1er sept.
au 30 oct.
de 14 h à 18 h ;
du 15 juin
au 31 août
de 10 h à 12 h
et de 14 h 30
à 18 h 30.
Du 15 juin au
3 nov., spectacle
de fauconnerie.

Visite de la vieille
ville, tlj de
juil.-août sf mar.
à 15 h et 17 h.

Au bord de la Vienne, le site est dominé par la ville médiévale, hérissée de ses cinq châteaux. Pour repérer le mieux possible les tracés sinueux des rues et des ruelles, il faut commencer la visite depuis la plate-forme du donjon de Gouzon. Ce château, entièrement restauré, est un gros donjon de plan carré, daté du XIe siècle et agrandi au siècle suivant ; il présente dans ses étages un musée industriel, d'archéologie et d'histoire locale. Un ascenseur conduit directement sur la terrasse ; en regardant vers la pointe de l'éperon, on voit se développer les murailles de la cité. Au pied du monument, l'église Saint-Pierre, puis le château Montléon et d'Harcourt ; enfin, à l'extrémité du promontoire, le château Baronnial. Ce dernier a été fondé par l'évêque de *Poitiers au XIe siècle et présente une succession de cours centrées autour d'un puissant donjon séquencé de contreforts plats. De l'autre côté du plateau, la tour de Flins paraît bien petite comparée aux autres constructions. Ils ont tous été petit à petit rachetés par les évêques de Poitiers. Tous ces châteaux évoquent incontestablement le Moyen Âge de nos livres d'histoire, avec ses sièges, ses batailles, ses seigneurs.

En ville, le décor de l'église romane Saint-Pierre mérite que l'on s'y attarde. Certains chapiteaux portent encore la signature de leur maître d'œuvre et le chevet est particulièrement soigné. C'est un véritable plaisir que de se promener dans la ville haute, dans le calme d'un dimanche de printemps, quand les vieilles pierres sont colorées de mille fleurs...

CHENÔVE (Côte-d'Or) ✳✳✳

Tél. :
03 80 52 51 30.

Près de Dijon, dans une ample cave de pierre voûtée, ancienne grange médiévale, deux énormes pressoirs du début du xve siècle attendent l'amateur de vin de Bourgogne pour cumuler les plaisirs de l'œnologie et de l'histoire de la viticulture. On admirera la technologie du plus remarquable, surnommé « La Margot », qui, actionné par un contrepoids de pierre, développe une pression de 20 tonnes !

Route des Grands-Crus, 18, rue Roger-Salengro. Du 15 juin au 30 sept., tlj de 14 h à 19 h ; du 1er oct. au 14 juin sur rdz-vs.

LES VINS DE BOURGOGNE AU MOYEN ÂGE

Les premiers témoignages écrits de l'existence d'un vignoble de Bourgogne datent du ive siècle. Au Moyen Âge, les « vins de *Beaune », cultivés dans l'actuelle Côte-d'Or, ou les « vins de Bourgogne » (correspondant aux terroirs de l'Yonne) jouissent d'une haute réputation. Les rois de France s'en font servir à table dès le xiiie siècle, de même que les papes au xive siècle. On boit du bourgogne aux cérémonies du sacre de Philippe VI en 1328. Les Flamands en importent... Ce sont, avec les vins de *Bordeaux, les crus les plus appréciés des nobles, qui prisaient alors davantage le vin blanc que le rouge.

📖 M. Lachiver, *Vins, vignes et vignerons. Histoire du vignoble français,* Paris, Fayard, 1988.

CHINON (Indre-et-Loire) ✳✳✳

Tél. OT :
02 47 93 17 85
ou
02 47 93 36 91.

Les nombreux monuments de la ville de Chinon reflètent un riche passé. Sur le promontoire qui domine la Vienne, trois châteaux forment une fortification de près de 500 m de longueur : le fort du Coudray s'avance sur la vallée, le château du Milieu s'étire vers l'intérieur de l'éperon et le fort Saint-Georges porte le nom de sa chapelle. Ils sont séparés par de larges et profonds fossés, d'où ont été extraites leurs pierres de construction. Le site a toujours été occupé

CBC

Visite du château, guidée ou libre ; demander alors le livret gratuitement distribué, très bien fait. Tél. : 02 47 93 13 45.

Visite des « souterrains » le 3ᵉ dim. de sept., lors des journées du Patrimoine.

depuis l'Antiquité. À la fin du Xᵉ siècle, le comte de *Blois construit l'un des premiers châteaux, puis les fortifications sont complétées sous les ordres d'Henri II Plantagenêt. Son fils résiste pendant près d'un an au siège de Philippe Auguste, mais la place tombe en 1205. Le donjon du fort du Coudray date des reconstructions qui s'ensuivirent. Ses murs ont été couverts de graffitis par d'illustres prisonniers. Escaliers, passages et salles souterraines remarquables se succèdent au cours de la visite à un rythme étourdissant. Au XVᵉ siècle, le château du Milieu est réaménagé d'une façon plus résidentielle, suivant les goûts de l'époque. Avec sa haute cheminée et ses fenêtres à meneaux, la grande salle se souvient encore de la rencontre de Jeanne d'Arc et de Charles VII, en mars 1429. Une porte, dite de l'Horloge, contrôle l'accès à la plate-forme du château du Milieu et abrite une cloche baptisée, en 1399, « Marie Javelle ». Là a été aménagé un « musée » Jeanne d'Arc, mais certains objets exposés laissent pour le moins perplexe ! Mieux vaut rêver de batailles et de scènes courtoises depuis les courtines ou les logis royaux d'où se développent avec majesté les ruines du château et la vieille ville.

Il faut découvrir la cité avec ses rues et ses ruelles sinueuses aux multiples recoins bordées de maisons et d'escaliers pittoresques, puis visiter la collégiale Saint-Mexme, dont la décoration étonne : colonnes, chapiteaux, dalles sculptées (très dégradées) ornent la façade ; des fresques montrent une extraordinaire diversité de motifs. À partir de la collégiale, un petit chemin monte vers l'église troglodytique Sainte-Radegonde, qui renferme des fresques datées de 1200 (ouv. en été). Dans l'une des nombreuses maisons médiévales de la rue Haute-Saint-Maurice, dont la légende veut que s'y seraient tenus les États généraux de 1428, est installé un musée des arts et traditions populaires. Les églises Saint-Maurice et Saint-Étienne valent le détour. En quittant la ville, passez sur le pont qui enjambe la Vienne. Largement restauré, c'est cependant l'un des plus vieux ponts du pays de Gargantua : il est signalé depuis le XIIᵉ siècle. Depuis le quai Danton, la cité se déroule alors en un magnifique panorama.

→ *Aller à *Candes-Saint-Martin et à *Fontevraud.*

CIVAUX (VIENNE) ✸✸

Civaux est une nécropole mérovingienne située à environ 30 km au S-O de *Poitiers. Là, à quelques centaines de mètres du village, des sarcophages de pierre dressent bizarrement leurs couvercles pour former un enclos encadrant des cuves par milliers... Non, ce n'est pas tout à fait comme cela que les Mérovingiens matérialisaient les limites de leurs cimetières, mais ce sont nos contemporains du début du siècle qui se sont sans doute inspirés des

Alyscamps, à *Arles, pour le « reconstituer ». À l'époque mérovingienne, les sarcophages étaient enfouis en pleine terre et rien ne dépassait du sol.

CLANSAYES (Drôme) ✳✳

Le donjon présente des dispositifs intéressants ou rares ; de plan carré, le donjon, protégé d'un fossé taillé dans le roc, est contre-forté à 10 m du sol par des arcs en plein cintre qui s'avancent pour lui conférer une forme octogonale l'espace de quelques mètres car plus haut la tour reprend sa forme carrée. De curieuses meurtrières percent sa base. D'autres tours, une courtine, une chapelle castrale qui, comme souvent, protège l'entrée du donjon, s'élèvent sur ce site rocheux qui ne manque pas de grandeur.
→ *Voir aux environs les ruines des châteaux de Chamaret (grand donjon quadrangulaire du XIIIᵉ s.) et de Roussas.*

CLERMONT-FERRAND/MONTFERRAND (Puy-de-Dôme) ✳✳

Tél. OT :
04 73 42 21 23.

Deux cités bâties sur deux buttes, Clermont et Montferrand, ont donné son nom à l'agglomération actuelle, capitale de l'Auvergne. Louis XIII décida de leur fusion en 1630. Bien des événements importants ont marqué cette double ville et ses environs. C'est à Gergovie – bien que le site soit un peu fluctuant – que les Gaulois résistèrent avec vigueur aux troupes de César. C'est de Notre-Dame-du-Port, à Clermont, qu'Urbain II prêcha la croisade en 1095. Il faut voir l'austère mais intéressante cathédrale Notre-Dame-de-l'Assomption, dont la construction démarra en 1248 et s'étala jusqu'au XIVᵉ siècle (et même jusqu'au XIXᵉ puisque Viollet-le-Duc construisit les deux premières travées, la façade et les flèches). L'église Notre-Dame-du-Port mérite un arrêt obligatoire. C'est l'une des belles églises romanes d'Auvergne. Commencée à la fin du XIᵉ siècle, elle sera surtout construite au XIIᵉ. Le tympan du portail représente le Christ assis sur un trône avec sous ses pieds les symboles des évangélistes. L'intérieur est sombre et il faut du temps pour s'habituer à cette pénombre. Les chapiteaux du chœur, historiés, sont particulièrement variés. La ville et le château de Montferrand sont nés vers 1120 d'une lutte de pouvoir entre les comtes d'Auvergne et l'évêque de Clermont. Pour contrebalancer l'influence de ce dernier, on créa Monferrand... à une lieue seulement de Clermont ! La ville nouvelle tire sa puissance du commerce et des foires, attire les bourgeois par une charte qui leur accorde des avantages fiscaux et qu'une enceinte vient enfin protéger. Son lotissement en damier et son organisation spatiale en quatre quartiers se lit sur le plan de la vieille ville ; ils portent les noms des activités économiques qui s'y tenaient : Moulins et Molles, Vacherie et Saulnerie. Quelques beaux édifices de pierre témoignent encore du riche passé de la ville : la maison de l'Éléphant, au 12, rue Kléber, avec ses fenêtres à arcatures, la commanderie du Temple, rue Parmentier, toutes deux construites au XIIIe siècle. Si le donjon du château a disparu, on voit encore la tour N-E de son enceinte, rue du Château, et les remparts de la ville. La ville était une étape sur la voie Régordane et les voyageurs s'arrêtaient volontiers en ce lieu ; le cortège funèbre de Du Guesclin y fit halte. Un restaurant situé sur l'emprise de l'ancien couvent des Cordeliers présente une cheminée ancienne dont on nous dit qu'elle a servi à faire bouillir son corps, technique alors usuelle lorsqu'il fallait faire voyager les dépouilles, mais vu sa dimension modeste nous douterons de cette information...

→ *Voir aux environs le château d'Opme à Romagnat (XIe-XIIe s., remanié au XVIIe), Bosséol, Vic-le-Comte (château du XIIe s., résidence de Marie de Médicis ; une Sainte-Chapelle y fut construite). Quatre circuits pour la « Route des châteaux d'Auvergne », Château de La Batisse (XIIe s., restauré au XVIIIe), tél. : 04 73 79 43 99.*

L'EMBAUMEMENT AU MOYEN ÂGE

Les rois de France ont en général trois sépultures, pour leur corps, leur cœur et leurs entrailles. Mais Du Guesclin, mort en 1340, en a quatre ! Il avait élu sépulture à *Dinan. Mais, décédé à Châteauneuf-de-Randon en juillet, il s'avéra impossible en raison de la chaleur de transporter son corps pourtant embaumé au-delà de Montferrand, où il fallut faire halte. Comme il était alors d'usage – ce fut le cas pour saint Louis –, sa dépouille fut éviscérée puis bouillie pour en détacher l'ossature, ses chairs ensevelies dans l'église des Cordeliers de Montferrand et ses os emportés à *Saint-Denis. Seul son cœur parvint à Dinan où il fut déposé dans l'église des Jacobins (aujourd'hui transféré dans l'église Saint-Sauveur). Les corps de bien d'autres défunts célèbres, au Moyen Âge, ont dû être rapatriés ainsi, confits qui dans le sel, qui dans le vin et les épices, jusqu'à leur dernière demeure.

📖 *À réveiller les morts. La mort au quotidien dans l'Occident médiéval*, sous la dir. de D. Alexandre-Bidon et C. Treffort, Lyon, 1993.

CLÉRY-SAINT-ANDRÉ (Loiret) ✵✵

Cléry conserve une église d'une grande simplicité dans son plan et dans son décor général. Elle est placée sous la protection de la Vierge, ce qui lui a valu quelques prodigalités royales : alors que Charles VII et le Bâtard d'Orléans remettaient en état le monument malmené durant l'un des nombreux épisodes de la guerre de Cent Ans, le futur Louis XI accorda toute sa dévotion à Notre-Dame de Cléry. Ainsi, tout au long du XVe siècle, l'église ne cessa d'être agrandie et embellie. Suivant les volontés du roi, elle accueillit sa sépulture que l'on peut entrevoir dans une petite crypte située sous le tombeau. Le style de ce dernier peut surprendre, car le tombeau commandé par Louis XI lui-même à Conrad de Cologne a été détruit lors des guerres de Religion et l'actuel a été commandé par Louis XIII.

CLISSON (Loire-Atlantique) ✵✵

Tél. OT : 02 40 54 02 95.

Le château de Clisson est un édifice qui, du XIIIe au XVIe siècle, n'a jamais cessé d'évoluer, depuis le puissant donjon du début jusqu'à la place forte en partie bastionnée. Toute l'importance militaire de la forteresse se traduit dans son entrée et ses courtines du XVe siècle. La confluence stratégique de la Sèvre nantaise et du Maine constituait un site tout indiqué pour contrôler la frontière si sensible de la Bretagne avec le Val de Loire. Olivier de Clisson a été

l'un des seigneurs bâtisseurs du château, mais il est surtout connu comme connétable de France et compagnon de Du Guesclin. Ne pas quitter la ville sans avoir découvert les vieux quartiers (halle), en passant sur le pont du XIVe siècle qui enjambe la Sèvre, au bord de laquelle sont plantés de reposants jardins.

CLUNY (Saône-et-Loire) ✵✵✵

Tél. OT : 03 85 59 05 34.

Cluny est une ville unique à tous égards, non seulement pour son abbaye, mais aussi pour le nombre de ses maisons romanes des XIIe et XIIIe siècles (plus de cent) dont quelques-unes ont survécu dans un état de conservation remarquable. Ce n'était pourtant pas une grande ville – environ 2 000 habitants en 1300 – ni même placée sur un axe de circulation important mais, sous la seule influence des bénédictins, la cité acquit une puissance spirituelle et économique sans équivalent en France. Les demeures médiévales, à l'architecture très influencée par la construction religieuse, sont donc exceptionnelles sur tous les plans : ornées de sculptures, frises, médaillons, ouvertes sur la rue par de magnifiques fenêtres « à claire-voie » parfois sur toute la longueur de la façade, ou à chaque étage, chose alors rarissime, elles appartenaient sans doute aux

nobles et aux bourgeois très aisés, à l'origine attirés par la présence de l'abbaye ; c'étaient des maisons de grand luxe, aux façades arrière cependant sobres et fonctionnelles. Une façade de boutique, avec la voûte en arc brisé de l'« ouvroir » du marchand, se voit encore au 15, rue d'Avril. Outre cette demeure, il faut admirer en priorité les maisons situées 15-21, rue Lamartine et 25, rue de la République. En se promenant au fil des rues on voit encore un peu partout, rue de la Barre, rue Joséphine-Desbois, rue de la Chanaise, rue Saint-Mayeul, de belles fenêtres romanes condamnées ou des modillons joliment sculptés de motifs divers, dragon, agneau divin ou petit personnage jouant de l'oliphant... La tour du Fromage (XIe s.) et l'église Notre-Dame (fin XIIIe s.) compléteront la visite de la ville. On retrouvera au musée lapidaire du Farinier (abbaye) et au musée Ochier, installé dans un ancien hôtel abbatial du XVe siècle, d'autres témoignages du décor des maisons clunisiennes disparues, notamment une extraordinaire frise dite de la vendange, un rare pilier de fenêtre figurant un cordonnier, datant du XIIe siècle, et des linteaux sculptés. On quittera la ville par les portes fortifiées, la porte Saint-Mayeul, avec le mur d'enceinte, ou la porte Saint-Odile.

L'abbaye est le berceau de l'ordre des Clunisiens. En 909, un puissant aristocrate, Guillaume le Pieux, donne son domaine de Cluny pour y construire un monastère obéissant à la règle de saint Benoît. Le second abbé de Cluny, Odon, confère à son abbaye une réputation internationale. Enfin, au XIe siècle, la communauté, soutenue par empereurs, rois et reines, comtes et évêques, agrandit ses possessions et se structure. Les bâtiments étaient immenses avec une église abbatiale, édifiée entre 1088 et 1130, mesurant 187 m de long et un clocher de 62 m de haut ; elle a souffert des suites de la Révolution. Même si la plupart des bâtiments datent du XVIIIe siècle, on peut voir la façade gothique, très « restaurée », le beau clocher octogonal, la chapelle de Bourbon (gothique). Plus loin, une salle dite du Farinier, charpentée en berceau, servait de magasin à blé (XIIIe s.). Elle abrite aujourd'hui un musée où est présentée une série de chapiteaux de la fin du XIe

siècle, provenant du chœur détruit de l'abbaye, bien mis en valeur à portée du regard : vous reconnaîtrez avec plaisir les plus célèbres, publiés dans tous les livres d'art, tel celui des apiculteurs.

→ *Aux alentours, de nombreuses églises romanes vous attendent. Aller à* **Tournus.*

COLMAR (Haut-Rhin) ✣✣

Tél. OT :
03 89 20 68 92.

Musée : avr.-oct.
de 9 h à 18 h ;
nov.-mars
tlj sf mar.
de 9 h à 12 h et
de 14 h à 17 h.
Tél. :
03 89 20 15 50.

Colmar est une ville-étape où il faut s'attarder, même si la plupart des maisons et des monuments qu'elle conserve date le plus souvent de la Renaissance. Au cœur de la cité, la collégiale Saint-Martin, construite aux XIIIe-XIVe siècles, présente des sculptures intéressantes et une très belle nef terminée par un curieux déambulatoire. Dans l'une des chapelles qui complètent le chœur, se trouve une très belle Vierge du XVe siècle. En se promenant dans la ville – le vieux Colmar est piétonnier –, le visiteur est séduit par la beauté et la qualité des restaurations des maisons anciennes, à pans de bois. Qu'il ne s'y trompe pas, la plupart de ces belles façades datent des XVIe et XVIIe siècles. Des maisons plus anciennes, il faut retenir celles dites du Cygne et de la Viole, situées rue Schongauer, et la maison Adolphe, située place de la cathédrale ; elle est généralement considérée comme la plus ancienne de la ville (milieu du XIVe s.). Cette promenade conduit au quartier des Tanneurs puis, par la Grand-Rue et la rue de Clefs, au musée Unterlinden, installé dans un ancien couvent de dominicaines construit au XIIIe siècle. Il conserve des œuvres remarquables. Les collections exposées sont très variées, de l'archéologie aux arts et

traditions populaires, des peintures et objets médiévaux (lapidaire roman) aux arts rhénans de la Renaissance. Pièce majeure du musée, le retable d'Issenheim est une œuvre de transition, peinte par Grünewald (1512-1516). Il faut prévoir une après-midi entière pour visiter ce musée. Ensuite, le visiteur fatigué pourra se détendre dans le calme du quartier de Krutenau où, du haut du pont Saint-Pierre, il découvrira le superbe panorama en enfilade dans l'axe de la Petite Venise.

COLOMBÉ-LE-SEC (Aube) ✣

Tél. Mairie :
03 25 27 11 34.

À proximité de Bar-sur-Aube, un vaste cellier du XIIe siècle voûté d'ogives, situé dans une ancienne dépendance de Clairvaux, est surmonté d'un étage à carreaux glaçurés et en pans de bois. Pour y parvenir, prendre la direction de Saulcy par la D 13.

Mai-oct. les sam. apr.-m. de 15 h à 19 h.

COMPIÈGNE (Oise) ✳

Il y a bien sûr le château, d'origine très ancienne, où les rois séjournèrent, mais l'actuel palais date de Louis XV. Le beffroi de l'hôtel de ville, une belle construction de la première moitié du XVIe siècle, abrite la plus ancienne cloche communale de France : elle a été fondue en 1303. L'église Saint-Jacques date pour une bonne partie des XIIIe, XIVe et XVe siècles. L'église Saint-Antoine a également été construite au XIIIe siècle, mais a subi de très nombreux remaniements. Compiègne a gardé le souvenir de Jeanne d'Arc. C'est en tentant une sortie le 24 mai 1430 qu'elle fut faite prisonnière par des hommes de Jean de Luxembourg. Elle fut, peu après, vendue aux Anglais pour 10 000 livres. À visiter le jour anniversaire...

CONCARNEAU (Finistère) ✳✳

Ville maritime, Concarneau s'est également protégée des dangers venant de la terre. C'est ainsi qu'une partie de la ville, dite « ville close », est entourée d'un haut rempart. Bâti au XIIe siècle, il a été largement réparé à l'extrême fin du Moyen Âge et modifié par Vauban pour y installer de nouvelles pièces d'artillerie. On pénètre dans cette enceinte par une puissante barbacane, dont le but était de défendre l'entrée principale de la ville. Même si tout n'est pas médiéval, le site vaut une promenade. À visiter une nuit d'août, lorsque la ville est illuminée.

CONDOM (Gers) ✳

Tél. :
05 62 28 00 80.

Condom s'est développée à partir d'une abbaye, devenue cathédrale par la suite et où prêcha Bossuet. La cathédrale Saint-Pierre a été édifiée au XVIe siècle, saccagée à peine terminée, restaurée, mise à mal par la Révolution et à nouveau restaurée.

➜ *Très belles découvertes médiévales à faire dans les environs : la collégiale de La Romieu (XIVe s., tél. : 05 62 28 16 72), bon exemple de gothique méridional (superbes fresques, cloître en gothique rayonnant) ; la tour du cardinal, seul vestige du palais du cardinal d'Alix de Lescout, cousin*

et homme de confiance de Bertrand de Got, devenu pape à *Avignon sous le nom de Clément V. Les bastides de Fourcès, de plan circulaire, de Montréal, sur un site escarpé, Mouchan et son église romane, *Flaran et *Laressingle.

CONFLANS (Savoie) ✳

Charmante cité médiévale fortifiée à la sortie d'Albertville, avec une « Maison rouge » du xive siècle, haute de deux étages au-dessus de grandes portes et baies en ogive, qui donne sur une place fleurie au style presque italien. La demeure est aménagée en musée savoyard.

CONQUES (Aveyron) ✳✳✳

Tél. OT :
05 65 72 85 00.

À la fin du viiie siècle, un ermite du nom de Dadon vint se réfugier dans ce site sauvage en forme de coquille (*concha* en latin, d'ou le nom de Conques), près de la fontaine du Plô. Au xie siècle, un monastère bénédictin y est bâti, qui deviendra une étape très fréquentée sur la route du pèlerinage de Saint-Jacques-de-Compostelle, en venant du *Puy-en-Velay. L'abbaye Sainte-Foy de Conques est une œuvre majeure de l'art roman. L'église (xie-xiie s.) abrite près de 250 chapiteaux sculptés de toute beauté. Le tympan de la façade occidentale (xiie s.) représente le Jugement dernier et ne compte pas moins de 124 personnages ; on peut y voir le cortège des élus conduits par la Vierge Marie, mais aussi la Jérusalem céleste. Les détails concernant le pèsement des âmes, l'entrée en Enfer, les supplices infernaux, sont particulièrement réalistes. Ceux qui les regardaient, au Moyen Âge, devaient en avoir la chair de poule ! D'ailleurs, une inscription (mais en latin, que la foule des fidèles ne comprenait pas) leur dit : « Pécheurs, si vous ne convertissez pas votre façon de vivre, sachez que vous subirez un jugement redoutable ». À bon entendeur salut... Sculptures et chapiteaux se classent parmi les plus belles réussites de la sculpture ornementale du Moyen Âge. Conques a su garder son trésor. On peut notamment y voir le reliquaire de Pépin, merveille d'orfèvrerie et qui est la plus ancienne pièce du Trésor (ixe-xe s.), la « majesté » de sainte Foy, œuvre unique et superbe, le fameux reliquaire en forme de « A » attribué à Charlemagne, mais qui date en réalité des xie-xiie siècles. Voir également le village médiéval bordé de maisons à pans de bois, avec ses fontaines romanes, ses portes et ses vestiges de remparts.

📖 C. Delmas et J.-C. Fau, *Conques*, Millau, Éd. du Beffroi.

→ *Promenades médiévales dans les environs : la chapelle Saint-Roch, les villages de Senergues, Noailhac, Saint-Cyrien-sur-Dourdoin, Grand Vabre.*

Charlemagne et l'alphabet

Charlemagne, qui aurait inventé l'école, comme le dit la chanson, et d'une certaine manière le fit vraiment dans la fameuse *Admonitio generalis* de 789, avait des problèmes de lettres : comme beaucoup de nobles de cette période, il ne savait pas écrire et, à l'âge mûr, s'y exerçait encore. Ce qui ne l'empêchait pas de connaître l'alphabet et d'en faire bon usage, un usage symbolique, comme à Conques. Le « A » de Charlemagne en est un passionnant témoignage : selon une chronique rédigée à l'époque de la fabrication de ce reliquaire, Charlemagne aurait en effet distribué une lettre d'orfèvrerie différente à 24 abbayes, autant qu'il y avait de lettres à l'alphabet (l'alphabet médiéval ne comportait ni J ni U, les I et V romains suffisant). Conques aurait reçu la lettre A, signe de la préférence de l'empereur pour cette abbaye. Plus généralement, au Moyen Âge, l'alphabet est souvent lié au rituel liturgique ou au sacré. Lorsqu'un évêque procédait à la dédicace d'une église, il devait écrire sur le sol non encore carrelé, de la pointe de sa crosse, un double alphabet grec et latin se croisant en forme de croix de Saint-André. Encore à la fin du Moyen Âge, les petits écoliers, ânonnant l'alphabet, commençaient par se signer en disant « croix de par Dieu » avant d'en réciter les lettres.

CORBIE (Somme) ⁂

Tél. : 03 22 96 95 76.

Corbie fut, pendant des siècles, le siège d'une célèbre abbaye, fondée en 657 par la veuve de Clovis II, Bathilde. La renommée et le prestige de cette abbaye dont les abbés battaient monnaie, portaient le titre de comte, conseillaient les rois aux temps carolingiens et jouissaient de maints privilèges, fut considérable. Les moines copistes de l'abbaye, comme ses missionnaires, étaient connus dans tout l'Occident. Souvent assiégée, occupée, dévastée, l'abbaye a subi des dégâts très importants durant la guerre de 14-18. L'ancienne abbatiale Saint-Pierre (XVIe-XVIIIe s.) contient plusieurs œuvres d'art dont une statue de sainte Bathilde (XIVe s.) et une tête de saint Pierre (XIIIe s.). La collégiale Saint-Étienne a gardé son portail du XIIIe siècle, remarquablement sculpté. Sainte Colette vécut quatre ans recluse volontaire dans cette église, à la fin du XIVe siècle.

CORDES (Puy-de-Dôme) ✳

Tél. SI :
05 63 56 00 52.

Tte l'année,
tlj de 10 h
à 12 h et
de 14 h à 18 h.

Pour sa grosse maison forte du XVe siècle, remaniée au XVIe, mais dont l'extérieur a conservé une apparence bien médiévale. Dans de belles pièces voûtées (la salle des gardes) ou aux plafonds à la

française, le mobilier date des XVIIe-XVIIIe siècles. À noter un intéressant puits à roue de bois dans une tour du château (commune d'*Orcival).

CORDES (Tarn) ✳✳✳

Tél. :
05 63 56 00 52.

Un site extraordinaire. Cordes – nom dérivé de Cordoue – est une bastide bâtie au sommet d'une colline, au-dessus de la vallée du Lerou, et qui mérite une halte et une visite détaillée. Les touristes s'y pressent en foule : essayez de vous y rendre hors saison. La bastide fut fondée en 1222 par Raymond VII, comte de *Toulouse, pendant la croisade contre les Albigeois. Rattachée en 1229 à la couronne avec tout le Midi, Cordes connaîtra une grande prospérité au XIIIe siècle, grâce au commerce et au travail du cuir, du tissage de la toile et de la fabrication de cordes. Plusieurs enceintes ceinturent la ville et ses faubourgs immédiats. Cordes aurait pu, avec les temps modernes, perdre toute activité, les habitants s'expatriant en des lieux plus accessibles, dans la plaine. Le tourisme est arrivé à point nommé pour lui redonner une nouvelle jeunesse.

COUCY-LE-CHÂTEAU-AUFFRIQUE (Aisne) ✳✳✳

Mazarin fit démanteler cette arrogante forteresse. Viollet-le-Duc la restaura. Les Allemands la dynamitèrent en 1917. Ce qui en reste n'en est pas moins imposant. Bâti à la pointe d'un promontoire, à 29 km de *Laon, le château est un chef-d'œuvre d'architecture militaire. Les seigneurs de Coucy comptaient parmi les barons féodaux les plus puissants et leur château, construit de 1230 à 1242, était l'un des plus grands du royaume. Les murs du donjon (54 m de haut, 32 m de diamètre) couvraient 7,50 m d'épaisseur à la base. La ville est également ceinturée de remparts, ponctués de tours avec plusieurs portes fortifiées.

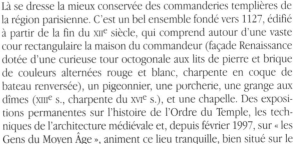

COULOMMIERS (Seine-et-Marne) ✷✷

Du mer. au dim.
de 14 h à 18 h ;
ferm. ann.
du 15 déc.
au 31 janv.
Tél. :
01 64 65 08 61.

Là se dresse la mieux conservée des commanderies templières de la région parisienne. C'est un bel ensemble fondé vers 1127, édifié à partir de la fin du XIIᵉ siècle, qui comprend autour d'une vaste cour rectangulaire la maison du commandeur (façade Renaissance dotée d'une curieuse tour octogonale aux lits de pierre et brique de couleurs alternées rouge et blanc, charpente en coque de bateau renversée), un pigeonnier, une porcherie, une grange aux dîmes (XIIIᵉ s., charpente du XVIᵉ s.), et une chapelle. Des expositions permanentes sur l'histoire de l'Ordre du Temple, les techniques de l'architecture médiévale et, depuis février 1997, sur « les Gens du Moyen Âge », animent ce lieu tranquille, bien situé sur le

plateau rural de Brie, pays producteur de fromages déjà appréciés au XIIIᵉ siècle...

→ *Aller à *Champeaux.*

Le fromage au Moyen Âge

On sait tout ou presque sur les fromages médiévaux, même leur odeur ; au XIVᵉ siècle, *Le Ménagier de Paris* définit le bon fromage comme « sans yeux (c'est-à-dire sans trous), ni blanc comme Hélène, ni coulant comme Marie-Madeleine » mais odorant comme Lazare (sous-entendu après sa mort)... Les cuisiniers, dans leurs traités, signalent des fromages aragonais, lombards, parmesans, siciliens ou pisans, mais aussi mous, frais, gras, caillés, secs ou « de grain » (durs), à pertuis (trous), vieux, ces derniers alors destinés à être râpés, comme aujour-

d'hui ! sur les gratins ou, en Italie, sur les macaronis, les raviolis ou les lasagnes. Chaque région de France, déjà, a ses fromages : à Coulommiers, on mangeait du brie, en Savoie de la tomme, du gruyère ou du vacherin... Les images nous montrent ces fromages disparus, conservés sous la garde d'un chat ; presque tous sont estampés d'une croix, comme l'étaient alors aussi les miches de pain. On conseille déjà de consommer du fromage à la fin du repas, après les fruits, d'où l'expression, issue du Moyen Âge : « entre la poire et le fromage ».

COUZAN (Loire) ✲✲

À 23 km de Montbrison, le château était situé à la frontière médiévale du Forez et du Beaujolais. Les ruines sont surprenantes, les à-pics impressionnants ; perdues dans la verdure, elles dominent l'étroite vallée du Lignon et font comprendre à la fois la puissance des constructions et les luttes politiques autour de cette construc-

tion stratégique. Dès le XIe siècle, un donjon carré est ceinturé d'une courtine, qui sera rapidement agrandie et dotée d'une grosse tour circulaire faisant office de donjon. Une enceinte délimitant une assez vaste basse cour est construite vers le XIVe siècle. L'intérêt du site réside dans le fait qu'il reste suffisamment d'élévations pour comprendre l'organisation des bâtiments et le mode de vie des occupants. Le plan du système défensif de la basse cour est bien lisible, tout comme la succession des édifices construits au sommet. Par les brèches de la courtine haute, se déroule un magnifique paysage et les vieilles marches usées témoignent de mille passages, des rudes chevaliers aux dames du lieu.

→ *Repartir par la D 6 vers Saint-Georges et Chalmazel.*

CRÉCY-EN-PONTHIEU (Somme) ✲✲

Tél. :
03 22 23 93 84.

Crécy-en-Ponthieu, petit village de Picardie, porte le nom d'une grande bataille qui fut pour nos armées une mémorable et pitoyable défaite. Aujourd'hui, sur le site même de cet événement, une tour d'observation en bois a été érigée qui permet de mieux comprendre le déroulement des opérations. C'est en effet de cet endroit que le roi d'Angleterre Édouard III surveillait les combats. Les troupes anglaises étaient parties de la Normandie et se dirigeaient vers la Flandre pour se rembarquer. Philippe VI, roi de France, qui voulait couper la route du nord à Édouard III, chercha l'affrontement, qui eut lieu le 26 août 1346 à Crécy, où Édouard III s'était arrêté pour refaire ses forces. Deux armées, aux méthodes et aux techniques différentes, s'affrontèrent. L'armée française, formée de chevaliers courageux mais indisciplinés, lourdement chargés, va se heurter à une armée anglaise beaucoup plus aguerrie et mieux équipée. Les archers gallois sont particulièrement efficaces et peuvent envoyer 15 flèches à la minute. Les coutiliers, avec leur coutelas fixé au bout d'une pique, font « merveille ». L'armée française, sans attendre les ordres, charge les Anglais qui vont s'en donner à cœur joie. Les cavaliers, empêtrés dans leur lourde armure, tombent de leur monture et sont incapables de se relever. Les arbalétriers français, gênés par une forte pluie, ne peuvent soutenir efficacement les cavaliers, qui sont très vite décimés par archers et coutiliers. En quelques heures, plusieurs milliers de Français furent tués, blessés ou mis hors de combat. Parmi les morts, on relèvera le roi de Bohême, Jean de Luxembourg, le comte de Flandre, et des centaines de jeunes chevaliers, la fine fleur de la noblesse. Philippe a réussi à s'enfuir et trouvera refuge dans un château voisin à Labroye, sur les bords de l'Authie. Cette défaite, la première grande défaite française, mécontentera les bourgeois, irrités de voir l'argent de leurs impôts si mal utilisé – ce qui aura des conséquences lors des États généraux de 1347. Quant au roi d'Angleterre, il mettra le siège devant *Calais qui se rendra le 4 avril 1347 et deviendra jusqu'en 1558 une tête de pont anglaise.

Outre l'observatoire qui rappelle le moulin où s'était installé Édouard III, on peut voir non loin de cet endroit, sur la D 56, la croix du roi de Bohême qui, bien qu'aveugle, tint à participer au combat et y perdit la vie.

CRÉMIEU (Isère) ✲✲

Tél. OT :
04 74 90 45 13.

On entre dans cette petite ville par la porte de la Loi avec le sentiment de respect écrasant que devait éprouver le voyageur médiéval : le site est cerné de hautes falaises surmontées d'une longue ligne de fortifications flanquées de tours, et dominé par le château delphinal hélas très restauré au début du xxᵉ siècle. Dans le quartier des Tanneurs, même le clocher de l'église des Augustins est construit sur une tour de l'enceinte... La ville, à l'abri dans ses remparts édifiés vers 1330-1340, s'ouvre au

voyageur par de hautes portes fortifiées dont les plus anciennes datent du xivᵉ siècle. Il faut franchir la porte de *Quirieu, donnant sur des rues médiévales aux noms évocateurs (rue du Four-Banal, rue de la Loi, rue Juiverie, rue du Mulet), où de nombreuses façades de maisons et d'échoppes médiévales sont aujourd'hui restaurées. On imaginera bien le cadre de vie des marchands de Crémieu du XIIIᵉ au XVᵉ siècle en passant devant la maison des Trois Pendus (la plus ancienne de la ville, qui ne doit son nom qu'aux têtes humaines ornant les chapiteaux de ses fenêtres), la maison du Colombier, ou la suite de façades du XIVᵉ siècle de la rue du Marché-Vieux. Partout, d'excellents et discrets panneaux explicatifs renseignent le visiteur, libre d'errer à sa guise comme de suivre une visite guidée.

Cette ville marchande était naturellement dotée de halles, exceptionnelles par les dimensions et la beauté de la charpente. Longtemps considérées comme l'une des plus anciennes de France et attribuées au XIVᵉ siècle, l'étude dendrochronologique de ses bois vient de démontrer qu'elle a en réalité été édifiée en 1425. Il faut aller voir les mesures à grains, qui servaient d'aunes aux marchands, et admirer la puissance exceptionnelle de la charpente destinée à soutenir une toiture de lauzes, c'est-à-dire de dalles de pierre pesant rien moins que 3 à 400 kg au m², ce qui représente un poids total de plus de 400 tonnes ! La prospérité de la ville perdura aux XVIᵉ et XVIIᵉ siècles, comme en témoignent d'intéressants monuments et maisons de l'époque.

→ *Aller à *Pérouges.*

CRÉPY-EN-VALOIS (OISE) ✷✷

Capitale historique des Valois, la ville a gardé de nombreuses traces de son passé. Au XIIIᵉ siècle, elle fut donnée en apanage aux fils cadets du roi. Centre commercial et agricole important, Crépy a souffert de la guerre entre Armagnacs et Bourguignons, puis des guerres de Religion. À visiter le vieux Crépy, où séjourna Jeanne d'Arc, le château comtal, vestige d'un ensemble beaucoup plus vaste, l'abbaye de Saint-Arnould, en cours de restauration, l'église Saint-Denis (nef du XIIᵉ s., chœur du XVIᵉ). On verra également, en partant, les ruines de la collégiale Saint-Thomas-de-Cantorbéry, qui servit de carrière à partir de 1804.

→ *De nombreux villages, dans les environs, possèdent de belles églises et d'autres constructions médiévales : Vaumoise, Plessis-aux-Bois, Chavres, Autheuil-en-Valois, Marolles, Mareuil-sur-Ourcq, Varinfroy, Betz, Trumilly, Séry-Mayneval, Roquemont, etc.*

CREST (DRÔME) ✷✷

Tél. :
04 75 25 11 38.

Il faut arriver à pied par la rue de la Tour, en escalier, étroite et escarpée, flanquée de tourelles, jusqu'au pied du donjon. Le donjon de Crest (XIIᵉ s.) passe pour le plus haut de France et il est assurément fort impressionnant, dominant la ville de ses 52 m.

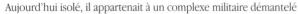

Aujourd'hui isolé, il appartenait à un complexe militaire démantelé sous Louis XIII ; l'énorme tour a été sauvée de la destruction par sa fonction de prison, assurée du xve au xixe siècle. Du haut de la tour de Crest, on a vue sur les Préalpes, le Vercors, la vallée du Rhône et les montagnes de l'Ardèche.

Du 1er au 31 janv. les fins de sem. de 14 h à 18 h ; du 1er fév. au 31 mai : les apr.-m. de 14 h à 18 h ; du 1er juin au 30 sept., tlj de 9 h 30 à 19 h ; du 1er oct. au 31 déc., les apr.-m. de 14 h à 18 h.

CRÈVECŒUR-EN-AUGE (Calvados) ✻

Tél. :
02 31 63 02 45.

Ce château (xie-xvie s.) est aussi un musée des arts et traditions populaires et des techniques industrielles, avec bâtiments à colombages réhabilités, verger. On peut voir ensuite, en traversant le pays d'Auge, Canapville (manoir xve s.), Ouilly-le-Vicomte, dont l'église passe pour être la plus ancienne de Normandie, et le prieuré de Saint-Michel-de-Crouttes, près de Vimoutiers, avec sa grange aux dîmes (xiiie-xviiie s.).

CRUAS (Ardèche) ✻✻✻

Entrée libre.
La commune précise qu'elle décline toute responsabilité en cas d'accident.

Du mar. au sam. de 14 h à 18 h.

Ce site très original mérite le déplacement, même s'il est édifié dans un environnement dantesque, entre une énorme cimenterie et la monumentale centrale nucléaire de Cruas-Meysse, qui, de ses quatre tours cintrées, rivalise avec celles des châteaux médiévaux : le contraste avec les vestiges du Moyen Âge n'en est que plus saisissant. Une chapelle, transformée en donjon au xive siècle, présente une nef unique à abside en cul-de-four, construite au xiie siècle, et des mâchicoulis semblables à ceux du palais des Papes à *Avignon. La fondation monastique de cette construction, comme à *La Chaise-Dieu ou *Charlieu, justifie son appellation de « Château des moines ». La chapelle-donjon, en travaux, n'est pas visitable, mais aux risques et périls du voyageur on peut pénétrer dans le logis qui lui est accolé. De l'étage, on a vue sur un bourg castral abandonné.

Le gros village fortifié qui s'étend sur la pente – au moins une cinquantaine de maisons – a en effet tout d'un petit Pompéi médiéval. Il est vivement conseillé de se promener à travers les étroites ruelles dont l'enchevêtrement paraît labyrinthique, malgré un plan à l'origine très régulier, toujours à ses risques et périls car les chemins sont escarpés et en état médiocre et les demeures abandonnées dotées de trappes ouvrant sur des caves voûtées. En pénétrant dans quelques-unes de ces habitations qui n'ont rien de rustique et portent quelquefois même un blason au-dessus de la porte, on imaginera le mode de vie d'un chevalier ou d'un « ministérial » du xvᵉ siècle : même si les locaux sont quelquefois petits, de vastes et puissantes cheminées les chauffaient, parfois à chaque étage, et armoires murales ou éviers témoignent du sens du confort au xvᵉ siècle. Les maisons sont quasiment intactes, hautes et étroites, surélevées et surcreusées à la fin du Moyen Âge. Si le

village est si bien préservé, c'est aussi qu'il a été longuement habité, jusqu'au début du xxᵉ siècle mais, vivant presque comme aux temps médiévaux, les habitants n'ont pour ainsi dire pas laissé trace de leur présence... Dans le village actuel, l'abbatiale, vestige d'un monastère bénédictin, est un bel édifice roman méridional édifié entre la fin du xiᵉ siècle et la fin du xiiᵉ siècle, seulement modifié au niveau du clocher-porche par un *oculus* ouvert au xvᵉ siècle. Sa silhouette est scandée par le clocher et un élégant lanternon. À l'intérieur, émergeant de l'obscurité, une tribune monastique, longtemps protégée par un remblaiement, abrite de beaux chapiteaux comme taillés de frais, qui figurent des motifs géométriques dont l'un évoque curieusement d'épais cordages des bateliers du Moyen Âge ; une mosaïque de style byzantin est datée de 1098.

→ *Aller à *Crussol.*

CRUSSOL (Ardèche) ✲✲

Pour prendre la mesure de ce site vertigineux, il suffit de voir, depuis la vallée du Rhône, l'impressionnante silhouette d'un château perché au sommet d'une falaise en à-pic, avec laquelle ses murailles se confondent. Fondé au xiiᵉ siècle, remanié aux xvᵉ-xviᵉ siècles, sa présence protectrice a stimulé l'installation d'un village fortifié. Une promenade à pied d'environ une demi-heure est nécessaire pour atteindre le site.

CULAN (CHER) ✵✵

Tél. :
02 48 56 64 18.

Dominant la vallée de l'Arnon, le château de Culan restitue parfaitement l'ambiance d'une forteresse médiévale. Il est préférable d'arriver par le sud : en passant la rivière, vous remarquerez l'ancien pont de la fin du Moyen Âge. Dans les textes, le site est connu depuis le XIᵉ siècle. Maintes fois convoité, dans cette région charnière qui a connu bien des rivalités entre France du Nord et du Sud, Philippe Auguste le détruit à la fin du XIIᵉ siècle. Un donjon est reconstruit au début du siècle suivant. Il est vite augmenté

d'une puissante enceinte ponctuée de six tours, dont trois subsistent et donnent un aspect sévère à l'ensemble. Par la suite, les corps de logis vont s'appuyer sur cette courtine. La fonction militaire est particulièrement bien mise en valeur dans les combles où subsistent encore, ce qui est fort rare, des hourds de bois couverts d'éclisses (tuiles) de chêne.

Du 22 mars
au 2 nov., de
9 h 30 à 12 h et
de 14 h à 18 h 30.
Juil.-août tlj
de 9 h à 19 h.

Ces structures permettaient de jeter verticalement, en contrebas des remparts, des projectiles, tout en étant protégé de ses ennemis. Le grand corps de logis est muni de trois escaliers ; observez la section des poutres, le peu de décoration et la sobriété des fenêtres et des cheminées. Au pied du château a été aménagée une promenade restituant des jardins médiévaux qui, avec le petit chemin qui serpente le long du coteau, donne une autre dimension au site : celle de l'évolution des châteaux de défense vers les châteaux de plaisance.

CUNAULT (MAINE-ET-LOIRE) ✵✵✵

Tél. :
02 41 67 92 55.

Ce petit village, non loin de *Fontevraud et à 15 km de *Saumur abrite une superbe église, ancien lieu de pèlerinage que Prosper Mérimée sauvera de la ruine vers 1840. L'église priorale dédiée à Notre-Dame fut construite au XIIᵉ siècle, tandis que le clocher date du XIᵉ. C'est une grande et vaste nef sans transept. On admirera tout particulièrement les 223 chapiteaux sculptés, historiés et symboliques, à feuillages et entrelacs. Des peintures murales du XVᵉ siècle couvrent certains murs et plusieurs piliers. La magnifique châsse de saint Maxenceul (XIIIᵉ s.) est à l'origine de cette église.

DEFO

DAMMARIE-LES-LYS (SEINE-ET-MARNE) ✲✲

Saint Louis, qui ne savait rien refuser à sa mère Blanche de Castille, fonda près de Melun en 1248, à sa demande, l'abbaye Notre-Dame-des-Lys (Dame-Marie des Lys), destinée à des moniales cisterciennes. À sa mort, Blanche fut enterrée à Maubuisson, mais son cœur repose à Dammarie. L'abbaye se développa jusqu'à la guerre de Cent Ans, qui lui occasionna bien des destructions, et connaîtra de nouveau une grande renommée au XVIIᵉ siècle. La Révolution met un terme à cette institution, vendue puis démolie systématiquement. Aujourd'hui, il ne subsiste que de belles et émouvantes ruines qui méritent, malgré tout, une visite.

DAOULAS (FINISTÈRE) ✲✲

Tél. Centre
culturel abbaye :
02 98 25 84 39.

L'ancienne abbaye de Daoulas accueille tous les ans des expositions très intéressantes. Un vaste parc toujours parfaitement entretenu et fleuri cache une chapelle et surtout les restes d'un magnifique cloître du XIIᵉ siècle. Remarquez tout particulièrement les décors de certaines arcatures et le bassin de la fontaine. Le village, avec son église paroissiale, son enclos et ses maisons anciennes, forme un ensemble agréable.

DAX (LANDES) ✲

Tél. :
05 58 94 82 33.

Cette ville thermale, la première en France pour les rhumatismes, possède une cathédrale construite en 1619 à la place d'une église gothique du XIVᵉ qui s'effondra au début du XVIIᵉ siècle. Il en reste quelques colonnettes et ogives, le portail des Apôtres et de belles stalles réalisées entre 1520 et 1560.

→ *On pourra voir, dans les environs, l'église romane de Saint-Paul-lès-Dax, dont seul le chœur est d'origine (superbe décoration extérieure de l'abside), le château des évêques de Dax à Saint-Pandelon (fin du Moyen Âge, mais remaniements postérieurs), également à Saint-Pandelon, le château d'Hercular.*

DIJON (CÔTE-D'OR) ✳✳✳

Tél. OT :
03 80 44 11 44.

En été, visites
à thèmes et
nocturnes.

Tlj sf le mar.
de 10 h à 18 h,
dim. de 10 h
à 12 h et de
14 h 15 à 18 h.
Tél. :
03 80 74 52 70.

Capitale des ducs de Bourgogne dès le XIVe siècle, Dijon, au riche passé médiéval, est une ville d'art qui possède huit musées. Il faut commencer par visiter le centre ville avec sa la tour de Bar, haute tour de l'ancien palais des ducs de Bourgogne (XIVe-XVe s.), qui se dresse élégamment enchâssée dans les bâtiments classiques, aujourd'hui occupés par l'hôtel de ville, puis les cuisines ducales, du XVe siècle (cour de Bar). Le musée des Beaux-Arts, installé dans l'ancien palais ducal, conserve des collections médiévales d'un grand prix. La salle des festins, transformée par la suite en salle de gardes, est pourvue d'une tribune d'où l'ensemble des collections s'offre à vous. Le regard est d'abord attiré par les deux tombeaux de Philippe le Hardi, duc de Bourgogne et prince royal fastueux, et Jean sans Peur, magistralement réalisés par Claus Sluter et Claus de Werve, puis par les retables en bois sculpté provenant, comme les tombeaux, de la Chartreuse de Champmol. D'autres œuvres, tels *L' Adoration des bergers* du Maître de Flémalle, ou des objets de la Sainte-Chapelle, font de ce musée l'un des plus beaux de France. Tout autour du palais foisonnent les maisons du XVe siècle ; il faut voir notamment l'hôtel Morel-Sauvegrain, édifié pour la nourrice de Charles le Téméraire au milieu du XVe siècle, dont la porte est surmontée d'un curieux bas-relief, sans doute les armes parlantes de son propriétaire : un petit personnage qui porte un sac... de grains ? Voir aussi les trois pignons des maisons à pans de bois du « coin du Miroir », déjà dénommées de la sorte au XVe siècle, l'hôtel Liégeard, rue des Forges, qui date de la fin du XIIIe siècle mais a été restauré au début du XXe siècle, avec sa toiture de tuiles glaçurées multicolores. En faisant par la rue Rabot le tour de l'église Notre-Dame, surmontée d'un jacquemard du XIVe siècle, construite entre 1220 et 1238 mais hérissée de fausses gargouilles de la fin du XIXe siècle, on parvient ensuite à la maison Millière, à pans de bois et briques, construite en 1483 au 10, rue de la Chouette pour un marchand, à côté de laquelle une seconde demeure, du même type, est actuellement en cours de restauration. Enfin, dans le bourg de l'abbaye Saint-Bénigne, se dresse au 14, rue Condorcet une maison du XIVe siècle à l'entrée surélevée et reconnaissable à ses deux belles croisées géminées à linteau orné d'un double trilobe. Il faut continuer par l'ancienne abbaye bénédictine Saint-Bénigne-musée archéologique (5, rue du Dr-Maret). La cathédrale gothique Saint-Bénigne est édifiée sur une crypte romane, construite en 1007, où les pèlerins s'assemblaient autour du sarcophage-reliquaire du saint. La visite du musée débute par la salle capitulaire et le *scriptorium* de l'abbaye, bâtis au début du XIe siècle, aux voûtes basses soutenues par d'énormes et magnifiques piliers massifs, carrés et circulaires, comme à Chapaize ; le sol de cailloutis blanc fait admirablement ressortir, ton sur ton, nimbées d'une belle

Tlj sf le mar.
de 9 à 12 h et de
14 à 18 h ;
de 9 h 30 à 18 h
du 1er juin au
30 sept.
gratuit le dim.
Tél. :
03 80 30 88 54.

lumière, les collections lapidaires gallo-romaines qui intéresseront aussi l'amateur de Moyen Âge ; ce dernier remarquera notamment le fameux pilier de Mavilly (Côte-d'Or), constitué de deux blocs historiés superposés, transformés par la suite l'un en bénitier, l'autre en fonts baptismaux. Au premier étage, dans le dortoir des moines, une immense salle à hautes voûtes du XIIIe siècle, une série de panneaux didactiques et une maquette exposent utilement l'histoire de Dijon et de l'abbaye. Parmi les collections médiévales lapidaires, des chapiteaux des XIe-XIIe siècles, deux très beaux tympans romans – dont l'un, figurant le Christ à table pour la Cène, ornait vraisemblablement l'entrée du réfectoire – et un

buste de Christ sculpté par Claus Sluter, destiné au puits de Moïse de la Chartreuse de Champmol, sans compter des œuvres mineures charmantes : le petit hérisson apprivoisé sculpté, symbole de Louis XII, qui décorait le château jouxtant anciennement la porte Guillaume. Les Bourguignons mérovingiens ne sont pas oubliés : leurs sépultures ont livré nombre d'armes et de magnifiques bijoux, superbement exposés.

Pour la gloire et le salut de sa famille, et pour installer les sépultures de sa descendance, Philippe le Hardi fit construire la chartreuse de Champmol. De cet ensemble, détruit pendant la Révolution, subsistent cependant d'importants éléments : la vis d'un escalier, le portail de l'église, orné des statues ducales (fin du XIVe s.). Dans une gloriette du XVIIe siècle se dresse le puits de Moïse (1395-1404), l'une des œuvres les plus remarquables réalisées par le sculpteur Claus Sluter. Ce puissant massif, orné de six prophètes, était le support d'un calvaire, pièce centrale d'un bassin autour duquel s'organisait le cloître. Les six statues des prophètes méritent vraiment que le visiteur s'attarde sur la puissance et le réalisme du rendu, dans lesquels transparaît tout le génie de l'artiste, mais qu'on n'oublie pas pour autant d'admirer les anges qui soutiennent l'encorbellement supérieur. Il faut prendre le temps de détailler les ailes, le tracé des visages, le développement des chevelures et des barbes, les plis des vêtements et des feuillages pour s'imprégner complètement de cette œuvre magistrale.

Visite libre. Les horaires sont ceux de l'hôpital psychiatrique qui occupe les bâtiments. Attention, cet ensemble va prochainement faire l'objet de restauration, les visites risquent d'être perturbées.

➜ *On peut voir à proximité *Chenôve et les collections mérovingiennes, armes et bijoux, du musée de Nuits-Saint-Georges (12, rue Camille-Rodier) ;*

« MOULT (ME) TARDE... »

Dijon est aujourd'hui bien connu pour sa moutarde et ses (pains d') épices. Au Moyen Âge, cette riche ville marchande, au commerce encouragé par la présence des ducs de Bourgogne et de leur suite, était déjà une cité épicière. La moutarde n'était pas le plus noble ni le plus coûteux des condiments et, en Bourgogne, les simples gens du XIVe siècle possédaient déjà moulins et petits pots à moutarde, également consommée à la table des princes même si ces derniers préféraient les épices plus exotiques. En 1398, le duc de Bourgogne lui-même, volontairement peut-être, faisait broder sur les manches de ses robes une devise qui nous paraît aujourd'hui bien proche de la spécialité gourmande de la ville : « Y me tarde... ». Au siècle suivant, la devise se popularise sous la forme « Mout (me) tarde » !

📖 *Moutarde à Dijon*, catalogue d'exposition, musée de la Vie bourguignonne, Perrin de Puycousin, Dijon, 1984.

ouvert tlj sf le mar. de 10 h à 12 h et de 14 h à 18 h, visites de groupe guidées du vieux Nuits sur rdz-vs (tél. : 03 80 61 13 10).

DINAN (CÔTES-D'ARMOR) ✳✳✳

Tél. :
02 96 39 45 20.

La vieille ville, accrochée sur les rives escarpées de la Rance, est toujours ceinturée de remparts des XIIIe-XVe siècles derrière lesquels s'abritent ses églises et ses maisons anciennes à pans de bois. Le cœur de Du Guesclin, le valeureux et efficace chef de guerre de Charles VI, est conservé dans la basilique Saint-Sauveur (XIIe-XVe s.). Le château de la duchesse Anne, composé de deux tours rondes, date du XIVe siècle. Il abrite le musée d'Art et d'Histoire du pays de Dinan. On verra notamment, rue du Jerzual, des maisons des XVe-XVIe siècles, la tour de l'Horloge (XVe s.), la maison du Gouverneur rue du Petit-Fort (XVe s.) et l'ancien couvent des Cordeliers, avec son cloître (XVe s.).

DOL-DE-BRETAGNE (ILLE-ET-VILAINE) ✳✳

Tél. OT :
02 99 48 15 37.

En route pour le *Mont-Saint-Michel, on peut visiter cette ville anciennement située sur une île, dont le point dominant est le Mont-Dol (64 m de roc granitique, à 3 km de la ville), au milieu de marais progressivement asséchés. De longue date, les pèlerins ont fait halte en ce lieu. Une cathédrale fortifiée Saint-Samson, bâtie au XIIIe siècle, doit sa dédicace à la présence d'un évêque gallois du VIe siècle, qui y fonda un monastère ; son intérieur en gothique

normand dément son austérité extérieure. Au fil des rues, on passe devant quelques maisons médiévales, ainsi la belle maison romane des Petits-Palets, 17, Grande-Rue-des-Stuarts, avec ses amples arcatures décorées de chevrons, une autre maison du XIIe siècle, « la Grisardière », 37, rue Lejamptel, ou encore, rue Ceinte, une ancienne boutique de marchand dans la partie montante, à gauche, la maison de la Guillotière, construite au XIIIe siècle, et pour finir « la Trésorerie », où demeuraient les chanoines au XVe siècle et qui a été transformée en musée : y sont exposées des statues de saints bretons du XIIIe au XVIIIe siècle. Suivez enfin la promenade des Douves, pour retrouver le tracé de la ville fortifiée du XIVe siècle.

DOMME (DORDOGNE) ✵✵✵

Tél. OT :
05 53 28 37 09.

Certains ont comparé ce lieu à l'Acropole. N'exagérons pas mais le site, assurément, est grandiose, la vue imprenable.

La bastide de Domme est située sur un promontoire qui permet d'admirer un des plus magnifiques paysages de France : la vallée de la Dordogne. Philippe III le Hardi y fit construire, en 1281, une solide et majestueuse ville-citadelle. Dominant la Dordogne de 150 m, l'endroit semblait idéal pour construire une cité imprenable. Une enceinte, considérée par les experts comme l'un des plus beaux exemples d'architecture militaire, fut dressée sur le côté vulnérable du plateau. Malgré tous ces travaux, Domme ne résistera pas aux Anglais, qui s'en emparèrent en 1346 par trahison. Les traîtres ne l'emportèrent pas en paradis : ils furent pendus par les Français, de retour l'année suivante. La ville changea plusieurs fois de maîtres et ne redevint définitivement française qu'en 1438. Les guerres de Religion en feront une cité convoitée et assiégée. Comptez plusieurs heures pour découvrir la bastide avec ses vieilles rues, bordées de maisons voûtées d'ogives (et où l'on vend souvent du foie gras...). Ne pas manquer la maison du Gouverneur, la halle, les portes médiévales et, pour finir, la « Barre de Domme », qui permet une vue extraordinaire sur la vallée.

→ *Dans la région, on s'arrêtera notamment à *Cenac-et-Saint-Julien pour sa belle église romane, La Roque-Gageac, Vitrac (église romane), le château de Montfort pour sa vue sur le Cingle, Carsac-Aillac (église romane), Grolejac (château et église romane), Sainte-Mondane (château), *Castelnaud-la-Chapelle, Les Milandes chères à Joséphine Baker, Berbiguières (château) – et on n'oubliera pas les « croisières » sur la Dordogne.*

DOMRÉMY-LA-PUCELLE (Vosges) ✻

Comment ne pas signaler ce petit village rendu célèbre par une enfant du pays dont on n'a pas fini de parler, Jeanne d'Arc ? Ses parents, des laboureurs aisés (l'« aristocratie » de la paysannerie), vivaient dans une demeure que l'on peut toujours visiter. Un petit musée retrace la vie de la fameuse Pucelle, qui a donné son nom à la localité, tandis que le baptistère (XIIe s.) que vous verrez dans l'église voisine est celui sur lequel, vers 1412, on a porté Jeanne sur les fonts. Devant la basilique du XIXe siècle, qui accueille un pèlerinage, il est désormais difficile de se représenter les bois où elle entendit des voix et l'arbre des Fées auquel était accrochée une image de la Vierge, périodiquement fleurie par les enfants de Domrémy ; mais à défaut, son histoire revit encore à travers les minutes de son procès, qu'il faut prendre la peine de lire.

G. et A. Duby, *Les Procès de Jeanne d'Arc*, Paris, Julliard, 1973 ; R. Pernoud, *J'ai nom Jeanne la Pucelle*, Paris, Gallimard, 1994.

→ *Aller à *Vaucouleurs.*

Jusqu'au 1er avr. tlj sf mar.
de 9 h 30 à 12 h et de 14 h à 17 h, après le 1er avr. tlj de 9 h à 12 h 30 et de 14 h à 19 h.
Tél. :
03 29 06 95 86.

LA VIE QUOTIDIENNE D'UNE PETITE FILLE

Rien ne prédisposait la petite Jeannette, comme on l'appelait à Domrémy, à jouer un jour un rôle actif dans la vie politique et militaire de son pays. Entourée de son père, Jean, et de sa mère, Isabelle, famille augmentée de plusieurs parrains et marraines, Jeanne a reçu une éducation identique à celle de toutes les autres fillettes du début du XVe siècle : sa mère lui a enseigné les prières majeures, le ménage et les travaux d'aiguille, à coudre les toiles de lin et filer. À l'âge de 7 ans, elle accompagnait les animaux aux champs et, plus tard, aida son père à la charrue, activités qu'elle abandonnait lorsque le curé du lieu sonnait la messe. Elle allait consoler ses camarades d'enfance, lorsqu'ils étaient malades, et aimait faire l'aumône. À son procès, l'un d'entre eux dit qu'elle était « trop pieuse » et son curé affirme que c'était sa meilleure paroissienne. Mais bien d'autres jeunes filles menaient la même vie. Elle ne manquait pas de rejoindre les autres jeunes de Domrémy autour de l'arbre des Fées pour chanter et peut-être même pour danser. Et c'est l'été de ses 13 ans, « environ l'heure de midi », que la voix d'un ange vint mettre fin à son enfance.

R. Pernoud, *Jeanne d'Arc, par elle-même et par ses témoins*, Paris, Seuil, 1962, rééd. 1996.

DOURDAN (Yvelines) ✲✲

Ancienne capitale du Hurepoix, Dourdan a joué un rôle politique et militaire important. Le futur Hugues Capet, premier roi de la lignée capétienne, y naquit dans le château que Philippe Auguste fit rebâtir en 1220. Le château actuel est l'une des plus importantes forteresses encore debout en Île-de-France (avec, il est vrai, d'importantes retouches). Son enceinte couvre une superficie de 8 000 m². Son donjon (13,50 m de diamètre, 25,35 m de haut) constitue la partie la plus importante du château, qui mérite la visite. À voir

aussi l'église paroissiale Saint-Germain, des XIIe et XIIIe siècles, mais qui a subi nombre de restructurations et remaniements.

DRUYES-LES-BELLES-FONTAINES (Yonne) ✲

Tél. :
03 86 41 57 86.

Le château, bâti à la fin du XIIe siècle, a été dressé par les comtes d'*Auxerre et de *Nevers sur un piton rocheux selon un plan rigoureusement carré, tour et enceinte formant un carré parfait de 53 m de côté flanqué à chaque angle d'une tour ronde et doté d'une imposante poterne. À la fois forteresse et résidence, un logis, plus confortable qu'un donjon, est élevé à l'intérieur de l'enceinte. Le comte Pierre de Courtenay y signa, en 1188, la charte d'affranchissement des bourgeois d'*Auxerre. Après le XIIIe siècle, les comtes de Nevers et de Flandre, les ducs de Bourgogne, ont

successivement possédé ce domaine. La ville basse présente une belle église romane.

Visites guidées du 1er juil. au 31 août, le sam. de 15 à 18 h, en sem. de 16 à 17 h. Visites nocturnes en juil.-août. Du 1er au 15 sept., le sam. à 16 h , le dim. de 15 à 17 h.

EGUISHEIM (Haut-Rhin) ✲✲

Tél. OT :
04 89 23 40 33.

Visites guidées
gratuites
ts les jeu. de juil.-
août à 17 h.

Au centre de la ville ancienne, située sur la route des vins, se dresse encore une petite enceinte octogonale que l'on dit inspirée de Castel del Monte (Italie), centrée sur une construction très remaniée au fil des années. Deux enceintes parallèles entourent la ville. La première, servant directement de point d'appui pour les maisons, daterait du début du XIIIe siècle et a été rapidement complétée par la seconde. Le fossé, qui se trouvait entre les deux a été comblé et construit dès le XVIe siècle, ce qui donne un curieux aspect à la ville, avec trois cordons de maisons parfaitement concentriques. Il est tout à fait possible d'en faire le tour pour repérer les remparts. Les visites guidées proposées par l'office du tourisme permettent de se faire une bonne idée de l'histoire de la cité, en rappelant au passage la naissance du pape

Léon IX en 1002, personnage omniprésent à Eguisheim. Un chemin balisé permet l'accès au Haut-Eguisheim. C'est un site très particulier. Bâti sur une crête rocheuse, il domine la plaine d'Alsace. Au départ, c'est un château ordinaire, avec son enceinte et son donjon. Dans les bases de ces premières constructions, on peut repérer des remplois gallo-romains. Par héritages successifs, le château, au XIIIᵉ siècle, a été partagé en trois. C'est alors que deux autres donjons ont été construits et que les possesseurs des trois « nouveaux » châteaux ont voulu avoir chacun leurs propres défenses avec barbacanes, courtines et fossés : les constructions présentent des recoupements assez compliqués ; elles ont fini par être démantelées, afin qu'elles ne soient plus utilisées comme abris par des malandrins détrousseurs qui dévastaient le pays à la fin du Moyen Âge.

ELNE (PYRÉNÉES-ORIENTALES) ✳✳✳

Elne, à 14 km de *Perpignan, à 6 km de la mer, a une origine fort ancienne : selon la légende, Hercule, en passant par là, aurait séduit Pyrène (d'où le nom de Pyrénées), une princesse, fille du roi Bebrix, qui se serait immolée par le feu après le départ d'Hercule. Constantin fit appeler la cité *Castrus Helene*, en l'honneur de sa mère, d'où le nom actuel d'Elne. À voir la splendide cathédrale Sainte-Eulalie-et-Sainte-Julie, élevée au XIᵉ siècle. Sans transept, elle a une longue nef et six chapelles gothiques des XIIIᵉ, XIVᵉ et XVᵉ siècles. Ne pas manquer cette merveille qu'est la cloche, véritable chef-d'œuvre sur lequel il faut s'attarder. Extraordinaires chapiteaux où feuillages et fleurs se mêlent aux figures humaines et aux animaux et monstres mythiques.

EMBRUN (HAUTES-ALPES) ✳✳

Tél. OT : 04 92 43 72 72.

À voir pour son église du XIIᵉ siècle avec un trésor et les fresques remarquables de l'ancienne église des Cordeliers, exécutées par des peintres italiens à la fin du XVᵉ siècle, qui sont inspirées par la pastorale franciscaine.

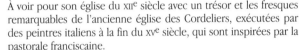

ENTREVAUX (ALPES-DE-HAUTE-PROVENCE) ✳

Emprunter près de Puget-Théniers, place forte d'époque moderne à rempart, un petit pont du XIVᵉ siècle fortifié, donnant sur les impressionnantes gorges de Daluis, accessible par la N 202.

ESNANDES (Charente-Maritime) ✳

À 9 km au nord de *La Rochelle, une église romane fortifiée à la fin du XIVᵉ ou au début du XVᵉ siècle, basse et ramassée en un plan parfaitement quadrangulaire, armée d'un clocher-donjon de forme carrée, d'échauguettes en façade, est intégralement entourée d'un crénelage avec chemin de ronde sur tout son périmètre, ainsi que de mâchicoulis. Une bretèche est ménagée au-dessus de chacune des baies du chevet plat : les rares fenêtres à vitraux sont une concession à l'usage en tant que lieu de culte. Si le portail d'accès ne diffère pas de celui d'une église ordinaire, un donjon en façade et son épaisse porte ferrée défendue par un assommoir devaient protéger efficacement les fidèles réfugiés de la guerre de Cent Ans. Église ou bastion ? Au visiteur de juger.

ESSERTINES (Loire) ✳

Les promeneurs avertis (et surtout bien chaussés) s'étonneront des ruines d'un château minuscule construit aux XIIᵉ-XIIIᵉ siècles, à 8 km de la ville comtale de Montbrison, dont il dépendait, et démantelé après 1450. Bien que possession du duc de Bourbon et comte d'Auvergne et de Forez, son donjon n'était pas plus grand qu'un F2 : un officier, qui n'y résidait pas, venait y percevoir les impôts. Dans la basse cour, une petite chapelle castrale du XIIᵉ siècle est encore debout. Un peu plus bas, le chemin mène à un

quartier du petit bourg fortifié construit au pied du piton rocheux supportant le château. Des fouilles archéologiques ont démontré sa vocation artisanale au tout début du XVIᵉ siècle : tisserands, enfileurs de chapelets, travaillaient à l'ombre de cette petite forteresse comtale des monts du Forez. Attention, le site n'est pas facile à découvrir : prenez la petite route aux virages dangereux qui mène de Montbrison à Roche, et guettez le panneau signalant la chapelle romane. Garez-vous au mieux, dans un virage élargi, un peu plus loin, et si vous êtes en famille, veillez à bien tenir vos enfants par la main : au-dessous du château, la pente est forte et le sentier étroit.

📖 *Le Château d'Essertines* (sous la dir. de F. Piponnier), Lyon, DARA, 1993.

ÉTAMPES (Essonne) ✸✸

Tél. OT :
01 64 94 84 07.

Une belle ville, riche en monuments anciens, et qui mérite une « vraie » visite. La cité s'étend auprès de l'ancien château royal de Louis VII, le premier époux de la célèbre et séduisante Aliénor d'Aquitaine. Du château d'Étampes il ne reste qu'un donjon royal du XIIᵉ siècle, très impressionnant. Il est connu sous le nom de tour Guinette, dont le nom provient du verbe « guigner » (guetter). C'est une tour quadrilobée aux étages complexes et dangereux d'accès, qui domine une large vallée. Elle est rarement ouverte, mais le site est plaisant. Étampes possède plusieurs églises de caractère : Saint-Basile, fondée par Robert le Pieux au XIᵉ siècle et souvent remaniée – le portail roman représente le pèsement des âmes. L'église Notre-Dame-du-Fort, bâtie au début du XIᵉ siècle également par Robert le Pieux, et où se déroulèrent sept conciles. Le portail sud (1150) a des ressemblances avec le portail royal de *Chartres. Le clocher, la nef, le transept et le chœur datent du XIIᵉ siècle. L'église Saint-Gilles : portail roman, nef du XIIIᵉ siècle, chœur des XVᵉ et XVIᵉ siècles. L'édifice a beaucoup souffert d'un bombardement en 1944. L'église Saint-Martin, dont la fondation remonte à Clovis, est une construction des XIIᵉ et XIIIᵉ siècles, avec un clocher-porche du XVIᵉ siècle.

ÉVRON (Mayenne) ✸✸

Tél. :
02 43 01 63 75.

Une abbaye fondée au VIIᵉ siècle, et qui sera à l'origine d'un célèbre pèlerinage durant tout le Moyen Âge. D'abord pillée aux XVᵉ et XVIᵉ siècles, la Révolution en fermera les portes, mais des religieux en reprendront possession au XVIIIᵉ siècle. La basilique d'Évron comprend trois parties : l'église romane dont la nef remonte aux XIᵉ et XIIᵉ siècles. Une église gothique du XVIᵉ siècle voit son chœur éclairé par des verrières du XIVᵉ siècle et sept chapelles rayonnantes du XIVᵉ siècle également. Enfin, la chapelle Notre-Dame-de-L'Épine, que saint Louis   visite en 1236. La voûte, qui était entièrement peinte au XIIᵉ siècle, a conservé une partie de ses décorations d'origine. À voir, la statue de Notre-Dame-de-l'Épine (XIIIᵉ s.) : c'est une curieuse et plaisante légende que celle-ci. On rapporte, et ceci se passait vers 630, qu'un pèlerin traversant Évron avec, dans sa besace, une fiole contenant du lait de la Vierge s'était arrêté près d'une fontaine (elle se trouve aujourd'hui dans la basilique) ; il accrocha sa besace à la branche d'un arbre. Quand il se réveilla, l'arbre avait tellement grandi qu'il ne put attraper sa précieuse relique. Il fallut l'intervention d'un évêque, Hadouin, qui se trouvait près de là, pour que l'arbre consentît à se plier. Le pèlerin, ayant récupéré son bien, en fit don à Hadouin, qui s'empressa de construire un monastère ! Les pèlerins accoururent bien vite et apparemment ne furent pas déçus...

EXCIDEUIL/SAINT-JEAN-DE-CÔLE (DORDOGNE) ✵

À 31 km de *Périgueux, dans cette ville que l'on nomme la capitale du Périgord vert, on verra de vieilles maisons, une église, ancien prieuré bénédictin et, sur une colline dominant la cité, le château avec notamment ses deux énormes donjons jumeaux du XIVe siècle reliés par une haute courtine. Richard Cœur de Lion l'assiégea sans succès. Philippe le Bel et Bertrand de Got y séjournèrent. La guerre de Cent Ans le malmena, les guerres de Religion et la Fronde ne l'arrangèrent pas, mais ce que l'on peut encore en voir mérite une visite. Géraud de Borneilh, troubadour du XIIIe siècle, serait né à Excideuil – localité qui compte aussi un autre personnage « littéraire » célèbre, qui a beaucoup fait pour la commune, le maréchal Bugeaud.

➔ *À voir, dans les environs, l'église romane à coupole de Saint-Médard d'Excideuil, et Angoisse, pour son église et sa porte fortifiée.*

EYMET (DORDOGNE) ✵

Alphonse de Poitiers, frère de saint Louis, fonda cette bastide, située à 25 km de *Bergerac, en 1271. La place des Arcades conserve le souvenir de la cité médiévale : belles maisons à meneaux aux façades de pierre ou à pans de bois et torchis ; la rue de l'Engin rappelle un épisode de la guerre de Cent Ans : les Anglais qui occupèrent la ville furent pris de panique et s'enfuirent en voyant que les Français mettaient en place une formidable machine de siège, capable de lancer des pierres de 150 kg. Beaucoup périrent noyés en cherchant à franchir la Dropt à la nage. Un donjon carré du XIVe siècle rappelle l'existence du château aujourd'hui disparu. L'église date de la même période.

➔ *À voir, dans les environs, le château de Puyguilhem et Saint-Capraise-d'Eymet, belle église avec des chapiteaux ornés.*

FALAISE (CALVADOS) ✵✵

Tél. OT :
02 31 90 17 26.

Tél. Château :
02 31 40 05 24.

Falaise ne mérite qu'un détour depuis les dernières « restaurations »... En venant de *Caen par la N 158, prendre la direction de Naron l'Abbaye par la D 157. Une petite route à gauche mène à un chemin ; de là, le mont Mirrha offre une perspective saisissante du site. Le château de Falaise est remarquable par l'allure et la puissance que les bâtiments dégagent. Mais attention, il faut savoir repérer les restaurations successives et se montrer très critique sur les toutes dernières et pitoyables « mises en valeur » du site. C'est dans ce château que dame Arlette mit au monde Guillaume le Conquérant, vers 1025-1027. À cette époque, les bâtiments ne ressemblaient pas à ceux qui subsistent aujourd'hui, car le massif donjon rectangulaire, séquencé de contreforts plats, date du pre-

mier quart du XIIᵉ siècle et servait de logis seigneurial. Il est doté d'une grande salle et d'une cha-pelle placée près de la porte d'entrée. Les constructions s'ap-puient, en rupture de pente, sur le rocher et surplombent la vallée de l'Ante ; en observant cette implantation, on comprend par-faitement l'étymologie du nom « Falaise ». Le donjon domine également une vaste enceinte

castrale, totalement indépendante de celle de la ville. Au XVᵉ siècle, on a ajouté au donjon une tour cylindrique de plus de 30 m de haut. Elle est communément appelée tour Talbot et malgré l'époque à laquelle elle a été construite, cette tour n'est percée que de meurtrières ; seule une fenêtre plus grande éclaire le dernier étage. L'austérité de l'ensemble des constructions affirme bien le côté militaire et défensif du château, dans lequel on prétend que les ducs de Normandie cachaient leur trésor. En ville, il faut noter les nombreuses tours de défense qui ponctuent les remparts et les deux portes encore en place.

FÉCAMP (SEINE-MARITIME) ✴✴

Visite commentée de l'abbatiale les sam. de juil.-août à 14 h 30, de la ville et du musée les jeu. à 14 h 30.
Tél. :
02 35 28 51 00
ou
02 35 28 84 39.

Le nom de la ville provient du mot « poisson », *fisk* : c'était à l'ori-gine un village de pêcheurs. Mais, depuis l'arrivée du Viking Rollon, en 911, le site est devenu l'une des positions normandes les plus importantes. Elle s'enor-gueillit depuis Guillaume Longue Épée, fils du conquérant nordique, d'un palais ducal, résidence offi-cielle des ducs de Normandie, sans doute édifié vers 930. Lorsqu'en 1204 la ville devient française, son abbaye de la Sainte-Trinité, consa-crée au sang du Christ dont elle possède une précieuse relique, devient son principal pôle d'at-traction : au Moyen Âge, les pèle-rins affluaient dans la nef longue de 127 m (comme Notre-Dame-de-Paris) et toute illuminée par l'énorme tour-lanterne de pierre

grise. Deux chapelles et leurs chapiteaux demeurent de l'église du XIIᵉ siècle, détruite dans un incendie. Rebâtie en 1168, elle est achevée au début du XIIIᵉ siècle, la chapelle axiale dédiée à la Vierge se parant du prestige du gothique flamboyant ; on trouve surtout, dans le chœur, un magnifique coffre de pierre, sculpté au XIIᵉ siècle : couvert de très belles sculptures narrant la vie du Christ, de l'Annonciation à son Ascension, il a servi de tombeau-reliquaire à deux personnages importants, peut-être les premiers ducs de Normandie, Richard Iᵉʳ (942-996) et son fils Richard II (996-1026).

Du palais (Xᵉ-XIIᵉ s.), il reste les ruines d'un bâtiment rectangulaire, des parties non négligeables de l'enceinte et les résultats des

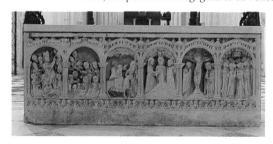

fouilles archéologiques. Dans la cité, quelques maisons médiévales (XVᵉ s.) à pans de bois ou en rude pierre calcaire méritent un coup d'œil. La tour de la maîtrise, très remaniée, est un ancien bastion carré doté d'archères et de fenêtres ogivales (les plus anciennes) ou à meneaux. Il ne faut pas quitter la ville sans voir le musée municipal de Fécamp qui, outre quelques objets médiévaux (un albâtre anglais du XIVᵉ s., des faïences hispano-mauresques du XVᵉ s., des céramiques carolingiennes locales, une Vierge à l'Enfant du XVᵉ s., etc.), présente un surprenant pastiche de la broderie de Bayeux conçue par un fanatique du Moyen Âge et de sa ville et amoureusement réalisé par sa femme entre 1909 et 1926 : toute l'histoire du Précieux Sang de l'abbatiale y est narrée, à l'aiguille, sur 22 m de long ! Enfin, ne croyez pas que le musée de la Bénédictine ne doive attirer que les amateurs de liqueurs fortes. L'arsenal complet des ustensiles de distillation de cette liqueur inventée au début du XVIᵉ siècle, y est conservé ainsi que de nombreux objets d'art du Moyen Âge.

Au musée des Terres-Neuvas et de la Pêche, face à la mer, une petite place est faite au Moyen Âge : les navigateurs vikings sont présents au rez-de-chaussée. Non sans raison : en 842, ils ont en effet brûlé le couvent de la ville, tuant les moniales qui n'avaient pu s'enfuir, comme certaines, en Picardie. On y verra notamment une maquette du fameux drakkar d'Oseberg.

A. Renoux, *Fécamp. Du palais ducal au palais de Dieu*, Paris, CNRS, 1991.

→ *Voir, aux environs, les ruines de l'abbaye et du château de Valmont (XVᵉ-XVIᵉ s., donjon XIᵉ s).*

**Tlj sf mar.,
de 10 h à 12 h
et de 14 h
à 17 h 30.
Gratuit – de
18 ans.
Tél. :
02 35 28 31 99.**

FÉNIOUX (Charente-Maritime)

Belle lanterne des morts sans doute romane, au fût cannelé constitué de plusieurs colonnettes, terminé par un petit toit conique en écailles de pierre, surmontant un caveau funéraire-ossuaire. À l'intérieur de la colonne, un escalier à vis de 37 marches permettait au sacristain de monter dans le lanternon pour entretenir la flamme. À visiter le jour des Morts...

QU'EST-CE QU'UNE LANTERNE DES MORTS ?

Il en subsiste encore beaucoup à travers la France, souvent édifiées dans des cimetières encore en activité, quelquefois isolées au milieu d'un pré, comme à Fénioux, lorsque l'ancien cimetière a été déplacé. Parfois construites au-dessus d'un autel, une croix les surmonte souvent et, comme un phare, leur sommet est creusé d'un lanternon ouvrant sur les quatre points cardinaux ; au Moyen Âge, la lanterne était toujours illuminée en signe d'espérance en la résurrection, peut-être aussi de protection contre les démons ; de plus, ces veilleuses monumentales attiraient l'attention des vivants pour les morts et guidaient éventuellement le voyageur égaré.

M. Plault, *Les Lanternes des morts*, Poitiers, 1988.

FÈRE-EN-TARDENOIS (Aisne)

L'origine de ce site, proche de Château-Thierry, est sans doute fort ancienne puisque le toponyme provient du lombard *fara*, qui signifie clan. Aujourd'hui, outre une église des XVe-XVIe siècles, se dressent, à quelque 3 km, sur une éminence artificielle consoli

dée aux temps modernes par des pavés de grès, les ruines des sept tours d'un château du XIIIe siècle flanqué d'un viaduc du XVIe et encore habité au XVIIe.

→ *À voir dans les environs, Oulchy-le-Château (église romane à chapiteaux).*

FIGANIELLA (Corse-du-Sud) ✵

Pour son église Santa Maria Assunta, édifiée au xiie siècle. Sa façade reprend classiquement les modes de construction antérieurs, avec un fronton triangulaire doté d'une ouverture cruciforme au sommet du pignon, un bandeau reposant sur une série d'arcatures chacune reposant sur un modillon à figures humaines. Le clocher date du xixe siècle.

FIGEAC (Lot) ✵✵

Tél. OT :
05 65 34 06 25.

Petite ville d'un peu plus de 10 000 habitants, Figeac devrait son existence, selon la légende, à Pépin le Bref qui, voyageant en Quercy un beau jour de 753, cherchait un lieu pour fonder un monastère afin de remercier le ciel de ses victoires. Il entendit des voix qui lui signalèrent le site de Figeac et vit deux colombes tracer dans le ciel un signe de croix puis déposer sur le sol des rameaux d'olivier. C'était donc là qu'il devait construire l'abbaye. Jésus lui-même vint consacrer l'église que Pépin fit construire ! En tout état de cause, l'existence de Figeac est fort ancienne et une abbaye fut fondée vers le ixe siècle, qui connut aux siècles suivants une grande extension. La ville se développa également, organisée en gaches ou quartiers ayant chacun à leur tête un consul. Durant la guerre de Cent Ans, Figeac, par le traité de Brétigny, devint anglaise puis rejoignit la France avant de retomber sous le joug anglais. Pendant les guerres de Religion, Figeac tomba aux mains des Huguenots en 1576. Après l'édit de Nantes, elle compta, avec Cajarc, Cardaillac et *Montauban, parmi les places de sûreté qui

furent laissées aux protestants. De sa période médiévale, Figeac a gardé de nombreux et intéressants monuments civils et religieux. Citons notamment l'église Saint-Sauveur, construite en 1092 et remaniée par la suite. Elle dépendait de l'abbaye affiliée à *Cluny, de 1074 à 1536. On peut d'ailleurs voir l'ancienne salle capitulaire (xive s.) qui la jouxte. L'église Notre-Dame-du-Puy (xiie s., remaniée aux xive-xve et xviie s.). La ville compte plusieurs hôtels particuliers des xive et xve siècles.

FLARAN (Gers) ✵✵

Flaran est le monument cistercien le mieux conservé du département. Cette abbaye, fille de Morimond, a été fondée en 1151. Elle connut rapidement, grâce à de nombreuses libéralités et donations, un développement important, qui fit quelques envieux et nuisit, là comme ailleurs, à l'austérité qui devrait régner en ces lieux. Guerre de Cent Ans et guerres de Religion la ruinèrent.

Tlj sf mar.,
de 9 h 30 à 12 h
et de 14 h
à 18 h ; du 1er
juil. au 31 août
tlj de 9 h 30
à 19 h.
Fermé du 15 juil.
au 15 fév.
Tél. :
05 62 28 50 19.

C'est par dizaines que villages, églises, abbayes, furent incendiés et pillés par les troupes protestantes du comte de Montgomery, lieutenant de Jeanne d'Albret. Flaran réussit toujours à se relever de ses ruines mais le nombre des moines, aux XVIIe et XVIIIe siècles, diminua beaucoup, même si d'importants travaux furent mis en chantier. Lorsque éclate la Révolution, il ne reste plus que quatre moines dans l'abbaye, qui est vendue comme bien national et subit de nombreuses déprédations. En 1913, un antiquaire parisien s'apprêtait à la démonter pierre par pierre ; la vente fut annulée de justesse grâce à la Société archéologique du Gers, mais le propriétaire chercha malgré tout à tirer profit des bâtiments en vendant les gypseries du chœur et des carreaux glaçurés. En 1970, un incendie criminel endommage l'ancien « quartier d'hôtes » de l'aile ouest du cloître. Deux ans après, grâce à une procédure d'expropriation, le département se rendit acquéreur des lieux qu'il entreprend de restaurer. Aujourd'hui Flaran, devenu centre culturel départemental, a retrouvé toute sa grandeur et sa simplicité d'antan, et accueille chaque année, en septembre, un célèbre colloque d'histoire médiévale et moderne. Il faut visiter l'ensemble abbatial ; l'église (XIIe s.) est un des rares témoins de la première architecture cistercienne dans le S-O. Le cloître occupe quatre galeries de styles différents, les salles conventuelles, la salle capitulaire, le réfectoire, la bibliothèque, le logis abbatial (XVIIIe s.) forment un ensemble remarquable, parfaitement restauré et entretenu.

FLAVIGNY-SUR-OZERAIN (CÔTE-D'OR) ✳✳✳

Tél. Inform. et
visites de ville :
03 80 96 24 65
ou
03 80 96 25 34.

Il faut prévoir son après-midi pour partir à la découverte de la vieille ville de Flavigny. Si la cité est réputée auprès des gourmands pour ses anis, elle est également connue pour les belles façades médiévales et les nombreux monuments qui gardent le souvenir de son passé. La majeure partie des remparts est conservée, ainsi que certaines des portes.

La porte fortifiée du Val est double et se compose d'une défense intérieure, renforcée au XVIe siècle d'une construction extérieure munie de mâchicoulis et de bouches à feu. Les visiteurs sont accueillis dans une élégante demeure appelée la « maison du Donataire ». De là, à l'aide d'un petit guide édité par les Amis de Flavigny, les maisons du Moyen Âge et de la Renaissance se découvrent au gré de la promenade. Ici une façade en pierre de taille, là une poterne, ou encore cette curieuse tour de guet qui, construite en pleine ville, permettait vraisemblablement la surveillance des incendies. L'église Saint-Genès, construite en grande partie aux XIIIᵉ et XVᵉ siècles, étonne par la quantité et la qualité de son mobilier : tout un ensemble de stalles, d'intéressantes statues et des fresques de la fin du Moyen Âge. Il est possible d'avoir une vue générale de l'édifice depuis la galerie supérieure, ouverte au public. Les ruines de l'abbatiale Saint-Pierre permettent encore de se faire une idée sur l'importance des bâtiments et leur évolution. De l'église primitive, qui accueillit le corps de sainte Reine en 866, il ne reste que la crypte, aux voûtes épaisses et rustiques. Les différents remaniements sont bien visibles dans les constructions qui subsistent du chœur et de la nef.

FOIX (ARIÈGE) ❊

Tél. OT :
05 61 65 12 12.

Tlj sf les lun.
et mar. d'oct.
à fin mai,
de 10 h 30 à 12 h
et de 14 h
à 17 h 30 ;
juin-sept., de
9 h 45 à 12 h
et de 14 h à
18 h 30 ;
juil.-août, de
9 h 30 à 18 h 30.

Aujourd'hui toute petite préfecture, Foix fut jadis capitale d'un comté créé au XIᵉ siècle. C'est une petite ville agréable dominée par un puissant château, bâti au XIᵉ siècle, où séjourna Gaston Febus († 1391), le dernier rejeton – et le plus célèbre – d'une solide dynastie. Au XVᵉ siècle, les comtes de Foix réunirent leur État au royaume de Navarre. Ce n'est que vers la fin du XVIᵉ siècle que le comté de Foix rejoint la France. Doté d'une position topographique imprenable, le château présentait, aux XIIᵉ-XIIIᵉ siècles, deux tours carrées reliées par un corps de logis. Il est agrandi au XVᵉ siècle : une tour ronde s'ajoute alors au complexe castral. Il est bien conservé : Richelieu voulut le démanteler en 1604 mais il échappa finalement à la destruction pour être restauré au siècle dernier. Une longue montée pavée mène au château, érigé au sommet du haut roc qui domine l'Ariège. Le donjon du XVᵉ siècle veille sur la vieille ville massée au pied de la forteresse ; le plan de la cité médiévale se lit encore d'en haut et l'on peut y voir quelques maisons à pans de bois de la fin du XVᵉ ou plutôt du XVIᵉ siècle, rue du Four-d'Amont et de la Faurie (= des forgerons). On verra rue des Grands-Ducs les passages en colombage qui réunissent des maisons à peine séparées par des ruelles étroites. La ville naît vraiment au XIIᵉ siècle, avec l'érection de l'abbatiale Saint-Volusien (XIIᵉ s.). L'église, bien que remaniée au XVIIᵉ siècle, conserve encore sur son portail roman des piliers sommés de chapiteaux sculptés et, dans le chœur, d'autres, polychromes, à motif d'ours – bête alors commune dans les montagnes de l'Ariège et qui fut aussi, plus tard, l'animal de compagnie favori de Febus. Un petit musée du château des comtes de Foix, à vocation archéologique, historique et ethnographique, situé dans le château, complète la visite. Quelque peu vieillot et hétéroclite, il fera bientôt l'objet d'un réaménagement, pour se spécialiser sur les témoignages du passé médiéval de la ville et sur Gaston Febus.

→ *À voir, dans le pays de Foix : les églises romanes de Loubens (XIIᵉ s.), Vernajoul (église du XIᵉ s. et château), Brassac et surtout de Saint-Jean-de-Verges, très bien conservée. Le petit Pont-du-Diable (fortifié), le château de Loubières... Aller ensuite à *Montségur.*

FONTENAY (CÔTE-D'OR) ✻✻✻

Tél. :
03 80 92 15 00.

Cette abbaye royale du XIIᵉ siècle, fleuron de l'art cistercien, est aussi une « usine » médiévale et le visiteur qu'intéresse l'industrie minière, métallurgique et l'hydraulique médiévales ne peut man-

quer de faire halte en ce lieu. C'est dans un vallon boisé et arrosé, au profil harmonieux que les adeptes de saint Bernard, quittant Cîteaux, sont venus s'installer. Passée la porterie, anciennement dotée d'une niche pour chien de garde, l'œil embrasse l'ensemble du site : un colombier et un chenil d'époque moderne, et la façade du complexe industriel, moulin

et forge, non moins belle et austère que l'église du siècle précédent. Il faut, pour comprendre le site, marcher jusqu'à la digue de terre élevée dès l'arrivée des moines, placée à gauche, au fond du domaine, et suivre les bassins de retenue et le canal qui desservaient l'ensemble du site, résidence monastique comme ateliers. Derrière l'immense bâtiment de pierre rougie abritant la forge et le moulin, aussi grand qu'un hangar moderne (53 m de long), un autre canal alimentait en eau les roues du moulin et les soufflets de forge. Cette dernière, pour les besoins d'un film, a été reconstituée – avec plus ou moins d'exactitude... – sous les hautes voûtes du toit. Mais, plus classiquement, l'on s'intéressera d'abord aux parties purement monastiques.

L'église, immense et d'une royale simplicité, est baignée d'une lumière claire malgré la modestie des baies cisterciennes. Dans l'abside, sont exposés des pierres tombales et des gisants, ainsi qu'un pavement de carreaux médiévaux à motifs figuratifs – hélas reconstitué au XIXᵉ siècle avec un encadrement de liteaux de marbre noir – qui évoque l'une des grandes industries cisterciennes : l'art céramique. Il faut ensuite se retourner pour voir la nef sous son meilleur jour, et pénétrer à gauche dans le cloître, la salle capitulaire, où l'on observe toute la variété des carreaux de pavements employés sur le site, scellés dans des banquettes, la salle des moines, la chaufferie. Le dortoir des moines surprend par l'ampleur de la salle, la superbe charpente arrondie installée au XVᵉ siècle après un incendie qui détruisit les voûtes – et l'absence de toute cheminée : la règle exigeait qu'on se passât de chaleur...

mais pas de tout confort ni d'hygiène, comme en témoigne le système de latrines.

Pour achever la visite, le visiteur ira aux mines d'où le fer était extrait, ou se promènera dans les jardins qui ont été le lieu de tournage de la scène de la mort de Cyrano de Bergerac dans le film interprété par Gérard Depardieu.

LES CISTERCIENS

En 1098, Pierre de Molesme, moine bénédictin, fonde une nouvelle abbaye en rupture avec le monachisme bénédictin devenu trop riche et trop puissant à ses yeux. Il s'agit pour ces moines, même s'ils continuent de se référer à la règle de Saint-Benoît, de trouver une nouvelle voie religieuse, fondée sur la pauvreté et la recherche du « désert ». La charte rédigée en 1118-1119 par l'abbé Etienne Harding, précise cette orientation, approuvée par le pape Eugène III. Bientôt plusieurs monastères vont s'en réclamer et les abbayes cisterciennes prolifèrent à partir du XIIᵉ siècle. C'est ainsi que seront fondées La Ferté (1113), *Pontigny (1114), Clairvaux (1115), Mornand (1115), Prévilly (1118), etc. A la fin du XVᵉ siècle, Clairvaux comptera 365 « filles » et petites-filles, surtout en France mais également dans plusieurs pays d'Europe, en Angleterre notamment. C'est de Cîteaux que sortira saint Bernard, qui joua un rôle politique et spirituel considérable au XIIᵉ siècle et participa à tous les grands débats de son temps, en même temps qu'il fut un avocat intransigeant, de la doctrine de l'Église (au point parfois de manquer à l'esprit de charité...). Saint Bernard combattra avec véhémence les idées et les réalisations de Suger à *Saint-Denis. Bernard prônait l'austérité dans l'art et la liturgie tandis que Suger affirmait que rien n'était trop beau quand il s'agissait de célébrer la gloire de Dieu. L'architecture cistercienne a pour signe visible l'austérité abrupte, sans décor, le dépouillement le plus complet. Des exemples nombreux sont parvenus jusqu'à nous avec *Fontenay, Cîteaux, *Silvacane, Sénanque, *Fontfroide, *Sylvanès, *Le Thoronet, *Pontigny, *Noirlac, etc. Sur le plan intellectuel, les cisterciens se veulent d'abord apologétiques. Ils se méfient de la philosophie et attachent une grande importance à l'histoire sainte et aux vies de saints, qui doivent servir d'exemple et nourrir la foi du chrétien, quitte à être embellies...

L. Pressouyre, *Le Rêve cistercien*, Paris, Gallimard, 1990.

FONTEVRAUD (Maine-et-Loire) ✳✳✳

Tlj (sf les 1er janv., 1er et 11 nov., 25 déc.), de 9 h à 19 h du 1er juin au 3e dim. de sept. Autres jours : de 9 h à 12 h et de 14 h à la nuit. Tél. : 02 41 51 71 41.

Fontevraud est l'un des ensembles monastiques les plus importants d'Europe ; sa visite s'impose. Les dernières remises en valeur des bâtiments sont exceptionnelles ; on est frappé par la blancheur presque excessive de la pierre. Des recherches archéologiques menées régulièrement sur le site complètent, par la découverte de témoins matériels, l'histoire des constructions et de la vie des hommes et des femmes qui y ont vécu. Selon les vœux de Robert d'Arbrissel, le fondateur de l'ordre fontevriste, au début du XIIe

siècle, l'abbaye devait être divisée en deux : une partie pour les femmes, l'autre pour les hommes, ces derniers aussi dirigés par l'abbesse. Rapidement, l'abbaye acquit une grande notoriété et devint le lieu de sépulture des Plantagenêts. L'abbatiale conserve quatre gisants polychromes de cette famille, dont un en bois, ce qui est rare. Au niveau architectural, l'ensemble des constructions, profondément remanié au XVIIe siècle, mérite une visite détaillée ; attardons-nous simplement sur quelques éléments essentiels.

Le bâtiment d'accueil présente des fac-similés d'objets et des dessins importants pour la compréhension de la visite (libre ou guidée) avec, en particulier, une maquette du chœur de l'abbaye.

L'église abbatiale est divisée en deux parties bien distinctes : le chœur et la nef. Le premier, avec ses chapelles et son transept, est d'une grande simplicité ; il est plus haut et plus lumineux que la nef, dont le couvrement est formé de quatre coupoles reposant sur de puissants arcs qui renvoient les charges sur d'imposantes colonnes sommées de chapiteaux. Même si elles ont été fortement restaurées au début de ce siècle, les cuisines de l'abbaye mériteraient le détour à elles seules. À l'origine, elles étaient totalement isolées des autres bâtiments afin d'éviter tout risque d'incendie. Une succession d'absides laisse deviner le plan octogonal de l'intérieur et chacune des cheminées correspond à une absidiole. Un jeu subtil d'arcs et de colonnes engagées permet de soutenir le couvrement central, garni extérieurement d'écailles. Enfin, un jardin des simples vous mènera au prieuré Saint-Lazare. Cette abbaye a fait scandale en son temps.

📖 J. Dalarun, *Robert d'Arbrissel, fondateur de Fontevraud,* préf. de G. Duby, Paris, Albin Michel, 1986.

FONTFROIDE (AUDE) ✳✳✳

Tél. :
04 68 45 11 08.

À 15 km de *Narbonne, dans un site sauvage, au milieu d'une forêt, c'est une très ancienne abbaye fondée au XIe siècle qui connut son âge d'or aux XIIIe et XIVe siècles. Fontfroide a donné un pape, Benoît XII, et plusieurs cardinaux. L'assassinat de l'un de ses moines, Pierre de Castelnau, envoyé du pape Innocent III, sera à l'origine de la croisade contre les Albigeois. Réduite à l'état de ruines à la Révolution, Fontfroide a retrouvé sa beauté originelle. C'est un parfait modèle de l'architecture cistercienne en Languedoc. Son cloître gothique du XIIIe siècle est une pure merveille.

FOUGÈRES (ILLE-ET-VILAINE) ✳✳✳

Tél. OT :
02 99 94 12 20.

L'ensemble des fortifications de la cité et de son château fait impression ; on est surpris par les abrupts et la hauteur des tours qui ponctuent les remparts. Le château s'avance sur la vallée, domine un méandre du Nançon et n'a cessé d'être amélioré dans ses fonctions militaires du XIIIe au XVe siècle. Les ruines du donjon (rasé sur ordre de Richelieu) sont encadrées par la tour des Farfadets et la tour Mélusine. Pour découvrir parfaitement les remparts, il est intéressant d'en faire tout d'abord le tour de l'extérieur, comme si vous étiez un assaillant, puis de l'intérieur. Le château se développe à l'ouest de la monumentale porte Notre-Dame, qui dessert la ville. Il faut s'arrêter à Fougères pour flâner à l'ombre des remparts, dans la fraîcheur des jardins et des rues animées de la vieille cité. Depuis le jardin de l'église Saint-Léonard (XVe-XVIe s.), on découvre un magnifique panorama sur la ville, avec les flèches du beffroi et de l'église Saint-Sulpice, la place du Marchix, avec ses maisons anciennes, et le château.

→ *Aller à *Dol-de-Bretagne.*

FOUGÈRES-SUR-BIÈVRE (LOIR-ET-CHER) ✳✳

Tél. :
02 54 20 27 18.

Une enceinte quadrangulaire, contre laquelle s'appuient deux corps de logis au XVe siècle, est rattachée à un donjon carré. Une grosse tour circulaire s'avance sur l'extérieur et domine les fortifications de l'entrée de la cour, sur laquelle s'ouvre une belle galerie.

Le château est parfaitement restauré et accueille régulièrement des expositions sur les matériaux, les métiers et le quotidien au Moyen Âge.

→ *À voir dans les environs, à 20 km au S-O, Chémery (village et château XIIIe-XVIe s.).*

FRÉTEVAL (Loir-et-Cher) ✲✲

Haut perché au-dessus de la vallée, sur un éperon rocheux, se dresse un puissant donjon circulaire aux larges murs de pierre, construit au XIe siècle. Alors protégé d'un mur de courtine, il est ensuite, dans la seconde moitié du XIIe siècle, habité par les Plantagenêts et efficacement défendu. Une seconde enceinte le fortifie. L'espace compris dans le périmètre de défense est énorme : plus d'un hectare de terrain est encerclé par les courtines, au centre duquel se dresse un château où le confort des lieux ne le cédait en rien à l'aspect défensif. Au-dessus d'une première pièce, excavée et aveugle, à usage de cuisine, les larges salles du donjon sont agrémentées de fenêtres et de cheminées à tous les étages. De part et d'autre des cheminées, des niches. Paradoxalement, le promeneur ressent aujourd'hui un profond sentiment de paix à visiter ce lieu, bien aménagé et présenté par d'excellents panneaux didactiques plantés çà et là sur le site.

GARGILESSE-DAMPIERRE (Indre) ✲✲

Même si la visite du château peut se révéler décevante, le village est agréable et très accueillant, avec ses rues pittoresques et ses maisons anciennes. L'église romane Notre-Dame, construite en pierre calcaire, contraste avec le granit plus communément utilisé dans la vallée de la Creuse. L'église était autrefois rattachée au château et est bâtie dans son enceinte. Les fresques de la crypte, mais surtout les chapiteaux, reflètent une grande richesse iconographique, principalement ceux de la croisée du transept qui représentent les vingt-quatre vieillards de l'Apocalypse.

GERMIGNY-DES-PRÉS (Loiret) ✲✲✲

C'est peut-être la plus ancienne église carolingienne conservée en France, construite par ordre de Théodulfe, un des *missi dominici* de Charlemagne, qui a tout fait pour qu'on n'oublie pas son rôle :

Tlj sf mar.
en hiver (1er nov.-
15 mars),
été de 9 h 30
à 12 h 30 et
de 14 h à 19 h,
hiver fermeture
à 17 h 30.

deux inscriptions, dont l'une sculptée, rappellent sa responsabilité de commanditaire et la date de dédicace. Ce lumineux oratoire de 10 m sur 10 m, enrichi d'absides sur chaque côté, est éclairé par une tour-lanterne et possède en outre une remarquable mosaïque petite mais toute flamboyante d'or et de couleurs dans son abside orientale sur un motif rare : l'arche d'alliance entre deux archanges, et quelques statues des XIVe-XVIIe siècles. Une nef a été rajoutée au XVe siècle. Une (petite) lanterne des morts, construite au XVIe siècle, se trouve dans l'ancien cimetière, aujourd'hui un jardin. Un coq en cuivre du XVIIe siècle la surmonte de façon incongrue. Une grange-musée, à l'entrée, remet l'oratoire dans son contexte carolingien, pour 5 F seulement...

→ *Aller à *Sully-sur-Loire.*

L'IMAGE AU MOYEN ÂGE

Au Moyen Âge, les images ont plusieurs fonctions. Les clercs pensaient qu'elles devaient stimuler la mémoire, déclencher l'émotion, et enseigner la foi, surtout pour les fidèles « illettrés », terme qui signifiait alors « ignorants du latin » – et ils étaient nombreux. Aussi les fresques et enluminures ont été très tôt légendées – hélas en latin, ce qui dans cette optique ne servait strictement à rien ! À Germigny, l'inscription s'adresse au visiteur, non pour l'aider à pénétrer les mystères de la foi, mais pour qu'il se souvienne du commanditaire : « Moi, Théodulphe, ai consacré ce temple à la gloire de Dieu. Vous tous qui venez ici, souvenez-vous de moi. » Les artistes du Moyen Âge, anonymes, n'avaient pas droit à cette célébrité. Le nom de l'architecte est en revanche connu : il s'appelait Odon.

Les Images. L'Église et les arts visuels (sous la dir. de D. Menozzi), Paris, Éd. du Cerf, 1991.

GERMOLLES (Saône-et-Loire) ✷✷

Visite en été.
Tél. :
03 85 45 10 55.

À Germolles, résidence au XVe siècle des ducs de Bourgogne, vous serez remarquablement accueilli. Le château se divise en trois parties : une poterne d'entrée dans laquelle se trouve la chapelle, un grand et massif corps de logis, bien organisé, et des communs. Ces derniers s'appuient sur les voûtes d'un splendide cellier et révèlent aux visiteurs une très belle charpente. Des cheminées finement sculptées et des peintures murales déroulant les initiales ducales agrémentent le corps de logis principal. Les importantes ruines de la chapelle témoignent des raffinements artistiques développés à la cour de Bourgogne.

GIEN (Loiret) ✷

Château :
tlj sf lun.,
de nov. à avr.
de 10 h à 12 h et
de 14 h à 17 h ;
de mai à oct.
tlj de 9 h 30
à 18 h 30.
Tél. :
02 38 67 88 88.

Petite ville avenante, sur la Loire, desservie par un majestueux pont de pierre de la fin du XVe siècle à douze arches (remanié), en dos d'âne, qui porte encore au point de non retour la croix protectrice des passagers. Port fluvial, la ville a un long passé commercial – une foire fondée en 581 par le roi Gontran d'Orléans – et militaire. Les rois de France venaient y chasser. Un château s'installe sur le site de ce rendez-vous de chasse ; Jeanne d'Arc y est accueillie en 1429. Mais la ville ne comporte plus aujourd'hui que des monuments de la fin du XVe siècle, tous fondés par Anne de Beaujeu, fille aînée de Louis XI : le pont, un château construit en 1484, dressé sur l'acropole, bâti en brique et pierre blanche pour les portes et fenêtres, et les belles cheminées de pierre de la grande salle ; détruit, sa charpente ancienne a cependant été préservée et, bien restauré, il accueille un musée international de la Chasse ; de la collégiale qui jouxtait le château, il ne reste que le clocher, accolé à une église moderne.

➜ *Aller à *Saint-Brisson-sur-Loire.*

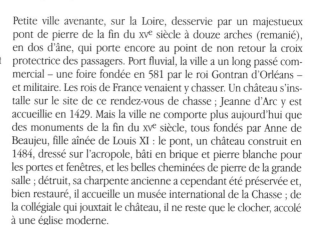

LA CHASSE AU MOYEN ÂGE

Longtemps considérée comme un appoint important de l'alimentation médiévale, la chasse était en réalité pratiquée pour l'entraînement et le plaisir des hommes, les fouilles archéologiques de châteaux l'ont démontré. Peu de gibiers étaient en effet servis à la table des nobles qui préféraient, comme tout un chacun, manger du bœuf, du mouton, voire de la tête de porc... Aux temps carolingiens, la chasse est considérée comme une préparation à la guerre. On attaque l'ours ou le sanglier à l'épieu, soutenu par la meute. En plein Moyen Âge, on préfère la chasse au faucon, à laquelle peuvent participer les dames – les enfants étaient formés à ce sport dès leur jeune âge. Privilège de la noblesse, la chasse n'est pas ouverte aux simples gens : Charles VI, en 1397, la réserve aux rois, princes et seigneurs. Les gibiers sont considérés comme une nourriture noble et l'on donne parfois le nom des animaux sauvages en prénom aux enfants de l'aristocratie : Lionel, Loup, ou Faucon.

La Chasse au Moyen Âge, Nice, 1987.

GISORS (Eure) ✳✳

Tél. Informations, M. Levé : 02 32 55 14 60.

Il y a des années, quand André Malraux était ministre du général de Gaulle, une rumeur circula qui voulait que l'on ait repéré le trésor des Templiers quelque part dans le château de Gisors. Des « fouilles » furent entreprises, qui ne menèrent à rien, en tout cas pas au trésor qui resta introuvable. Cela ne doit pas vous empêcher de vous arrêter à Gisors. Comme beaucoup de châteaux, celui de Gisors a fait l'objet de nombreuses modifications. Ici, ce qui est remarquable, c'est sa construction sur une motte parfaitement tronconique ; elle est généralement datée de 1097-1099. Elle domine de près de 20 m les environs et porte une enceinte quasi circulaire ; bâtie en pierre, elle est écrêtée à plus de 10 m de la plate-forme de la motte. Au sud, tangent à la courtine, un donjon polygonal a été surélevé au XIVe siècle. Ce dispositif défensif, déjà imposant, a été complété au début du XIIe siècle par une vaste enceinte quadrangulaire aux angles arrondis qui devait remplir la fonction de basse cour (au sens militaire du terme...). Le roi Philippe Auguste ordonne la construction d'un donjon circulaire afin de mieux défendre l'entrée du château et les remparts : le rôle militaire du donjon est ici fortement marqué : le château s'insérait dans une ligne de défense comprenant plusieurs forteresses dont Néaufles-Saint-Martin, Château-sur-Epte. D'ailleurs, c'est à cette même tour que se rattachait l'enceinte urbaine. Un escalier caché dans l'épaisseur des murs permet d'accéder aux différents niveaux ; les graffitis repérables à différents endroits ont certainement contribué à la faire nommer la « tour du prisonnier »... Le vaste périmètre délimité par les remparts a été aménagé en un agréable jardin public. La célébrité du donjon ne doit pas éclipser, comme c'est trop souvent le cas, l'église de Gisors, commanditée par Blanche de Castille et dédiée à Saint-Gervais-Saint-Protais. Avec son chœur du XIIIe siècle et sa nef du XVIe siècle, elle a des proportions de cathédrale. Le château de Gisors fête cette année son 900e anniversaire, et vous profiterez par conséquent de diverses animations et expositions nouvelles.

GORDES (VAUCLUSE) ✳✳✳

Tél. SI :
04 90 72 02 75.

À Gordes, la pierre n'a pas la même couleur qu'ailleurs dans le département. Sur ce sol aride, à l'écart des gros bourgs, à 36 km d'*Avignon, l'homme a construit tout un village en pierre sèche, c'est-à-dire sans chaux ni bois, même pour les toitures, ce qui donne une étrange apparence aux maisons. Les constructions les plus anciennes datent du XIVe siècle puis, par agrandissements et aménagements successifs, les dernières sont de l'époque moderne. La taille et la disposition des pierres constituent ici un exemple exceptionnel, d'autant que la mise en valeur du site est particulièrement bien réalisée. Les maisons, appellées « bories », sont regroupées en îlot autour d'une cour. À chaque groupe corres-

pond une série de bâtiments agricoles les plus divers : ateliers, soues, fours, cuves, bergeries... Pour réaliser des murs plus solides, peu de fenêtres étaient construites ; pour une maison de 6 m de hauteur environ, les murs ont 1 m à la base et plus d'1,50 m en clef de voûte. Des intérieurs ont été reconstitués, ce qui permet de mieux se rendre compte du mode de vie traditionnel des habitants, pour certains jusqu'à une époque récente. Outre le village des bories, Gordes compte un musée du vitrail dans le moulin des Bouillons.

➔ *Voir à 4 km au nord, l'abbaye de Senanque (XIIe s.) où le visiteur est initié (dans la cuisine...) à la symbolique romane et, dans le réfectoire, à la vie cistercienne. À ne pas manquer.*

GOURDON (Lot) ✳

Tél. OT :
05 65 41 06 40.

Gourdon, qui existe peut-être depuis le Ve siècle, a connu bien des malheurs. Richard Cœur de Lion en massacra les seigneurs en 1189. Au XVIe siècle, les Huguenots le pillèrent et détruisirent les quatre monastères qui s'abritaient derrière ses murs. En 1651, le château fut rasé par le duc de Mayenne. À voir, la rue du Majou, qui a gardé quelques vestiges médiévaux, l'église Saint-Pierre (XIVe s.), l'église des Cordeliers (XIIIe s.).

→ *Dans les environs, voir la chapelle Notre-Dame-des-Vergers (lieu de pèlerinage depuis le XIIe s.), le village du Vigan, le prieuré de Rampoux, l'église de Salviac (XIIIe-XVe s., beaux vitraux du XIVe s.), Labastide-Murat (bastide du XIIIe s.), Gramat et les villages proches.*

GRAND-BRASSAC (Dordogne) ✳✳

Le village, à 23 km de *Périgueux, possède une église-forteresse de style roman du plus haut intérêt. Elle est formidablement fortifiée avec deux clochers-donjons, des créneaux, des galeries, des fenêtres-meurtrières, des chambres de défense... Trois coupoles sur pendentifs couvrent une nef étroite et élevée. Le portail nord est particulièrement remarquable, avec des statues des XIIe, XIIIe et XIVe siècles.

→ *Plusieurs églises romanes à coupoles se trouvent dans les environs. C'est l'occasion d'un circuit très intéressant : voir Bourg-des-Maisons, Saint-Martial-Viveyrol, Vendoire, Cherval (église Saint-Martin), Gout-Rossignol, et surtout Montagrier (église Sainte-Madeleine). On pourra également voir le château de Marouatte et les ruines de celui de Montagrier.*

(Mont) GRANIER (Savoie) ✳✳

Un paysage peut aussi être historique et tel est le cas, dans le massif de la Chartreuse, de cette montagne qui a été à l'origine d'une catastrophe naturelle de grande ampleur au XIIIe siècle. Un beau jour de l'an 1248, la montagne s'est éventrée, enfouissant sous de gigantesques décombres les villages alentour mais épargnant quelques moines à Myans, protégés par une statue de la Vierge noire. Miracle ! quelques vies furent sauvées – contre mille ou deux mille de perdues selon les contemporains... C'est là une des plus meurtrières catastrophes naturelles du Moyen Âge et l'histoire est très vite devenue légendaire à travers tout l'Occident médiéval. Si l'on se promène aujourd'hui dans les vignes des collines au pied de la montagne, on observe encore la trace de cet événement historique sous la forme de grosses pierres dressées qui parsèment les coteaux viticoles : ce sont des fragments du

sommet effondré au siècle de saint Louis. C'est sur ces éboulis qu'a pu se constituer le vignoble. Si l'on regarde le mont Granier, on voit qu'aujourd'hui encore des failles s'ouvrent en son flanc et que des éboulis se créent. On ne peut se dissimuler le fait que la catastrophe de 1248 peut encore se reproduire et que – l'actualité de l'année 1996 l'a montré – la randonnée au mont Granier n'est pas sans risque, de même que l'exploration de la soixantaine de kilomètres de galeries en partie connues, déjà, des auteurs médiévaux.

J. Berlioz, *L'Effondrement du mont Granier*, Grenoble, 1987, rééd. Musée dauphinois, 1998.

GRENOBLE (Isère) ✳✳

Bien que moderne et surtout dévolue aux sports d'hiver – qui existaient déjà au Moyen Âge, qu'il s'agisse des skis, luges ou patins à glace... –, Grenoble ne manque pas de vestiges médiévaux : la cathédrale et le groupe épiscopal (tour-porche du XIIe s., chœur XIIIe s.), la collégiale Saint-André simple et bâtie de brique, le palais du Parlement (XVe s.). Mais c'est en priorité sur la rive droite de l'Isère, vers la crypte Saint-Oyand de l'église Saint-Laurent, que le visiteur

Tlj sf mar.
de 10 h à 12 h et de 14 h à 18 h,
sf 1er jan., 1er mai et 25 déc.
Visite commentée sur rdz-vs.
Tél. :
04 76 44 78 68.

dirigera ses pas. Là, aux temps mérovingiens, se dressait une église cruciforme à absides trilobées bâties à chaque bras, remplacée par une église romane, au XIe siècle. Sous le chevet roman de l'église, les fouilles archéologiques ont révélé une crypte mérovingienne réaménagée aux temps carolingiens, abritant une nécropole, où les sarcophages sont aujourd'hui bien mis en valeur. Une colonnade du haut Moyen Âge et un musée archéologique témoignent aussi des premiers temps du christianisme dans la ville.

On verra également, au Musée dauphinois, le beau casque de fer et cuivre doré mérovingien découvert dans une tourbière de Vézeronce à Saint-Didier (Isère).

→ *Suivre, pour finir la journée, l'« itinéraire roman Sud-Isère » ou le « circuit des églises romanes » édifiées aux alentours de la ville : le prieuré Notre-Dame de Vizille, Moirans, Saint-Didier-de-Voreppe, Saint-Firmin-de-Mésage ou le prieuré de Domène, etc.*

GUÉRANDE (Loire-Atlantique) ✦✦✦

Tél. OT :
02 40 24 96 71.

C'est une ville aux caractères médiévaux encore très marqués, qui doit sa prospérité aux marais salants qu'elle domine. Les embruns chargent l'air de cette odeur si particulière à la cité : respirez pour une fois comme au Moyen Âge... En arrivant, il faut tout d'abord en faire le tour par les boulevards extérieurs (de l'Abreuvoir, du Midi, de Dinkelsbühl et du Nord). Les remparts, à quelques restaurations près, intégralement conservés, sont percés de quatre portes, dont les plus anciennes sont la porte Vannetaise et celle de Saint-Michel (du Midi), généralement considérée, avec ses dépendances, comme étant le château ; elle abrite un musée régional. Une partie des fossés est encore en eau, ce qui donne une bonne

idée de la puissance défensive de la cité. Au centre, se dresse la collégiale Saint-Aubin, savant mélange de roman et de gothique. La cité est une ville-étape sur le chemin de la découverte des marais, de la pointe du Castelli, de la presqu'île de Guérande et du château de Careil.

→ *Aller à *Saint-Gildas-de-Rhuys.*

GUIRY-EN-VEXIN (Val-d'Oise) ✦

Tél. OT :
01 34 67 45 07.

Son musée archéologique départemental, place du Château, présente, outre des collections préhistoriques, des objets mérovingiens, rassemblés depuis une cinquantaine d'années : céramiques, stèles funéraires ornées de croix, témoignant de l'implantation du christianisme en Gaule, et même maquettes des premiers châteaux de pierre à donjon, au XIᵉ siècle.

Tlj sf mar. de 9 h à 12 h et de 13 h 30 à 17 h 30 ; les sam. dim et jf de 10 h à 12 h et de 14 h à 19 h du 15 mars au 14 oct., de 13 h 30 à 18 h 30 du 15 oct. au 14 mars.

HIJKL

HAGETMAU (LANDES) ✻

De l'abbaye de Saint-Girons, il ne subsiste rien si ce n'est une crypte qui abritait la tombe du fondateur. On peut y voir des chapiteaux du XIIe siècle (vers 1130), ornés de sculptures d'une rare maîtrise : décor végétal, motifs zoomorphes, scènes bibliques, comme à *Saint-Sever.

HARTMANNSWILLER (HAUT-RHIN) ✻

À l'extrémité est du village, autour de l'église Saint-Blaise, attestée depuis le tout début du XIVe siècle, est un cimetière (encore en usage) fortifié à la fin du XVe siècle. Sa fonction défensive se caractérise par un mur autrefois entouré d'un fossé, flanqué de tours d'angle, haut encore de près de 3 m, sur lequel on observe les corbeaux de soutènement d'un ancien chemin de ronde, aujourd'hui disparu, et les ouvertures de tir de couleuvrines. Une porte avec pont-levis se trouvait malencontreusement installée dans le seul angle non abrité de flanquement... Au centre de l'enceinte, une église gothique ne servait pas seulement au culte mais aussi à stocker dans ses combles les denrées vivrières des habitants du village, également fortifié et placé à peu de distance d'un château. Hartmannswiller est un bon exemple de réponse à l'insécurité du temps.

📖 *L'Église, le terroir*, sous la dir. de M. Fixot et d'É. Zadora-Rio, Paris, CNRS, 1989.

HÉRISSON (ALLIER) ✻

Pour avoir la meilleure vue possible sur la petite ville d'Hérisson, il faut l'aborder depuis le sud par la D 3 en venant d'Estivareilles. En arrivant, la route surplombe la vallée de l'Aumance, le village et son château. Un parcours-découverte de cette vallée emprunte la D 157 jusqu'à Meaulne et la forêt de Tronçais. Les maisons forment un ensemble particulièrement agréable autour du clocher de l'ancienne église. Au hasard de votre promenade, remarquez la simplicité des portes de la cité et la beauté de la façade xve siècle de la maison Mousse. Le château a été construit par les ducs de Bourbon aux xiiie et xive siècles, sur des bases plus anciennes. Les bâtiments, remis en valeur dernièrement, montrent des détails architecturaux intéressants, comme des murs construits avec des pierres bosselées, des encorbellements vertigineux ou d'impressionnantes archères. Du plateau des ruines, on a une vue saisissante sur le val d'Aumance. Enfin, le musée du Terroir présente des collections archéologiques locales et des objets d'arts et de traditions populaires.

Tél. Musée : 04 70 06 80 49.

→ *Aller à Chateloy (église à fresques), ou voir le manoir de la Roche-Othon (xive s.).*

HOUDAN (YVELINES) ✵✵

La ville joua au Moyen Âge un rôle commercial important. Ses marchés aux bestiaux et aux volailles étaient célèbres. Ses foires attiraient une foule fort nombreuse. Houdan a gardé de nombreux témoins de cette période de prospérité : des maisons à pans de bois (xve et xvie s.) rue de Paris, un puissant donjon de plan carré flanqué de quatre tourelles construit au xiie siècle. L'église présente plusieurs styles : gothique flamboyant, Renaissance et classique.

HUNAWIHR (HAUT-RHIN) ✵

Le site tire son nom de sainte Hune, sa fondatrice présumée, et comprend une église et un cimetière fortifiés au xve siècle. L'église est bâtie sur une colline au-dessus du village, comme un château ; de l'église médiévale, seul survit le clocher, le chœur ayant été reconstruit vers 1525, mais elle est bien caractéristique de l'aménagement bas-médiéval des lieux de culte destiné à protéger concrètement les hommes et les biens : un premier étage comprend la trace de placards pour enfermer des objets précieux et

des ouvertures pour couleuvrines sont ménagées au second. Un mur d'enceinte, primitivement haut de 5 m, défendait l'église et son cimetière. Flanqué de six tours, doté de couleuvrines, entouré d'un fossé – comblé – il donnait accès aux habitants du village par une tour-porte munie d'une herse, dont il subsiste, sous forme d'une rainure, la trace au sol.

ISSIGEAC (DORDOGNE) ✲✲

À 19 km de *Bergerac, Issigeac ne fut jamais une bastide mais dispose depuis le Moyen Âge d'une architecture régulière et compacte. La ville a subi bien des avanies au cours des siècles mais devint la résidence d'été des évêques de *Sarlat qui y fircnt bâtir au XVIIe siècle un « palais d'été », aujourd'hui la mairie. De l'époque médiévale subsistent principalement la maison gothique (XIVe s.) et l'église (XVe s.) avec un clocher-porche carré à la base et qui se termine en octogone.

→ *À voir, dans les environs, Castillonès, une ancienne bastide fondée en 1259, qui a gardé son plan traditionnel et de belles maisons sur la place centrale. Le château de Cahuzac, dont il ne reste que les tours d'angle et une terrasse fortifiée, appartint à La Rochefoucauld, l'auteur des* Maximes. *D'autres villages méritent une halte pour leur église ou leur pigeonnier. On pourra également s'arrêter à Villeréal, une bastide fondée par Alphonse de Poitiers, pour sa halle (XIVe s.) et l'église fortifiée.*

ISSOIRE (PUY-DE-DÔME) ✲✲✲

Tél. OT :
04 73 89 15 90.

Cette modeste ville d'Auvergne abrite une petite merveille romane : l'église Saint-Austremoine (XIIe s.). On admirera le chevet, la décoration intérieure et ex-

térieure, les extraordinaires chapiteaux historiés de la nef (notamment celui consacré à la Cène, dans le chœur). Voir également la crypte, la plus belle d'Auvergne selon les spécialistes. Le visiteur sera peut-être surpris par le caractère rutilant, pour ne pas dire « kitsch », des peintures de

cette église, toute rougeoyante depuis les restaurations du milieu du XIXᵉ siècle qui ont tenté de rendre à Saint-Austremoine l'ambiance réelle des églises romanes.

DES ÉGLISES HAUTES EN COULEUR

Contrairement aux cathédrales gothiques, aériennes et toutes percées de verrières à vitraux, les églises romanes, comme encore aux XVᵉ-XVIᵉ siècles les petites chapelles de montagne, offraient aux artistes de Dieu de grandes surfaces vides à peindre. Nul besoin de dire qu'avant l'invention de l'électricité, il n'était pas question de voir sans de grandes difficultés les détails de leurs fresques. En revanche, les contemporains ont tous été frappés par l'ambiance colorée des sanctuaires, qui les impressionnait bien plus que les motifs. Grégoire de Tours, dans son *Histoire des Francs*, cite le cas d'une femme qui fit exécuter des « peintures de multiples couleurs » pour l'église Saint-Étienne de *Clermont.

« Vous montrez aux ignorants une image resplendissante de saint ou de sainte, et les voilà qui croient d'une foi d'autant plus vive *que les couleurs les ont plus frappés* », a pu dire Bernard de Clairvaux. Le moine-artiste Théophile parle de décorer l'église « avec magnificence de diverses couleurs » et remarque « la variété immense des différentes couleurs (et) l'utilité et la nature de chacune d'elles... » On a même pu dire récemment qu'au Moyen Âge, bien plus qu'une Bible pour les illettrés (terme qui signifiait alors ignorant du latin et non analphabète), la peinture dans les églises était la « présence colorée » qui enveloppait les pratiques liturgiques.

 ISSOUDUN (Indre) ✳✳

Tour blanche : ouv. les journées du Patrimoine. Tlj sf mar., entrée gratuite. Tél. Musée : 02 54 21 01 76.

Issoudun est une belle petite cité qui marque le paysage de la Champagne berrichonne. L'ancienne porte accueille le visiteur et s'ouvre sur les quartiers anciens. Impressionnante par son bec et sa hauteur, la tour Blanche domine les jardins et la vallée de la Théols, au bord de laquelle est installé le musée Saint-Roch (XIIIᵉ-XVIᵉ s.). Dans le cadre magnifique de l'ancien Hôtel-Dieu, le musée a été entièrement repensé ; sa muséographie met particulièrement bien en valeur les objets présentés, mais c'est surtout le merveilleux Arbre de Jessé (XVᵉ s.), sculpté dans le mur de la chapelle, qui doit retenir l'attention.

IVRY-LA-BATAILLE (Eure) ✷✷

Cette vaste forteresse en ruines couronnant une butte, enserrée dans une enceinte de 45 m de côté, comprend un donjon et de nombreuses annexes. La beauté de ses murs, dont les plus anciens datent du Xe siècle et sont construits en arête de poisson, récemment « dégagés », vaut une visite dominicale. À 30 km au S-E d'Évreux.

JOSSELIN (Morbihan) ✷✷

Tél. OT :
02 97 22 36 43.
Château : tlj
de juil. à août ;
les apr.-midi hors
saison.

Le château de Josselin domine les rives de l'Oust ; les trois hautes tours qui se mirent dans l'eau transcrivent bien les fonctions militaires de la construction ; les lucarnes et les hauts toits pointus indiquent en revanche sa transformation en résidence. La forteresse s'étendait le long de la rivière en une vaste enceinte qui comprenait neuf tours. Il n'en reste que la plate-forme d'assise et, au N-E, une tour appelée prison. Les façades sur cour, en gothique flamboyant, s'ouvrent largement sur l'extérieur. Pour avoir une bonne idée de la configuration générale du monument, il faut le regarder depuis le pont Sainte-Croix puis, en grimpant au sommet du rocher de la basilique, détailler son plan et son implantation

dans la vallée. La basilique Notre-Dame-du-Roncier rappelle le souvenir légendaire du petit paysan qui, coupant des ronces dans son pré, découvrit une statue de la Vierge. Depuis le XIe siècle, cette église a été maintes fois remaniée. À l'intérieur, on peut voir le tombeau du connétable de Clisson et de son épouse, entouré de pleurants.

JOUARRE (Seine-et-Marne) ✷✷✷

Tél. OT :
01 60 22 64 54.

Si vous venez d'offrir à vos enfants une visite au Disneyland tout proche, et admiré le château de la Belle au bois dormant qu'on dit inspiré de celui, médiéval, de *Mehun-sur-Yèvre, n'hésitez pas à les emmener ensuite visiter les fabuleuses cryptes mérovingiennes de Jouarre : là aussi dort une princesse (irlandaise) du VIIe siècle, Osanne, fille d'un roi Scot, dans son sarcophage de marbre dont le gisant, sculpté au XIIIe siècle, est de la même facture que les tombeaux royaux de *Saint-Denis.
Le site, d'abord gallo-romain, a connu une renaissance au VIIe

siècle, au temps du bon roi Dagobert, bien connu des enfants. Un haut fonctionnaire du palais, Authaire, père de trois enfants, dont

Dadon, futur saint Ouen, reçut à son foyer le saint moine irlandais Columban, en voyage vers l'Italie. Devenu adulte, Dadon construisit, vers 635, le monastère de Jouarre, qui a par la suite résisté à vents et marées – et notamment aux Vikings... Aujourd'hui, une belle tour carrée romane ouvre ses baies sur le monastère, remanié au cours des siècles, et sur la campagne. Ses deux cryptes mérovingiennes, voûtées d'arête, aux murs ornementaux réticulés, sont uniques en leur genre. Elles sont la dernière demeure des fondateurs du lieu et des premières abbesses, dont les tombeaux magnifiquement ornés se dressent çà et là au milieu d'une forêt d'élégantes colonnes de marbre ou de porphyre vert aux chapiteaux sculptés. Si les colonnes sont des vestiges gallo-romains remployés, les chapiteaux sont des chefs-d'œuvre de la sculpture mérovingienne, de même que les tombeaux de marbre ou de plâtre, sculptés de conques marines, symboles intemporels de vie et d'immortalité, de figures d'ange psychopompe – guide des

âmes au paradis – ou du Christ tétramorphe, c'est-à-dire entouré des symboles des quatre évangélistes.

📖 *À la découverte des cryptes de Jouarre*, Melun, CDDP (bel ensemble de diapositives et cassette audio, en vente à la boutique monastique).

→ *Aller à *Coulommiers.*

JUMIÈGES (Seine-Maritime) ✵✵✵

Tél. Mairie :
02 35 37 24 15.

On trouve à Jumièges les ruines étonnantes d'une abbaye qui fut l'un des lieux de prière, de culture et de transmission du savoir les plus renommés d'Europe. Que la pierre éclate de lumière sous le soleil ou qu'elle suinte d'humidité sous la brume, Jumièges évoque toujours sa grandeur passée. La fondation de l'abbaye s'est faite, au VIIe siècle, sous l'autorité de saint Philibert, mais c'est au début du XIe siècle que l'abbatiale Notre-Dame est consacrée. C'est en regardant « l'écorché » de la face sud du monument que l'on réalise le mieux les folies des hommes : pour les uns, dans la hardiesse de leur construction, pour les autres, dans leur volonté destructrice. Le collatéral se développe sur trois niveaux et les arcs romans reposent sur de lourdes piles tréflées qui alternent avec des colonnes plus simples. L'ensemble est dominé par deux tours de plus de 40 m de hauteur et par le haut pignon du porche d'entrée. Quant au chœur, son déambulatoire se dessine suivant l'arase des murs : seules subsistent deux chapelles du XIIIe siècle. La visite se poursuit vers l'église Saint-Pierre et la salle capitulaire, le cellier et les bâtiments monastiques. Il y est installé un musée qui rassemble des objets et des éléments lapidaires retrouvés pour la plupart sur le site. La visite de l'abbaye ne doit pas faire oublier que Jumièges possède également une église paroissiale aux styles mélangés mais intéressante architecturalement. Une promenade dans la proche et somptueuse forêt de Brotonne peut compléter cet agréable séjour.

JUMILHAC-LE-GRAND (Dordogne) ✵✵✵

À 49 km de Nontron, un château étrange, splendide, qui surprend par sa complexité et qui a endossé les styles et les époques avec bonheur. C'est ici le triomphe de la fantaisie et de la dissymétrie. Différents logis sont disposés de guingois. Aucune pièce n'a de murs à l'équerre ! La forteresse est mentionnée dès le XIIe siècle et aurait vu passer Du Guesclin, mais le château actuel date de 1581. L'intérieur est également fort intéressant et les jardins offrent une vue imprenable.

KAYSERSBERG (Haut-Rhin) ✵✵

Tél. OT :
03 89 78 22 78.

Pour visiter le charmant village de Kaysersberg, il faut arriver par le col du Bonhomme et prendre sur la gauche l'avenue du Général-de-Gaulle. Là, un pont de la fin du XVe siècle enjambe la Weiss. Il est fortifié par un garde-fou crénelé et est placé sous la protection d'un petit oratoire construit à l'aplomb de sa pile. De ce pont, une belle vue s'offre sur les maisons anciennes à colombages et le château qui veille sur la cité. L'église présente un portail roman, de beaux chapiteaux et un tympan sculpté représentant le couronnement de la Vierge. Tout à côté, on voit dans le cimetière une galerie couverte sous laquelle se trouve une « croix de la peste », du début du XVIᵉ siècle. Un peu plus loin, la chapelle Saint-Michel, élevée à la fin du XVᵉ siècle, conserve un intéressant bénitier orné d'une tête de mort qui rappelle son rôle d'ossuaire. Sur les hauteurs, le château forme une enceinte allongée, à l'extrémité de laquelle se trouve une grosse tour circulaire. De là se développe un très beau panorama sur la ville et ses environs, où l'on découvre le tracé des anciennes fortifications.

→ *Aller à *Colmar.*

KINTZHEIM (Bas-Rhin) ✴✴

Tél. OT :
03 88 92 11 05.

À peu de distance de Sélestat, entre *Le Haut-Kœnigsbourg et la route des vins, se dresse une grande forteresse quadrangulaire, surmontée de merlons et mâchicoulis et ouverte de baies auxquelles vous vous accouderez pour assister à une démonstration de volerie d'aigles, oiseau emblématique, au Moyen Âge notamment, des pays germaniques.

Du 1ᵉʳ avr. au 30 sept., l'après-midi à partir de 14 h ; du 1ᵉʳ oct. au 11 nov., ouv. les mer., sam. et dim.

LA BÉNISSON-DIEU (Loire) ✴✴

Tlj de 8 h à 19 h
de Pâques
au 11 nov. sf off.
Tél. :
04 77 66 62 61.

Cette abbaye cistercienne fondée en 1138 s'appelait lors de sa fondation « La Bénédiction de Dieu » ; mais le langage parlé, au fil du temps, a raccourci son nom. Seul vestige du monastère, l'église, à la transition de l'art roman et du gothique, a été remaniée au XVᵉ siècle. Son grand toit pentu est comme un tapis de tuiles glaçurées polychromes à décor en losange, dans la tradition bourguignonne, et sa tour, de près de 40 m de haut, est festonnée de pinacles ; on y accède par un escalier en spirale. Les murs, éclairés de vitraux en grisaille, ne sont pas conservés sur toute leur longueur d'origine : la nef et l'abside tombent en désuétude au XVIIᵉ siècle, date à laquelle les moines laissent la place à des consœurs, les religieuses bernardines ; il en subsiste des vestiges. Stalle abbatiale et statues du XVᵉ siècle sont exposées dans le bas-côté droit.

→ *Aller à *Ambierle.*

LA BRIGUE (Alpes-Maritimes) ✴✴✴

Sa petite chapelle à fresque Notre-Dame-des-Fontaines, ornement d'un versant de la vallée de la Roya, est édifiée sur sept sources miraculeusement jaillies sur ce versant aride... Le vrai miracle est d'ordre artistique ; on a pu définir cette chapelle comme une véritable bande dessinée murale : 220 m² d'histoire biblique en

grandes cases successives réparties, datées du 12 octobre 1492, année historique qui marque, dans bien des manuels, la fin extrême du Moyen Âge ! Le visiteur sera sensible aux images choc du peintre italien, du nom de Jean Canavesio qui, d'un trait aigu, voire caricatural, a couvert les murs de fresques vivement colorées ; il faut s'attarder devant le terrifiant suicide de Judas, que la précision anatomique quasi chirurgicale de l'artiste pousse à figurer ventre ouvert, d'où s'échappe son âme... Dans le village, recherchez les linteaux des portes de maisons (xvᵉ-xviᵉ s.), ornés qui d'un agneau pascal, qui d'une enseigne de cordonnier.

LA CHAISE-DIEU (Haute-Loire) ✳✳✳

Tél. OT :
04 71 00 01 16.
Tél. Off. du
Livradois-Forez :
04 71 00 04 25.

Tlj du 1ᵉʳ oct.
au 31 mai de
10 h à 12 h et
de 14 à 17 h ;
du 1ᵉʳ juin
au 30 sept.
de 9 h à 12 h et
de 14 à 19 h ;
en juil-août messe
à 12 h en sem.
et à 11 h le dim.
Respectez les off.

Entourée par la forêt, propice à de nombreuses promenades, La Chaise-Dieu présente un ensemble monastique tout à fait remarquable. L'abbaye, fondée en 1044 par Robert de Turlande, un chanoine-comte de *Brioude, a joué un rôle majeur et son rayonnement fut grand. En 1095, Urbain II se rendant au concile de *Clermont pour lancer la première croisade vint consacrer l'église Saint-Robert. L'abbaye comptera plusieurs centaines de moines ; 13 abbayes et 300 prieurés seront dans sa mouvance. Mais La Chaise-Dieu subira, durant les guerres de Religion, le sort de beaucoup d'abbayes : dévastations, démolition, incendie. Ses immenses revenus lui permettront de se relever de ses ruines dans la mesure où les abbés commendataires ne seront pas trop rapaces. Elle devait en effet rapporter de substantiels bénéfices quand on sait que Charles d'Orléans, Richelieu, Mazarin, le cardinal de Rohan (celui du collier de la reine Marie-Antoinette) furent du nombre...

La Chaise-Dieu a été intelligemment restaurée après la Seconde Guerre mondiale. Il faut visiter l'abbaye ; le cloître, du xvᵉ siècle, est encadré par l'abbatiale Saint-Robert, immense vaisseau large et bas

dont la perpective est coupée par un jubé flamboyant du xvᵉ siècle, et la chapelle des Pénitents. Il communique avec l'ancienne grande cour, actuellement place de l'Écho, du nom de la particularité de l'une des salles qui la bordent. L'abbatiale a été construite au xivᵉ siècle. À la même époque, son chœur a été garni de stalles dotées de miséricordes. Il faut aller admirer les motifs sculptés au-dessus de chaque stalle, figurant des personnages ou des scènes de tous genres. Au-dessus de cet ensemble en bois sculpté est

accrochée une série de tapisseries, mises en place au début du xvie siècle mais qui s'inscrivent totalement dans le système de pensée de la fin du Moyen Âge : il a fallu de nombreuses années pour les réaliser, en haute lisse, et elles sont copiées de bibles illustrées médiévales. Se déroulent sous vos yeux une trentaine de scènes du Nouveau Testament, mises en rapport avec une cinquantaine d'épisodes de l'Ancien Testament. Leur interprétation est complexe. Suivez attentivement les explications et complétez votre visite par un petit guide de lecture. Plus saisissante, la fameuse fresque de la Danse macabre ne serait, en fait, qu'une esquisse inachevée. Le fond rouge fait ressortir des tracés d'une incroyable précision. Les personnages, classés hiérarchiquement du pape à l'enfant au

berceau, sont inexorablement entraînés par de macabres spectres. Au-dessous sont encore visibles quelques lignes destinées à recevoir les textes accompagnant la danse macabre. Voir enfin le Trésor.

LA CHAPELLE-DES-POTS (Charente-Maritime) ✳

Tél. Musée :
05 46 91 51 04.

On pourra s'arrêter un moment dans ce village, joliment niché au cœur d'une région vallonnée, qui est un centre potier en activité depuis le Moyen Âge. Son musée de la Céramique présente des collections de poteries du xiiie au xixe siècle.

LA CHARITÉ-SUR-LOIRE (Nièvre) ✳✳

Tél. OT :
03 86 70 15 06.

En venant de *Bourges par la D 151, on aborde la ville par un panorama superbe depuis le pont qui enjambe la Loire. La cité se resserre autour de son abbatiale qui était placée, autrefois, sur l'un des chemins de Saint-Jacques-de-Compostelle. Malgré de nombreuses mutilations, l'église conserve de très beaux chapiteaux et l'une des tours de sa façade du xiie siècle. Les recherches archéologiques menées depuis quelques années ont permis la découverte de nombreux témoignages de l'abbaye, fille aînée de *Cluny, et de

Tél. Musée :
03 86 70 16 12.

la ville ancienne. Elles sont présentées au musée archéologique, qu'il faut visiter.
Église, en juil.-août, voir OT. Musée : vac. scol. de 15 h à 19 h ; juil.-août tlj sf mar. de 10 h à 12 h et de 15 h à 19 h.

LA COQUILLE (Dordogne) ✳

À 30 km de Nontron, c'est une ancienne étape sur la route de Saint-Jacques, ce qui explique le nom de cette charmante petite ville. On peut voir dans l'église une Vierge du XIIIᵉ siècle.

→ *Dans les environs, voir Saint-Priest-les-Fougères (église romane et manoir), Saint-Pierre-de-Frugié (XIVᵉ-XVIIᵉ s.), le château de Vieillecour (saint Waast y serait né, Richard Cœur de Lion y serait mort, Du Guesclin y aurait ferraillé...).*

LA COUVERTOIRADE (Aveyron) ✳✳✳

Tél. Mairie : 05 65 62 25 81.

Au cœur de l'Aveyron, ce village ceinturé d'une enceinte polygonale, édifiée au milieu du XVᵉ siècle et renforcée par de nombreuses tours, était défendu par deux puissantes portes carrées contrôlant la rue principale. À l'intérieur, son château est bien connu pour avoir abrité les Templiers au XIIᵉ siècle. Même l'église est fortifiée. Voir les maisons anciennes rue Droite.

LA FERTÉ-BERNARD (Sarthe) ✳

Tél. : 02 43 93 25 85.

La ville, que l'on cite pour la première fois au XIᵉ siècle, a gardé quelques témoignages significatifs de son passé médiéval : la porte Saint-Julien, construite sous Louis XI, et surtout l'église Notre-Dame-des-Marais, superbe édifice gothique flamboyant construit entre 1450 et 1500 ; verrière du XVᵉ siècle sur la façade occidentale, buffet d'orgue du XVIᵉ siècle. À voir également le château, fondé au XIᵉ siècle ; la construction actuelle date du XVᵉ, et il a été remanié aux XVIIᵉ, XIXᵉ et XXᵉ siècles. Les halles, construites en 1436 mais refaites par la suite, possèdent une superbe charpente.

LA FERTÉ-LOUPIÈRE (Yonne) ✳✳

Tlj du 1ᵉʳ avr. au 30 sept. de 8 h à 20 h sf off., ensuite tlj de 8 h à 19 h sf off.

Ce site mérite le détour pour qui veut se faire peur en admirant, dans l'église Saint-Germain (à une vingtaine de kilomètres au S-O de Joigny), les fresques du « Dit des trois vifs et des trois morts », d'après une historiette morale du XIIIᵉ siècle, et une immense et célèbre danse macabre, motif à la mode à la fin du XVᵉ siècle.

LA FERTE-MILON (Aisne) *

Tél. :
03 23 96 77 42.

Racine naquit dans cette ville qui joua un rôle militaire important du IXe au XVe siècle. Voir les ruines du château ; la façade (100 m de long, 20 m de haut) donne une faible idée de ce qu'était cette superbe construction édifiée par Louis d'Orléans, prince fastueux s'il en fut. Elle tient encore de la forteresse tout en annonçant la Renaissance. La mort du prince, en 1407, interrompit les travaux. Ce qui était déjà construit a subi les outrages des guerres et du temps. On remarquera dans l'arc qui surmonte la porte d'entrée un bas-relief inattendu pour ce lieu, puisqu'il s'agit du Couronnement de la Vierge. A voir également l'église Saint-Nicolas (XVe-XVIe s.), l'église Notre-Dame (XIIe, mais reprise et remodelée au XVIe s.).

→ *Nombreuses promenades dans les alentours. Ne pas manquer l'abbaye de Longpont, ruinée mais dont les vestiges importants donnent une idée de ce que fut cette abbaye sœur de Royaumont, à *Asnières-sur-Oise.*

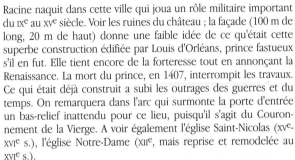

LA GARDE-ADHÉMAR (Drôme) **

On a une bonne vue d'ensemble de ce village fortifié de hauteur depuis l'autoroute Lyon-Marseille, avec le clocher octogonal à deux étages de son église romane qui se dresse juste au centre du site. Il reste à voir les vestiges des remparts, la chapelle des Pénitents (XIIe s.) et un beau panorama sur la plaine du Rhône.

→ *À voir dans les environs le Val des Nymphes, à 2 km au N-E : bien curieux nom de lieu pour un monastère... Prieuré roman (XIIe s.) dédié à Notre-Dame, niché dans un vallon arrosé de plusieurs sources, qui lui ont sans doute conféré cette poétique appellation. *Clansayes, Donzère (ruines de château et village très bien conservé, XIIe-XVIe s., où l'influence méditerranéenne se fait sentir ; église roman, hélas souvent fermée). Aller à *Saint-Montan et *Viviers.*

LA GARDE-GUÉRIN (Lozère) ***

Battu par les vents, à 900 m d'altitude, clos de remparts, anciennement entouré de fossés, le village fortifié de La Garde-Guérin domine de 400 m les gorges de Chassezac. Le village doit son nom à son exceptionnelle position topographique et stratégique, qui permettait aux représentants du pouvoir de surveiller toute la contrée depuis une tour édifiée sans doute dès le XIe siècle. Au point le plus élevé, au N-E du village, un donjon de la fin du XIIe siècle, haut de plus de 20 m, est magnifiquement construit de pierres de grès en bossage. De plan carré, il comportait cinq niveaux – son escalier, son sommet et ses mâchicoulis sont une reconstruction des années 1930 – et sa porte était classiquement ouverte au niveau du premier étage, au-dessus d'un rez-de-chaussée aveugle. Un logis, dont subsistent les ruines, jouxtait le donjon, avec un puits creusé dans le roc et un four à pain. Une chapelle castrale à clocher-porche, voûtée en berceau, est dédiée à saint Michel, le saint patron des chevaliers du Moyen Âge.

Le village est parfaitement restauré, avec son parcellaire intact et

ses maisons, pour la plupart datées de la fin du XVIᵉ siècle. Une rue à rigole centrale coupe le bourg en deux. L'église est à mi-chemin entre village et château, desservant les deux sites et une même enceinte les protège, car le village est noble. Nulle antenne de télévision, nul fil électrique apparent ne vient rompre l'atmosphère médiévale qui s'en dégage. Ce site spectaculaire avait pour fonction d'assurer la stabilité économique des échanges commerciaux et la sécurité des marchands : placé sur la voie Régordane, reliant la Méditerranée à l'Auvergne, l'ensemble castral fut construit pour imposer un péage – mais aussi offrir assistance aux voyageurs et pèlerins qui se rendaient au Puy : un hôpital leur était ouvert. C'est une forme originale de seigneurie qui fut alors mise en place pour se partager charges et revenus de la châtellenie : une

communauté de 27 seigneurs « pariers », c'est-à-dire égaux, chacun vivant au village dans sa maison forte.

Vous pourrez conclure la visite par une halte réparatrice dans la cour intérieure d'un hôtel-restaurant installé dans la plus belle demeure noble du village, l'Auberge Régordane, à la facture encore très médiévale, davantage assurément que les pseudo-ceintures de chasteté qui en ornent les murs !

LA MADELEINE, LA ROQUE-SAINT-CHRISTOPHE (DORDOGNE) ✷✷

Deux sites spectaculaires proches des *Eyzies, qui attirent, à juste titre, des milliers de touristes. Des hommes y demeurent depuis la Préhistoire dans des habitats troglodytiques. À La Madeleine, l'époque médiévale a laissé de nombreux témoignages (château du XVᵉ s., chapelle-habitation), qui se sont superposés, à mi-falaise, aux habitats précédents. La Roque-Saint-Christophe, falaise de 900 m de long et 80 de hauteur, s'étale sur plusieurs niveaux. On y a repéré des traces d'occupation sur plusieurs millénaires (fort et village).

Le site, très occupé durant tout le Moyen Âge, ne sera démantelé qu'au XVIe siècle.

La Roque, Peyzac-le-Moustier, tél. : 05 53 50 70 45.

La Madeleine : tlj sf mar. du 9 fév. au 31 mars, et du 16 oct. au 15 nov., de 14 h à 17 h ; du 1er avr. au 30 juin et du 7 sept. au 15 oct., de 10 h à 12 h et de 14 h à 18 h ; du 1er juil. au 6 sept. de 10 h à 19 h. Arriver 45 mn avt ferm.
Tél. : 05 53 06 92 49. Gr. hors pér. d'ouv. tél. : 05 53 35 06 09.

LANDEVENNEC (Finistère) ✳✳✳

Pour bien profiter du cadre exceptionnel de l'estuaire de l'Aulne, il faut arriver par la D 60. Puis, à Kerbéron, tourner à droite par la D 84 : une superbe vue se dégage alors sur la pointe de Térénez. Le site est l'un des atouts du parc régional d'Armorique. Sur les hauteurs, se trouve l'abbaye neuve et, en contrebas, les ruines de l'ancienne abbaye de Saint-Guénolé.

Des recherches archéologiques récentes ont permis de dégager les bâtiments monastiques et de mettre leur plan en évidence. Celui de l'église romane est particulièrement bien lisible et les informations fournies par les panneaux suffisamment claires pour être comprises par tous. En se dirigeant vers le chœur de l'église, sur la droite, statue de saint Guénolé. Les objets découverts lors des fouilles sont exposés dans un très beau musée qui a été construit sur le site. Témoins de la vie monastique, ils sont parfaitement mis en valeur par une scénographie adéquate, notamment une belle lumière, et bien replacés dans leur contexte par une série de maquettes didactiques. Les présentations peuvent paraître un peu sévères au premier abord, mais en réalité elles facilitent autant la lecture des résultats scientifiques que l'observation admirative des objets, dalles et croix tombales de pierre gravées, sarcophages de bois et de pierre, etc.

Tél. :
02 98 27 73 34.

LANDSBERG (Bas-Rhin) ✳✳

Perdu dans la nature, au cœur de la forêt des Vosges et envahi par la végétation, le château de Landsberg montre de multiples phases de construction et d'agrandissement, qui traduisent son histoire compliquée, liée aux événements politiques de l'Empire. Les corps de logis sont construits avec des pierres de grès rosé à bossage, et leurs murs extérieurs servent de courtines. Sur les faces du donjon carré, on voit encore la trace de l'arrachement de leur toiture. Une construction arrondie surplombe la porte d'entrée : il ne s'agit pas d'une avancée défensive, mais de l'abside de la chapelle castrale, souvent disposée à cet emplacement pour protéger symboliquement la forteresse.

→ *Il faut consacrer le reste de la journée à se promener dans la forêt pour profiter agréablement des environs du château. À partir du mont Sainte-Odile, toute une série de chemins, dont le GR 5 (ou la D 33 + chemin) mènent au site. Le couvent, les ruines de l'abbaye de Niedermunster, le curieux mur Païen et les chapelles romanes Sainte-Croix et Sainte-Odile forment un bel ensemble de monuments à découvrir, dans un cadre exceptionnel. Après cette longue et plaisante balade, on comprend pourquoi l'abbesse Herrade de Landsberg, au XIIᵉ siècle, a écrit et enluminé un livre magnifique intitulé* Hortus deliciarum *(le jardin des Délices)...*

LANGEAC (Haute-Loire) ✳✳

Beaucoup de petites merveilles à visiter dans cette région, à la sortie des gorges de l'Allier, non loin de *Brioude. À voir, à Langeac, la collégiale Saint-Gal.

→ *Dans les environs, les abbayes de Pebrac et surtout de Chanteuges (fondée en 936 ; les bâtiments actuels datent du XIIᵉ s.).*

LANQUAIS (Dordogne) ✳✳

Tél. :
05 53 61 24 24.

Un curieux château dont l'habitante la plus célèbre demeure Ysabeau de Limeuil, qui y résida et fit partie de l'« escadron volant » de Catherine de Médicis, formé de jeunes femmes peu farouches prêtes à beaucoup de choses et même un peu plus pour servir les intérêts de la reine. Lanquais aurait pu être l'un des plus beaux témoins de la Renaissance mais l'entreprise n'a pu être menée à son terme. Demeure donc une souche médiévale avec grosse tour ronde à mâchicoulis, et une partie du logis, accessible par une tour polygonale. Pour le mettre au goût du jour, le bâtiment fut prolongé d'une aile de style Renaissance, restée inachevée. Ces deux styles font tout le charme de Lanquais, propriété privée, mais ouverte au public.

→ *Il faut voir, à 5 km, Lalinde, une ancienne bastide anglaise sur les bords de la Dordogne, qui a gardé un plan parfaitement symétrique, avec*

146

une place centrale carrée et des rues perpendiculaires, sa porte en brique et pierre du XIIe siècle et ses maisons à colombages. Dans les environs, le château de Laffignoux (XVe s.), celui de La Rue (fondations du XIIIe s., hautes tours du XVe, bel exemple d'architecture militaire féodale).

LAON (AISNE) ✳✳✳

Tél. OT :
03 23 20 28 62.

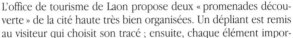

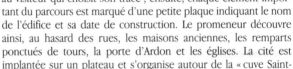

Musée : tlj sf
le mar. et jf,
de 10 h à 12 h et
de 14 h à 17 h,
ou 18 h
du 1er avr.
au 30 sept.
Tél. :
03 23 20 19 87.

L'office de tourisme de Laon propose deux « promenades découverte » de la cité haute très bien organisées. Un dépliant est remis au visiteur qui choisit son tracé ; ensuite, chaque élément important du parcours est marqué d'une petite plaque indiquant le nom de l'édifice et sa date de construction. Le promeneur découvre ainsi, au hasard des rues, les maisons anciennes, les remparts ponctués de tours, la porte d'Ardon et les églises. La cité est implantée sur un plateau et s'organise autour de la « cuve Saint-Vincent », véritable îlot de verdure au cœur de la ville. Au centre, se dresse la cathédrale Notre-Dame, splendide construction du gothique naissant. Pour la conception des arcatures, galeries, rosaces et verrières, ou encore pour les tours, ses architectes ont largement innové. Nombreuses sont les cathédrales de France qui se sont inspirées de celle-ci. Elle est encadrée par cinq tours, dont deux sont sommées, dans les colonnades, de statues de bœufs qu'on voit esquissées dans les carnets, conservés à la Bibliothèque nationale de France, de l'architecte picard du XIIIe siècle, Villard de Honnecourt. Autour de l'édifice, le quartier canonial, le cloître des chanoines, est préservé dans le tissu urbain ; c'est là un fait suffisamment rare pour être signalé. Le musée archéologique conserve un diptyque du fameux maître des Heures de Rohan, qui travaillait dans les années 1430 et suivantes ; tout à côté, dans la chapelle romane des Templiers, se trouve le transi du médecin de Charles VI, Guillaume de Harcigny. Pour redescendre du plateau, et contraster avec le Moyen Âge, empruntez le Poma 2000, funiculaire moderne construit sur l'ancienne ligne de tramway...

LA PRUNE-AU-POT (INDRE) ✳✳

Le château est situé dans la commune de Ceaulmont, à proximité de *Gargilesse, à 9 km au sud d'Argenton-sur-Creuse par la D 913 (accès par la D 5, direction Bazaiges). C'est plus par jeu de mot que par dérision que le château de La Prune est devenu celui de La Prune-au-Pot, du nom de ses propriétaires, au XVe siècle. La famille Pot, originaire du Berry, comptait, à cette période, nombre de conseillers auprès des ducs de Bourgogne, notamment Philippe, le plus illustre, dont le tombeau est conservé à *Paris, au musée du Louvre. Le château a été conçu davantage pour la plaisance que pour la défense ; il possédait cependant pont-levis, pont-dormant,

147

douves et mâchicoulis, et trois tours subsistent sur les quatre qu'il comptait. George Sand s'est promenée dans les ruines.

→ *Aller à *Gargilesse-Dampierre.*

LARCHANT (SEINE-ET-MARNE) ✳

Il faut découvrir le village d'en haut, en arrivant par la jolie route D 4. On passe devant la « ferme du pèlerin », avec son motif de coquille et bourdon, devant une autre maison médiévale ; prendre la rue de l'Église pour atteindre la basilique Saint-Mathurin, haut lieu de pèlerinage pour les fous. Ruinée, ses vestiges romantiques la font ressembler à une cathédrale en construction, aux travaux suspendus pour l'hiver. En réalité, elle a brûlé en 1490. Faites le tour de l'édifice, en détaillant ses gargouilles démoniaques à la ressemblance de celles de Notre-Dame de *Paris, mais situées assez près du sol pour qu'on les examine aisément, le portail du Jugement dernier, aux statues étêtées lors des guerres de Religion, et le calendrier sculpté. Dans la partie de la nef ouverte au public, observer la fenêtre dotée d'une grille au-dessus du chœur, par laquelle les fous pouvaient assister à l'office. Les rues aux noms évocateurs,

place du Pilori, rue du Pressoir, et quelques bâtiments anciens (face à l'entrée de la basilique, un hôpital dédié aux pèlerins de Saint-Jacques) témoignent encore de la vie du village au Moyen Âge.

→ *Aller à *Recloses.*

LES FOUS AU MOYEN ÂGE

Les fous, placés sous le patronage de saint Mathurin, étaient aussi appelés lunatiques, car on pensait qu'ils devenaient insensés au moment de la pleine lune. Au Moyen Âge, les fous ne sont pas bien traités. On les fouette, on les enchaîne. Ils sont assimilés aux païens, car ils n'ont pas l'entendement des choses de la foi. Parmi les fous de cour, parfois des folles, certains sont des malades mentaux gravement atteints, émaciés, décharnés et vêtus de guenilles. D'autres sont déguisés de costumes rayés aux couleurs dévalorisantes, tel le jaune associé au vert. On leur rase par surcroît le crâne de tonsures totales ou partielles, en forme de croix, comme si l'on souhaitait que Dieu, du haut du ciel, les distinguât des autres hommes...

LA RÉOLE (Gironde) ✽✽

Tél. OT :
05 56 61 13 55.

Ancienne place frontière du roi d'Angleterre, duc de Gascogne, face à l'Agenais, terre française, Richard Cœur de Lion fit bâtir, en 1196, une puissante forteresse dont il subsiste encore d'importants vestiges : le château des Quat'sos, avec ses trois grandes tours dotées à chaque étage de superbes salles gothiques (ne se visite pas). Voir également l'hôtel de ville (fin du XIIe s.), l'un des plus vieux édifices civils romans existant actuellement, et l'église Saint-Pierre, ancienne abbaye bénédictine fondée par Charlemagne et qui est à l'origine de la ville. L'église, qui était la chapelle priorale des bénédictines, fut reconstruite à partir de 1230. C'est un bel édifice en grande partie gothique. La Réole est à 66 km de *Bordeaux.

➜ *À voir dans les environs le moulin fortifié de Bagas (XIVe s.), celui de Loubens (XIIIe s., « modernisé » au XVIIe avec l'adjonction d'un pont-digue), Roquebrune, perchée sur un rocher avec sa belle église romane, ancienne possession des Hospitaliers.*

LARESSINGLE (Gers) ✽✽

Tél. OT :
05 62 28 33 76.

Un village-forteresse du XIIIe siècle, entouré de son rempart polygonal. Au centre, le château-donjon, ancienne résidence des évêques de *Condom, et l'église aux deux nefs embouties.

LARINA (Isère) ✽

Accès libre.
Visites guidées
sur rdz-vs.
Maison du
Patrimoine
d'Hyères-sur-
Ambly.
Tél. :
04 74 95 13 90.

Les amateurs d'archéologie pourront voir, dans les alentours de *Grenoble, tout proche d'Hyères-sur-Ambly, le parc archéologique du village de Larina (IVe-IXe s.). Dans ce vaste domaine rural dominant le Rhône, le visiteur, bien informé par des lutrins et panneaux explicatifs fort clairs, se laissera guider sur des sentiers balisés au milieu des vestiges arasés et aménagés des maisons, granges, chapelle et nécropole, entourés d'un rempart. Là, dans des cabanes de bois ou de torchis sur sablière de galets, ont vécu des hommes aux IVe-VIe siècles. Puis s'est dressé un bâtiment tout de pierre, couvert de lauzes, habité jusqu'au IXe siècle sans doute par un aristocrate. Un chemin mène à la fontaine médiévale ; mais attention il est très dégradé et dangereux pour les enfants. Une maquette est réalisée à la maison du Patrimoine.

149

LA ROCHELLE (Charente-Maritime) ✵✵✵

Tél. OT :
05 46 41 14 68.

Au milieu du xiie siècle, La Rochelle n'est qu'une ville « peu considérable » au milieu des marais. À la fin du même siècle, c'est, selon un contemporain, « un bourg admirablement construit (...) avec un port ». La Rochelle était alors anglaise et le resta jusqu'en 1372. Aujourd'hui, la cité est très agréable, mais ses monuments datent pour la plupart de l'époque classique ; signalons toutefois l'hôtel de ville, avec le beffroi (remanié au xviiie s.) – les bourgeois administrent en effet leur ville depuis le dernier tiers du xiie siècle – et l'église Saint-Sauveur, qui datent du xve siècle. À cause des guerres de Religion, l'enceinte de la cité a été démantelée sur ordre de

Richelieu. Il subsiste pourtant trois belles tours sur le front de mer. La première est placée sous la protection de saint Nicolas, patron des navigateurs, et a abrité nombre de prisonniers dans ses salles. De l'autre côté du chenal desservant le vieux port, la tour de la Chaîne (fin xive s.) doit son nom à la chaîne qui était tirée entre les deux tours et qui, la nuit, fermait le port. Par la rue Sur-les-Murs, on gagne la tour de la Lanterne (xve s.), qui servait de phare. Autrefois, la mer venait battre le pied de l'édifice. Du haut de cette tour, le panorama est saisissant.

→ *Aller à *Esnandes.*

LA SAUVE-MAJEURE (Gironde) ✵✵

Au Moyen Âge, l'abbaye de La Sauve était l'une des plus importantes d'Occident, tandis que les pèlerins allant à Saint-Jacques-de-Compostelle s'y arrêtaient volontiers. Son influence et son rayonnement s'étendaient des Pyrénées au Beauvaisis, de l'Aragon à l'Angleterre, avec 76 prieurés. L'abbatiale de La Sauve était un superbe monument roman, l'un des plus beaux de toute l'Aquitaine. La Révolution transformera ce haut lieu en prison, ce qui n'était qu'un moindre mal ; l'abbaye tomba ensuite aux mains de vandales qui la dépecèrent sans vergogne jusqu'au milieu du xixe siècle. Les vestiges grandioses qui subsistent, à 21 km de *Bordeaux, révèlent la magnificence de l'abbaye, longue de 63 m et large de 12,50 m. Le clocher, très élevé, est en bon état. Voir, dans l'abside et les absidioles, des chapiteaux romans superbement sculptés ; certains se trouvent d'ailleurs au musée des Cloîtres à New York ! Du temps où l'on pouvait exporter le patrimoine sans que personne y trouve à redire...

LASSAY-SUR-CROISNE (Loir-et-Cher) ✳✳

Tél. :
02 54 83 83 51.

Son château du Moulin a été construit au xve siècle ; doté d'un haut-logis et tours d'enceinte, pont-dormant et châtelet d'entrée, ce château de plaisance de briques rouges se dresse au milieu de belles douves. Après les grands châteaux de la Loire, cette résidence fortifiée à échelle humaine est fort séduisante et reposante. Ceux qui aiment les jeux se rendront au pied du mur sur lequel est dépeint ton sur ton, par un motif de briques sombres, le « jeu du moulin », un jeu de tables (du type marelle) qui servait d'armes parlantes au seigneur du lieu, porteur de ce même nom. Pour permettre de voir le château sous tous ses angles, un circuit de promenade est aménagé autour des douves. Situé à l'écart des circuits touristiques traditionnels, il reste peu visité : idéal pour les visiteurs qui n'apprécient pas de faire la queue pendant des heures sous le soleil...

LAVAL (Mayenne) ✳

Tél. OT :
02 43 49 46 46.

Au-dessus de la Mayenne, la galerie des comtes de Laval, construite au xvie siècle, a choisi de s'aligner sur la position dominante du château médiéval, édifié à l'extrémité de l'éperon dans la première moitié du xie siècle. Son donjon circulaire contrôlait un gué ; un pont médiéval en dos d'âne (xiiie s.) est encore dans son alignement ; le logis, accolé au donjon, est agrandi à la fin du xie siècle, reconstruit au xve siècle et remanié au xvie siècle. Il comprend une chapelle castrale romane à trois nefs et absidioles, aux chapiteaux ornés de motifs végétaux comparables à ceux de l'église de la Trinité, voisine, et des baies géminées en étage. Plusieurs des tours de la courtine ont aujourd'hui disparu. Au xvie siècle, le donjon est toujours habité ; à la Révolution, comme tant d'autres, il sert de prison. À visiter surtout pour ses hourds, dont la charpente est en grande partie d'origine, et sa poutraison en jambes-de-force courbes ancrée dans un large poinçon de bois orné d'une rose des vents, au dernier étage. Dans la ville, vieilles maisons en encorbellement du xvie siècle, cathédrale de la fin du xiie siècle et une porte fortifiée, vestige des remparts de la cité.

→ *À voir dans les environs les peintures murales de Notre-Dame-de-Pritz, à 2 km au nord de Laval et, dans la vallée de la Mayenne, château de Bouillé-Thévalle (xve s.), église romane Saint-Martin du Lion d'Angers. Voir enfin *Le Plessis-Macé.*

LAVARDIN (Loir-et-Cher) ✳✳

Le château de Lavardin s'étage sur trois plates-formes ceinturées par des remparts. Sur la plus élevée se dressent les ruines du donjon, puis viennent en contrebas les bâtiments défensifs et les communs, enfin, encerclant l'ensemble, un rempart délimite une grande basse cour. Des souterrains permettaient à la garnison de se rendre rapidement d'un point vers un autre sans être à découvert. Tous ces passages et ces escaliers de liaison se sont développés à

la faveur des pentes et des aménagements en terrasse. Les premières constructions datent des xiie-xiiie siècles et n'ont cessé d'être remises au goût du jour jusqu'au xve siècle. Ne pas repartir sans avoir vu l'église Saint-Genest qui, avec ses chapiteaux au décor très fruste, aurait pourtant été construite au xiie siècle. L'église Saint-Gildéric montre un décor de même facture.

LAVAUFRANCHE (Creuse) ✳

Tél. :
05 55 65 07 62.

Proche de *Boussac, la commanderie de Lavaufranche date des xiie-xve siècles ; elle présente un intéressant ensemble architectural comprenant donjon, cuisine, salle hospitalière et chapelle ; cette dernière est remarquable par ses fresques.

LA VOVE (Orne) ✳✳

Le manoir de Corbon passe pour l'un des plus remarquables de la région : le corps de logis, construit dans la seconde moitié du xve siècle, trapu et élégant à la fois, est desservi par un bel escalier dans une tour octogonale, et couvert d'un toit d'ardoise en forte pente. Il s'accole à une forte tour ronde, témoin d'un château antérieur. À quelques mètres du pignon du logis se dresse une ravissante chapelle castrale gothique. Pour accéder à La Vove, à partir de *Mortagne-au-Perche, prendre la route touristique D 8 en direction de Longny-au-Perche. Après le village de Saint-Mard-de-Réno, prendre à droite la D 5 jusqu'à Corbon.
📖 P. Seydoux, *Châteaux du Perche et du bocage normand*, Éd. La Morande.

LE BEC-HELLOUIN (Eure) ✳

Tél. :
02 32 44 86 09.

L'abbaye médiévale a subi de nombreuses destructions mais présente de beaux restes, intégrés dans les bâtiments actuels. La tour Saint-Nicolas en est l'élément le plus important. Du haut de celle-ci, se dégage une belle vue sur la vallée de la Risle. Dans l'église neuve, diverses statues médiévales ont été replacées, parmi lesquelles une Vierge du XIVe siècle ainsi que le sarcophage du chevalier Herluin, qui fonda l'abbaye en 1034. Au Moyen Âge, cette abbaye était un centre intellectuel important, où ont enseigné Lanfranc, conseiller de Guillaume le Conquérant, et saint Anselme, archevêque de Canterbury et apôtre de l'enseignement aux enfants par la douceur. Les vestiges de la salle capitulaire et de l'église abbatiale datent des XIIe-XIVe siècles, la tour du XVe, le cloître du XVIIe siècle, et la plupart des bâtiments ont été construits au XVIIIe siècle.

LE COUX-ET-BIGAROQUE (Dordogne) ✳

Bigaroque occupait au Moyen Âge une position stratégique sur les bords de la Dordogne : les bateliers devaient payer en cet endroit leur droit de passage. Bertrand de Got, archevêque de *Bordeaux, futur pape sous le nom de Clément V, sera propriétaire des lieux vers 1300. Une forteresse y était installée, qui devint un nid de bandits. Les Huguenots l'occupèrent. Richelieu fit raser le château. De vieilles et belles maisons et une grange dîmière des XIIe-XIIIe siècles, ainsi qu'une église romane, rappellent que ce hameau joua en son temps un rôle important.

LE FAOUËT (Morbihan) ✳✳✳

Sa chapelle Saint-Fiacre est comme une cathédrale miniature, avec son clocher-porche flanqué de deux tourelles. Mais le plus intéressant est à l'intérieur et le voyageur qui passe le porche ne s'attend pas à l'explosion de drôleries et de couleurs qui animent ce lieu

saint : une charpente aux poutres d'entraits engoulées de dragons et têtes humaines, flamboyante de couleurs, un jubé sculpté en 1480 de multiples motifs surprenants, parmi lesquels des épisodes du *Roman de Renart*, des figures truculentes, grimaçantes et caricaturales, des animaux de tous poils et plumes, chat, ours, oie. Un maître autel austère en granit contraste vivement avec cette débauche de sujets profanes qui constitue un chef-d'œuvre d'art et d'humour médiéval, à nul autre semblable.

📖 Y. Pelletier, *Les Jubés de Bretagne*, Rennes, Ouest-France, 1986.

→ *Aller à *Melrand.*

LE FIEF-DES-ÉPOISSES (SEINE-ET-MARNE) ✳✳

Grande et harmonieuse ferme fortifiée du bas Moyen Âge, avec colombier et grange, entourée de douves, flanquée d'une tour et d'un logis. Cette ancienne et remarquable maison forte se visite, mais on peut se contenter d'en faire le tour à pied, l'aménagement intérieur n'ayant rien de médiéval.

LE FOLGOËT (FINISTÈRE) ✳✳

Près de Brignognan, en arrivant à Lesvenen par la route D 788 en venant de Brest, voir à droite sa basilique Notre-Dame construite en gothique flamboyant : un clocher, un jubé et cinq autels, tous en granit et du xve siècle ; au sud de l'église, un petit manoir (restauré...) de la fin du xve siècle sert aujourd'hui de presbytère. Dans un petit musée néo-gothique, une scène réservée à ceux qui veulent entrer dans l'intimité d'Anne de Bretagne : la reconstitution de sa chambre à coucher...

LE HAUT-KŒNIGSBOURG (BAS-RHIN) ✳✳

En hiver, de 9 h à 12 h et de 13 h à 16 h ; en été, de 9 h à 18 h.
Tél. Château : 03 88 92 11 46.

Le château du Haut-Kœnigsbourg aurait pu n'être qu'une superbe ruine dominant la plaine d'Alsace, si la ville de Sélestat n'en avait fait don à l'empereur Guillaume II. Ce dernier ordonna la restauration intégrale du site. De fait, il est intéressant d'observer, au travers de ces importants travaux du début du siècle, la transformation d'une ruine médiévale en un château « moyenâgeux » visitable. Le site est superbe, et le cadre grandiose : sur plus de 250 m, la forteresse, fondée au xiie siècle, étire ses remparts dans un dédale de courtines, de salles des gardes, d'appartements et d'escaliers. Le donjon, de 50 m de haut, domine les basses cours et la salle d'armes présente d'intéressantes pièces d'armures et de combat du Moyen Âge.

Le site plonge le visiteur en plein Moyen Âge romantique, le temps d'une agréable visite.

LE MANS (Sarthe) ✷✷

Tél. OT :
02 43 28 17 22.

La cité du Mans est surtout connue pour ses maisons anciennes étagées sur une colline dominant la Sarthe et pour son enceinte gallo-romaine remarquablement conservée – et réutilisée au Moyen Âge. Sa cathédrale Saint-Julien ne présente pas l'uniformité des grands vaisseaux gothiques de la France du Nord, mais mérite véritablement d'être visitée. C'est un édifice de près de 130 m de long qui évolue, au travers de ses quatre campagnes de construction, du roman au gothique. Un menhir est même calé entre deux contreforts, l'un roman, l'autre du xve siècle ! La nef date des xie-xiie siècles et, à l'extrémité de la branche S-O du transept, la porte romane a été surmontée d'une tour à la fin du xive siècle. L'autre branche du transept est percée d'une très belle rosace (xve s.). Le chœur, avec son déambulatoire et ses chapelles rayonnantes, est aussi long que la nef. Il date du xiiie siècle et déborde les limites de la ville en franchissant le rempart antique. Des sculptures des portails romans, aux chapiteaux de la nef et aux fins rinceaux de feuillages du *triforium* gothique, la décoration enrichit l'édifice, par sa sobriété. Les vitraux forment des ensembles bien distincts, et les peintures murales, tapisseries et stalles (xvie s.) complètent le mobilier. À l'extérieur, le chevet présente des systèmes d'arcs-boutants uniques, puisqu'ils se développent en « Y » depuis leur point de départ. Le jardin situé en contrebas du chevet offre une jolie vue. Il faut consacrer l'après-midi à se promener dans les vieux quartiers à la recherche des églises et des maisons médiévales. La ville haute, avec ses boutiques et ses artisans, plonge le voyageur dans un autre monde : celui du Moyen Âge. Enfin, le musée Tessé conserve des œuvres médiévales importantes, parmi lesquelles une étonnante Vierge hautaine tenant sur ses genoux l'Enfant Jésus un moulinet à la main – dont les ailes en croix sont la préfiguration de son martyre. Sous la mairie, vestiges de l'ancien palais.

Tlj sf jf
de 9 h à 12 h et
de 14 à 18 h.
Tél. Musée :
02 43 47 38 51.

LENTILLES (Aube) ✷✷

Le village de Lentilles possède une église construite en pans de bois et torchis. Elle date de l'extrême fin du Moyen Âge, voire du début du xvie siècle. Le pignon et le clocher sont recouverts de bardeaux et les toitures de tuiles. Telle une grange, l'intérieur présente une nef de cinq travées couplée avec deux bas-côtés. Ce monument est considéré comme l'un des plus beaux et des mieux conservés de ce type en Champagne.

L'ÉPINE (Marne) ✲✲

Une basilique Notre-Dame en dentelle de pierre blanche se dresse à quelques kilomètres à l'est de *Châlons-en-Champagne. Là, en plein champ, la Vierge serait apparue, rose au milieu des épines d'un buisson ardent, à un simple berger – légende répandue, ainsi à *Josselin. Pour honorer ce miracle et canaliser un pèlerinage, une fine église en gothique flamboyant fut alors édifiée (xvᵉ s.), hérissée de gargouilles, meublée d'un beau jubé.

LE PLESSIS-BOURRÉ (Maine-et-Loire) ✲✲

Tél. :
02 41 32 06 01.

Jean Bourré, ministre des Finances de Louis XI, se fit bâtir ce château (entre 1468 et 1473) qui ressemble par certains de ses aspects à un château fort mais qui visiblement se veut aussi à la mode de la Renaissance avec ses salles richement aérées et décorées. Côté fort, le château, situé à Écuillé, est entouré de douves aussi larges qu'un lac, qu'on franchit par un pont-dormant de pierre, et doté d'une plate-forme pour installer les canons. Côté plaisance, le plafond de la salle des Gardes est orné de peintures allégoriques et alchimiques – de quoi ravir les amateurs d'ésotérisme. Des visites guidées thématiques (la forteresse, l'alchimie) sont assurées par les propriétaires.

→ *À voir dans les environs le château de Bouillé-Thévalle (xvᵉ s.) et celui du *Plessis-Macé.*

LE PLESSIS-MACÉ (Maine-et-Loire) ✲✲

À une douzaine de kilomètres au N-O d' *Angers (direction *Laval), ce beau château de plaisance, à la longue et élégante façade ponctuée de pignons, est édifié en tuffeau, en 1450, sur les ruines d'une forteresse de schiste du xiiᵉ siècle. Dans la chapelle subsiste une tribune gothique en chêne.

Mai de 13 h 30 à 18 h ; juin-sept. de 10 h à 12 h et de 14 h à 18 h 30 ; mars-avr., oct.-nov. de 13 h 30 à 17 h 30. Tlj en juil.-août, tlj sf le mar. hors saison. Visites guidées, tél. : 02 41 32 67 93.

LE POËT-LAVAL (Drôme) ✲✲

Au xiiᵉ siècle, l'ordre des Hospitaliers de Saint-Jean de Jérusalem établit une commanderie et sa chapelle sur un site pentu déjà dominé par un donjon. Au xvᵉ siècle, une seconde commanderie est implantée dans le village, fortifié de remparts. Aujourd'hui, le site, qui comporte encore des maisons du XIIᵉ siècle, préservé et restauré, éclaboussé de soleil, est un des plus beaux villages de France.

→ *Voir aussi, dans les environs, La Bégude-de-Mazenc.*

LE PUY-EN-VELAY (Haute-Loire) ✳✳✳

Tél. OT :
04 71 09 38 41.

La renommée du Puy remonte au XIᵉ siècle. La ville, haut lieu de pèlerinage, se trouvait sur le chemin de Saint-Jacques, ce qui explique sans doute les nombreuses influences hispano-arabes qu'on remarque aux portails de ses églises. À la porte de la cathédrale,

une inscription arabe. De loin, ses coupoles ont un petit air byzantin. Le grand historien d'art Émile Male voyait dans cet édifice un souvenir de la mosquée de Cordoue : « On y devine la nostalgie de l'artiste qui a vu les pays de lumière et qui ne peut se consoler... » La façade en témoigne, de même que les grandes portes de cèdre rouge historiées, du XIIᵉ siècle, usées par les intempéries mais qu'il faut prendre le temps d'examiner. La Vierge noire, qui faisait la gloire de ce lieu et attirait la foule des pèlerins, passait pour provenir d'Égypte. Disparue, une autre la remplacera du temps de saint Louis ; il ne reste plus aujourd'hui qu'une pâle copie de cette magnifique statue, détruite en 1794. Cependant, on l'ignore trop souvent, il existe une enluminure de la fin du XVᵉ siècle qui la figure en toutes couleurs et dans le plus menu détail.

La cathédrale Notre-Dame-de-France a pris la suite d'un sanctuaire élevé en l'honneur de la Vierge vers 430. L'église actuelle, de style roman auvergnat, a été bâtie du XIᵉ au XIIᵉ siècle et restaurée massivement au XIXᵉ siècle. La façade est particulièrement remarquable, avec ses cinq étages en appareil polychrome et son clocher indé-

pendant. L'intérieur conserve des peintures murales, dont la plus ancienne remonterait au XIᵉ siècle. Elle est de nouveau en cours de restauration (fin des travaux : 1998) et sa nef pour le moment inaccessible. Consolez-vous en allant admirer le Trésor, qui contient un manuscrit unique, la Bible de Théodulphe (VIIIᵉ s.) et le petit cloître du XIᵉ siècle, aux chapiteaux historiés de sagittaires, masques et autres personnages, qui est un enchantement pour les yeux. On se croirait à

Cordoue. Le Puy est bien une enclave orientale dans un rude pays de lave grise. À voir également, en sortant par le porche du For (XIIe s.), la place qui porte le même nom, le baptistère Saint-Jean (X^e-XIe s.), l'église gothique Saint-Laurent. Deux musées sont intéressants : le musée d'Art religieux et le musée Crozatier (tél. : 04 71 09 38 90).

En sortant du groupe épiscopal, on passe devant quelques hôtels du XVe siècle et l'on peut redescendre de la ville haute et se rendre

à Saint-Michel-d'Aiguilhe, qui porte bien son nom : c'est en effet au sommet d'une véritable aiguille de basalte solidifié dans la cheminée d'un volcan aujourd'hui érodé, que l'évêque Gothescalk, de retour de Saint-Jacques-de-Compostelle, a fondé en 962 une chapelle en souvenir du combat de saint Michel contre le dragon au Monte Gargano, en Pouille (Italie). L'édifice qui s'y dresse aujourd'hui date des XIe-XIIe siècles. Malgré le relief et la pente abrupte, n'hésitez pas à faire l'effort de grimper l'escalier pour aller visiter cette chapelle petite mais remarquable, d'où l'on jouit de surcroît d'une vue imprenable sur la ville : des paliers munis de bancs scandent l'ascension de même que d'étranges niches-sarcophages creusées dans le roc. Parvenu au sommet, on passe sous le regard de deux sirènes qui se tirent les cheveux, tout étonnées du style presque arabe de l'arcature tréflée du portail et de ses entrelacs quasi calligraphiques, entourés d'une mosaïque en rouge et blanc. On entre alors dans une grotte plutôt que dans une chapelle, installée à même le roc, avec des colonnes à chapiteaux sculptés. On passe devant l'autel, planté au point le plus haut de l'aiguille (82 m) et sous lequel on a découvert un petit trésor lors d'une restauration : crucifix roman espagnol, coffret d'ivoire, grande boîte de bois pour contenir le tout, fragments de textiles anciens, sont exposés dans une niche grillagée qui manque d'éclairage (munissez-vous d'une lampe de poche). Il faut lever les yeux pour admirer la fresque du plafond dans son harmonie brune. C'est magnifique. Les vitraux, hélas dans toute leur (in)esthétique années 50, gâchent l'atmosphère médiévale en éclaboussant linteaux sculptés et colonnes de flashes fluorescents rouges et jaunes hors de propos. De même, on souhaiterait un environnement réhabilité autour de cette extraordinaire aiguille, au lieu de terrains vagues, de maisons à demi détruites et de parkings...

→ *En quittant la ville, aller à Polignac (à 6 km au N-O). Sa petite église romane, dotée d'un porche gothique, fait bien neuf avec ses joints mar-*

qués de blanc et son toit trop brillant... Mais l'approche, depuis la plaine, de son château (XVe-XVIIe s.) au puissant donjon taluté (XIVe s.) juché au sommet d'un majestueux entablement de basalte, vaut le déplacement. Fermé hors saison. Tél. visites guidées pour gr. : 04 71 02 46 57.

(LES ÎLES DE) **LÉRINS** (ALPES-MARITIMES) ✷✷✷

Une délicieuse traversée vous mènera de Cannes à l'île Saint-Honorat, berceau du monachisme occidental. Là, en effet, contre vents et marées, s'installa dans la seconde moitié du IVe siècle ce qu'on considère comme la première communauté monastique de Gaule. On verra Saint-Sauveur (X^e-XIe s.), l'église de la Sainte-Trinité (X^e-XIe s.) avec son chevet « triconque », la chapelle Sainte-Croix (XIIe-XIIIe s.), et enfin le donjon et le cloître du monastère fortifié. Vous en rapporterez peut-être la fameuse liqueur distillée par les moines.

LES ALLINGES (HAUTE-SAVOIE) ✷✷

Juste avant Thonon, on peut s'arrêter au site des Allinges, intéressant à double titre : dominant le lac Léman et toute la plaine du

Chablais, se dressent les ruines de deux châteaux (le « vieux » et le « neuf », construit au XIIIe s.), qui se sont succédé sur ce site de hauteur protégé par d'importants fossés naturels ; appartenant à la famille d'Allinges, puis aux comtes de Savoie, ils ont joué un rôle militaire actif. C'est surtout la petite chapelle des XIe-XIIe siècles qui vaut la visite pour ses fresques puissantes, au carrefour d'influ-

ences germaniques et méditerranéennes : sur la voûte en cul-de-four trônent le Christ en majesté dans une mandorle, entouré des symboles évangéliques, mais aussi la Vierge, saint Jean et des séraphins.

LES ANDELYS (EURE) ✷✷✷

La forteresse de Château-Gaillard domine un méandre de la Seine qui, à cet endroit, est particulièrement harmonieuse. La lumineuse beauté du site surprend et, dans ce cadre majestueux, le château occupe une place défensive de choix. Les ruines témoignent tout autant de la puissance des constructions que de celle de son commanditaire. Richard Cœur de Lion, duc de Normandie, ordonne l'édification de ce château pour protéger ses terres et surveiller le cours de la Seine et fait élever les bâtiments dans un laps de temps très court : 1196-1198. La légende veut qu'ils aient poussé si vite que Richard aurait dit devant sa forteresse : « Qu'elle est belle, ma fille d'un an ! »... Philippe Auguste, toujours soucieux de placer les terres de France sous la bannière royale, met le siège en mars 1204 devant la place. Plusieurs semaines lui sont nécessaires pour prendre la première enceinte ; puis la ruse enleva la seconde. On passa en effet sur les courtines... par les latrines en encorbellement. On pratiqua ensuite une brèche dans le donjon pour déloger, dans un terrible corps à corps, les derniers assiégés.

Le château est divisé en trois parties. La première, au bord de la falaise, en est le cœur : c'est le donjon. Cette puissante tour à bec est complétée d'une enceinte, renforcée par une longue série de contreforts arrondis très rapprochés qui lui confèrent un aspect ondulé. Un fossé sépare au nord et à l'est cet ensemble de la basse cour. Un autre fossé d'une quinzaine de mètres de large tranche le site de part en part et permet d'isoler un bastion triangulaire. C'est la première position défendue, avancée vers l'intérieur du plateau. Enfin, des ouvrages militaires, accrochés sur les flancs de la falaise, complètent le dispositif. Pour vos enfants, Château-Gaillard est un lieu magique, où ils croiseront le fer de leur imagination avec les gens d'armes du Moyen Âge. L'impressionnant donjon raconte à lui seul l'histoire des châteaux militaires.

 On peut également voir, aux Andelys, l'église Notre-Dame, dont la nef date du XIIIe siècle, et l'église saint-Sauveur, des XIIe-XIIIe siècles, avec un porche en bois au soubassement en pierre du XVe siècle.

UNE FORTERESSE ENNEMIE

Les Anglais avaient promis de ne pas fortifier ce site. Pourtant, comme le raconte un texte daté d'avant 1204, « Richard y édifia une citadelle et l'entoura d'un rempart très haut et de fossés très profonds creusés dans la pierre vive. Au-delà de ces tranchées, il fit aplanir une colline et l'entoura de murs et de tours très élevés. Puis il enferma la troisième colline dans des fossés très profonds faisant obstacle et protégea de toutes parts l'ensemble par une muraille de pierre très haute et des fossés. Il appela cette fortification " Gaillard " qui résonnait aux oreilles des Français comme " insolence " . À quatre milles de là, plus en avant sur le bord de la Seine, il aménagea un autre réduit fortifié qu'il appela " Bouta-vant " , compris par les Français comme " poussé en avant " , il semblait dire " pour récupérer ma terre, je me déploie en avant " »... Par ce texte, écrit par Guillaume le Breton, était mise en évidence la rouerie des Anglais pour que nul n'en ignore.

Sources d'histoire médiévale, ixe-milieu du xive s., sous la dir. de G. Brunel et É. Lalou, Paris, Larousse, 1992, p. 336.

LES BAUX-DE-PROVENCE (BOUCHES-DU-RHÔNE) ✳

Tlj du 1er mars au 1er nov. de 8 h 30 à 19 h 30 ; du 2 nov. au 28 fév. de 9 h à 18 h.
Tél. : 04 90 54 55 66.

Se confondant avec l'éperon rocheux sur lequel il s'accroche, le château, cité au xe siècle, au donjon reconstruit au xiiie puis démantelé sous Louis XI et finalement démoli sur ordre de Richelieu au xviie siècle, dresse ses murs sévères en à-pic au-dessus d'un village Renaissance. Son blason étoilé évoque l'origine mythique de la famille des Baux, descendante d'un des rois mages... Le château abrite un musée d'histoire du lieu et une exposition de gigantesques machines de guerre. Il faut voir aussi la chapelle castrale, l'église Saint-Vincent, en partie troglodyte, et sa lanterne des morts. À visiter impérativement hors saison si l'on veut redonner quelque ambiance médiévale à ce site dévoré par les parkings...

→ *Aller à *Aigues-Mortes.*

LESCAR (PYRÉNÉES-ATLANTIQUES) ✳✳

Tél. : 05 59 81 03 12.

Lescar a connu bien des vicissitudes qui ont nui à son développement. L'ancienne cathédrale Notre-Dame en porta longtemps les stigmates mais c'est un monument qui mérite que l'on s'y attarde quelque peu, malgré les mutilations des guerres de Religion et de la Révolution. La cathédrale a été sauvée de la ruine grâce à une solide restauration du siècle dernier. Le chevet a été construit entre 1120 et 1140, la nef dans la seconde moitié du xiie siècle. L'église est longue (60 m), peu élevée (14,7 m). La nef centrale est terminée par une abside et ses bas-côtés prolongés par des absidioles. On regardera les chapiteaux exécutés par deux ateliers différents (décor végétal, thèmes animaliers, scènes bibliques). Le chœur a gardé deux bandes de mosaïque de pavement, représentant de superbes scènes de chasse, dont la réalisation se situerait entre 1125 et 1141, du temps du premier bâtisseur de l'église, l'évêque Gui de Lons.

LES EYZIES-DE-TAYAC (DORDOGNE) ✻✻

Tél. OT : 05 53 06 97 05.

Le village des Eyzies-de-Tayac, situé au confluent de la Vézère et de la Beune, c'est d'abord un haut lieu de la Préhistoire, avec ses grottes et ses musées. Il serait dommage cependant de négliger l'église du village, située un peu à l'écart, non loin de l'endroit où l'on découvrit, au siècle dernier, l'illustre Cro-Magnon. Cette église est intéressante à bien des titres. Elle a les apparences d'une forteresse et a été bâtie en conséquence. Le chevet, tourné vers le coteau, est particulièrement fortifié. Le mur, épais de 2,50 m, abrite une chambre forte, crénelée, à mâchicoulis. Non voûtée, l'église est un rectangle divisé en trois nefs. À l'ouest, un clocher-mur très épais comporte un réduit défensif. Le portail, assez remarquable, contient des remplois d'éléments gallo-romains. La couverture est en lauzes.

→ *À voir dans les environs *La Roque-Saint-Christophe, le château de Commarque à *Sireuil, celui de Laussel (une très belle construction des* XV*e*-XVI*e s., qui fait face à Commarque, vue superbe, mais ne se visite pas) ; Tursac (église de style roman périgourdin, clocher-tour imposant). À 6 km, Campègne (église romane, château* XV*e*-XVI*e s.).*

LES SAINTES-MARIES-DE-LA-MER (BOUCHES-DU-RHÔNE) ✻✻

Tél. OT : 02 40 82 04 40.

Au bord de la mer Méditerranée, une église romane fortifiée dresse sa nef unique aux murs épais ; son chœur en cul-de-four porte une tour polygonale crénelée et ses piliers forment d'étonnants contreforts intérieurs. Marie-Madeleine (en compagnie de Marie Salomé et Marie Jacobé, sœur de la Vierge, saint Maximin et Sara) a atterri en ce lieu ; son tombeau devient l'objet d'un pèlerinage toujours actif. Impossible de manquer la visite de ce site fondateur à partir duquel la Provence a été évangélisée, de *Tarascon à *Saint-Maximin et au-delà...

LE THORONET (VAR) ✻✻✻

Le site a perdu de son caractère essentiel de « désert » monastique, en se dotant d'un parking et d'un immense hall destiné à canaliser le tourisme culturel en pleine expansion, tout en parvenant, para-

Du 1er avr.
au 30 sept. de 9 h
à 19 h sf le dim.
de 9 h à 12 h et
de 14 h à 19 h ;
du 1er oct.
au 31 mars,
de 9 h 30 à
12 h 30 et
de 14 h à 17 h.
Tél. :
04 94 60 43 90.

doxalement, à préserver le calme et l'atmosphère sereine et apaisante de l'abbaye elle-même, qui vaut qu'on s'y attarde longuement. Le Thoronet est d'obédience cistercienne. Ce sont des moines venus de Mazan, en Ardèche, qui vinrent la fonder d'abord à Tourtour, puis une vingtaine d'années après, à Lorgues. Ils choisissent, classiquement, un site boisé et bien arrosé, jettent les fondations du bâtiment vers 1160, et parviennent au bout de leurs peines en 1190. L'église est d'une admirable simplicité : un clocher (certes un peu court, mais très rare dans une abbaye cistercienne), une petite porte (pas de foule de fidèles laïcs à accueillir, mais une file de moines entrant en bon ordre pour suivre les offices), un chœur s'achevant en abside en cul-de-four et illuminé par trois fenêtres, symbole de la Trinité ; la construction des murs est d'une

lisseur et d'une perfection étonnantes et l'acoustique remarquable de la grande nef favorise le chant grégorien en ce lieu. Comme partout, une bibliothèque, une salle capitulaire, un parloir, un dortoir, un cloître d'une simplicité toute « monacale » mais sans doute à l'origine à deux étages, et doté ou orné d'un lavabo à seize lobes (restauré au début du XXe s.), un cellier (les cuves sont du XVIIIe s.), un bâtiment pour les convers, une grange dîmière, subsistent de ce magnifique ensemble qui comprenait aussi un *scriptorium* de copistes, le réfectoire, une cuisine et le chauffoir, aujourd'hui disparus.

 Y. Esquieu, *L'Abbaye du Thoronet*, Ouest-France, Rennes, 1995.

LIBOURNE (GIRONDE) ✴

Tél. :
05 57 51 15 04.

Une ancienne bastide fondée par Édouard d'Angleterre en 1268. La cité restera anglaise jusqu'à la fin de la guerre de Cent Ans en 1453. A voir l'hôtel de ville du XVe siècle (restauré au XXe s.), l'église Saint-Jean (XIIe s.), remaniée postérieurement) qui conserve une relique de la Sainte Épine, l'église de Condat, ancienne chapelle du château des rois d'Angleterre, l'église de l'Épinette (XIIe s.) destinée à l'origine à abriter une épine de la couronne du Christ, qu'elle conservera jusqu'en 1308. L'édifice a été pratiquement reconstruit au XIXe siècle.

→ *De nombreuses découvertes sont possibles à partir de Libourne :*
Castillon-la-Bataille, où se livra le 13 juillet 1453 le dernier grand combat de la guerre de Cent Ans. Petit-Palais, qui possède une remarquable

église romane à la façade sculptée, avec des représentations inspirées de l'art antique. Saint-Denis-de-Pilé (église romane du XIIe s.), l'ancienne abbatiale de Notre-Dame-de-Guitres, très vaste église édifiée à partir de 1080, qui mérite un arrêt. Elle a été sauvée d'une ruine totale par d'importantes restaurations aux XIXe et XXe siècles. L'église Saint-Pierre à Lalande-de-Fronsac, dont le portail présente un grand intérêt iconographique (rare illustration de la première vision de saint Jean sur l'île de Patmos, telle que la rapporte l'Apocalypse). D'autres églises romanes se trouvent dans la région. Vous pouvez aussi en profiter pour déguster avec modération (cela va sans s'écrire) quelques bons vins de Fronsac ou de côtes de Castillon !

LIESSIES (Nord) ✲

Tél. :
03 27 60 66 11.

Dans le village de Liessies, à 25 km de *Maubeuge, fut fondée, au VIIIe siècle, une abbaye bénédictine qui connut un rayonnement extraordinaire. Ne l'appelait-on pas « la perle du Hainaut » ? Son école de copistes et ses enlumineurs étaient particulièrement recherchés dans toute l'Europe médiévale. La Révolution a rayé de la carte cette première abbaye. On en trouve pourtant des souvenirs dans l'église paroissiale Saint-Jean (XVIe s.) : des ornements, des parchemins, des reliquaires, une croix mosane du XIIe siècle, des statues... Le conservatoire du Patrimoine religieux rappelle l'existence et le travail des moines.

LILLE (Nord) ✲✲

Tél. OT :
03 20 21 94 21.

Lille joue depuis le Moyen Âge un rôle de premier plan. Successivement flamande, bourguignonne, espagnole, elle a rejoint la France en 1667 sous Louis XIV. Le patrimoine culturel et architectural de la cité est fort riche. De son passé médiéval, elle a gardé la crypte de l'ancienne collégiale Saint-Pierre, fondée en 1066 par

Baudoin V, comte de Flandre, l'hospice Comtesse, créé en 1237 par l'épouse du comte Ferrand, le palais Rihour, édifié au XVe siècle par le duc de Bourgogne et dont il subsiste quelques parties, notamment une superbe salle gothique et l'escalier d'honneur. C'est là que se déroula en 1454 le célèbre banquet du Vœu du Faisan. Constantinople venait de tomber aux mains des Turcs, Philippe le Bon, duc de Bourgogne, réunit au palais Rihour ses vassaux flamands autour d'une table plus que somptueusement garnie, avec des attractions plus étonnantes les unes que les autres. C'est au cours de ce festin que les convives furent invités, devant les dames et un faisan, à prêter le serment d'aller délivrer Constantinople. Dans l'euphorie, chacun jura, mais se garda bien de partir...

LILLERS (Pas-de-Calais) ❊

Tél. :
03 21 02 25 88.

À 12 km de *Béthune, Lillers, avec sa collégiale Saint-Omer, terminée au XIIe siècle, a connu bien des malheurs de la part des Flamands, des Français, des Impériaux et des Allemands en 14-18. Elle a subi de nombreux remaniements et des restaurations, mais c'est le seul édifice roman complet de Flandre et d'Artois. Ce fut pendant longtemps, ce qui explique son ampleur, une église de pèlerinage. On venait y prier (on y prie encore) le « Christ du miracle du Saint Sang », sculpture en chêne du XIIe siècle.

➔ *On pourra voir, dans les environs, l'église romane d'Ames, ainsi que celle, fort belle, d'Heuchin.*

LIMOGES (Haute-Vienne) ❊❊

Tél. OT :
05 55 34 46 87.

Limoges mérite un arrêt car la ville possède quelques intéressants monuments médiévaux et un superbe musée municipal où sont rassemblés des émaux limousins du XIIe au XVIIIe siècle. La ville compte deux parties bien distinctes : la cité autour de la cathédrale, la ville neuve qui a remplacé l'ancien château. La cité, ravagée pendant la guerre de Cent Ans par les troupes du Prince Noir, a gardé quelques vieilles rues avec des maisons anciennes. La cathédrale et Saint-Etienne, en dépit d'une construction qui s'est étalée sur six siècles à partir de 1273, présente une architecture harmonieuse (voûte élancée, baie large, arcs-boutants particulièrement élégants). Le portail Saint-Jean, de style flamboyant, marque l'entrée monumentale de la cathédrale. A l'intérieur, le jubé date du XVIe siècle. Trois superbes tombeaux (XIVe et XVIe s.) ornent le chœur. Le quartier du château, aujourd'hui centre ville, contient plusieurs monuments dignes d'intérêt : l'église Saint-Michel-des-Lions (XIVe-XVIe s.) ; deux lions placés près de la porte du clocher, côté sud, servaient jadis à indiquer la limite de juridiction des abbés de Saint-Martial et des vicomtes de Limoges. L'abbaye de Saint-Martial, saint fort vénéré dans toute la région et objet d'un pèlerinage important, a été rasée à la Révolution. C'était l'une des plus grandes églises romanes de France. Affiliée en 1063 à *Cluny, l'abbaye connut un très grand rayonnement spirituel et artistique jusqu'au XIIe siècle. Son *scriptorium* (atelier de scribes et d'enlumineurs), où l'on réalisait des parchemins, était particulièrement réputé. De l'abbaye ne subsiste que la crypte, où l'on peut encore voir les deux sarcophages qui contenaient les corps de Martial et de ses deux compagnons, Alpinien et Austriclinien. Les restes de Martial seront ensuite placés dans un reliquaire d'or dans la basilique de Sauveur, qui avait 102 m de long, et qui recevait la foule des pèlerins allant à Saint-Jacques-de-Compostelle.

L'ISLE-AUMONT (Aube) ✷✷ .

Visite guidée
le dim. à 15 h
ou sur rdz-vs.
Tél. :
03 25 41 81 87.

On trouve à L'Isle-Aumont un château médiéval, surhaussé sur une plate-forme de terre, un Christ en bois sculpté, du XIIᵉ siècle, dans l'église Saint-Pierre, construite au XIIᵉ siècle et remaniée. Mais le site est surtout connu pour son habitat mérovingien. Des sarcophages de pierre mérovingiens et carolingiens sont alignés dans la nef. Non loin de *Troyes, ce lieu, qu'on a surnommé les Alyscamps de l'Aube, est une véritable île des morts : 600 sarcophages de pierre, 1 000 sépultures le peuplent...

L'ISLE-JOURDAIN (Gers) ✷

Tél. OT :
05 62 07 25 57.

L'Isle-Jourdain appartenait jadis à la famille de l'Isle, proche des comtes de *Toulouse. Au cours de la première croisade (1095-1099), la femme de Raymond de l'Isle, qui avait servi son époux en Palestine, accoucha d'un fils qui fut baptisé dans les eaux du Jourdain. Le village de l'Isle bénéficia de ce pieux patronage et accola à son nom celui du fleuve sacré en souvenir de ce baptême. À voir : la collégiale Saint-Martin.
→ *Dans les environs, à ne pas manquer : Lombez, pour sa cathédrale Sainte-Marie, en briques rouges, dotée d'un beau clocher octogonal, deux nefs, avec chacune une abside et de belles stalles ; dans la salle du Trésor, cuve baptismale du XIIIᵉ siècle.*

LOCHES (Indre-et-Loire) ✷✷✷

Tél. OT :
02 47 94 08 78.

Lorsqu'on arrive à Loches par la vallée de l'Indre, se dresse devant vous le logis royal, sis sur un rempart et dominant une courtine basse. La cité peut s'enorgueillir de présenter un ensemble de monuments du Moyen Âge remarquable, que complètent de très beaux hôtels particuliers plus tardifs. De l'enceinte de la ville, ne sont conservées que la tour Saint-Antoine et deux portes du XVᵉ siècle : la porte des Cordeliers et la porte Picois. Les rues sinueuses, les maisons anciennes et les tours sont les témoins d'un riche passé.

Grégoire de Tours mentionne la cité au VIᵉ siècle, Pépin le Bref l'a détruite en 742, Foulques Nera en fit l'une de ses principales places fortes, Richard Cœur de Lion en fit tomber les défenses en

moins d'une journée et saint Louis l'a rachetée ; la ville devient alors cité royale jusqu'à la Révolution. Louis XI confère enfin au château un rôle de prison d'État. L'enceinte haute, du XIIᵉ siècle, appelée également château, ceinture le plateau et montre un plan elliptique de 2 km environ de développement ; elle n'est desservie que par une seule porte, dite royale. L'ancienne collégiale et le logis royal se trouvent dans l'ancienne basse cour de cette vaste enceinte.

Au S-O, là où l'escarpement est moindre, a été construite une puissante défense organisée autour d'un donjon rectangulaire de près de 40 m de haut, lui-même défendu par un « petit donjon ». Ces constructions forment en quelque sorte un château dans le château. Le donjon se présente comme une tour rectangulaire aux circulations internes compliquées permettant une défense optimale de l'édifice ; de plus, son entrée est placée à mi-hauteur. Tout autour ont été bâtis, du XIᵉ siècle au XVIᵉ siècle, remparts, portes, tours et autres fortifications qui forment un ensemble exceptionnel de l'architecture militaire du Moyen Âge. Trois tours en amande s'avancent sur les douves qui atteignent ici des dimensions impressionnantes. Ces dispositifs sont complétés par trois étages de salles souterraines, ayant servi de prisons. Taillées dans le socle rocheux, elles réveillent en nous un foisonnement de contes et de légendes et le souvenir des prisonniers qui ont laissé leur signature ; de nombreux graffitis, dont moulages et photos agrandies, sont actuellement exposés dans la tour Louis XI. Ils sont signés de Serge Ramond, qui est aussi le responsable d'un musée de la Mémoire des murs – graffitis historiques, où une salle est consacrée aux graffitis médiévaux (**installé à Verneuil-en-Halatte, dans l'Oise, impasse Jules-Ferry, tél. : 03 44 25 30 10 ou 03 44 24 54 81, tlj en ttes saisons, de 14 h 30 à 18 h 30**).

Après la visite de cet ensemble, nous conseillons de suivre la promenade qui est aménagée dans le fond des fossés. De là, une impression de puissance se dégage des remparts. Dans la ville, l'église Saint-Ours était placée primitivement sous le patronyme de Notre-Dame et avait rang de collégiale. Sa fondation est ancienne, mais les bâtiments actuellement en place, quoique fortement restaurés, datent des XIᵉ-XIIᵉ siècles. La nef est la partie la plus ancienne ; curieusement voûtée, elle est accolée d'un avant-porche richement ouvragé. Le chœur, de la première moitié du XIIᵉ siècle, se raccorde au transept et à la nef par un clocher sur trompes ménageant deux passages berrichons. L'ensemble de l'édifice abrite de nombreuses sculptures dignes d'intérêt à la croisée de plusieurs influences. Une petite crypte s'étend sous l'abside droite et présente une peinture murale.

Le palais royal se compose de deux corps de logis construits de la fin du xive siècle jusqu'au xvie siècle. Même pour les parties les plus récentes, le style gothique a été conservé. Les appartements dominent des jardinets et leurs décorations rappellent les séjours de leurs hôtes ou commanditaires : Charles VII, Louis XI, Charles VIII et Louis XII. Dans la grande salle, se trouve le tombeau d'Agnès Sorel, favorite de Charles VII.

Entre la dureté des constructions militaires et la douceur de la pré-Renaissance, Loches est une cité à découvrir.

LOCRONAN (Finistère) ✳✳✳

Tél. OT :
02 98 91 70 14.

Village de granit entre les hautes terres et la mer... La plupart des maisons datent du xvie siècle, mais sont résolument construites

dans la tradition du Moyen Âge. Fleuries et restaurées avec respect, elles servent d'échoppes à des artisans. Dominant la place, l'église du xve siècle abrite le tombeau de saint Ronan (xve s.), qui a donné son nom au lieu. Les pieds calés contre un lion, le gisant du saint est soutenu par six pleurants de pierre. À l'arrière du village, sur les hauteurs, site archéologique carolingien où se dessine encore le plan d'un village et son rempart. À visiter hors saison touristique.

LOCTUDY (Finistère) ✳

Son église romane, hélas « rafraîchie » d'une façade du xviiie siècle, passe pour la mieux conservée de Bretagne. Elle est dédiée à saint Tudy, moine armoricain du vi^e siècle, qui a donné son nom au site, et vaut la visite pour sa belle abside à quatre colonnes et ses chapiteaux sculptés ; certains le sont d'atlantes (des deux sexes, nous dit-on, mais dont la jupette évoque davantage celle du guerrier que d'une femme), d'animaux, de motifs de vannerie, de ferronnerie, de billettes et losanges, et ses bases de colonnes sont ornées de nœuds de Salomon. L'église est édifiée au centre d'un paisible cimetière de plan carré au sol de sable d'où sortent pierres tombales et même un menhir habilement transformé en calvaire, situé à mi-chemin de la porte de l'église et du porche d'accès. Avec son ossuaire à bénitier, à droite, et sa chapelle cimétériale du xve siècle, au fond, la nécropole a parfaitement conservé l'apparence d'un cimetière du XVe siècle tel que les archéologues peuvent en reconstituer.

LUCÉRAM (ALPES-MARITIMES) ✽

Accrochée au flanc aride de la montagne, au N-E du village, la petite chapelle Notre-Dame de Bon-Cœur de Lucéram, située jadis sur la très passante route du sel, est aujourd'hui bien isolée. Elle est peinte de fresques des années 1480, dues au pinceau du peintre itinérant Jean Baleison : saint Antoine, la vie de la Vierge, saint Sébastien curieusement entouré de divers objets de la vie quotidienne – fuseau, quenouille, tonneau, baratte, van, serpe, houe, meule et maillet... L'église du village médiéval a été remaniée au XVIIIe siècle mais ses murs abritent quelques trésors : un retable de Canavesio (1480) et une statuette en argent (1500) figurant sainte Marguerite, patronne des femmes en couches, et le dragon qui avait osé l'avaler et dont elle sortit en lui perçant le ventre de la croix qu'elle tenait à la main....

→ *Aller à Sospel (pont médiéval et maisons anciennes).*

LYON (RHÔNE) ✽✽✽

Tél. OT :
04 72 77 69 69.

Le Lyon du Moyen Âge n'est pas encore une très grande ville : guère plus de 10 000 habitants. Mais elle n'en disposait pas moins de nombreux lieux de culte, à commencer par Ainay, où l'on allait entendre le sermon du Vendredi saint, et la cathédrale Saint-Jean, où se donnaient, au XIVe siècle, les cours de théologie. Au siècle dernier, les Lyonnais ont trop aimé le Moyen Âge : la ville fut un haut lieu de l'architecture néo-gothique et de la peinture troubadour. Il demeure cependant de remarquables témoignages des temps médiévaux.

La visite du Lyon médiéval doit commencer par le quartier Saint-Jean. La cathédrale est belle à voir un dimanche matin, jour de marché, depuis le quai des Antonins, sur la rive opposée de la Saône. On traverse la Saône, on longe l'archevêché et, sur la droite, on atteint la primatiale flanquée de la Manécanterie, qui compte parmi les plus anciens vestiges médiévaux de la ville : elle date sans doute de la fin du Xe ou du début du XIe siècle. Ce bel édifice présente des décors d'arcatures et des sculptures, mais sa façade ne nous est qu'incomplètement visible : le sol médiéval se situait en réalité à 2,50 m en dessous de la rue actuelle et la porte romane de la façade ouest est un rajout du XIIe siècle. L'édifice a successivement été utilisé comme réfectoire d'un cloître aujour-d'hui disparu, puis comme manécanterie, c'est-à-dire école de chant, et il n'est pas exclu que les fonctions de salle d'audience ou de chapitre, voire de chapelle, lui aient antérieurement été affectées.

La construction de la cathédrale Saint-Jean a débuté à la fin du XIIe siècle. Elle présente un beau volume spatial, 79 m de longueur pour 13 m de largeur dans la nef centrale sous 32 m de hauteur de voûtes. De magnifiques vitraux vont de la fin du XIIe au XXe siècle. Dans l'architecture, roman et gothique se marient en plusieurs phases de construction, associant tours massives et contrefortées et grandes roses ; les travaux ont été réalisés entre 1220 et 1230 puis entre 1270 et 1280 ; enfin la façade occidentale (comme son horloge, fabriquée en 1394) est datée du XIVe siècle.

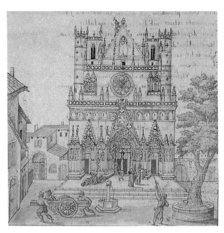

On pourrait passer des heures à la contempler : elle présente une éblouissante profusion de bas-reliefs (325 images à hauteur du regard sur six niveaux de cases carrées et un niveau de petites arcatures trilobées historiées) qui incitent à consa-crer une bonne part de la visite à lire ces images de pierre ; elles sont curieuses (monstres divers) ou amusantes, figurant des images inspirées de fabliaux, des animaux du bestiaire (les lièvres tournoyants, comme dans l'église de Bard, dans les monts du Forez), des scènes symboliques, des visages humains typés, des vies de saints, de la Bible, le tout évoqué sur un mode très narratif et avec un grand luxe de détails quotidiens et concrets : voir, par exemple, le poulailler de clayonnage dans l'arche de Noé, grand buveur de vin devant l'Éternel. Les majestueux portails de la façade occidentale sont encadrés d'une frise de feuilles de vigne et de grappes de raisins qui renvoient assurément au sang du Christ et au sacrement eucharistique, mais évoquent aussi irrésistiblement la production de vin de Beaujolais...

En fait, la cathédrale Saint-Jean est la seule conservée d'un groupe de trois églises, dont les quelques vestiges retrouvés par les fouilles archéologiques sont présentés dans un petit « jardin ar-chéologique » qui jouxte la cathédrale (en sortant à gauche). Il comprend les vestiges des fondations des deux églises sœurs, Sainte-Croix et Saint-Étienne, un mur portant des inscriptions

Tlj de 8 h à 12 h et de 14 h à 19 h 30. Sam, dim, jf de 9 h à 12 h et de 14 h à 17 h.

Accès libre.

relatives au baptistère paléochrétien de l'église Sainte-Croix ; seul à demeurer en élévation, parce que reconstitué, l'arc gothique de la nef de l'église Sainte-Croix, démantelée au XIXe siècle, avait été réemployé comme porte de maison...

Tlj sf sam. mat.,
dim. mat. et mar.,
de 10 h à 12 h et
de 14 h à 18 h.
Tél. :
04 78 92 82 29.

Le Trésor de la cathédrale abrite de très belles pièces médiévales à usage liturgique, notamment un coffret byzantin du IXe siècle, des « baisers de paix » et des navettes à encens d'orfèvrerie, des croix processionnelles, un autel portatif du XIIIe siècle constitué d'une plaque en améthyste, plusieurs émaux champlevés limousins et un magnifique calice émaillé siennois de l'extrême fin du XIVe siècle.

Plutôt que de consacrer du temps à la visite de Saint-Bonaventure, Saint-Paul ou de Saint-Nizier (son clocher nord date de 1435),

tous très remaniés entre le XVIIe siècle et le néo-gothique du XIXe, on visitera d'autres vestiges de très anciens lieux de culte médiévaux : ceux de la basilique funéraire Saint-Laurent de Choulans, construite dans la seconde moitié du Ve siècle, au pied de la montée de Choulans, sont visibles dans la maison au 58 de la rue Saint-Jean, au 40, quai Fulchiron, Lyon 5e (immeuble Highway, entrée libre). Hors la ville, il faut aller (en voiture) jusqu'à l'île Barbe voir l'église de l'abbaye Saint-Martin et Saint-Loup bâtie en bord de Saône au XIIe siècle. Le paysage sauvage des temps anciens (île Barbe signifie « île barbare ») a laissé place à un agréable paysage champêtre, à quelques kilomètres seulement de la métropole lyonnaise.

Au fil des rues, des maisons du XVe siècle sont à découvrir, parfois en entrant dans les cours des immeubles : au 7, rue Saint-Jean, une façade gothique tardive, et au 37, une tour d'escalier à vis, avec fenêtres et pinacle sculpté ; hôtel Horace Gardon, rue Mercière ; place du Change, la maison Thomassin ; au 11, rue Saint-Georges, des masques léonins sculptés ; une maison à tourelle 32, rue Tramassac, un bâtiment médiéval aux allées voûtées d'ogive au 2, montée du Gourguillon, etc. On peut achever ce tour des maisons médiévales de Lyon en visitant dans la Presqu'île un beau bâtiment du XVe siècle, l'hôtel de la Couronne, rue de la Poulaillerie ; il abrite aujourd'hui un remarquable petit musée de l'Imprimerie et de la Banque qui témoigne du rôle joué par la ville dans le mouvement humaniste. Sa cour

Du mer. au dim.
de 9 h 30 à 12 h
et de 14 h à 18 h.
Entrée gratuite.

vaut un regard attentif, de même que ses collections : y sont notamment exposés des caractères d'imprimerie du xve siècle et des incunables, c'est-à-dire les livres imprimés avant la Pâque de l'année 1500.

C'est enfin dans un hôtel sans doute bâti entre 1511 et 1527 (place du Petit-Collège ou 14, rue de Gadagne, Lyon 5e) qu'est installé le Musée historique de Lyon, dit musée de Gadagne, qui doit son nom à des banquiers florentins résidant en ce lieu au milieu du xvie siècle. Une salle (III) est aujourd'hui consacrée à l'archéologie médiévale, pré-romane et romane, et notamment à des sculptures religieuses ; les salles IV et V présentent des vestiges de l'abbaye de l'île Sainte-Barbe, linteaux et piliers de marbre, et de remarquables frises animalières – l'ours, l'éléphant, etc. – retrouvées récemment dans une maison de Vaise.

Le musée des Beaux-Arts abrite quelques pièces médiévales magnifiques : tableaux alsaciens du xve siècle, puits espagnol en céramique du xiie siècle, et depuis peu, trésor monétaire enfoui au xive siècle sans doute par un riche marchand effrayé par les troubles de la guerre de Cent Ans, découvert aux Terreaux en 1993.

En reprenant le chemin de la gare de Perrache, il faut voir, pour finir en beauté la visite de la ville, la petite basilique Saint-Martin d'Ainay, datant du xie siècle, autrefois édifiée hors les murs et isolée au milieu des marécages de la presqu'île, aujourd'hui confortablement nichée dans un quartier chic de la ville. « Ici est la paix, la vie, le salut... », lit-on sur l'une des mosaïques du xiie siècle. Son ornementation intérieure exubérante, en grande partie néo-gothique (à l'exception de quelques mosaïques et sculptures), contraste avec la simplicité sereine de ses murs extérieurs, toutefois décorés de motifs géométriques incrustés en brique rouge.

📖 M. Pacaut, *Guide du Lyon médiéval*, Lyon, Éd. Lugd, 1995.

Tlj sf mar. de 10 h 45 à 18 h.
Tél :
04 78 42 03 61.

Tél. :
04 72 10 17 40.

MNOP

MAILLEZAIS (Vendée) ✵✵

Depuis la N 148 qui relie *Fontenay-le-Comte à *Niort, prendre la D 15 en direction du marais poitevin. À Maillezais, c'est du haut de l'une des tours de l'ancienne abbatiale que se dévoilent le mieux le plan et les ruines de l'abbaye. Au printemps, elles se détachent particulièrement bien des grandes pelouses toujours parfaitement entretenues. L'église, commencée au début du XIᵉ siècle, ne fut terminée qu'au XVᵉ. L'abbaye était entourée d'une enceinte, construite durant les guerres de Religion, dont il ne reste que quelques vestiges. Terminez la visite par les cuisines de l'abbaye puis allez admirer le portail de l'église paroissiale.

→ *Les marais sont à découvrir, en barque (embarcadère à Coulon) et ils méritent véritablement une halte prolongée pour vous permettre de*

visiter les nombreux monuments qui témoignent de l'histoire de ce surprenant réseau de canaux. L'ours de l'abbatiale d'Angles et la grosse tour du village de Moricq, le clocher de Benet et les ruines de l'abbaye de Maillezais veillent toujours sur les eaux paisibles de ces marais.

 MAINTENON (Eure-et-Loir) ✵✵

Tél. :
02 37 23 00 09.

Un intéressant château, qui mérite une visite. De style composite, ce qui n'enlève rien à son charme, il comprend une partie médiévale, avec une solide et massive tour carrée du XIIᵉ siècle, une porte Renaissance, le tout restauré au XIXᵉ siècle. On sait que Louis XIV acheta en 1674 pour la veuve Scarron, née d'Aubigné et future Mme de Maintenon, cette ancienne demeure de Jean Cottereau, trésorier des Finances des rois Louis XII, François Iᵉʳ et Henri II.

 MANTES-LA-JOLIE (Yvelines) ✵✵

Cette ville de la région parisienne, qui fait parfois parler d'elle à cause de ses quartiers difficiles, possède une collégiale digne d'une cathédrale, qui inspira, au siècle dernier, le peintre Corot. La construction en a commencé vers 1170 et s'est terminée en 1220. Elle se rattache à la grande période des cathédrales gothiques. Les trois portails de la façade sont célèbres bien que très mutilés : au centre, la Résurrection et le couronnement de la Vierge (1170), à gauche la Résurrection du Christ, à droite la vie de Jésus (1300).

Ses deux tours, remaniées au siècle dernier, s'élèvent à 55 m. La nef (33 m de haut) est très élégante et d'une grande hardiesse de construction. Les chapelles ont toutes une décoration différente mais la plus belle est sans conteste celle de Navarre, élevée au XIVᵉ siècle pour les comtes de Mantes, rois de Navarre. Un musée lapidaire regroupe des statues, des chapiteaux et des sculptures provenant de la collégiale.

→ *À voir, dans les environs, l'église Sainte-Anne-de-Gassicourt (XIIᵉ-XIIIᵉ s.), avec des vitraux du XIIIᵉ.*

MARCILLY-LE-CHÂTEL (LOIRE) ✳

À voir d'en bas, le temps d'une halte, face au pic de *Montverdun, les ruines d'un curieux château, non moins curieusement placé sous le vocable de sainte Anne, qui couronnent une butte volcanique. Construit sans doute au XIᵉ siècle, il est aujourd'hui occupé par une volerie de rapaces. Entre-temps, le château a connu bien des vicissitudes. Réaménagé au XVᵉ siècle, il dispose alors d'une double enceinte. Au XVIᵉ siècle, une chapelle lui est adjointe, qui lui vaut son actuelle appellation. Comme il est démantelé sous Richelieu, son propriétaire se contente de vivre dans une belle

bâtisse édifiée à son pied. Le château est reconstruit dans le dernier tiers du XIXᵉ siècle, en pleine période de renouveau médiéval, mais sans aucun souci de d'exactitude historique ou architecturale : ses immenses baies en ogives encadrées de briques rouges et son faux crénelage le font apercevoir de très loin mais ne vous y trompez pas, il s'agit d'un pastiche de ce qu'il a été. Malgré le double anachronisme, architectural et culinaire, ne manquez pas cependant en sortant de *Montverdun de faire halte sur ce site, pour goûter dans l'auberge rurale de la Césarde, établie dans la bâtisse du XVIIᵉ siècle mentionnée ci-dessus, une délicieuse recette traditionnelle locale à base de pommes de terre, le « barboton ».

→ *Aller à *Saint-Romain-le-Puy.*

MARLE (AISNE) ✳✳✳

Tél. :
03 23 24 01 33.

C'est en France un exemple unique de « jardin » archéologique permettant au visiteur de visualiser cabanes mises au jour, à usage d'atelier, et maisons mérovingiennes. Un « musée des Temps barbares » est associé à cette reconstitution grandeur nature d'habitat et de sépultures mérovingiens : il présente les découvertes des fouilles de la nécropole de Goudelancourt-lès-Pierrepont (Aisne).

MARMOUTIER (Bas-Rhin) ✳✳

Fondé au VIᵉ siècle, ce monastère bénédictin présente une façade du milieu du XIIᵉ siècle (chœur XVIIᵉ) et une crypte archéologique

dédiée à l'histoire mérovingienne et carolingienne du lieu. Marmoutier se trouve sur la « route romane d'Alsace », que nous vous conseillons de suivre et qui traverse une vingtaine de sites : depuis le sanctuaire d'Altenstadt (XIIᵉ s.) en passant par Wissembourg (tour du XIᵉ s.), Surbourg, Neuwiller-lès-Saverne (abbaye IXᵉ-XIXᵉ s., exposition permanente sur la vie religieuse à l'époque romane), Alvosheim et ses peintures murales, Eschau, *Rosheim, Andlau et son portail sculpté, Epfig et Sélestat (église Sainte-Foy, XIIᵉ s.), Sigolsheim, *Kaysersberg, Lautenbach, Murbach, Guebwiller (exposition permanente à l'hôtel de ville sur l'art sacré de l'Alsace romane) et Ottmarsheim, pour aboutir à Feldbach (prieuré du XIIᵉ s.), au sud de Mulhouse.

MARSEILLE (Bouches-du-Rhône) ✳✳

Tél. OT :
04 91 13 84 13.

Marseille, c'est un port historique et même antique, et une ville plutôt moyenne (pour le Moyen Âge, s'entend : entre 10 000 et 20 000 habitants), mais animée par un courant commercial vigoureux : à la fin du XIIᵉ siècle, la ville commerce avec Acre ou Tyr, reçoit à quai des navires chargés d'épices en provenance du Levant

ou de cuirs venant de Barbarie... Les bâtiments classiques l'emportent aujourd'hui et de beaucoup sur les vestiges médiévaux. De l'époque romane, on peut voir cependant la cathédrale, dotée d'un autel roman, l'église Saint-Laurent à côté du Fort Saint-Jean (XVIIᵉ s.). La Vieille-Charité (un bâtiment du XVIIᵉ s.) conserve en ses murs un musée archéologique. Il faut surtout aller à la basilique Saint-Victor (XIᵉ s., remaniements), qui au XIIᵉ siècle encore n'était qu'un petit bourg isolé, mais qui constitue sans doute le plus ancien témoignage de la vie chrétienne à Marseille :

la crypte Notre-Dame-de-Confession préserve exceptionnellement *in situ* une mosaïque à fond or et quelques vestiges de peintures murales mérovingiennes, de même que de très anciens sarcophages. Saint Victor y aurait été inhumé.

MARTEL (Lot) ✳

Tél. OT :
05 65 37 43 44.

Arrêtez-vous à Martel, la ville aux sept tours, qui sent encore bon le Moyen Âge. Outre une promenade dans la vieille cité, qui vous permettra de voir d'intéressantes constructions de différentes époques, ne manquez pas de visiter l'hôtel de la Raynade et l'église gothique fortifiée Saint-Maur (XIVᵉ s.) avec son clocher-tour haut de 40 m (XIVᵉ et XVIᵉ s.).

MARVEJOLS (Lozère) ✳

Tél. OT :
04 66 32 02 14.

Sur la route de Séverac-le-Château à Saint-Chély d'Apcher, Marvejols est une cité bâtie au bord de la Colagne. Elle est plus connue pour la « bête du Gévaudan » que pour son enceinte de ville, dont il reste pourtant trois superbes portes défensives, édifiées vers 1350 et restaurées sur ordre d'Henri IV. La ville était, au Moyen Âge, un lieu d'échanges important et vivait de ses marchés. Tout près, le roc de Peyre était occupé par un puissant donjon qui fut démantelé lors des guerres de Religion. L'extraordinaire panorama en dit long sur la position et la valeur stratégiques de l'édifice.

MASSAY (Cher) ✳

À l'ouest de Vierzon, au bord de la N 20, se dresse l'ancienne abbatiale Saint-Martin de Massay. L'église et son clocher datent des XIVᵉ et XVᵉ siècles, mais c'est surtout la chapelle romane placée sous le vocable de saint Loup qui doit retenir l'attention, ainsi que les importants vestiges de la salle capitulaire et du cellier attribuables

au XIIIᵉ siècle. Massay offre un cadre agréable pour organiser un pique-nique sur la route de vos vacances. **Visite libre, guidée en saison et totale le 3ᵉ dim. de sept. pour la journée du Patrimoine.**

MAUBEUGE (Nord) ✳

Très vieille ville, fondée par sainte Aldegonde (630-684), fille d'un seigneur franc. Ne pas oublier de voir, dans une chapelle de l'église moderne Saint-Pierre-et-Saint-Paul, le reliquaire du voile de sainte Aldegonde orné d'anges (XVe s.), une crosse abbatiale sculptée du XIIIe siècle, et la fameuse « chasuble aux perroquets », tissu oriental de lin et de soie brodé d'or dont on connaît mal la datation.

MAURIAC (Cantal) ✳

Tél. OT :
04 71 67 30 26.

Notre-Dame-des-Miracles à Mauriac est une église particulièrement vaste. Sa construction a débuté au XIe siècle et s'est achevée à la fin du XIIe siècle. À voir tout particulièrement le tympan du portail principal considéré comme l'un des joyaux de l'art roman, malgré les mutilations du XVIe siècle. À voir également les vestiges souterrains du monastère Saint-Pierre, édifié au VIe siècle, rasé au IXe, reconstruit au XIe.
→ *Dans les environs, en direction de *Clermont-Ferrand, on peut s'arrêter à Moussages pour visiter l'église (voir la statue de Notre-Dame, XIIe s.) ; voir aussi le château d'Auzers (XIVe et XVe s.), l'église de Jaleyrac.*

(Vallée de la) MAURIENNE (Savoie) ✳

À l'occasion d'une randonnée pédestre, il faut s'arrêter au lieu-dit Le Vallonet, à Termignon, devant les gravures rupestres médiévales, dont la plus importante, de près de 7 m de long et de 3 m de large, figure au ras du sol une scène de bataille animée entre deux armées. À chaque extrémité, un château et ses guetteurs, trompetteurs, archers, domine le champ de bataille où s'affrontent cavaliers au galop et piétaille. Joute à la lance et duels à l'épée scandent cette frise du XIIIe ou du XIVe siècle. Quelque peu effacée par les intempéries, elle vient de faire l'objet d'un moulage qui sera prochainement exposé *in situ*.

MAUVEZIN (Haute-Garonne) ✳

Tél. :
05 62 06 82 64.

Une petite ville qui eut d'abord comme point de ralliement un château bâti sur un éperon dominant la vallée de l'Aratz. Le bourg s'est ensuite développé alentour et devint, au XVIe siècle, un important centre protestant. L'enceinte qui le ceinturait a disparu au XVIIe siècle ainsi que le château. Voir la place du village, avec sa halle du XIVe siècle, ainsi que la tour carrée de Jeanne d'Albret, de la même époque. Le clocher de l'église, octogonal, date du XIIIe siècle.

→ *À voir, dans les environs, la jolie bastide de Monfort (XIIIᵉ s.), le château d'Esclignac (XIIIᵉ-XVᵉ s.), la bastide de Solomiac, le château du Bartas et la petite ville de Cologné, très belle bastide fondée en 1284 par le comte de Toulouse.*

MEAUX (Seine-et-Marne) ✳

Sous le béton, le Moyen Âge... Il faudrait pouvoir fermer les yeux sur la ville banlieusarde et pavillonnaire pour ne les rouvrir que sur

l'esplanade majestueuse de la « cité épiscopale », édifiée au pied de la cathédrale Saint-Étienne (fin du XIIᵉ-XVIᵉ siècle), de peu d'intérêt. En sortant de la cathédrale, on a une vue fort intéressante sur l'ancien palais des évêques, dont la façade date du début du XVIᵉ siècle, et surtout sur sa « maison du chapitre », en forme de petit château flanqué de tourelles et doté en façade d'un bel escalier de la fin du XVᵉ siècle en pierre et pans de bois. Très restauré dans les années 30, il demeure fort évocateur de la construction médiévale : il s'agissait sans doute, au XIIIᵉ siècle, d'une grange aux dîmes. Une petite galerie à pans de bois donne sur la rue Notre-Dame et forme un porche d'accès qui ne dépare pas le bâtiment. Reprendre sa voi-

ture – nécessairement garée sur le parking public payant « Au temps passé » (!) et quitter la ville en suivant les remparts gallo-romains du boulevard circulaire Jean Rose, du nom d'un personnage du XIVᵉ siècle dont vous aurez vu le portrait sur sa dalle funéraire, dans la cathédrale.

→ *Aller à *Jouarre.*

MEHUN-SUR-YÈVRE (Cher) ✳✳✳

Tél. OT :
02 48 57 35 51.

À la confluence de deux rivières, le château de Mehun-sur-Yèvre domine une large vallée. Son environnement naturel lui a d'abord permis d'être l'une des places fortes les plus importantes de la région, puis un lieu de villégiature princière propice au développement des arts. Les dernières recherches archéologiques ont mis au jour d'importants vestiges des premiers châteaux de ce lieu. Datables des IXe-XIe siècles, ils étaient en bois, puis en pierre et en bois. Ces structures, non visibles de l'extérieur, sont conservées *in situ* dans les grandes caves du château et expliquées lors des journées du Patrimoine. Les grosses tours circulaires datent de l'époque de Philippe Auguste. De ces constructions militaires, il ne reste qu'un ensemble de belles ruines dont émergent deux tours majestueuses et imposantes. En 1367, Jean de France, duc de

Berry, entreprend à Mehun de grandioses constructions. Les bâtiments sont remodelés et, comme le rocher qui sert de support au château est relativement petit, il fait élever les corps de logis à des hauteurs incroyables. Tout n'était que dentelle de pierre et fenêtres aux découpes complexes. Salle d'apparat, chapelle, appartements luxueux, bibliothèque, volerie, mais aussi étuves et latrines composaient cette résidence hors du commun. L'une des miniatures du célèbre livre des *Très Riches Heures du duc de Berry* montre le château au temps de sa splendeur : une résidence à la campagne, plus d'un siècle avant la Renaissance. Bien qu'elle s'inscrive dans le style des grandes constructions de cette époque, elle est résolument avant-gardiste et servira d'exemple aux princes de la Renaissance. Des artistes de grande renommée vont travailler sur le site : les frères Dammartin, architectes, l'« imagier » (tailleur d'images) André Beauneveu et le sculpteur Jean de Cambrai, sans oublier Jehan de Valence. Ce dernier était un Maure venu d'Espagne pour fabriquer des carreaux de pavement dont la dominante était le bleu, couleur très rare en son temps. C'est ensuite le futur Charles VII qui hérite le château. Il y installe sa cour et poursuit les travaux de son grand-oncle, mais d'une façon beaucoup plus militaire. Les frères Bureau y expérimentent leur artillerie et la garde écossaise veille sur le roi ; Jeanne d'Arc y reçoit ses lettres d'anoblissement et la belle Agnès Sorel batifole avec son royal amant.

Le beau musée installé dans le donjon du château rassemble de

Tél. Musée :
02 48 57 00 71.

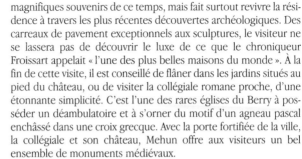

magnifiques souvenirs de ce temps, mais fait surtout revivre la résidence à travers les plus récentes découvertes archéologiques. Des carreaux de pavement exceptionnels aux sculptures, le visiteur ne se lassera pas de découvrir le luxe de ce que le chroniqueur Froissart appelait « l'une des plus belles maisons du monde ». À la fin de cette visite, il est conseillé de flâner dans les jardins situés au pied du château, ou de visiter la collégiale romane proche, d'une étonnante simplicité. C'est l'une des rares églises du Berry à posséder un déambulatoire et à s'orner du motif d'un agneau pascal enchâssé dans une croix grecque. Avec la porte fortifiée de la ville, la collégiale et son château, Mehun offre aux visiteurs un bel ensemble de monuments médiévaux.

M. Hérubel, *Charles VII*, Olivier Orban, 1981.

Le mécénat au Moyen Âge

Au Moyen Âge, un certain nombre de princes ont favorisé l'émergence ou le développement des arts, et protégé lettrés et artistes : plutôt que de passer une commande précise à un artisan, ils préféraient l'employer « à plein temps » pour leur compte. C'est ce que l'on appelle un prince mécène ; Jean de France, duc de Berry, fut l'un des plus grands et des artistes d'exception étaient à son service. L'ensemble de sa famille pratiquait le mécénat, mais il fut, de plus, un personnage hors du commun ; à l'exemple de son frère Charles V il constitua une bibliothèque remarquable et les premiers embryons d'un cabinet des curiosités ; de plus il partagera avec son autre frère, le duc de Bourgogne, architectes, artistes et artisans. Pour abriter ses incomparables collections, tels les camées antiques, les pièces d'orfèvrerie ou les tapisseries, il construit de somptueuses demeures. Elles étaient un écrin ciselé des mains des tailleurs de pierre, sculpteurs, maîtres verriers, peintres, paveurs et autres stuqueurs. De cet élan artistique qui anima les grands princes d'Occident naquit le gothique international, porte ouverte sur la Renaissance.

P. Bon, *Les Premiers « bleus » de France. Les carreaux de faïence au décor peint fabriqués pour le duc de Berry*, Mehun-sur-Yèvre, 1992.

MELRAND (Morbihan) ✳✳✳

Un musée en plein air est installé sur l'emplacement d'un village breton de l'an Mil, reconstitué, d'après des fouilles archéologiques, avec ses bâtiments parfois en cours de construction. Les maisons étonnent avec leur toit de chaume descendant bas sur de

Du 1er juin
au 30 sept.
de 10 h à 19 h ;
du 1er oct. au
31 mai
de 11 h à 17 h.
Tél. :
02 97 39 57 89.

courts murs de pierre ; l'épaisse toiture et le foyer ouvert garantissaient une relative chaleur à l'intérieur de la maison, et donc un certain confort même si la luminosité était réduite et le sol de terre seulement battue, qui demeurera traditionnel en Bretagne. Les maisons sont séparées par des barrières de clayonnage de bois tressé qui délimitent chaque parcelle, et le village est animé par les troupeaux de porcs noirs, le porc médiéval caractéristique, de chèvres à poil long, et du poulailler au toit de chaume sortent les caquètements des poules. Pour accroître l'impression – réussie – de voyage dans le temps, le parcours fait pénétrer le visiteur dans des maisons sommairement meublées, et le feu flambe clair pour nous donner le sentiment que ses habitants viennent juste d'en sortir. En saison, sur ce terroir attenant aux maisons, des archéologues reconstituent les méthodes agricoles de l'an Mil, avec le labourage, la plantation de plantes du potager à usage médicinal ou même tinctorial. Pour finir, on visite le jardin médiéval.

Le musée en plein air (Lann Gouh, 56310 Melrand) n'est pas facile à trouver, mais obstinez-vous ! Il en vaut la peine. Prendre la N 24 depuis Rennes, sortie Baud. Là, prendre à droite vers Saint-Barthélemy, où Melrand est fléché après l'église.

→ *Aller ensuite au *Faouët.*

Paysans en l'an Mil

En ce temps-là, les paysans constituent l'immense majorité de la population. Leur existence est encore mal encadrée par l'Église et le mot latin qui les désigne, « pagani », signifie également « païens »... Ces derniers sont chargés d'entretenir les aristocrates et les clercs. Ils y parviennent grâce à des moyens techniques qui ont traversé les siècles, jusqu'au début du xxe siècle : l'araire pour cultiver les champs que la jachère, déjà, permet de laisser reposer. Les villages disposent de puits, de fossés d'irrigation, de silos pour conserver les céréales, de greniers sur pilotis pour éviter les rongeurs, de fours pour cuire ou sécher les viandes, de cabanes pour les activités artisanales, de logements séparés pour les animaux. Dès les temps carolingiens, les premiers moulins à eau sont financés par l'aristocratie. Si la vie quotidienne demeure difficile dans une maison inconfortable à nos yeux, longtemps présentée de façon caricaturale comme une cabane mais qui est en réalité une « chaumière », l'archéologie démontre à quel point, déjà, la vie rurale est bien organisée.

MENDE (Lozère) ✳

Tél. OT :
04 66 65 60 00.

Gros bourg rural, Mende a derrière lui un long et glorieux passé, où le pouvoir se partageait entre l'évêque et les comtes de Gévaudan, ce qui donna lieu à de sérieuses rivalités. Mende a gardé une imposante cathédrale du xve siècle, restaurée au xviie siècle. La crypte, l'une des plus anciennes de France, conserve le tombeau de saint Privat, qui mourut martyr en cette ville et fut l'objet par la suite d'un culte fervent. Autre trésor, une Vierge noire du xiie siècle. Autour de la cathédrale, maisons médiévales dont une synagogue.

→ *À voir dans les environs *Marvejols, place forte reconstruite par Henri IV.*

MENNETOU-COUTURE (Cher) ✳

En juil.-août,
de 15 h à 18 h.
Tél. :
02 48 80 25 08.

Sur la place du village se dresse un superbe donjon du xve siècle, à la masse imposante, conservant de belles salles et une charpente remarquable. On est accueilli par les propriétaires, qui assurent d'intarissables visites.

→ *À voir aux environs l'abbaye cistercienne de Fontmorigny (xiie-xviiie s.).*

METZ (Moselle) ✳✳

Tél. OT :
03 87 55 53 76.

Haut lieu de la culture et du chant aux temps carolingiens, la ville s'enrichit aux xe et xie siècles. Elle compte 30 000 habitants au xiie siècle et les bourgeois, comme ailleurs, acquièrent alors une grande importance. C'est aussi une ville fortifiée, une cité frontière, comme on peut le voir en franchissant la porte des Allemands, sur la Seille, avec son pont dont l'arche est garnie de bretèches et l'accès défendu de puissantes tours rondes. Longtemps terre d'Empire,

Metz était le siège d'un évêché. La cathédrale Saint-Étienne, toute illuminée de ses baies ornées de vitraux (XIVᵉ-XXᵉ s.), qui constituent la plus grande superficie de vitrail d'Europe, a sans doute pour cette raison été surnommée « la lanterne de Dieu »... Autre chiffre exceptionnel, le nombre de ses églises : pas moins de 50 ponctuent le plan de la ville ! Il faut voir tout particulièrement celle, romane, de Saint-Euchaire, Saint-Martin pour son narthex à tribune, et Saint-Pierre-aux-Nonains pour son extraordinaire chancel mérovingien.

Il faut enfin aller admirer, au musée d'Art et d'Histoire, les panneaux peints au XIIIᵉ siècle d'un plafond gothique de l'hôtel de Voué, ornés d'animaux marins : l'éléphant de mer (avec sa trompe et ses défenses !), le morse (assez naturaliste), ou de très expressifs petits monstres anthropozoomorphes, tel l'homme-lion au chaperon...

Tél. Musée : 03 87 75 10 18.

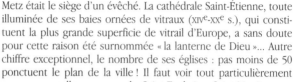

Metz médiéval, Metz, Éd. Serpenoise, 1996.

MEUNG-SUR-LOIRE (Loiret) ✳

Ville littéraire où naquit Jean de Meung qui versifia *Le Roman de la Rose* et où fut enfermé François Villon, « poète truand » à l'esprit aiguisé et lucide. D'après la légende, sa cellule se trouvait dans le petit bâtiment accolé à l'église. Cette dernière, patronnée par saint Lifard, forme avec le château un bel ensemble monumental. Bâtie entre les XIᵉ et XIIIᵉ siècles, son curieux transept voit ses murs de fermeture traités comme des absides. De ce fait, le chœur de l'édifice présente un parti architectural rarement rencontré en France, avec un plan se développant telle une fleur à cinq pétales. Le château n'est pas une construction très homogène. Il a été édifié à partir du XIIIᵉ siècle pour les évêques d'Orléans, alors seigneurs de la ville. Dans la salle d'accueil, mieux vaut ne pas faire attention au soutien-gorge présumé de l'armure de Jeanne d'Arc...

Tél. Château : 02 38 44 36 47.

MINERVE (Hérault) ✱✱

Au temps de la croisade contre les Albigeois, le terrible Simon de Montfort envoya au bûcher cent cinquante Cathares, enfermés dans la forteresse de Minerve, qui refusaient d'abjurer. La petite ville fortifiée a gardé des ruelles bordées de maisons médiévales où flotte encore le souvenir des Parfaits. L'église romane, restaurée, renferme des vestiges particulièrement anciens, puisque l'un des autels est daté de 456 et que l'on y a trouvé des graffitis datés du vᵉ au ixᵉ siècle.

MIOLANS (Savoie) ✱✱

Tlj sf dim. mat.
de juil.-15 sept. ;
le dim. en mai-
juin de 10 h
à 12 h et de
14 h à 18 h 30.

On entre par un pont dormant sous le feu croisé des canonnières frontales et latérales, destinées littéralement à « couper les jambes » de l'ennemi. L'intérieur de ce château de hauteur du xivᵉ siècle est plus riant, avec ses jardins dans la cour et ses aménagements confortables : vaste cheminée, combinant four à pain et foyer, ouvrant sur une « chambre chaude » adossée, belles fenêtres, etc. Du haut des remparts, la vue porte loin sur les plaines savoyardes.

→ *Aller à *Chambéry.*

MIRANDE (Gers) ✱

Tél. :
05 62 66 68 10.

Une bastide du S-O fondée en 1281 dont le nom signifie « digne d'admiration ». La ville a gardé son plan originel. Maisons des xivᵉ, xvᵉ et xviᵉ siècles. Église Sainte-Marie (xvᵉ s.). Intéressant musée.
→ *À voir dans les environs le village de Seissan, Simorre pour sa superbe église abbatiale en brique et sa tour-lanterne octogonale, la chapelle de Theux (xviᵉ s.), celle de Saint-Clamens (xiᵉ s.). Nombreux castelnaux et bastides dans la région, dont Villecomtal, Tillac et Marciax (remarquable église du xiiiᵉ s.), Saint-Christant (église en brique du xiiiᵉ s.).*

MIREPOIX (Ariège) ✱

Tél. OT :
05 61 68 83 76.

Une bastide dont on retrouve anciennement les traces. Au xivᵉ siècle, cette petite ville fut un évêché grâce à Jean XXII, originaire de *Cahors. La cathédrale Saint-Maurice, de style gothique méridional, a une forme massive mais son chevet polygonal ne manque pas d'élégance. Le clocher octogonal surmonté d'une flèche s'élève à 60 m.

→ *À voir dans les environs le château de Lagarde, propriété des Levis, construit au XIVᵉ siècle, remanié par la suite.*

MOISSAC (Tarn-et-Garonne) ✳✳✳

Tél. :
05 63 04 01 85.

Moissac, qui est aujourd'hui bien calme, sauf en été, où les touristes se rafraîchissent volontiers dans les cafés qui bordent la grande rue, possède un véritable trésor avec son église abbatiale Saint-Pierre, considérée à juste titre comme l'un des hauts lieux de l'art roman. L'abbaye, qui aurait été fondée par Clovis à la suite d'une victoire sur les Wisigoths en 506, l'a sans doute en réalité été au VIIᵉ siècle et bénéficia de protections royales et princières. Rattachée à *Cluny en 1047, elle demeura une étape (encore une !) sur la route de Saint-Jacques-de-Compostelle. La croisade des Albigeois, la guerre de Cent Ans, les « exploits » des Grandes Compagnies, les guerres de Religion, les épidémies, la ruinèrent en grande partie. La Révolution portera le coup de grâce. Le cloître, bien que vendu comme bien national, échappa à la destruction. Et pourtant les touristes et les amateurs d'art roman se pressent par milliers pour visiter cette église que Viollet-le-Duc a sauvée d'une ruine définitive même si plusieurs bâtiments de l'abbaye, en piteux état, furent démolis. À voir, si possible en visite guidée ou en compagnie d'un érudit passionné, le cloître, présenté comme le plus beau cloître roman existant actuellement ; l'abbatiale et son portail : Malraux évoquait à son sujet « une apparition de l'éternel ». Les chapiteaux du narthex sont admirables (motifs végétaux et animaux). Si on a le temps, et il faut s'en donner, on peut visiter la vieille ville, le Musée moissagais, installé dans l'ancien palais des abbés de Moissac et le musée de l'église Saint-Jacques.

MOLIÈRES (Tarn-et-Garonne) ✳

À 5 km à l'ouest de *Cadouin, cette petite bastide anglaise date du XIIIᵉ siècle. Elle ne fut jamais achevée. À voir, sur la place principale, une maison à cornières. Le château, malgré ses épaisses murailles qui délimitent un carré de 40 m de côté, est lui aussi inachevé. Au centre, subsiste une tour du XIVᵉ siècle qui aurait servi de prison. À côté, un puits doit sa célébrité à une légende qui rapporte que Pierre d'Aragon y aurait précipité, par jalousie, son épouse, la « reine blanche »...

MONFLANQUIN (Lot-et-Garonne) ✷✷

Fondée en 1256 par Alphonse de Poitiers, Monflanquin est une bastide perchée sur une hauteur. Malgré la configuration des lieux, le quadrillage traditionnel a été conservé, l'église trônant au sommet. La place des Arcades, centrale, est bordée de maisons construites un peu à toutes les époques, mais on peut voir encore d'authentiques maisons médiévales de pierre avec des arcs brisés au rez-de-chaussée. L'église, de style gothique méridional, présente une façade qui a été fortifiée au xve siècle.

➔ *À voir dans les environs Gavaudun, petit village avec un donjon crénelé (xiie et xive s.), le château de *Biron, Villereal (bastide) et Saint-Sardos-de-Laurenque (église du xiie s., portail sculpté).*

MONGASTON (Pyrénées-Atlantiques) ✷

Tél. :
05 59 38 65 92.

Le plus ancien document attestant l'existence du château de Mongaston remonte à 1286. Édifié sur une esplanade d'où l'on découvre un vaste panorama, Mongaston a bien failli rester à l'état de ruines. Grâce à ses propriétaires actuels, il a retrouvé une certaine allure et des assises plus solides avec le castel, anciennement donjon, et un escalier à vis en pierre, installé dans une tourelle accolée au bâtiment. Mongaston servit de refuge aux chefs carlistes qui n'acceptèrent pas, au xixe siècle, que Don Carlos soit écarté du trône d'Espagne. En 1929, le château fut en grande partie détruit par un incendie mais il était écrit que son heure dernière n'avait pas encore sonné et l'on peut à nouveau le visiter.

M.-T. de Fougières, *Le Château de Mongaston*, Pau, Éd. Marrimpouby.

MONPAZIER (Dordogne) ✷✷✷

Tél. OT :
05 53 22 68 59.

L'une des plus remarquables bastides encore existantes est celle de Monpazier. Elle doit à la régularité de son tracé et à la bonne

conservation de son architecture originelle d'être considérée comme l'exemple type de la bastide. Fondée en 1284 par le roi d'Angleterre Edouard Ier – mais les travaux ne commencèrent qu'en 1286 –, Monpazier est une des plus petites bastides de France : elle ne dépasse pas 35 ha. Souvent assiégée, pillée, occupée par les uns et par les autres, elle ne deviendra définitivement française qu'en 1369 mais subira plus tard, durant les guerres de Religion, les coups de main du chef protestant Geoffroy de Vivans. La ville est particulièrement intéressante à visiter car elle a gardé ses quartiers répartis en îlots quadrangulaires, au parcellaire dense, recoupés en leur milieu par des ruelles en forme de T, de diverses largeurs ; l'église (XIVe-XVe s.) est placée de façon caractéristique dans un angle de la place principale. Les façades ont été restaurées : celles qui sont authentiquemcnt médiévales sont rares mais la grande place, un carré de 45 m de côté, a fière allure avec sa halle, remontée au XVIe siècle ; elle a conservé ses maisons soudées aux angles par de belles cornières et ses mesures à grain.

Qu'est-ce qu'une bastide ?

Entre le XIIe et le XIVe siècle, le Sud-Ouest de la France a vu s'édifier plus de cinq cents bastides. Selon Charles Higounet, spécialiste en la matière, les bastides étaient « des villes neuves créées par un contrat de pariage associant deux ou plusieurs pouvoirs pour l'établissement d'un centre de population nouveau ». Constituant une avancée importante de l'urbanisme médiéval, elles eurent presque toutes pour toile de fond, lors de leur création, les grandes rivalités seigneuriales et les luttes franco-anglaises de la guerre de Cent Ans. Si elles jouaient souvent un rôle militaire, elles avaient aussi pour fonction de fixer et d'encadrer les populations appelées à exploiter de vastes domaines souvent laissés en friche. Elles furent également des centres d'échanges commerciaux qui donnèrent une nouvelle vie aux campagnes.

La collection « Les Bastides», Éd. Sud-Ouest ; *Les Bastides*, Éd. Milan, 1988.

MONSÉGUR (Gironde) ✳✳

Ancienne bastide gasconne fondée en 1265 par Éléonore de Provence, épouse d'Henri III Plantagenêt, roi d'Angleterre et duc d'Aquitaine, la ville a gardé son plan central, avec son quadrillage de rues à angle droit et sa place du Marché carrée, à arcades, et des maisons médiévales. L'église Notre-Dame est de style gothique, avec un élégant portail du XIVe siècle.
→ *À voir dans les environs le village de Saint-Ferme, pour son église abbatiale et les bâtiments monastiques, très bien conservés et restaurés après les ravages des guerres de Religion.*

(ÉTANG DE) MONTADY (HÉRAULT) ✳

Pour les voyageurs passant par *Béziers, un léger détour dans le temps et l'espace par l'*oppidum* d'Ensérune permet de visiter un site remarquable et surtout de contempler un magnifique paysage

dont l'étang de Montady est le centre. C'est un ancien étang asséché dès le milieu du XIIIe siècle : les cultures se développent en étoile depuis son centre et un fin réseau de canaux dirige les eaux. C'est l'un des rares exemples où le paysage façonné par la main des hommes du Moyen Âge est aussi bien conservé.

MONTAILLOU (ARIÈGE) ✳

Si les ruines du château et ses petits sanctuaires romans résistent encore au temps, rien ne reste du village cathare, habité à la fin du XIIIe et au début du XIVe siècle, si ce n'est l'image très précise que nous en a donné l'historien Emmanuel Le Roy Ladurie dans son

livre. Mais pour tous ceux qui, et ils sont nombreux, ont partagé les angoisses de ses habitants patiemment mais inexorablement interrogés par l'inquisiteur Jacques Fournier, évêque de *Pamiers, qui nous a laissé de précieux registres notant tous leurs faits et gestes, passer par Montaillou, en route pour les grands sites

cathares, fait figure de symbole. Sur son plateau, à 1300 m d'altitude, Montaillou vibre encore des cris de ses bergers, des amours de Béatrice de Planissoles, la châtelaine du lieu, et d'un inoubliable curé, Pierre Clergue.

📖 E. Le Roy Ladurie, *Montaillou, village occitan de 1294 à 1324*, Paris, Gallimard, 1982.

MONTANER (PYRÉNÉES-ATLANTIQUES) ✳✳

Selon l'historien Pierre Tucoo-Chala, grand spécialiste de Gaston Febus et du Béarn, Montaner est le château féburéen par excellence. À 20 km de Tarbes, cet ensemble défensif de 5 ha, construit sur un coteau, domine la plaine de Bigorre et les confins de l'Armagnac et du Marsan. Febus, outre ses desseins militaires et stratégiques, vit dans la construction de Montaner l'occasion de se donner une forteresse-palais digne de sa gloire. Les travaux furent menés rondement entre 1374 et 1379. On a calculé qu'il fallut 1 700 000 briques pour mener l'entreprise à bien... À la Révolution, le château fut vendu comme bien national et servit de carrière de briques. Sauvé sous la Monarchie de Juillet par le conseil général, le château a été restauré en partie. L'ensemble ne laisse pas d'impressionner. L'enceinte polygonale a 78 m de diamètre, la cour intérieure 5 000 m². Le donjon, un carré parfait de 13,70 m de côté, s'élève à 40 m. On peut accéder à son sommet en prenant son courage à deux mains ou plutôt à deux pieds, mais la récompense est certaine : un splendide panorama sur les Pyrénées. Febus fit apposer sur son donjon une pierre sculptée portant l'écu du Béarn et cette phrase en langue d'oc : « Febus me fe » – Febus m'a fait. En sortant du château, ne pas manquer de visiter l'église Saint-Michel de Montaner, édifiée en 1370 et célèbre pour ses fresques de la fin du xve et du début du xvie siècle.

 G. Loze, *L'Église Saint-Michel*, Pau, Éd. Les Amis des anciennes églises du Béarn.

 MONTAUBAN (Tarn-et-Garonne) ✳

Tél. OT : 05 63 63 31 40.

La ville mérite une halte, ne serait-ce que pour visiter le musée Ingres, mais à part le pont vieux (xive s.) et l'église Saint-Jacques (xiiie s.), elle n'est pas riche en monuments de l'époque médiévale. La cathédrale date des xviie et xviiie siècles...

→ *À voir dans les environs les ruines du château de *Penne, le village de Saint-Antonin-Noble-Val (hôtel de ville du xiie s.), l'ancienne abbaye de Beaulieu-en-Rouergue (xiiie-xive s.), les ruines du château de Caylus (xiiie s.), la chapelle de Notre-Dame-du-Livron, édifiée en 1302, remaniée par la suite, siège d'un pèlerinage à la Vierge fréquenté jusqu'au xviie siècle.*

 MONTBARD (Côte-d'Or) ✳

 D'un grand château comtal – rasé par Buffon – il ne reste que deux tours, dont l'une vit naître Aleth, la mère de saint Bernard. Dans la plus haute, dite de Laubespin, aux gargouilles et merlons retaillés au xixe siècle, un musée archéologique très petit et vieillot présente des armes, des carreaux de pavement historiés, du lapidaire, et les restes de nourriture, de récipients de stockage, et... un raton laveur ? Non, mais des animaux domestiques ou prédateurs momifiés dans le cellier – chien, chat et souris... En revanche, l'architecture intérieure ne manque pas d'intérêt : on observera notamment de rares armoires fortes ménagées dans le mur, destinées à conserver le « trésor » du châtelain : non seulement ses objets précieux mais aussi ses archives, judiciaires ou fiscales, rangés dans des coffrets et mis sous

clef. De plus, des fouilles archéologiques retrouvent actuellement les parties enterrées au XVIIIe siècle du château médiéval, salles de réserves et casemates, qui devraient ultérieurement être ouvertes au public. Le musée archéologique sera prochainement réhabilité. On verra dans la ville, pentue, quelques maisons anciennes à pans de bois, notamment un colombage du XVe siècle en façade de la maison qui fait l'angle avec la rue qui monte au château.

→ *Aller à *Fontenay.*

MONTBENOÎT (Doubs) ✳✳

Dans ce coin perdu du Doubs, on visitera avec un grand intérêt l'ancienne abbaye de Montbenoît. Le site fut d'abord occupé par un saint ermite nommé Benoît. En 1150, à la demande du sire de Joux, Humbert, archevêque de *Besançon, installa en ce lieu des moines augustins qui édifièrent une église et des bâtiments monastiques qui demeurent en partie. Après une belle période de croissance, l'abbaye, tombée en commende en 1508, connaîtra décadence et relâchement. La nef de l'église abbatiale date du XIIe siècle ; le chœur (XVe s., reconstruit au XVIe s.) comporte des sculptures, des vitraux et des stalles remarquables.

MONTÉLIMAR (Drôme) ✳

Tél. Château :
04 75 01 07 85.

A voir en passant car la ville n'est pas belle, le temps de se réapprovisionner en nougat et de visiter le château des Adhémar pour l'élégante façade romane de son « logis », un palais du XIIe siècle devenu résidence pontificale au XIVe siècle. On franchit les vestiges de l'enceinte urbaine, encore flanquée d'une tour, dite de

Narbonne, non visitable, et dotée d'un pont-levis au XVIe siècle, avant d'arriver au château, invisible derrière l'enceinte. C'est un vaste bâtiment sommé d'un chemin de ronde, défensif côté nord et flanqué d'un donjon carré et résidentiel côté est éclairé de neuf baies géminées ; sa chapelle, anciennement dédiée à saint Pierre, est peinte d'un Christ en majesté. C'est la famille des Adhémar, installée dans le château, qui a donné son nom à la ville : *Montilium Adhmarii,* nom du lieu dès le XIIe siècle, est devenu par déformation « Montéli...mar ».

📖 G. Oberthür de La Roncière, *Montélimar au temps des Adhémar*, Plein-Cintre, 1990.

→ *Aller à *Rochemaure.*

LE NOUGAT AU MOYEN ÂGE

On croit communément que le nougat, actuelle spécialité de la ville, ne date pas d'avant les expériences agronomiques d'un savant vivarais, Olivier de Serres, au XVIe siècle. En réalité le nougat était bien connu aux temps médiévaux et sans doute les épiciers de Montélimar, qui produisaient ou commercialisaient déjà, à la fin du XIVe siècle, miel et amandes, connaissaient-ils cette recette italienne que nous conseillons vivement au lecteur de tester plutôt que d'acheter les douceurs d'aujourd'hui : c'est le « nougat noir » médiéval. « Prends du miel bouilli et écumé avec des noix un peu écrasées et des épices, le tout cuit ensemble : mouille-toi la paume de la main avec de l'eau et étends-le. » *Explication* : Faire chauffer doucement le miel et bien l'écumer.

Écraser très grossièrement les amandes ou autres fruits secs. Les ajouter au miel et faire cuire à feu doux en remuant continuellement une demi-heure à trois quarts d'heure. La préparation est à point quand on entend légèrement claquer les amandes sous l'effet de la chaleur. Les épices s'ajoutent en deux fois en cours de préparation : une petite cuillerée du mélange prescrit (poivre noir, clou de girofle et gingembre en poudre) au début puis en fin de cuisson. Lorsque le nougat est cuit, l'étaler à l'aide d'un demi citron sur une plaque à patisserie. À consommer une fois refroidi.

O. Redon, F. Sabban, S. Serventi, *La Gastronomie au Moyen Âge. 150 recettes de France et d'Italie*, Paris, Stock, 1991, p. 309.

MONTEREAU-FAULT-YONNE (SEINE-ET-MARNE) ✳

C'est dans cette ville que Jean sans Peur, duc de Bourgogne, fut assassiné sur le pont de l'Yonne le 13 janvier 1419. La ville doit son nom à un monastère élevé à l'emplacement où l'Yonne rejoint ou tombe (« fault ») dans la Seine. Montereau, placée entre la Bourgogne, la Champagne et l'Île-de-France, fut une importante place forte plusieurs fois assiégée au cours de la guerre de Cent Ans. À voir : la collégiale Notre-Dame-et-Saint-Loup, proche du confluent, construite du XIIe au XVIe siècle, et le prieuré Saint-Martin, dont la fondation remonterait au Xe siècle.

MONTFORT (CÔTE-D'OR) ✳

Dans un site pittoresque, les ruines encore imposantes de ce château construit vers 1070 sont accessibles en prenant la route de *Semur (D 980) à la sortie de *Montbard en direction de l'autoroute. Comme de nombreux autres châteaux, il a servi de carrière sous la Révolution, mais on tente actuellement d'en dégager les vestiges.

MONTFORT-L'AMAURY (Yvelines) ✻

La seigneurie de Montfort fut créée par Robert le Pieux peu avant l'an Mil. Elle devint par la suite propriété des Montfort, famille dont le plus célèbre descendant est Simon de Montfort, qui s'illustra comme chef de guerre et de croisade contre les Albigeois, en employant des méthodes qui n'ont pas encore été oubliées... Montfort-l'Amaury est une petite ville fort agréable où bien des célébrités ont séjourné, de Victor Hugo à Colette ou Maurice Ravel. À voir : l'église Saint-Pierre, de style gothique, commencée au XVe siècle et achevée au XIXe (beaux vitraux des XVe et XVIe s.) ; les ruines du château dominent la ville ; du donjon octogonal, élevé en 996, ne subsistent, hélas, que des fragments.

MONTLHÉRY (Essonne) ✻

Position stratégique, Montlhéry coupait la route entre *Paris et Orléans. Une puissante forteresse fut édifiée au XIe siècle par Thibaud, surnommé « File-Étoupe ». La présence de ce château, occupé par une puissante famille, importunait les rois de France

qui s'employèrent à réduire ce nid de résistance à leur pouvoir. Aux XIIe-XIIIe siècles, les seigneurs du lieu détroussaient volontiers les voyageurs qui circulaient sur cette route. Vous ne risquez plus rien. À Montlhéry, les ruines s'avancent, tel un navire, sur la vallée de l'Orge. Quatre tours circulaires disposées symétriquement renforcent les angles de la courtine. Cette dernière forme une pointe que ferme un très haut donjon édifié par Philippe Auguste, couronné de mâchicoulis et surmonté, au XVe siècle, de deux étages. Avec le temps, il a perdu de sa superbe et a été ramené à 31 m de haut par Henri IV...

MONTLUÇON (Allier) ✻

Tél. OT :
04 70 05 05 92.

Au confluent du Cher et de l'Amaron, la vieille ville de Montluçon porte l'empreinte de la famille de Bourbon. Le château, bien conservé, avec son grand corps de logis rectangulaire et ses courtines formant une terrasse avec panorama, domine la ville. Il date du XVe siècle, au temps de la guerre de Cent Ans, et abrite un intéressant musée folklorique. Une tour carrée, en saillie sur le rempart et à la base fortement talutée, faisait office de donjon : le château

Bien-Assis (xvᵉ s.). Les maisons anciennes invitent à se promener dans la cité. Près du passage du Doyenné, on découvre l'église Notre-Dame (xvᵉ s.), puis l'église Saint-Pierre (xvᵉ-xvIIIᵉ s.), par la rue des Cinq-Piliers. La première date du xvᵉ siècle et est restée inachevée, la deuxième se cache derrière les maisons à pans de bois des xvᵉ et xvIᵉ siècles et présente dans son plan ces étonnants « passages berrichons », très hauts (quelquefois de 10 m) et étroits (1 m) « couloirs » qui reliaient la nef au chevet, au chœur ou au transept.

→ *À voir dans les environs l'église romane et le château de Saint-Désiré. Ne pas manquer de s'arrêter à Néris, riche de son église romane et de ses très importantes fouilles archéologiques, et intéressant musée à la maison du Patrimoine aux collections principalement antiques.*

MONTMAJOUR (BOUCHES-DU-RHÔNE) ✳✳✳

Tél. Abbaye :
04 90 54 64 17.

Les bâtiments forment plusieurs ensembles très intéressants et ont été fondés sur un ermitage. Au sud, la chapelle Saint-Pierre est en partie taillée dans le rocher de la colline, en partie construite. L'abbatiale Notre-Dame date du xIIᵉ siècle et se présente sur deux niveaux. Une crypte s'étend sous le chœur et permet de rattraper la pente du terrain. Ses murs épais portent l'église, qui reste inachevée. La nef ne comporte en effet que deux travées de voûte et semble toute petite par rapport au chœur à pans coupés et à son transept. Par la salle capitulaire, on accède au cloître où alternent colonnes et pilastres pour supporter des voûtes en plein cintre. L'abbaye possède un lieu fortifié appelé la tour de l'Abbé, du sommet de laquelle on embrasse un vaste et plaisant paysage sur les Alpilles. Enfin, à l'écart des bâtiments, à droite de la D 17 qui regagne Fontvieille, la ravissante chapelle Sainte-Croix, dotée d'un narthex, présente un plan en trèfle. Au chevet de l'édifice, toute une série de tombes sont creusées dans le rocher : c'est l'ancien cimetière du lieu.

MONTOIRE-SUR-LE-LOIR (Loir-et-Cher) ✳✳

Montoire est une cité plus connue pour les imposantes ruines du château qui la domine que pour les remarquables fresques qui ornent sa chapelle Saint-Gilles. Cette église, construite au XIᵉ siècle, faisait partie autrefois d'un prieuré. Les peintures murales,

principalement du XIIᵉ siècle, ont été réalisées en plusieurs temps. Celles de la voûte de l'une des chapelles qui représentent, dans une gamme chromatique magnifiquement choisie, la Pentecôte, appartiendraient à la dernière campagne de décoration du XIIIᵉ siècle. En ressortant, passez par la rue Saint-Outrille, où vous serez séduit par une maison traditionnellement datée du XVIᵉ siècle mais dont le décor et les méthodes de construction sont typiques du Moyen Âge.

MONTPELLIER (Hérault) ✳

Tél. OT :
04 67 79 15 15.

La naissance de la ville est due aux importateurs d'épices au Xᵉ siècle, comme le souligne l'une des (hypothétiques) étymologies de son nom (Monspistillarius : Mont des Epiciers). Ceci explique – car aux épices il faut ajouter les herbes – que Montpellier se dota d'une université qui devint célèbre et que Rabelais fréquenta au XVIᵉ siècle. Ravagée par les guerres de Religion, Montpellier n'a pas gardé beaucoup de ses monuments médiévaux, mais son plan conserve cependant la structure médiévale de ses quartiers et de ses rues, en centre

ville. On visitera l'hôtel de Varennes (XIVᵉ et XVᵉ s.), les vestiges de la deuxième fortification, que l'on appelait la « commune clôture », avec les tours de la Babote et des Pins (fin XIIᵉ-XIIIᵉ s.), les rues du Bras-de-Fer et de l'Argenterie, la cathédrale Saint-Pierre (XIVᵉ s., très remaniée XVIIᵉ-XIXᵉ s.) et le « mikvé », bain rituel juif médiéval (s'adresser pour visiter à l'Office de tourisme), rue de La Barralerie. La crypte de l'ancienne église Notre-Dame-des-Tables (place Jean-Jaurès) est actuellement fermée. Ne manquez pas la visite du musée

Tél. : Musée :
04 67 52 93 03.

archéologique languedocien, installé dans l'ancien hôtel Jacques-Cœur (XVᵉ s.), avec ses plafonds et sa vaisselle médiévaux.

➔ *À voir, dans les environs, la cathédrale fortifiée de Maguelonne (XIIᵉ s.), sauvée d'une ruine totale grâce à Prosper Mérimée et au mécène Frédéric Fabrèges : tympan de transition romano-gothique, linteau superbement ciselé du XIIᵉ siècle ; même si vous devez faire un détour, ne manquez pas ce monument exceptionnel dressé, comme un vaisseau fantôme, sur une île de l'étang de Mauguio.*

MONTREUIL-SUR-MER (PAS-DE-CALAIS) ✳

Tél. :
03 21 06 04 27.

Ici flotte le souvenir de Jean Valjean, célèbre héros de Victor Hugo dans *Les Misérables*. La citadelle, à 37 km de *Boulogne, bien que reprise totalement par Vauban, a gardé quelques éléments du château médiéval. L'église Saint-Saulve, ancienne abbatiale du XIe siècle, remaniée aux XIIIe et XVIe siècles, a conservé de beaux chapiteaux. Dans le Trésor, on peut voir la crosse, superbe, de sainte Austreberthe et un reliquaire émaillé du XIIe siècle, orné de figurines dorées.

→ *À voir dans les environs plusieurs sites intéressants : Aubin Saint-Vaast (église du XIIe s.), Beaurainville-Baurainchâteau (motte féodale que surmontait, jadis, une puissante forteresse), l'église de Montcaurel, pour ses chapiteaux racontant la vie de la Vierge, la naissance du Christ et le martyre de saint Quentin.*

MONTREVEL (AIN) ✳✳

C'est une extraordinaire et rare maison qui vient d'être restaurée et qui n'usurpe pas son nom de maison de la Charme. Là vivait un petit hobereau de l'extrême fin du Moyen Âge. Ce modeste manoir bressan, tout en pans de bois à croisillons très décoratifs, a été

construit en 1498 comme en témoigne sa charpente datée par dendrochronologie. Il comporte un étage en léger encorbellement, un grand toit débordant à quatre pans, un réel confort intérieur (belles pièces avec cheminée), le rez-de-chaussée ne servant que de cellier ou de réserve à grain. La maison, réhabilitée, vient d'être remise en vente. Avis aux amateurs...

MONT-SAINT-MICHEL (MANCHE) ✳✳✳

Tél. OT :
02 33 60 14 30.

C'est au VIIIe siècle que la première abbaye a été construite sur cet abrupt rocher battu par les flots et les vents. Les difficultés rencontrées pour la construction du monument font que le site a toujours été en chantier, de l'époque romane au XVIe siècle. Pour porter l'édifice, la plate-forme sommitale, étroite, a été agrandie par des terrasses et des salles souterraines. Grâce à de nombreuses astuces de construction, l'abbaye dispose de toutes les installations nécessaires à son bon fonctionnement : abbatiale, crypte, cloître, bâtiments conventuels... Une série d'escaliers et de couloirs met en relation les différents bâtiments entre eux. La cons-

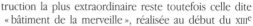

truction la plus extraordinaire reste toutefois celle dite « bâtiment de la merveille », réalisée au début du XIIIe siècle. Non seulement le visiteur découvre la puissance de la relation qui existe en ce lieu entre fonction et esthétique, mais encore, au fur et à mesure qu'il monte dans les étages, il peut observer l'évolution des techniques de construction gothique. Les voûtes s'allègent, les fenêtres s'ouvrent sur l'extérieur ; c'est dans ce bâtiment que l'on trouve le cloître (XIIIe s.), orné de riches sculptures. Il faut mériter une telle visite ! Car l'accès au site ne peut se faire que par l'unique rue (ou ses escaliers annexes) qui serpente le long du rocher. Après avoir grimpé le grand degré, il est possible de se reposer dans les jardins de l'abbaye d'où on a une vue saisissante de l'abbatiale. Signalons que les défenses basses de l'abbaye – fortifiée – n'ont jamais été inquiétées par l'ennemi. Tous les ans, à la belle saison, les « Imaginaires » animent et délivrent leur message de lumière dans l'univers monastique. Prévoir une journée entière pour bien apprécier la visite.

MONTSÉGUR (Ariège) ✱✱✱

Tél. SI :
05 61 03 03 03.

Il est impossible de manquer ce château, qu'on aperçoit de loin, véritable arche de Noé de pierre perchée sur un mont Ararat. Mais nous sommes dans les Pyrénées, le site se gagne par une lente montée pédestre à flanc de montagne, seul accès praticable car les autres côtés sont des à-pics inaccessibles. Il justifie ainsi l'appellation du lieu : Montségur *(montis securis)* signifie en effet « mont sûr ». Pourtant, ce château a vu couler le sang des Parfaits, ces religieux cathares réfugiés en ce lieu élevé et propice à la méditation, et qui ont supporté dix mois durant l'assaut de leurs adversaires. Car le château était bien équipé : une citerne, des provisions stockées dans la cour, un village complice qui les ravitaillait du côté de l'à-pic. Mais c'est par l'escalade de la paroi, du côté où on ne les attendait pas, que les soldats pénètrent finalement dans la forteresse aux alentours de Noël 1243 et capturent les Parfaits, qui finirent brûlés, au pied de la montagne, dans le « champ des Crémats », lieu-dit qui témoigne encore de leurs souffrances.

On ne sait rien du château avant qu'il ne devienne le réduit défensif des Cathares. Ni du village : on sait par les contemporains qu'il existe à l'état de ruines et qu'il est reconstruit vers 1200 par Raymond de Péreille à la demande des autorités religieuses cathares, prévoyant l'obligation imminente de se protéger contre l'Inquisition. Selon certains, le château aurait été démoli par les autorités catholiques ; mais il n'est pas sûr qu'il l'ait été intégralement. Reconstruit ou réaménagé à la fin du XIIIe siècle, il fut ensuite habité jusqu'au XVIIe siècle puis a servi, comme souvent, de carrière au XIXe siècle pour être finalement restauré en 1948-1949. Longtemps livré au vandalisme ou au fanatisme de chercheurs de trésors ou d'émotions cathares, il est enfin entre les mains d'archéologues compétents. L'accès au château se fait par une petite porte en hauteur, surélevée au-dessus du sol d'au moins 3 m à l'origine. Une enceinte aveugle étroite et allongée, qui épouse la forme du sommet, entoure 700 m² de surface utile ; à chaque extrémité, des salles de réserves et la citerne. Cette dernière, au point le plus étroit du sommet rocheux, flanque le donjon : elle permettait de recueillir l'eau de pluie ruisselant des toitures. Dans la grande cour, se dressait un corps de logis. L'à-pic suffisait pour défendre le château à l'est et à l'ouest. Mais des défenses militaires protégeaient village et château au sud et au nord : sur le plateau, chicanes taillées dans le roc et poste de guet, sur les murs du château, hourds de bois et plan incliné amovible pour l'entrée.

Du village médiéval de Montségur, bien connu par les fouilles archéologiques, il ne reste que des ruines : le village hérétique a sans doute été rasé par l'Église catholique, selon l'habitude juridique en vigueur ; mais on a pu restituer l'apparence des maisons jouxtant le château, accrochées à la roche, l'utilisant même pour aménager les intérieurs. Une centaine de personnes y vivaient : garnison, chevaliers, meunier, boulangère, médecin, barbier, couturières, cordonnier. Ces artisanats desservaient sans doute aussi la garnison, une centaine de soldats, et les Parfaits cathares, jusqu'à deux cents individus. En l'absence de cultures, seul un com-

merce actif – et les dons des croyants – pouvait permettre d'entretenir cette population atypique.

Un musée municipal expose les objets de leur vie quotidienne, découverts lors des fouilles : pots à cuire en céramique, éléments métalliques du costume, lampes à huile, mais aussi pince à épiler, tenailles, ciseaux de tailleur, sonnailles du bétail, hameçons et plombs de pêche, dés à jouer, guimbarde, qui permettent de reconstituer l'existence des Pyrénéens d'alors, avec leurs joies et leurs peines.

➔ *Aller à *Montaillou.*

MONTVERDUN (Loire) ✳✳

Tel. Mairie :
04 77 97 47 14.

Ce beau prieuré, juché sur un petit pic volcanique, est remarquable par sa loggia de bois et surtout ses fresques qui s'échelonnent du XIIIᵉ au XVIIᵉ siècle. Dans le logis du prieur, ce ne sont pas moins de trente fresques successives que l'on peut observer sur les murs.

Une visite, intelligemment commentée, contribue beaucoup à l'intérêt de ce lieu.

➔ *Aller à *Marcilly-le-Châtel.*

MORET-SUR-LOING (Seine-et-Marne) ✳✳✳

Tél. OT :
01 60 70 41 66.

Le village séduisit les Impressionnistes au siècle dernier. Il joua un rôle important au Moyen Âge comme « verrou » du domaine royal près de la frontière de la Champagne. À voir particulièrement le vieux pont sur le Loing, la porte fortifiée de Paris et de Bourgogne, le très beau donjon des XIIᵉ et XIVᵉ siècles (fortement restauré au XIXᵉ s.), la collégiale Notre-Dame, consacrée en 1166 par Thomas Becket, selon la tradition. L'église a pour l'essentiel été bâtie au XIIIᵉ siècle. C'est l'une des plus plaisantes d'Île-de-France.

MOREY (Meurthe-et-Moselle) ✳

Proche de Nancy, à Nomeny, le site est caractéristique d'un village médiéval du XIVᵉ siècle : une maison forte avec sa basse cour, son pigeonnier et ses granges, fait face à une petite église (romane).

📖 G. Giuliato, *Châteaux et maisons fortes en Lorraine centrale*, Paris, DAF, nº 33, 1992.

MORIENVAL (Oise) ✳✳✳

L'église de ce petit village du Valois, consacrée à Notre-Dame, est à juste titre renommée. Elle relevait d'une abbaye de femmes, que Dagobert avait fondée au VIIe siècle. Détruite par les Normands, elle est reconstruite à partir du XIe siècle, mais subira de nombreux remaniements au XVIIIe siècle et des restaurations au siècle dernier et au début du XXe. Les parties les plus anciennes (XIe s.) sont la baie du clocher-porche, le transept, la travée droite du chœur et les deux tours est. Le déambulatoire est particulièrement connu des spécialistes. Ses arcs remontent à 1125. Longtemps, on a cru que ses croisées d'ogives étaient les premières à avoir été utilisées, ce qui ne semble pas exact mais il s'agit malgré tout d'un des exemples les plus anciens de cette technique : d'où l'importance de ce monument dans la naissance de l'art gothique.

MORLAÀS (Pyrénées-Atlantiques) ✳

À 10 km de *Pau, la ville connut un important développement grâce aux privilèges dont elle bénéficia de la part des vicomtes de Béarn qui s'y installèrent en 1070. On verra l'église Sainte-Foy, qui était en cours de construction en 1079, date à laquelle elle fut remise à *Cluny. Le portail, détruit par un incendie, a été reconstruit selon le modèle originel en 1857 et 1903.

→ *Voir dans les environs l'abbaye de Larreule, *Morlanne, Sévi-Gracq (église milieu du XIIe, un des plus remarquables portails de toute l'Aquitaine), Tadiron-Sadirac-Viellenave (église, superbe sarcophage en marbre du VIIe ou VIIIe s.).*

MORLANNE (Pyrénées-Atlantiques) ✳✳

Le château occupait jadis une position stratégique face à la Gascogne anglaise. Construit vers 1370 (remanié au XVIIe), il est exemplaire des forteresses du Béarn élevées à cette époque, avec son donjon crénelé et son enceinte polygonale en brique. Un mécène, Raymond Ritter (1894-1974), le releva de ses ruines et y installa ses collections avant de léguer le tout au département. Le village compte quelques intéressantes maisons et une église fortifiée dédiée à saint Laurent.

MORTAGNE-SUR-GIRONDE (Charente-Maritime) ✳✳✳

Visite en été.

À Mortagne, descendre vers le port puis prendre la D 245 en direction de Saint-Fort-sur-Gironde. Un kilomètre environ après le village se cache l'ermitage Saint-Martial fondé, si ce n'est par Martial

lui-même, au IIe siècle, du moins à l'époque paléochrétienne. Les salles (escalier, cuisine, réfectoire, dortoir...) sont taillées dans la falaise ; c'est un ermitage troglodyte. De tout cet édifice, c'est la chapelle qui véritablement est la partie la plus intéressante. L'autel, le déambulatoire, ouvert par deux minuscules passages, et la balustrade de fermeture du chœur, sont eux aussi taillés dans la roche. L'ensemble est éclairé par deux petits orifices rectangulaires qui diffusent avec parcimonie la lumière, tout en la dirigeant en priorité sur le mur de l'autel. L'ambiance qui se dégage de ces lieux invite chacun d'entre nous à les respecter, en mémoire de ceux qui les ont creusés.

MOULINS (Allier) ✲✲

Tél. OT :
04 70 44 14 14.

Ancienne capitale de l'État du Bourbonnais, aujourd'hui préfecture, Moulins grâce aux puissants seigneurs de Bourbon joua un rôle politique très important. Le Bourbonnais sera rattaché à la couronne de France en 1527. À voir, la cathédrale Notre-Dame, ancienne collégiale, commencée en 1468, de style gothique flamboyant. Elle abrite une œuvre majeure, le très célèbre triptyque de la « Vierge en gloire » du Maître de Moulins. Cette œuvre, réalisée à la charnière des XVe et XVIe siècles, présente l'un des ultimes sommets de la peinture gothique. On peut aussi visiter le musée d'Art et d'Archéologie, qui occupe le pavillon qu'Anne de Beaujeu se fit construire entre 1488 et 1503. La bibliothèque de Moulins (place De Lattre-de-Tassigny) possède un superbe manuscrit du XIIe siècle, la Bible de Souvigny, qui appartenait jadis à l'abbaye bénédictine de Souvigny. Ne manquez surtout pas de visiter l'église priorale Saint-Pierre de Souvigny, l'une des cinq « filles » de *Cluny, classée « grand site national ». Mayeul et Odilon, célèbres abbés de Cluny, y moururent et y sont enterrés. L'église comporte cinq nefs, sa largeur est exceptionnelle (87 m). Ne pas manquer d'admirer les chapiteaux romans de la nef et des bas-côtés, ainsi que la chapelle neuve, à gauche du chœur. Près de l'ancienne abbatiale, se trouve dans la chapelle Saint-Marc, aujourd'hui musée, le célèbre calendrier de Souvigny (XIIe s.), pilier octogonal de 1,80 m où l'on peut voir les signes du zodiaque et les travaux des mois.

→ *À voir dans la région le village d'Autry-Issards (église et château), l'église de Saint-Menoux, Bourbon-l'Archambault (église Saint-Georges), Ygrande (église du XIIe s.).*

MOYEN (MEURTHE-ET-MOSELLE) ✳

Les vestiges du château, édifié au XVᵉ siècle au-dessus de la Mortagne, témoignent encore de sa puissance passée ; il dépendait des évêques de *Metz. De plan carré, à quatre tours rondes, il est défendu par un vaste fossé, des fausses braies, une enceinte extérieure et la déclivité naturelle. Une porte cochère donne sur une cour, une poterne flanquée d'une tour semi-circulaire à canonnière, avec un escalier inséré dans le mur qui permettait (et permet encore) de monter au chemin de ronde. La façade du corps de logis nord, avec ses fenêtres à meneaux, a été restaurée. On reconnaît à peine la chapelle castrale, aux fenêtres murées, coincée entre le mur d'enceinte et un bâtiment plus récent. Le château, en effet, est resté habité ; comme pour beaucoup d'autres, les activités rurales ont succédé en ses murs aux activités aristocratiques...

MOZAC (PUY-DE-DÔME) ✳✳

Tél. Mairie :
04 73 33 71 71.
Tél. Musée :
04 73 38 65 47.

À Mozac, l'ancienne abbaye Saint-Pierre est un magnifique exemple d'évolution de l'architecture tout au long du Moyen Âge. Les bases du clocher-porche sont d'origine pré-romane. Le nef et une partie du transept sont romans. À la suite d'un tremblement de terre, le chœur fut reconstruit, sur les bases romanes, mais en prenant parti pour un plan à pans coupés. Sous l'ancien chevet, conservé extérieurement, s'étend toujours la crypte. Les 48 chapiteaux de Mozac sont d'une grande qualité et plus de la moitié d'entre eux est historiée ou décorée de motifs autres que de simples feuillages. L'un des plus beaux a été replacé dans le chœur et représente les quatre anges et les quatre vents. En détaillant le décor des chapiteaux, très homogène, on s'aperçoit que l'abbatiale romane a été construite rapidement, au tournant des XIᵉ-XIIᵉ siècles. Un petit dépôt lapidaire et la châsse romane de saint Calmin, en émaux champlevés, enrichissent la visite.

MUROL (PUY-DE-DÔME) ✳✳

Tél. Mairie :
04 73 88 60 67.

Entre Saint-Nectaire et le Mont-Dore, planté au sommet d'une butte, le massif et puissant château de Murol, fondé au XIIᵉ siècle,

Tlj du 1ᵉʳ juin
au 30 sept.,
visites guidées
le lun., entrée
libre ; du 1ᵉʳ oct.
au 30 mai, dim. et
jf de 10 h à 12 h
et de 14 h à 19 h.

est flanqué d'annexes, chapelle, écurie, forge, etc. C'est un bel exemple d'architecture militaire, aux fortifications puissantes, qui a abrité des familles célèbres, les Murol et les d'Estaing. Au XVᵉ siècle, Guillaume de Murol, reconstructeur du bâtiment, a laissé des comptes détaillés qui permettent au visiteur lettré de reconstituer mentalement, en marchant dans les ruines, la vie quotidienne dans ce château d'Auvergne. Un petit musée archéologique, installé dans une chaumière, au pied du château, présente pour le Moyen Âge des pièces lapidaires et des objets de la vie quotidienne.

→ *On verra aussi, aux environs, les églises de Chambon-sur-Loire et de Saint-Victoir-la-Rivière (XIIᵉ s.), les grottes de Jonas, qui passent pour avoir été aménagées par les Templiers et comportent des vestiges de peintures rupestres, et le village anciennement fortifié de Besse.*

LA VIE DE CHÂTEAU AU XVᵉ SIÈCLE

Quand vous vous présenterez à la porte du château, souvenez-vous qu'on y donnait l'aumône chaque dimanche aux pauvres de passage ou de la région... La conscience apaisée, Guillaume de Murol et sa famille, enfants légitimes ou bâtards, domestiques « valets et demoiselles », et artisans, menaient à Murol une vie relativement simple. Guillaume en témoigne lui-même : « Certains pourraient s'étonner de ce que je n'ai ni or ni argent ni vaisselle d'argent ni joyaux alors que je suis le neveu d'un cardinal et que j'ai vécu dans l'entourage d'un pape... » En réalité il possédait, outre quelques objets précieux, des bois, des vignes, des prai-

ries, un gros troupeau de vaches, des pigeons – c'était alors un luxe aristocratique. Mais la vie quotidienne, bien qu'aisée, était simple. À en croire le budget dévolu à l'alimentation, les résidents sont cependant bien nourris : 300 litres de vin par semaine, 9 kg de viande par jour, poissons en quantité, le tout agrémenté de fromages et de quelques épices ; peu de légumes, mets que les nobles ne prisaient guère. On s'éclairait à la chandelle de suif et le bois des forêts de Guillaume chauffait les cheminées ornées du blason des Murol.

📖 P. Charbonnier, *Guillaume de Murol, un petit seigneur auvergnat au début du XVᵉ siècle*, Clermont-Ferrand, 1973.

NARBONNE (AUDE) ✳✳

Tél. SI :
04 68 65 15 60.

À 23 km de *Béziers, cette importante cité romaine, capitale de la Gaule narbonnaise, fut une place religieuse, commerciale et politique de première importance durant plusieurs siècles. À partir du xve siècle, elle connut un profond déclin, son port étant détruit, mais Louis XII en fit une place forte dont le rôle militaire disparaîtra pratiquement avec la signature du traité des Pyrénées sous Louis XIV. À voir particulièrement la cathédrale gothique Saint-Just, commencée au xiiie siècle mais jamais achevée : voûte en brique, l'une des plus hautes de France, vitraux du xive siècle. De nombreuses œuvres d'art se trouvent dans la cathédrale, dont une statue de la Vierge en albâtre, du xve siècle. Près du donjon, la tour Saint-Martial (xive s.) et la tour de la Madeleine encadrent l'hôtel de ville, édifié par Viollet-le-Duc en 1846. Le palais des Archevêques, aujourd'hui musée, comprend deux parties. Le Palais vieux (xiie s.) fut édifié par un cardinal qui voulait se doter d'une demeure comparable au palais des Papes d'*Avignon ! À voir encore pour sa partie médiévale, la basilique Saint-Paul-Saint-Serge, qui présente plusieurs styles, du roman au xve siècle.

NEAUPHLE-LE-CHÂTEAU (YVELINES) ✳

Des deux mottes féodales édifiées sur ce site, choisi pour sa position topographique élevée, au-dessus d'une vallée, l'une est aujourd'hui transformée en jardin public.

NEMOURS (SEINE-ET-MARNE) ✳

Tél. Château :
01 64 28 27 42.
Tlj sf mar.
Les sam. dim. lun.
de 10 h à 12 h
et de 14 h
à 17 h 30 ; autres
jours et jf de
14 h à 17 h 30.

C'est, curieusement, au détour d'une rue commerçante de la ville, qu'on entre par un simple porche dans la cour de ce petit château des xiie-xve siècles, plutôt un manoir fortifié qu'une forteresse, dont la silhouette, vue de l'autre côté du Loing au bord duquel il est bâti, est cependant évocatrice de la vie noble au Moyen Âge. Un donjon carré avec tour poivrière flanque le logis rectangulaire, encadré de quatre tours d'angle.

NEUVY-SAINT-SÉPULCHRE (INDRE) ✳✳

Il existe en Berry une curieuse collégiale romane : celle de Neuvy-Saint-Sépulchre. Fondée au XIᵉ siècle, elle était entourée d'une enceinte et de maisons de prêtres et de chanoines, parmi lesquels

on peut remarquer encore un très beau corps de logis, remanié au XVᵉ siècle, au S-O de l'édifice. Cette église est divisée en deux bâtiments géométriquement très différents l'un de l'autre. Le premier, peut-être le plus ancien ou tout au moins celui qui a été le plus rapidement construit, est de plan basilical et se présente comme un vaste rectangle aux élévations largement remaniées. Le chevet plat semble avoir été reconstruit par la suite ainsi que le bas côté N-E. Le second est de plan circulaire et se décompose en une rotonde totalement ceinturée par un déambulatoire. L'arc diaphragme permettant la communication entre les deux parties est désaxé et accentue l'effet de désordre architectural. Restons à l'intérieur pour admirer les magnifiques chapiteaux qui ornent le faîte des colonnes, principalement de la

rotonde. Feuillages, personnages et animaux affrontés ou adossés en garnissent les corbeilles avec une assez grande variété. Parmi les monstres qui régurgitent des feuillages, des entrelacs ou les coiffes des personnages, on retrouve des animaux aux corps disproportionnés – nous vous invitons à chercher le chat... Au-dessus du déambulatoire, on retrouve deux galeries qui auraient été achevées au XIIᵉ siècle. La partie centrale est coiffée d'une coupole sous laquelle se trouvait un reliquaire, aujourd'hui conservé dans la sacristie. Trois pèlerinages marquent la vie religieuse de la collégiale, mais c'est surtout le lundi de Pâques qu'une grande procession est organisée dans les rues de la ville. Extérieurement, il faut remarquer les arcatures aveugles qui allègent, dans sa partie supérieure, le puissant mur de la rotonde. Il est dommage qu'une sacristie moderne vienne masquer les baies du chevet. Quant au clocher-peigne placé entre les deux parties de l'édifice, il s'agit une restauration abusive du début de ce siècle. On peut s'interroger sur la présence en Berry d'une telle église. Elle abrite quelques gouttes du sang du Christ et son plan rappelle en fait celui du Saint-Sépulcre de Jérusalem, lieu de pèlerinage du seigneur commanditaire. De conception plus simple mais indispensable au bon fonctionnement de la collégiale, l'autre partie était réservée aux offices.

→ *Pour compléter, nous proposons une promenade au proche château de Cluis. Bien que largement ruiné et modifié au cours des siècles, il est tout empreint de la puissance du commanditaire de la collégiale de Neuvy.*

NEVACHE/PLAMPINET (HAUTES-ALPES) ✳✳

Encore une chapelle peinte par un peintre italien, comme il en existe tant dans les Alpes françaises... Notre-Dame-des-Grâces est parée de vertus, mais aussi de vices et châtiments : la luxure montre ses cuisses en se regardant dans un miroir à cheval sur une chèvre, le gourmand se gave à califourchon sur un loup, autant d'images truculentes ou pittoresques, traitées d'un pinceau enlevé vers 1475. Mais n'oublions pas les images plus sérieuses : crucifixion, martyres de saints, Annonciation ou Vierge au lait. Bien avant le xxᵉ siècle, le Moyen Âge est le temps des images.

📖 *Peintures murales des Hautes-Alpes, xvᵉ-xvⁱᵉ siècles,* Cahiers de l'Inventaire, 7, Édisud, 1987.

NEVERS (NIÈVRE) ✳✳

Tél. OT :
03 86 59 07 03.

Il est préférable de se rendre à Nevers par la route de *Moulins, car en franchissant la Loire la cité se dévoile, étagée sur sa colline. Le palais ducal a été entièrement restauré et présente dans ses niveaux redécouverts en sous-sol des témoignages de son passé. La façade du palais est bien organisée et s'articule autour de l'escalier d'honneur logé dans une très élégante tourelle polygonale. Les dernières restaurations font particulièrement bien ressortir la teinte ocrée des pierres qui contraste avec les ardoises de la toiture. La cathédrale Saint-Cyr est étonnante : elle possède deux chœurs reliés par une longue nef. Le chevet roman a été construit à l'ouest, le chœur gothique a été réorienté à l'est. L'édifice présente de grandes disparités stylistiques, qui vont du xiᵉ au xvⁱᵉ siècle et la mise en place des dernières verrières modernes fait vraiment regretter la destruction des anciens vitraux. Au contraire, l'église romane Saint-Étienne a été construite rapidement (1063-1097) et c'est pour cela qu'elle est très homogène. L'ensemble est sobre et présente deux remarquables galeries formant un *triforium* au-dessus des bas-côtés. Depuis la petite place située à l'arrière de l'église, on peut contempler l'organisation des absidioles par rapport au chevet. Autre monument médiéval, la porte du Croux est un édifice couronné de mâchicoulis et de tourelles en poivrière. Elle appartient aujourd'hui à la Société archéologique qui a installé à l'intérieur un petit musée. Il conserve d'intéressants objets, dont un gisant et des sculptures romanes de très bonne facture. À partir de cette porte, on peut regagner les bords de la Loire en traversant un agréable jardin public qui longe le rempart médiéval.

NOIRLAC (CHER) ✷✷✷

**Tlj sf les mar.
d'oct. à fév.
Tél. :
02 48 96 23 64.**

En bordure du Cher, Noirlac est une des abbayes cisterciennes les mieux conservées de France. Les bâtiments ont été transformés, au XIXᵉ siècle, en manufacture de porcelaine. Cette utilisation a sauvé l'abbaye d'une destruction certaine. Actuellement, elle accueille un centre de l'Enluminure médiévale. Une restauration en rien abusive met parfaitement en valeur le long vaisseau de l'abbatiale, les belles voûtes du réfectoire, les dessins des

baies du cloître, toujours très simples dans l'art cistercien. Une superbe allée de tilleuls séculaires borde les terrasses de l'ancien potager, à côté duquel un jardin de simples (plantes à usage médicinal) a été aménagé. L'endroit est idéal pour faire comprendre à vos enfants ce qu'était la vie monastique au Moyen Âge. Nous conseillons au visiteur d'arriver par la route de Saint-Amand-

Montrond (N 144), qui domine l'ensemble monumental, et de repartir par la charmante route de Noirlac à Bruère-Allichamps, où il pourra reprendre le circuit du Berry roman. La visite de ce site peut être complétée par celle de l'abbaye de Fontmorigny, proche de *Mennetou-Coutoure.

→ *Aller à *La Celle-Bruère.*

NONETTE (PUY-DE-DÔME) ✷

Tout en haut d'un piton rocheux se trouvent les ruines d'un ancien château réaménagé par le duc de Berry. Le panorama est magnifique et permet de détailler le village. Dans l'église paroissiale se trouve conservé le buste d'une statue très épurée, appelée « Beau Dieu », attribuable aux sculpteurs employés par le duc, au XIVᵉ siècle.

→ *Aller à *Riom.*

NOTTONVILLE (Eure-et-Loir) ✳

En bordure de route, au lieu-dit Le Bois, se dresse un prieuré fortifié construit vers 1475, à l'origine défendu par un pont-levis ; doté d'une poterne d'entrée, qui prend la forme d'un châtelet à deux tourelles, il est protégé d'un mur d'enceinte derrière lequel se trouvent un logis résidentiel, un grenier (reconstruit en 1481) avec porte charretière et logement animal, et un colombier. Le prieuré de Nottonville dépendait de l'abbaye de Marmoutier ; il a été créé tardivement, entre 1447 et 1470, pour encadrer le domaine rural de l'abbaye, qui possédait de nombreuses seigneuries.

QU'EST-CE QU'UN PRIEURÉ

Le prieuré rural de Nottonville est caractéristique d'un type d'habitat monastique très courant à l'époque médiévale ; dépendance d'une abbaye dont il gérait le patrimoine foncier, il jouait un rôle économique fondamental dans le terroir. Souvent associés à un village, les prieurés de la fin du Moyen Âge étaient volontiers fortifiés pour protéger récoltes et outils de travail. Ils disposaient aussi d'étangs, de moulins à eau ou à vent, et si ce n'est toujours d'une église priorale, au moins d'une chapelle ou d'un oratoire : un ou plusieurs moines y résidaient, qui étaient parfois remplacés par un fermier ou des convers.

📖 *Le Village et ses habitants au Moyen Âge*, Mélanges en l'honneur de Jean-Marie Pesez, Paris, Presses de la Sorbonne, 1997. Voir l'article de Ph. Racinet.

NOYERS-SUR-SEREIN (Yonne) ✳✳

Visite guidée du village médiéval, tte l'année sur rdz-vs ; du 14 juil. au 26 août le ven. à 16 h.
Tél. :
03 86 82 83 72.

Le voyageur qui désire visiter Noyers-sur-Serein doit arriver par la D 49 en venant de Nitry. Il découvrira le village, blotti dans la verdure, à l'ombre de ses remparts ; puis, passant sous la porte, il sera surpris par l'atmosphère qui se dégage des maisons et des ruelles. Les échoppes sont protégées par des galeries couvertes ouvrant sur la rue ; les maisons à colombage, aux poutres travaillées, de la fin du Moyen Âge, cachent des structures plus anciennes et des venelles couvertes, aux noms savoureux, qui permettent de passer d'une rue à l'autre. La collégiale annonce déjà la Renaissance et conserve une série intéressante de stalles ornées de miséricordes. Sur des fondations du xiiie siècle, ce village de Bourgogne montre particulièrement bien l'organisation villageoise à la fin du Moyen Âge.

NOYON (Oise) ✤✤

Le diocèse de Noyon, créé en 531, fut avec celui de *Reims l'un des plus grands et les plus importants de la Gaule du Nord. L'un de ses plus illustres évêques fut le conseiller de Dagobert, saint Éloi, qui siégea à Noyon de 640 à 659. Le premier roi capétien, Hugues Capet, sera sacré à Noyon en 987. Trois cathédrales ont précédé l'église actuelle, construite entre 1145 et 1235. Un incendie, en 1293, incitera à de substantielles modifications. Bombardée pendant la guerre de 14-18, la cathédrale a perdu sa charpente du XIVe siècle ; elle a été entièrement restaurée. Malgré de nombreuses retouches, Noyon demeure l'un des joyaux du gothique naissant ; le chœur présente des similitudes avec celui de *Saint-Denis et de Saint-Germain-des-Bois. L'un des enfants les plus célèbres de la ville est Jean Calvin, né en 1509, grande figure du protestantisme français ; on peut voir sa maison (reconstruite en 1927).

NOZEROY (Jura) ✤

Visites guidées de la ville sur rdz-vs pour gr ; visites guidées du trésor en juil-août et sur rdz-vs.
Tél. :
03 84 51 19 80.

Nozeroy est une toute petite ville forte, toute en longueur, dont Louise de Savoie fut châtelaine. On y entre par une porte fortifiée de 32 m de haut, édifiée en 1450. Une autre porte du XVe siècle, les ruines d'un château construit en 1424 et rasé à hauteur du premier étage au XVIIe siècle, une collégiale Saint-Antoine (XIVe-XVIe s.) abritant un trésor et des statues des XVe-XVIe siècles, un couvent des Cordeliers (1462), font l'intérêt de ce site dont la vocation fut, au Moyen Âge, de protéger la route du sel.

NYONS (Drôme) ✤✤

En venant de Vaison-la-Romaine par la D 58, s'arrêter avant la rivière pour admirer la vallée de l'Eygues et la vieille ville, dominée par la montagne. Le pont date du XVe siècle. Il franchit la rivière d'une seule arcade. Prendre à gauche et entrer dans la ville ancienne. Une grande place entourée d'arcades vous accueille et vous dirige vers le quartier du vieux fort par une longue rue étroite et couverte. Sur les flancs de la colline, la tour Randonne, dont les bases datent du XIIIe siècle, sert de chapelle. Elle est coiffée d'une étonnante superstructure ornementale de dentelle de pierre, sans équivalent ailleurs. À la faveur du soir, en vous promenant au bord de la rivière, découvrez ce qui fit la renommée de la ville : les moulins à olives.

OLÉRON (Charente-Maritime) ✳

Haute lanterne des morts du XIIIe siècle de 25 m de haut, au fût octogonal, véritable fanal ou phare de cimetière destiné à inciter les vivants à prier pour les morts. Contrairement à une idée reçue, sans doute n'a-t-elle jamais pu servir à guider les marins, la lumière du fanal ne se voyant pas de très loin.

LES FANTÔMES AU MOYEN ÂGE

Les histoires de fantômes ne datent pas du siècle dernier, loin s'en faut. Le Moyen Âge en est rempli. Les revenants d'alors ont souvent un rôle positif : ils servent d'intermédiaires entre les morts et les vivants, donnent à ces derniers conseils et informations, en échange de prières qui leur permettront de trouver enfin le repos. Ce sont les morts non repentis ou sans sépulture, notamment les noyés, qui sont piégés dans l'état de fantôme. Ils font des apparitions vêtus de leur linceul ou invisibles. Le folklore marin est riche de telles histoires et l'on croyait, en Flandre, que les âmes des marins morts revenaient visiter les vivants en prenant la forme d'une mouette...

📖 J.-C. Schmitt, *Les Revenants. Les vivants et les morts dans la société médiévale*, Paris, Gallimard, 1994.

OLHAIN (Pas-de-Calais) ✳✳

Tél. :
03 21 27 94 76.

🏰

Un superbe château fort de plaine, très bien conservé, édifié à la fin du XIIe siècle, qui brûla pendant la guerre de Cent Ans et fut reconstruit au début du XVe siècle. On peut même y rencontrer un fantôme qui erre, dit-on, dans le donjon depuis ce temps...
→ *À voir dans les environs Houdain (église XIIe-XXe s.) et sa motte.*

OLORON-SAINTE-MARIE (Pyrénées-Atlantiques) ✳✳

Tél. :
05 59 39 98 00.

La cathédrale Sainte-Marie est le monument le plus remarquable de cette petite ville. La construction de son portail date de la première moitié du XIIe siècle. Le tympan est célèbre à juste titre. On peut y voir une admirable descente de croix. L'autre monument religieux d'Oloron est l'église Sainte-Croix, dans la vieille ville. Sa construction remonterait à la fin du XIe siècle et au premier tiers du XIIe. À l'intérieur, chapiteaux sculptés, particulièrement intéressants par les thèmes traités (que l'on retrouve dans plusieurs sanctuaires de la région : Adam et Ève, l'Adoration des Mages...).

➔ *On peut voir, dans les environs, Lucq-de-Béarn, à 15 km, dont l'église abbatiale Saint-Vincent a conservé d'importantes parties romanes (ne pas manquer le splendide sarcophage sculpté paléochrétien du Ve ou du VIe siècle, figurant le sacrifice d'Abraham, la résurrection de Lazare, Daniel dans la fosse aux lions et Adam et Ève au Paradis terrestre), le château d'Aren (XVe-XVIIe s.), Camp (château des évêques d'Oloron), Ledeuix (église romane).*

J. Dumonteuil, *Sainte-Croix d'Oloron*, Pau, Éd. des Amis des églises anciennes du Béarn.

ORCIVAL (Puy-de-Dôme) ***

Tél. OT : 04 73 65 92 25.

Orcival abrite l'un des fleurons de l'art roman avec la basilique Notre-Dame. Fondée au XIIe siècle par des moines de *La Chaise-Dieu, elle a eu la chance de parvenir jusqu'à nous sans trop de dégâts, mis à part un tremblement de terre et un commencement de démolition du clocher, heureusement vite arrêté, à la Révolution, et les restaurations du XIXe siècle. Le chevet est un chef-d'œuvre d'architecture et la nef est précédée d'un narthex. Ne pas manquer de s'arrêter devant la Vierge d'Orcival, en bois recouvert de vermeil et d'argent, et les 64 chapiteaux magnifiquement décorés.

➔ *Voir, dans la même commune, la maison forte de *Cordes.*

ORSAN (Cher) **

Gr. sur rdz-vs tlj. 29 avr. au 29 oct., de 10 h à 12 h et de 14 h à 19 h ; visites guidées. Tél. : 02 48 56 27 50.

À Maisonnais, entre Lignières et Le Châtelet, sur la D 65, les jardins médiévaux reconstitués d'Orsan sont installés dans le prieuré médiéval Notre-Dame, fondation essaimée de *Fontevraud. Le visiteur remonte le temps et découvre les plessis et les treilles, les tonnelles et les reposoirs... Les explications sont claires, les jardins agréables et reposants et les bâtiments médiévaux restaurés sans fioritures. En résumé, laissons parler les responsables : « À chaque saison naît un jardin nouveau, réel ou imaginaire, symbolique et utilitaire, à chaque mois, à chacun son émoi... »

LES JARDINS AU MOYEN ÂGE

Le paysan du Moyen Âge est avant tout un jardinier qui entretient un petit potager, protégé d'une simple haie, auprès de sa maison. Mais le jardin du grand seigneur est beaucoup mieux connu, car il a été représenté dans les manuscrits et est parfois cité dans les textes. Jardin promenade ou jardin potager, il est construit sur un même modèle, enclos de hauts murs percés d'une unique porte ; les plantes sont classées et forment des massifs réguliers cernés de petits buis et les allées rectilignes sont agrémentées de tonnelles, de haies et d'espaliers. La culture des simples (plantes médicinales) est plutôt du ressort des communautés religieuses. C'est la rigueur de son organisation qui fera évoluer le jardin médiéval en de magnifiques jardins à la française.

📖 *Jardins du Moyen Âge*, Paris, Le Léopard d'Or, 1995.

ORTENBOURG (BAS-RHIN) ✷✷

Construit sur une position stratégique de première importance et difficile d'accès, le château d'Ortenbourg s'avance sur la vallée telle la proue d'un navire. Une très haute tour polygonale est enserrée par un rempart, auquel se rattachent également les logis et la basse cour. Toute la puissance du château de défense se dégage de la construction. Le visiteur est récompensé de ses efforts (une heure de marche...) par un panorama grandiose.

ORTHEZ (PYRÉNÉES-ATLANTIQUES) ✷✷

Tél. :
05 59 69 02 75.

Avec sa fière devise « Toquey se gaüses ! » (Touches-y si tu l'oses), Orthez a su traverser le temps et l'histoire. Gaston VII Moncade (1229-1290) en fit la troisième capitale du Béarn, sur un des chemins de Saint-Jacques-de-Compostelle. Premier bourg de Béarn, particulièrement riche, au carrefour des grands axes routiers et commerciaux entre *Bayonne, *Toulouse, *Saint-Jean-Pied-de-Port et *Bordeaux, Orthez ne pouvait que se développer et prospérer. Le décor monumental de la ville remonte pour l'essentiel au

XIIIᵉ siècle, quand Gaston VII abandonna *Morlaàs pour s'y installer. Gaston Febus (1343-1391) donnera à la ville sa structure définitive en la divisant en trois quartiers fortifiés que l'on distingue toujours aujourd'hui. Le monument qui porte le plus sa marque est le Pont-Vieux (1370) jeté sur le gave. C'est une construction qui joua jadis un rôle stratégique, car elle était le point de passage obligé de tout le trafic entre Bordeaux et l'Espagne, ce qui permettait à Febus d'engranger de substantielles taxes de passage.

À voir également la maison dite de Jeanne d'Albret, au cœur du Bourg-vieux, ainsi que l'église Saint-Pierre (sculptures gothiques). Enfin, il ne faut absolument pas se priver de la visite du château de Moncade. Ce fut jadis un superbe château princier, construit pour l'essentiel par Gaston VII. Il n'en subsiste guère aujourd'hui que le donjon pentagonal, la tour Moncade. C'est là que Febus accumula son trésor ; c'est là que veillaient ses hommes d'armes ; c'est là

que devaient se trouver les cachots ; c'est encore là que, dans un accès de fureur, il poignarda son fils, prince héritier qui avait tenté de l'empoisonner.

ORTOLO (CORSE-DU-SUD) ✳

La région est mieux connue des guides de voyage pour ses menhirs, mais il demeure des vestiges du Moyen Âge, tant dans la ville de Sartène que dans ses environs. Il faut partir à la découverte du village médiéval déserté de l'Ortolo, à 6 km au S-E de Sartène. Le site, qui n'est même pas nommé sur le cadastre, est celui d'un village médiéval, implanté entre 300 et 350 m d'altitude, à flanc de colline : 26 maisons sont éparpillées sur plus d'1,5 ha, certaines en ruine, d'autres présentant encore des murs de belle facture, avec chaînage d'angles et corbeaux destinés à supporter des linteaux de porte en pierre. Une tour défensive, de dimensions réduites, subsiste sur encore 4 m de haut. Le village disposait d'une forge, installée près de la fontaine, et de grottes utiles pour le stockage des outils ou des denrées. Pour randonneurs chevronnés...

📖 *Patrimoine d'une île. Recherches récentes d'archéologie médiévale*, 1, DRAC Corse, 1995.

(Forêt d') OTHE (Yonne) ✻✻

« Othe » signifie forêt, une forêt située aux confins de la Bourgogne et de la Champagne et dont la visite, ponctuée de vestiges médiévaux, convient particulièrement bien au cyclotourisme. On verra Cerisiers (église en partie romane), Dixmont (église XIIIᵉ-XVIᵉ s.), Villemaur-sur-Vanne (XIIᵉ-XIIIᵉ s.), dont le clocher en bardeaux descend jusqu'au sol, les ruines du château de Saint-Phal, sa petite église et son enclos circulaire, et la ferme fortifiée de Rigny-le-Ferron, avec ses tours d'angle. Ce dernier site porte un toponyme révélateur des activités industrielles de la fin du Moyen Âge. En effet, la forêt d'Othe était alors un lieu d'exploitation minière d'envergure. Des mines de fer et des forges fonctionnaient pour le plus grand profit des comtes de Champagne. Aujourd'hui, l'écologie a remplacé la sidérurgie d'antan.

OTTROTT (Bas-Rhin) ✻✻

Il existe en Alsace un bien curieux site, celui d'Ottrott. Il s'agit en fait de deux châteaux construits à une centaine de mètres l'un de l'autre. Le développement de leurs fortifications occupe une superficie d'environ 2,5 ha. Les fouilles archéologiques menées sur le site ont même révélé la présence d'un autre édifice de défense bâti entre les deux châteaux. Le premier se nomme Lutzelbourg et le deuxième Rathsamhausen. L'histoire de ces forteresses est étroitement liée à celle de la proche abbaye Sainte-Odile, aux guerres de Succession impériale du XIIIᵉ siècle et aux épisodes de la guerre de Cent Ans. À Ottrott, les deux donjons, placés vers l'intérieur du plateau, se regardent, comme pour se défier. Les impressionnantes élévations qui restent encore en place opposent meurtrières et baies romanes. Il est intéressant d'observer l'évolution des techniques de défense, car ces murailles ont fait l'objet de nombreuses attaques et modifications. Aujourd'hui, le site est entouré par la forêt, qui lui confère un caractère énigmatique.

→ *À voir aux environs l'ancien couvent du mont Sainte-Odile, fondé au VIIIᵉ siècle (chapelles XIᵉ-XIIᵉ s. avec tombeau de la sainte), ruines du château de Birkenfels.*

OURSCAMPS (Oise) ✳

Le site, dans la commune de Chiry, tire son nom d'une légende de la vie de saint Éloi, évêque de *Noyon : alors qu'aux alentours de l'an 641 il s'affairait à l'édification d'un oratoire, un ours survient qui tue l'un des deux bœufs de son charroi. Le saint persuade le sauvage animal de remplacer la bête de somme pour transporter pierres et madriers. Bien sûr il ne reste rien de ce premier édifice.

Tlj de 9 h à 19 h. Un monastère cistercien fut ensuite fondé au XIIᵉ siècle et une
Tél. : seconde abbatiale un quart de siècle après, qui fut pillée et incen-
03 44 75 72 00. diée au XIVᵉ siècle. Il demeure en ce lieu de fort belles ruines ouvertes sur le ciel. La « chapelle » gothique, restaurée, était en réalité l'infirmerie où l'on hospitalisait les malades et où l'on préparait les dépouilles des morts.

→ *À voir dans les alentours : *Noyon (cathédrale mi XIIᵉ-début XIIIᵉ s., cloître XIIIᵉ s.), qui fut le siège épiscopal de saint Éloi.*

PALLUAU-SUR-INDRE (Indre) ✳✳

Surplombant la rivière du même nom, cette petite ville est surtout connue pour les remarquables fresques de son prieuré roman. Les dernières restaurations mettent bien en valeur la Vierge en majesté peinte sur la voûte du chœur. Des ajouts postérieurs montrent saint Laurent, patron de l'édifice, sur son gril. Avec ses hautes courtines, le château domine la vallée. L'histoire du site est riche et il faut signaler le décor peint de la chapelle. Il représente des scènes de la vie de la Vierge, dont une Annonciation encadrant le maître autel.

→ *À voir dans les environs Châtillon-sur-Indre (église et donjon romans), Saint-Genou (chapiteaux romans).*

PAMIERS (Ariège) ✳

Tél. OT : À l'origine de Pamiers, une abbaye et un château qui ont disparu
05 61 60 95 70. tous les deux Pamiers, évêché en 1295, a connu une histoire religieuse mouvementée. Au XIIIᵉ siècle, les Cathares rencontrent un grand succès que l'Église combattit en installant plusieurs ordres religieux. Jacques Fournier, évêque de Mirepoix puis de Pamiers, qu'Emmanuel Le Roy Ladurie rendra célèbre auprès du grand public dans son ouvrage sur *Montaillou, deviendra pape à *Avignon sous

le nom de Benoît XII. Ultérieurement, les protestants s'installèrent
 en force ; les monuments religieux, dont la cathédrale, furent sacca-
Tél. : gés et détruits. À voir, dans la partie historique de la ville, la cathé-
05 61 67 04 22. drale Saint-Antonin (XIIᵉ-XVIIᵉ s.), qui a beaucoup souffert des guerres de Religion ; portail roman du XIIᵉ ; la nef a été rebâtie au XVIIᵉ siècle.

→ *Agréables promenades dans les environs : voir l'église de Vals, l'une des plus anciennes du Midi (fresques du XIIᵉ s. découvertes en 1956), la bastide de Mazens (XIIIᵉ s.), les églises des villages de Cintegabelle, Saint-Quirc, Cainté, Saint-Martin,, le village de Saverdun, qui fut un haut lieu du protestantisme en Ariège.*

PARAY-LE-MONIAL (Saône-et-Loire) ✸✸✸

Tél. OT :
03 85 81 10 92.

A 54 km de *Cluny, l'église priorale de Paray-le-Monial, qui est la plus achevée de l'art clunisien, fut construite à la fin du XIᵉ siècle, en même temps que Cluny III, dont on dit qu'elle est la réplique, la taille en moins. Alors que Cluny a presque disparu, la basilique de Paray a traversé les siècles sans trop de dommages. Même la Révolution l'a épargnée. Le narthex, qui menaçait ruine, a été restauré en 1856. A voir absolument, car ce monument est superbe et il a aidé à comprendre ce que pouvait être l'abbatiale de Cluny. Paray-le-Monial est un centre de pèlerinage important depuis 1873, en l'honneur du Sacré-Cœur de Jésus.

PARIS ✸✸✸

Informations :
Caisse nationale
des Monuments
historiques
et des Sites,
Hôtel de Sully,
62, rue Saint-
Antoine (IVᵉ arr.),
tél. :
01 44 61 20 00.

Notre-Dame de Paris est l'une des cathédrales incontournables pour qui veut découvrir le monde gothique et l'ambition géniale des hommes qui élevèrent à la gloire de Dieu des tours et des dentelles de pierre. Pour visiter le monument, il faut garder le nez en l'air afin de détailler les rosaces, les sculptures des tympans des portails et des gargouilles, ou les galeries supérieures... Si l'affluence des visiteurs vous gêne, visitez la crypte archéologique du parvis (mot qui au Moyen Âge signifiait paradis...). Là, une voûte de béton de 118 m de portée protège les substructions des bâtiments mis au jour dans l'axe de l'ancienne rue Neuve-Notre-Dame. Ici, le sol parle et livre ses secrets : on apprend comment les maisons médiévales s'appuyaient sur les anciens édifices gallo-romains, ou jusqu'à quelle profondeur descendaient les fondations mérovingiennes. On voit dans tel recoin une cave, ici une rue, là des fosses dépotoirs, un puits, des colonnes, un rempart. Diorama, maquette et vitrines complètent la visite. C'est toute la vie des Parisiens depuis l'époque romaine qui est résumée dans ces structures.

Au fil des rues, d'autres témoignages de l'architecture civile médiévale peuvent encore être observés. Mais ils sont relativement peu nombreux en comparaison de la taille de la ville au Moyen Âge : plus de 100 000 habitants à la fin du XIIIe siècle, sans doute 200 000 au XVe siècle ! La cité a été sans cesse remaniée et il faut partir à la recherche des rares vestiges encore en place : une enseigne sculptée figurant la légende de saint Julien l'Hospitalier, au 42, rue de Garlande, des vestiges de l'enceinte de Philippe Auguste, notam-

ment rue des Jardins-Saint-Paul, la tour de la Poterne, à demi visible entre deux maisons de la rue des Francs-Bourgeois, et celle de Jean-sans-Peur, sur la rue Étienne-Marcel ; la maison de l'alchimiste Nicolas Flamel (début du XVe s.), le portail de l'hôtel de Clisson (fin du XIVe s.), l'hôtel de Cluny, quelques maisons à colombage de la rue François-Miron, ou le bel hôtel de Sens, qui se prend pour un château avec son portail en ogive et ses échauguettes, à juste titre d'ailleurs puisque Charles V y résida. À la Conciergerie, très restaurée au XIXe siècle, il faut voir la salle des Gens d'armes (début du XIVe s.). Un peu plus loin, juste à l'angle du quai de Seine, la tour carrée de l'Horloge sonne l'heure depuis 1334.

De 10 h à 18 h en été et de 10 h à 17 h en hiver. Tél. : 01 53 73 78 51.

Il faut voir à tout prix la Sainte-Chapelle. Jehan de Jandun l'a décrite comme « l'une des plus belles demeures du Paradis ». Cet édifice étonnant a été construit au milieu du XIIIe siècle sur les ordres du roi saint Louis et a souvent été qualifié de reliquaire monumental. En effet, sa fonction première était de conserver la couronne d'épines du Christ (actuellement à Notre-Dame). C'est une chapelle double à étages très décorés, la partie basse constituant un solide soubassement pour la chapelle supérieure. Ce qui frappe avant tout, c'est la hauteur sous voûte (plus de 20 m) et le subtil rapport qui existe entre les matériaux et les masses. La lourde voûte de pierre est comme effacée devant la surface et l'élancement des baies. Les vitraux, répartis en quinze verrières plus superbes les unes que les autres – mais bien plus lisibles dans les livres d'art qu'*in situ* en raison de leur élévation – forment un ensemble de plus de 600 m² et racontent en images les faits écrits dans la Bible, depuis la Genèse, et l'histoire des reliques de la Passion du Christ. Les décors annexes, tels les feuillages, complètent les œuvres d' « entaillures » qui ont laissé, dans la pierre, plus de cent chapiteaux, douze Apôtres et de remarquables dentelles. Monument exceptionnel, très visité. N'hésitez pas à demander une visite libre, car il n'est pas toujours aisé d'obtenir une visite

Entrée libre.

Tél. :
01 40 20 50 50
ou
01 40 20 53 17.

guidée en français. La Sainte-Chapelle est dans l'enceinte du Palais de Justice : les visiteurs peuvent être soumis à des contrôles.

Le château médiéval du Louvre lui-même peut être visité – mais souterrainement. Sa visite vaut le détour : elle constitue une promenade extraordinaire dans le passé médiéval de Paris. On peut voir dans d'immenses salles souterraines, grâce aux recherches archéologiques réalisées à l'occasion de la restructuration du musée, les fondations du Louvre médiéval. Sous l'aile Sully, le visiteur déambule au fond des fossés du donjon de Philippe Auguste, construit vers 1200, et de Charles V qui, en 1367, fait agrandir l'enceinte et la fortifie de hauts murs. Il est comme écrasé par la masse des courtines et des tours qui le dominent. Atmosphère garantie. Dans une petite salle, dite salle Saint-Louis, sont présentés des objets de la vie domestique du Paris médiéval, des sculptures, ou le fameux casque fleurdelysé de Charles VI, montrant l'importance de l'édifice dans l'Histoire. On entre aussi côté rue de Rivoli dans une autre section souterraine, dite du Carrousel, qui met admirablement en valeur les fortifications extérieures du château, grâce à d'excellents panneaux didactiques et à une grande maquette qui permettent au visiteur de se repérer par rapport aux structures.

📖 *Le Louvre des rois. De la forteresse de Philippe Auguste au palais-musée de Louis XVI*, Dijon, Éd. Faton, 1995 ; P.-J. Trombetta, *Sous la pyramide du Louvre, 20 siècles retrouvés*, Paris, Le Rocher, 1987.

Le Palais du Louvre est aujourd'hui un musée. Tous les objets exposés au Louvre sont d'un intérêt exceptionnel mais il est franchement dommage que le visiteur hésite autant à découvrir les salles qui les présentent. Le département des Sculptures expose des œuvres remarquables. C'est tout d'abord la finesse des draperies romanes, puis le tombeau de Philippe Pot (✝ 1493), avec sa lourde dalle de pierre soutenue par six pleurants encapuchonnés. Viennent ensuite des œuvres du temps d'André Beauneveu et du gothique international. Elles sont pleines d'une grâce sévère et les volumes, parfaitement dominés, sont parfois d'un réalisme étonnant, comme la statue de Charles V. Au département des Peintures, après avoir salué Mona Lisa, n'oubliez pas d'admirer le premier portrait de roi en tableau qui nous soit parvenu : celui de Jean II le Bon (✝ 1364). Vous découvrirez également les talents du peintre et enlumineur Fouquet, au travers des portraits de Charles VII ou de Juvénal des Ursins. Enfin, au département des Objets d'art, ne manquez pas les émaux champlevés de *Limoges et les retables.

Un grand polyptyque commandé par Jean de Berry pour l'abbaye de *Poissy à un atelier italien représente des scènes du Nouveau Testament et de la vie de saint Jean-Baptiste. Mais vous verrez également de menus et précieux objets, telles des pièces de jeu de tric-trac historiées, en ivoire... Il vous faut prévoir une journée pour découvrir ce musée, ouvert gratuitement le premier dimanche de chaque mois, et où vous pourrez même manger sur place.

Tlj sf mar., de
9 h 15 à 17 h 45.
Tél. :
01 53 73 78 00.

L'Hôtel de Cluny, qui abrite le musée national du Moyen Âge (6, place Paul-Painlevé 75005 Paris), est aussi à voir absolument. Fondé en 1843 au cœur du quartier Latin, le musée national du Moyen Âge (dit aussi musée de Cluny) est logé dans un remarquable édifice de la fin du xve siècle édifié par Jacques d'Amboise, l'hôtel des abbés de Cluny. Le pavé inégal de la cour intérieure, qui s'orne d'un puits et, sur les murs de l'hôtel, des coquilles saint Jacques des pèlerins qui y faisaient halte, mettent le visiteur dans l'ambiance ; il conserve une richesse extraordinaire de sculptures, meubles, miséricordes, trésors d'orfèvrerie et d'émaillerie, ivoires, jeux, céramiques, tapisseries médiévales – dont la plus célèbre est *La Dame à la licorne*, admirablement présentée – en tout 2 300

objets exposés attendent l'amateur éclairé. En plus des collections, il faut prêter attention au bâtiment lui-même, qui conserve de vastes cheminées et une superbe chapelle en gothique flamboyant.

Les franciscains

François d'Assise fonda l'ordre des Frères mineurs en 1226, dans l'idée d'organiser une vie religieuse basée sur la pauvreté absolue et la pénitence. Les ressources des frères ne devraient provenir que de la charité des croyants. Les Frères mendiants – ainsi seront-ils appelés – connaîtront un succès extraordinaire, attirant à eux des milliers de jeunes gens séduits par l'idéal de vie que proposait François. Dès le xiiie siècle, l'Ordre est installé dans les grandes villes européennes et particulièrement en France. Un couvent est fondé à Paris vers 1230. Il connaîtra un important rayonnement spirituel et intellectuel et deviendra un établissement d'enseignement. Il en naîtra des querelles avec l'Université de Paris, qui auront rapidement une dominante théologique. A partir du XIIIe siècle, un vif débat interne oppo-

sera les partisans d'une adaptation aux exigences de la vie en société, qui implique une acceptation de la propriété collective sans aucune propriété individuelle, et les partisans d'un retour radical à la pauvreté évangélique, telle que la prônait François d'Assise.

PASSY-LÈS-TOURS (Nièvre) ✻

En sortant de *La Charité-sur-Loire par la N 151 en direction de *Clamecy, prendre sur la gauche la D 1. À droite se détachent les ruines du château de Passy-lès-Tours. Un corps de logis s'appuie sur une courtine, elle-même bien défendue par une puissante poterne d'entrée. Actuellement difficile d'accès, ce château appartenait à Perrinet Gressard, un capitaine mercenaire qui se mettait au service des plus offrants. C'est ainsi que, sous le règne de Charles VII, il investit ou défendit plusieurs fois *La Charité-sur-Loire, tantôt pour les Anglais, tantôt pour les Français...

PAU (Pyrénées-Orientales) ✻✻✻

Tél. :
05 59 27 27 08.

C'est à la fin du XVe siècle que Pau est devenue la capitale du Béarn et le restera jusqu'en 1620, année où cet État rejoindra la couronne de France. On verra essentiellement le château, situé à l'extrémité d'un promontoire. Profondément restauré et remanié au siècle dernier, il n'en a pas moins une origine médiévale que l'on peut encore percevoir. Le visiteur y apprend que le futur Henri IV y naquit, le 13 décembre 1553. Le musée qu'il abrite rappelle, par maints documents et objets, la vie de cet illustre enfant et de ses parents, mais aussi de son prédécesseur en ces lieux, Gaston Febus. Le château comporte de nombreuses parties de la fin du XIIe et du XIIIe siècle. Febus y fit exécuter d'importants travaux. Sa construction la plus impressionnante est le donjon, en brique, haut de 33 m. L'utilisation de la brique est alors nouvelle en Béarn. Febus, qui s'inspirait sans doute des forteresses catalanes, l'utilisa à plusieurs reprises (Montanne, *Montaner). La tour de la Monnaie, restaurée il y a quelques années, est également son œuvre. C'est dans ce château que Febus se réfugia après le drame familial d' *Orthez. C'est également là, peut-être dans sa chambre, face aux Pyrénées, qu'il écrivit son *Livre des oraisons.*

P. Tucoo-Chala, *Histoire du Béarn*, Paris, PUF, coll. « Que sais-je ? » ; G. Ilander et P. Tucoo-Chala, *Gaston Febus, Le Livre des Oraisons*, Pau, Éd. Marrimpouey Jeune, 1974.

PAUNAT (DORDOGNE) ✸✸

L'ancienne église abbatiale en impose dans ce minuscule village établi à 18 km des *Eyzies. De style roman, fort austère, elle est le seul vestige d'une importante abbaye bénédictine qui aurait été fondée par saint Cybard, au VIe siècle, a été détruite par les Normands, au VIIIe siècle, reconstruite en 890 par Frotaire, évêque de *Périgueux, ravagée par la guerre de Cent Ans, puis par les guerres de Religion. Bref, une histoire banale pour une abbaye ! Aussi le clocher servait de donjon et une chambre de défense est installée au-dessus du chœur (qui abrite un autel roman) et du transept. La nef unique a été voûtée d'ogives au XVe siècle et la croisée porte une coupole sur pendentifs.

→ À *voir dans les environs Tremolat, Limeuil, Badefols-sur-Dordogne, Couze-Saint-Front, *Lanquais, *Molières, *Cadouin..*

PENNE (TARN) ✸

Tél. SI :
05 63 56 31 11.

Le voyageur qui passe au pied du château de Penne, édifié aux XIIIe-XIVe siècles, se croit projeté dans un des fabuleux paysages des *Très Riches Heures du duc de Berry* : le bâtiment, perché sur un pic rocheux, semble suspendu dans le ciel, juché en encorbellement au-dessus du vide... Ses ruines dominent un joli village, où l'on peut s'arrêter le temps de découvrir le meilleur angle sous lequel admirer cette petite prouesse de la construction militaire médiévale.

PÉRIGUEUX (Dordogne) ✳✳✳

Tél. OT :
05 53 53 10 63.

Visites guidées :
« Circuit médié-
val-Renaissance
et cathédrale »
du lun. au sam. à
14 h 30 ;
« Circuit roman »
(églises, la Cité,
Saint-Front).
Visite
aux flambeaux
en août.

Il faut s'arrêter longuement à Périgueux, capitale de la Dordogne. La vieille ville, patiemment et intelligemment restaurée, soutient la comparaison avec *Sarlat. L'occupation du site remonte aux temps préhistoriques, mais ce sont les Romains qui ont édifié la cité là où elle est encore aujourd'hui, sur le territoire des *Petrocores*, qui a donné (très ultérieurement) son nom à la ville. Les invasions portèrent un coup très rude et accumulèrent les destructions. Les habitants se replièrent sur un espace très réduit, construisant de nouveaux remparts avec les pierres et les colonnes des monuments en ruine. On voit encore, amputé d'un étage et sous l'appellation erronée de « vieux moulin », un poste de guet en pans de bois de la fin du Moyen Âge construit en encorbellement à cheval sur le rempart. Même si ce guide ne concerne que le Moyen Âge, nous vous conseillons de suivre le circuit gallo-romain avant de vous promener dans la partie médiévale de la ville. Munissez-vous

d'un plan, ou suivez les visites guidées – dont l'intérêt dépend beaucoup de la personne qui les conduit, le meilleur y côtoie le médiocre. Le quartier de la Clautre est le plus ancien de la ville. On voit encore, rue Saint-Roch, des maisons médiévales dont l'une présente une belle façade du XIIe siècle, dotée de baies dont l'*intrados* (l'intérieur de l'arc) est sculpté en pointe de diamant. Vous ne pouvez manquer l'église Saint-Étienne-de-la-Cité, construite aux XIe-XIIe siècles. Voûté de coupoles sur pendentifs, malgré d'importants remaniements et de nombreuses amputations, l'édifice vaut la visite. Dans le quartier de Puy-Saint-Front, ancienne ville médiévale, outre les superbes maisons que l'on trouve dans de petites rues aux appellations pittoresques ou évocatrices, se dresse la monumentale cathédrale Saint-Front, meublée de pièces baro-

ques. Les architectes Abadie et Boeswillwald n'ont pas fait dans la dentelle lorsqu'au siècle dernier ils entreprirent de restaurer l'édifice, fort délabré : ce n'est plus de la restauration, mais de la recréation... Seul le clocher haut de 60 m (XIIe s.) est intouché. Passez donc quelques heures dans cette ville, qui ne manque pas de bonnes tables, en n'oubliant pas de visiter le musée du Périgord, qui expose de remarquables collections.

➔ *On peut voir, dans les environs, Saint-Astier (superbe tour-clocher),*

Segonzac (église fortifiée), Montagrier (église du XIIe s. sur coupole et cinq absidioles), *Grand-Brassac (très intéressante église fortifiée), le prieuré de Merlande, site romantique où ne subsistent du XIIe siècle qu'une chapelle et la maison du prieur, de très beaux châteaux, notamment Caussade (forteresse du XIVe s., ne se visite pas).

PERNES-LES-FONTAINES (Vaucluse) ✲✲

De 10 h à 17 h.
Tél. Château :
04 90 61 50 57.

Une fois passés les faubourgs modernes de Pernes, on entre dans le cœur historique du village, par une petite porte fortifiée flanquée de deux tours, datant du milieu du XVIe siècle mais d'inspiration encore très médiévale. Il faut se garer – les rues sont presque trop étroites pour une voiture – et partir à pied à la découverte des structures fortifiées. Tendez l'oreille ; tout le village ancien bruisse doucement des 33 fontaines qui lui ont donné son nom. On passe d'abord devant une tour du XIIe siècle (abritant un pressoir XVIIIe s.), puis on emprunte la montée du donjon pour aboutir à la tour

Ferrande. Dressée en plein centre du village, sur un socle de roc, elle n'est ni très grande ni très impressionnante – et même un tant soit peu défigurée par l'horloge moderne et le lanternon de fer forgé en forme de cage à oiseau tunisienne à son sommet – mais elle possède de remarquables fresques, peintes au XIIIe siècle d'un pinceau alerte et qui figurent, entre autres, les combats de chevaliers et de Maures caricaturaux à cheval sur des montures traitées elles aussi à la manière grotesque. Voir également l'église Notre-Dame (XIIe-XIVe s.).

→ *Aller à *Gordes, Senanque ou *Avignon.*

PÉROUGES (Ain) ✲✲✲

Tél. OT :
04 74 61 01 14.

C'est impérativement chaussé de talons plats qu'il faut visiter ce bourg médiéval dont l'ensemble du réseau vicinal est constitué de « têtes de chat », c'est-à-dire de galets ronds pointant au-dessus du niveau du sol. Le site, exceptionnellement préservé, attire un tourisme nombreux et une visite au petit matin permettra de mieux se replacer dans une ambiance malgré tout authentiquement bas-médiévale. On grimpe en pente douce jusqu'à la porte principale de la ville, armée d'un mâchicoulis et défendue par l'église Sainte-

223

Marie-Madeleine. À la fonction cultuelle, celle-ci ajoute en effet toutes les caractéristiques d'une fortification : un grand mur d'une

épaisseur considérable où les ouvertures, étroites, sont haut placées sur la paroi, et encadrées verticalement par des canonnières, en bas, et des meurtrières à arquebuses, en haut. La cité fortifiée, fondée au XIᵉ siècle, juchée sur un mamelon entouré d'un rempart, abrite des demeures de pierre qui alternent avec les pans de bois du XVᵉ siècle et d'autres maisons flanquées de tourelles ou à encorbellements, desservies par les rues étroites et tortueuses à rigole centrale ; dans ce bourg prospère, qui a atteint au XVᵉ siècle les 1500 habitants, vivaient tisserands et vignerons. Cette exceptionnelle séquence de maisons anciennes évoque mieux que partout ailleurs la vie quotidienne d'un bourgeois du Moyen Âge et, après avoir goûté le traditionnel hypocras de l'Ostellerie du Vieux Pérouges, c'est, une part de galette au sucre à la main, spécialité du lieu, que vous arpenterez les rues en pente de ce village circulaire fortifié.

PERPIGNAN (Pyrénées-Orientales) ✵✵

Tél. OT :
04 68 66 30 30.

Une grande et belle ville qui mérite une longue halte. Ancienne capitale des comtes de Roussillon puis des rois de Majorque, Perpignan est riche en monuments religieux et civils. À voir le Castellet, construit en 1368, ancienne porte et emblème de la ville, ancienne prison, aujourd'hui musée catalan des Arts et Traditions populaires. La cathédrale Saint-Jean (XIVᵉ et XVᵉ s.) est un bon exemple de gothique méridional. Un passage sous l'orgue conduit à la chapelle Notre-Dame-dels-Correchs (XIᵉ s.). L'église Saint-Jean-le-Vieux (XIIIᵉ s.) possède un chœur et trois nefs. Près de la cathé-

drale, on verra la chapelle du XVIᵉ siècle avec son Dévôt-Christ, crucifix du XIVᵉ siècle. Le Campo Santo, tout près de la cathédrale, est un cloître-cimetière, ancien garage, enfin restauré et réaménagé. La place de la Loge est le cœur historique de la ville. À regarder tout particulièrement la loge de Mer, superbe bâtiment gothique du XIVᵉ siècle devenu *fast food* !... Apparemment, si quelqu'un a protesté, cela n'a eu aucun effet !

Il faut se promener dans ce quartier où l'on peut remarquer des constructions du XVe siècle, l'hôtel de ville notamment. On ne manquera pas de visiter l'église Saint-Jacques (XIIIe s., reconstruite au XVe) dont une chapelle est réservée à la confrérie de la Sanch qui depuis le XVe siècle organise la procession du Vendredi saint. Le joyau de Perpignan est sans conteste le palais des rois de Majorque (XIIe et XIVe s.).

→ *À voir dans les environs l'église du XIIe siècle de Saint-André de Sorède (à 20 km), Saint-Genis-des-Fontaines (27 km) dont l'église porte un linteau qui serait la plus ancienne sculpture romane à figure humaine, *Salses, *Serrabone, *Thuir ; Toulouges, célèbre pour son synode de 1027 qui imposa la Trêve de Dieu (interdiction de guerroyer le dimanche) ; un concile tenu également en ce lieu étendra cette interdiction à 300 jours par an ; Collioures, petit village célèbre pour ses anchois et que les rois de Majorque choisirent pour résidence d'été : un site exceptionnel mais envahi par les touristes.*

PERRECY-LES-FORGES (Saône-et-Loire) ✵

En été tlj de 8 h à 19 h. sf lun.

Imposante église romane au porche richement sculpté (XIe-XIIe s.). Un éco-musée est ouvert au premier étage du narthex.
→ *Voir aussi, dans la région de Montceau-les-Mines, *Gourdon et Issy-l'Évêque (églises romanes, chapiteaux, fresques).*

PEYREHORADE (Landes) ✵

Au XVIe siècle, un architecte italien édifia pour le vicomte d'Orthe, Adrien d'Aspremont, un château de plaine dit « de Montréal », à 23 km de *Dax, comprenant un corps de logis principal flanqué de quatre tours circulaires.
→ *Non loin de là, plusieurs sites doivent retenir l'attention : l'ancienne abbaye Notre-Dame d'Arthous, fondée en 1167 par les prémontrés et qui connut bien des malheurs jusqu'à sa restauration en 1964 ; l'ancienne abbatiale est très intéressante à visiter, pour ses sculptures notamment ; la bastide d'Hastingues, fondée par Édouard Ier d'Angleterre en 1289 ; Sorde-l'Abbaye, ancienne abbaye bénédictine dont parle la* Chanson de Roland, *édifiée sur une villa gallo-romaine ; beau portail du XIIIe siècle ; le chœur contient un ensemble exceptionnel de mosaïques.*

PEYREPERTUSE (Aude) ✵✵✵

Édifié sur une crête rocheuse de plus de 600 m de long pour une cinquantaine de large, le château de Peyrepertuse est perché à près de 500 m au-dessus de la vallée de la Verdouble. L'édifice est divisé en deux parties bien distinctes. La première, la plus basse, corres-

pondrait à la première installation défensive. Dès le XIIe siècle, il est fait mention d'un lieu de culte, puis d'une forteresse qui, au siècle suivant, est agrandie et augmentée d'un château haut. Les constructions se fondent dans le paysage et lui donnent vraiment l'aspect d'un nid d'aigle imprenable. Tous les corps de logis du château sont équipés d'éléments défensifs, comme la longue courtine qui délimite, en triangle, la basse cour. Peyrepertuse est le reflet des grandes heures du Moyen Âge, mais tel le voyageur médiéval, pour bien l'apprécier, il ne faut oublier, en saison, ni sa gourde, ni son chapeau... Pour y accéder, venir de *Perpignan par la D 117.

PICQUIGNY (Somme) ⁂

Tél. : 03 22 91 78 91.

Au Moyen Âge, le château féodal de Picquigny, qui domine la vallée de la Somme, à 13 km d' *Amiens, était une puissante forteresse. Les ruines imposantes que l'on peut voir aujourd'hui témoignent de son passé militaire. C'est là qu'eut lieu en août 1475 la fameuse rencontre entre Louis XI et Édouard IV d'Angleterre. Les deux monarques s'étaient donné rendez-vous sur un pont de bois bâti spécialement pour cette occasion. Un treillage de bois coupait le pont en son milieu. La confiance régnait ! Louis et Édouard s'embrassèrent quand même à travers la grille et proclamèrent une trêve de sept ans, qui mit fin pratiquement à la guerre de Cent Ans. À voir également, à Picquigny, l'église Saint-Martin, ancienne collégiale avec une nef du premier temps gothique, un chœur du XIVe siècle et une tour-lanterne du XVe siècle.

PIERREFONDS (Oise) ⁂

Tél. : 03 44 42 72 72.

Une curiosité à ne pas manquer, fruit du caprice d'un empereur, Napoléon III, et de la mégalomanie d'un architecte génial, Viollet-le-Duc. En cet endroit existait, au Moyen Âge, un château qui joua un rôle important durant les guerres franco-bourguignonnes. Louis XIII le fit démanteler – un de plus – mais pas totalement, tant s'en faut ; il restait encore, au XVIIIe siècle, de puissantes ruines avant que le célèbre archéologue ne s'attaque à leur reconstruction : donjon, haute tour carrée à demi éventrée, imposants pans d'une muraille d'enceinte à huit tours. Napoléon III décide de le restaurer en 1857. Autour des ruines, Viollet-le-Duc, tout en respectant le plan de

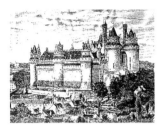

base, reconstruit un château médiéval parfait. Napoléon III voulant en faire sa « résidence secondaire » – une « habitation fort agréable », selon les termes de Viollet-le-Duc –, de nouveaux bâtiments à galerie sont édifiés autour de la cour. Les balustrades, escaliers, perrons, la chapelle sont des « faux ». La décoration intérieure, fruit de l'imagination, est également un « pastiche » et fait aussi appel au style troubadour ; les fresques s'inspirent, sans les copier fidèlement, loin s'en faut, de motifs iconographiques médiévaux : l'arbre de Jessé, sur le manteau d'une cheminée, dans la salle des Chevaliers de la Table ronde, les Neuf Preuses, très à la mode à l'extrême fin du Moyen Âge, ou encore des grotesques, monstres et animaux exotiques. Il peut être intéressant de visiter un site authentiquement médiéval mais revu et corrigé par un érudit du passé : chaque période a perçu différemment le Moyen Âge. On a dit du XIXᵉ siècle qu'il a été le « second âge d'or des châteaux ». À voir sans complexe !

Tlj du 1ᵉʳ avril au 30 sept. 9 h 30 à 18 h ; du 1ᵉʳ oct. au 31 mars du mer. au dim. de 10 h à 12 h et de 14 h à 16 h 30.

PIROU (MANCHE) ✳✳

Prendre la D 652 à partir de Lessay puis la D 650 vers Heugueville ; à Pirou-plage, tourner à gauche. Vous verrez une grande maison forte incluse dans une enceinte polygonale, dont il reste des éléments remarquables. Une partie des murailles a été détruite pour ouvrir le monument sur l'extérieur et sur les larges douves qui l'entouraient.

PLAIMPIED (CHER) ✳✳

Tél. Mairie : 02 33 46 41 18.

L'abbatiale romane de Plaimpied, placée sous le vocable de saint Martin, s'est implantée au bord de l'Auron, au S-E de *Bourges par la D 106. Son architecture est simple mais intéressante. Une vaste nef est séparée du chœur par un transept à la croisée duquel se trouve un clocher sur trompe. Les chapiteaux se limitent parfois à de simples tailloirs. Pourtant, l'un d'entre eux mérite à lui seul le déplacement : celui de la Tentation. Le Christ est encadré par deux diables ailés, l'un velu, l'autre au

corps lisse. Tous les traits des sujets sont exagérés jusqu'à les orientaliser. N'oubliez pas de vous munir de jumelles pour bien apprécier ce chapiteau. De belles inscriptions funéraires romanes, ainsi que le gisant de l'archevêque Guillaume du Donjon, complètent les œuvres sculpturales. Sous le sanctuaire, s'étend une crypte couverte d'une voûte d'arête.

➜ *Aller à *Bourges.*

POISSY (Yvelines) ✵✵

Tél. OT :
01 30 74 60 65.

Résidence royale dès le Vᵉ siècle, l'enfant le plus célèbre de Poissy est saint Louis qui y naquit et y fut baptisé. Louis IX ayant été canonisé en 1297, Philippe IV le Bel fit mettre en chantier à Poissy, à l'emplacement du château royal, un monastère destiné à accueillir 120 religieuses issues de la noblesse. L'église abbatiale sera dédicacée en 1331. Son plan était proche de celui de l'abbaye de *Royaumont. De l'ensemble église-monastère, il ne reste que quelques morceaux épars dont l'enceinte fortifiée, la porterie, une grange, une salle voûtée d'ogives, un fragment de dortoir. L'église a servi de carrière à partir de 1805. Poissy a cependant conservé des temps médiévaux la collégiale Notre-Dame, dont la construction fut entreprise par Robert le Pieux vers 1016. L'église n'est pas très homogène car elle a subi maintes destructions et restaurations. Viollet-le-Duc y a effectué d'importants travaux entre 1861 et 1869. Le clocher-porche date du XIᵉ siècle, mais la flèche de pierre a été refaite en 1896. La nef date du XIIᵉ siècle, mais certaines parties ont été reconstruites au XVIᵉ siècle.

➜ *Dans les environs, plusieurs églises méritent une visite : à Andrésy, Saint-Germain-de-Paris (trois vaisseaux, chevet plat, sans transept, début XIIIᵉ s., bas-côté gauche remanié XVIᵉ s., gagnant en hauteur mais y perdant en harmonie), dont l'élévation ressemble à celle de Notre-Dame, avec un* triforium, *des roses... À Triel-sur-Seine, Saint-Martin-du-Triel (XIIIᵉ s.), dont la construction s'inscrit également dans la filiation de Notre-Dame. Le chœur, qui enjambe une rue, date de 1550. Saint-Pierre-aux-Liens à Vaux-sur-Seine (première moitié du XIIᵉ s., remaniements XIVᵉ et XVIᵉ s.). Vernouillet, église Saint-Étienne (XIIᵉ-XIIIᵉ s., restaurations malencontreuses au XIXᵉ s.).*

POITIERS (Vienne) ✵✵✵

Tél. OT :
05 49 41 21 24.

Au confluent du Clain et de la Boivre, la ville de Poitiers s'étend sur un plateau. Au cœur de la cité, l'église Notre-Dame-la-Grande est un pur joyau de l'art roman. La décoration de sa façade est très recherchée et ses proportions étonnantes. Aux sculptures richement travaillées et dernièrement restaurées (de main de maître), viennent s'ajouter les fresques de la voûte de la nef. La même

Musée :
tlj sf mar. et jf.
Visite de la ville :
05 49 52 54 65.
Baptistère :
tlj sf le mar.

impression de puissance et d'équilibre se dégage du clocher-porche de l'église Sainte-Radegonde, de la cathédrale Saint-Pierre, terminée seulement au xve siècle, ou de l'église Saint-Hilaire-le-Grand (un peu à l'écart du centre). La ville est traversée par des voies sinueuses, parfois étroites, bordées de maisons anciennes et d'hôtels particuliers. Dominant l'ensemble, la tour de Maubergeon abrite actuellement le palais de Justice. Ce monument, construit par les comtes de Poitou, a été largement repris, à la fin du xive siècle, par les architectes du duc de Berry. À l'extérieur, la construction est rythmée de fins contreforts surmontés de statues. Le haut pignon qui lui est accolé est percé d'une verrière dans laquelle passent les trois conduits d'une cheminée monumentale. À l'intérieur de la salle des pas perdus (entrée libre), l'effet est plus saisissant encore ; la finesse de la verrière et de ses quatre statues, dont l'une représente Charles VI, tranche avec la masse de la cheminée. Ce mur pignon, réalisé à la fin du xive siècle, vient fermer l'ancienne salle des comtes de Poitou. Sur 52 m de longueur, ses murs latéraux sont plaqués d'arcatures aveugles romanes. Le musée Sainte-Croix conserve d'intéressantes collections médiévales, dont on retiendra surtout les chapiteaux romans et une superbe tête d'angelot. Tout à côté, le baptistère Saint-Jean est certainement l'une des constructions de ce type les plus anciennes de France puisqu'il a été bâti au ive siècle. De nombreuses modifications ont altéré son état initial, comme la transformation des fenêtres à l'époque mérovingienne, ou l'adjonction d'absidioles vers le xe siècle. La cuve baptismale est encore visible au centre du bâtiment. Le baptistère abrite des sarcophages mérovingiens et ses voûtes portent des fresques datées des xiie et xiiie siècles. Des recherches archéologiques récentes ont permis de dégager les bases du monument, pour le mettre mieux en valeur. Poitiers est une ville qui possède des monuments remarquables, que les toutes dernières restaurations rendent très agréables à visiter, ou à revisiter.

PONTIGNY (YONNE) ✳✳

Dans la vallée du Serein, à Pontigny, a été fondée, en 1114, une abbaye cistercienne. Dès l'arrivée, on est surpris par la masse de l'église ; les volumes sont saisissants et les proportions remarquables. Devant vous se développe le long vaisseau de la plus grande église cistercienne de France. Commencée peu après 1130, c'est l'une des toutes premières constructions gothiques de Bourgogne. Comme tous les édifices cisterciens, la sobriété et le dépouillement valorisent la beauté naturelle de la pierre. Les démolitions révolutionnaires ont épargné quelques structures monastiques dont le bâtiment des convers. Parmi les curiosités du site, la légende voudrait qu'un carreau fleurdelisé, placé près du chœur, eût quelques vertus fécondatrices. Il indique surtout la tombe de la mère de Philippe Auguste : Adèle de Champagne.

PONTOISE (VAL-D'OISE) ✳✳

Tél. OT :
01 30 38 24 45.

Implantée sur la rive droite de l'Oise, Pontoise joua un rôle important au Moyen Âge, comme place forte du Vexin. Malgré les bombardements de la dernière guerre, la ville a conservé un vieux quartier autour de sa cathédrale Saint-Maclou : façade de style flamboyant, nef du XVe siècle, transept et chœur du XIIe siècle. Beaux chapiteaux dans la nef, sur les bas-côtés et dans le déambulatoire. À voir également l'église Notre-Dame, fondée en 1247 mais totalement reconstruite en 1599 et le musée de Pontoise, dans un bâtiment édifié par le cardinal d'Estouteville, au XVe siècle.

POZZU DI BRANDU (HAUTE-CORSE) ✳

Ce village possède encore une maison médiévale, la « maison Fernandini », dont la façade s'orne de fenêtres géminées et à triple arcature en marbre, et de baies en plein cintre à l'étage inférieur. Une inscription indique la date de construction : 1485.

PROVINS (Seine-et-Marne) ✵✵✵

Grange aux
dîmes : ouv.
jusqu'au 31 juin
et du 2 sept.
au 3 nov. sam.
dim. et jf de 11 h
à 18 h. Sem. :
de 14 h à 18 h.
Du 1er juin au
1er sept. sam.
dim. et jf de 10 h
à 19 h, sem.
de 11 h à 18 h.

Il faut visiter Provins un matin de semaine, hors des périodes de vacances, pour profiter pleinement de l'atmosphère médiévale que dégage encore, incontestablement, la haute ville, ancienne capitale des comtes de Champagne. Après avoir transité par la maison des Visiteurs/office du tourisme (ouv. 9 h à 18 h ou 17 h hors saison), où une maquette de la ville médiévale et un film sur son histoire sont proposés, on pénètre dans la cité. Entrant par la porte fortifiée, on dispose d'abord d'un point de vue inégalable sur l'immense mur d'enceinte du XIIIe siècle, flanqué de tours et d'un profond et large fossé. Autour de la place du Marché, dont le socle du calvaire date du XIIIe siècle, alternent de magnifiques maisons de la même période, en pierre de taille, et d'autres, plus tardives (XVe ou XVIe s.) en pans de bois. Dans les rues attenantes, subsistent d'autres bâtiments médiévaux, parfaitement restaurés : une grange aux dîmes de la fin du XIIe siècle, qui abrite une exposition permanente sur « Provins au temps des foires de Champagne », une maison du XIIIe siècle, rue Saint-Jean, etc.

Dominant la ville de toute la hauteur de sa motte sur laquelle est

juchée une tour octogonale, le château de Provins – trompeusement dénommé tour César – vaut la visite. Il date en réalité du XIIe siècle et a été renforcé au XIVe. Il comprend une salle des gardes, voûtée sur quatre ogives, des cellules, et une seule chambre de séjour. Au pied du château, l'église Saint-Quiriace a été édifiée aux XIIe (chœur et portail latéral nord) et XIIIe siècles (nef, transept et portail latéral sud).

Sur le chemin de la ville basse, une admirable maison romane abrite un musée du Provinois, où les objets médiévaux sont nombreux : une remarquable collection de carreaux de pavement inédits, des céramiques domestiques ou des pots funéraires à encens, destinés à être disposés dans les tombes, des clés, des serrures, d'étonnantes gargouilles de fontaine du XIIe siècle, toutes

pièces fort bien exposées dans un local où les parois intérieures anciennes, à pans de bois, font un écrin rustique aux choses de la vie domestique. Depuis la rue, un escalier donne accès à une superbe cave en sous-sol : y est exposé le lapidaire médiéval de la ville, depuis les sarcophages mérovingiens de calcaire blanc jusqu'aux statues du XIIIe siècle. On devine, dans un recoin de la

Souterrains : de 14 h à 17 h 30, les dim. et jf d'avr. à mi-nov., tlj en juil.-août.

pièce, le départ d'un de ces boyaux souterrains qui sont une des curiosités médiévales de Provins.

Les souterrains constituent un réseau de galeries bien organisé, creusé parfois sur deux étages dans la craie au pied de la butte supportant la ville médiévale. Se recoupant à angle droit, les galeries reconstituent un plan de quartier. Bien qu'on leur attribue volontiers une nature chtonienne – voir les graffitis anciens –, leur fonction était sans doute plus prosaïque : sous la rue d'Enfer, on visite un grand souterrain-réserve à cellules latérales qui sont en réalité autant de caves et celliers. Des caves voûtées du XIIIe siècle – le grand siècle du commerce, alors que cette ville était l'une des plus importantes de France –, ornées de chapiteaux feuillus, ont parfois récupéré ce réseau certainement antérieur au temps de saint Louis.

➔ *Aller à *Saint-Loup-de-Naud.*

PUISEAUX (Seine-et-Marne) *

Son église médiévale présente un curieux clocher hélicoïdal. Mais on a eu, sans doute au début du siècle, la mauvaise idée de bâtir en vis-à-vis un effroyable pastiche de maison néo-gothique en guise de mairie... Passer par les jolis villages d'Amponville, pour admirer au passage sa mare communale, et de Beaumont-en-Gâtinais, avec sa halle et son église romane.

➔ *Aller à *Larchant.*

QRST

QUÉRIBUS (Ariège) ✳✳✳

Perché sur un piton rocheux, dominant les Corbières et la plaine du Roussillon, ce château fut le dernier lieu de résistance active des Cathares. La forteresse, dotée d'un donjon polygonal, ne sera en effet soumise qu'en 1256. Une étape obligée sur la route cathare.

LE PÈLERINAGE CATHARE

Les châteaux cathares ont la cote. Outre des lieux extraordinaires, une littérature abondante et plus ou moins sérieuse (attention à l'ésotérisme de pacotille, méfiez-vous comme de la peste des mythes solaires ou non, même si ces livres se vendent bien), et une certaine exploitation du mythe cathare à des fins parfois ambiguës font que nombre de touristes ne veulent à aucun prix manquer le « pèlerinage cathare ». Il est vrai qu'il s'agit d'une histoire tragique, qui vit le triomphe sanglant de la force brutale et sectaire, même si les Cathares n'étaient pas non plus des modèles de tolérance, considérant l'Église comme l'incarnation du mal. Le pape, épaulé par le roi de France, entama contre eux une lutte sans merci. Le danger pour l'Église était réel, dans la mesure où les Cathares rencontraient un succès certain parmi les populations, comme on l'a vu à *Montaillou. Si cette histoire des Cathares vous passionne, il faut bien sûr lire des livres sérieux sur la question : il y en a qui ne sont ni polémiques ni illuminés. Et puis n'hésitez pas à partir, en Languedoc, sur la trace des Parfaits et de leurs poursuivants : leur présence est sensible à *Albi, *Béziers, *Carcassonne,

*Fontfroide, *Minerve, Lavaur (Tarn), Castelnaudary (Aude), Muret (Haute-Garonne), *Toulouse. Enfin il ne faut pas manquer, si vous avez du souffle et de bonnes jambes, les « citadelles du vertige », hauts lieux de la résistance cathare, dont le souvenir demeure ancré dans beaucoup de mémoires : *Montségur, *Peyrepertuse, perché à 800 m d'altitude, surnommée « la petite Carcassonne céleste » ; cette forteresse, jugée imprenable, ne fut effectivement jamais prise par les troupes de Simon de Montfort. Puylaurens (Aude), à 700 m d'altitude, dont Simon de Montfort renonça à s'emparer. Puivert (XIIe s.), résidence d'été des vicomtes de Carcassonne, prise après un siège de trois jours en 1210. Termes (Aude), réputée imprenable, véritable nid d'aigle dont la population succomba au manque d'eau et à la dysenterie. Et enfin Quéribus.

M. Roquebert, *L'Épopée cathare*, Toulouse, Privat, 1985 ; A. Brennon, *Le Vrai Visage du catharisme*, Toulouse, La Loubatière ; J. Duvernoy, *L'Histoire des Cathares*, Toulouse, Privat, 1976 ; et un petit guide de R. Nelli, *Le Musée du catharisme*, Toulouse, Privat, 1991. Enfin H.-C. Lea, *L'Histoire de l'Inquisition au Moyen Âge*, Éd. Millon, 1986.

QUIMPER (Finistère) ✲

Tél. OT :
02 98 53 04 05.

Tél. Musée :
02 98 95 21 60.
Tlj sf dim. mat.,
lun. et jf de
9 h à 12 h et de
14 h à 17 h ;
juin-sept. : tlj
de 9 h à 18 h.

Il ne subsiste que peu de vestiges médiévaux à Quimper : quelques pans du rempart de la ville, près de la cathédrale Saint-Corentin, édifiée dès 1240. Son intérêt réside essentiellement dans ses vitraux, notamment ceux du xve siècle. Ses hautes flèches sont tardives (1856), mais disparaissent souvent dans les brumes matinales, et l'œil s'étonne de la subtile distorsion de la nef et du chœur, bâtis en deux campagnes de construction distinctes et pas dans le même alignement, sans doute en raison de la nature du sous-sol.

On trouve, au musée départemental breton, installé dans l'ancien palais des évêques, un bâtiment gothique édifié au début du xvie siècle et qui jouxte la cathédrale, quelques beaux exemples d'art médiéval, chapiteaux romans, vitraux, pierre tombale, orfèvrerie. On ne s'attardera pas devant les ruines d'un cloître, dans la cour du palais, simple reflet de la mode pour le néo-gothique au xixe siècle.

QUINTENAS (Ardèche) ✲

Une église fortifiée du xive siècle présente une façade occidentale, avec tourelle à échauguette flanquante, bretèche au-dessus du porche contreforté et de la baie unique, chemin de ronde au sommet. Deux *oculus* supplémentaires éclairent la nef, mais ils sont munis de barreaux. À examiner ces installations qui donnent à l'église un caractère massif, on réalise mieux à quel point les Grandes Compagnies, qui ont ravagé la région après 1360, ont inquiété la population.

→ À *voir aux environs Champagne (église romane, stalles xve s.).*

QUIRIEU (Isère) ✲✲

Il est rare de pouvoir visiter une « ville neuve » désertée, en ruine mais figée dans sa configuration médiévale. Situé à proximité de *Crémieu, dans la commune de Bouvesse-Quirieu, à 100 m au-dessus du Rhône, ce petit bourg était aussi une place-forte delphinale dotée d'un château – arasé –, d'une maison forte à tour-escalier et d'une enceinte flanquée de tours ainsi que d'un bastion plus tardif. La ville est organisée en arête de poisson autour d'une grande rue pavée, à rigole centrale, comme à *Pérouges, avec une place du marché, une église et une chapelle à clocher-porche située près du rempart. Sa vocation défensive, face au Dauphiné, mais aussi commerciale, bien placée sur le Rhône et au-dessus d'un port à péage, ne l'a pas empêchée d'être abandonnée, sans doute au début du xviie siècle.

Attention, Quirieu n'est pas fléché. Depuis *Lyon, prendre l'auto-route direction Bourgoin, sortie Morestel, aller à Morestel, juste avant Montalieu prendre à droite direction Le Baillard, dans ce hameau stationner sur la place, prendre le petit chemin montant face à la place. Jolie promenade dominicale à 60 km à l'est de * Lyon.

→ *Aller à *Crémieu.*

RAMBURES (Somme) ✳

Tél. :
03 22 25 10 93.

Édifié aux xive et xve siècles, le château de Rambures, dressé sur terrain plat, entouré d'un fossé, a traversé les siècles sans trop d'altérations malgré quelques transformations aux xviie et xixe siècles. Il joua un rôle important durant la guerre de Cent Ans, parcelle française entourée de territoires anglais. Le plan général s'inscrit dans un carré de 29 m de côté et ne présente que des fronts curvilignes : une sorte de grosse tour-donjon. Le château, à demi enterré, est conçu pour résister à l'artillerie de siège. Les murs, en brique, ont une épaisseur de 2,50 m au minimum : c'est un très intéressant exemple d'architecture militaire du xve siècle.

RAMPILLON (Seine-et-Marne) ✳✳

Tél.
pour rdz-vs gr :
01 64 08 32 19.

Avant d'atteindre le village, en venant de Meynieux, on passe devant une maison forte du xve siècle avec sa tourelle et les ruines de son mur d'enceinte. L'église Saint-Éliphe de Rampillon, juchée sur une butte, se voit de loin. Lorsqu'on arrive de *Provins en direction de Melun, elle domine les champs avoisinants de la Brie champenoise. Monumentale, flanquée d'une tour ronde, elle est le reflet de l'opulence du lieu aux temps médiévaux. Elle a été reconstruite au xiiie siècle par les chevaliers de l'ordre hospitalier de Saint-Jean de Jérusalem (aujourd'hui Ordre de Malte). La nef comporte trois niveaux d'élévation et l'église a gardé une partie de

sa polychromie d'origine. Elle vaut surtout la visite pour un magnifique Jugement dernier en pierre blanche mais aussi le beau calendrier sculpté de son porche : sous l'auvent de bois qui protège les sculptures récemment restaurées, se développent, à hauteur du regard, les scènes de la vie rurale au Moyen Âge qu'il faut examiner de gauche à droite pour respecter la succession des

mois. Parmi les motifs classiques du calendrier, l'un, plus original, figure un jeune garçon qui s'occupe de nourrir les porcs pour la glandée : or, on voit rarement les enfants dans ces images du travail paysan. Dans les écoinçons qui séparent les scènes, des visages parfois souriants de femmes et d'hommes, de jeunes et de vieux, nous montrent que les gens d'alors ne différaient guère de nous... si ce n'est par la mode et la coiffure.

De 15 h à 18 h 30 de Pâques à la Toussaint, dim. et jf, audiovisuel hist. et arch. de l'église ; le mat., demander la clef. Adresse sur le panneau d'informations.

→ *Aller à *Saint-Loup-de-Naud.*

AU FIL DU TEMPS : LES CALENDRIERS

Peints à fresque ou dans les manuscrits, en mosaïque ou sculptés, les calendriers des saisons scandent religieusement le temps médiéval, même si ce sont des activités toutes profanes, essentiellement agricoles, que figurent ces représentations. Le fidèle qui entrait dans l'église se remémorait à leur vue que le travail est la conséquence de la faute d'Ève... et d'Adam. Des loisirs lui sont cependant concédés : le chômage religieux du temps de Noël incite au plaisir du repos au coin du feu, la fête du 1er janvier invite à un bon repas, le mois d'avril montre le noble allant à la chasse, à cheval et faucon au poing.

📖 P. Mane, *Calendriers et techniques agricoles,* XIIe-XIIIe s., Paris, Le Sycomore, 1983.

RATIÈRES (DRÔME) ✳

À 15 km de Saint-Vallier, une tour octogonale édifiée au XIVe siècle réoccupe le site d'un ancien château à motte. La tour présente toutes les caractéristiques du donjon, avec une porte d'entrée au premier étage, au-dessus d'un niveau aveugle, mais disposait de tout le confort médiéval (fenêtres à coussiège, cheminées, latrines et citerne) et la relative minceur de ses parois (1,50 m) fait douter de ses capacités à se défendre : sa vocation était sans doute plus résidentielle que militaire.

RECLOSES (Seine-et-Marne) ❋

Dans la petite église romane de ce village proche de Fontaine-bleau, les éléments de deux retables sculptés polychromes récemment restaurés valent le déplacement : l'un, de la fin du Moyen Âge, est en l'honneur de saint Éloi. Une des statues de cet ensemble, volée dans l'église au début du siècle, se trouve aujourd'hui au Metropolitan Museum de New York ! L'autre ensemble est

une représentation du Pressoir mystique, datée du milieu du XVIe siècle, une image forte où le Christ couché sous la vis du pressoir donne son sang qui jaillit comme le jus du raisin : c'est une allégorie de l'eucharistie. Ne manquez pas de venir découvrir ce thème iconographique assez rare.

Pour visiter, contacter la mairie (tél. : 01 64 24 20 29) et, à partir de fin 1997 : Maison du Bornage, place des Ormes.

➜ *À voir, à 8 km, Fontainebleau qui fut pendant huit siècles l'une des résidences préférées de nos rois et empereurs ; la cour du superbe château occupe l'emplacement de la forteresse médiévale qu'une charte mentionne en 1137 et dont il ne subsiste que le donjon.*

ÉLOI, UN HOMME DE FER

Saint patron des métiers du métal, notamment de l'orfèvrerie et des forgerons, mais aussi du cheval et par extension des laboureurs à la charrue, Éloi a déclenché un puissant mouvement de dévotion dès sa mort, en 660. Ce saint a longtemps travaillé de ses mains, pour le compte du « bon roi Dagobert », comme le dit la chanson, mais aussi de Clovis Ier et de Clovis II, avant d'aller évangéliser les Barbares de Belgique et de Flandre. Au Moyen Âge, il est vénéré en toutes régions ; en Seine-et-Marne, nombreux sont les témoignages de son culte, car les reliques de sa tête, de même que quelques pièces d'orfèvrerie passant pour être de sa fabrication, étaient conservées au monastère de Chelles ; les cultivateurs faisaient bénir, le 1er décembre, du pain pour les chevaux. Les hôpitaux de Brie-Comte-Robert et de Dormelles, près de Fontainebleau, étaient sous le patronage de saint Éloi. Au XIVe siècle, des fêtes en l'honneur d'Éloi sont mentionnées en Brie, à Bailly-Carrois, près de Melun, et à Corbeil.

📖 *Saint Éloi, légende dorée d'un homme de fer*, Actes du colloque de Recloses, à paraître.

REIMS (MARNE) ✳✳✳

Tlj de 7 h 30
à 19 h 30 ; visites
guidées : de juil.
à mi-sept.,
tlj sf dim. mat.
à 10 h 30 et 15 h.
Circuits :
tlj du 15 juin
au 30 sept.,
fins de sem.,
du 1er mai
au 15 juin.
Tél. :
03 26 47 25 69.

L'actuelle cathédrale, construite entre les années 1210 et 1270, n'est pas la première sur le site. La cathédrale originelle, dans laquelle Clovis a été baptisé il y a exactement dix siècles, était implantée à quelque 300 m de distance. Un second édifice, construit au IXe siècle, fut détruit par un incendie au XIIe. Celle du XIIIe siècle, elle aussi dévastée par un incendie en 1481, reste inachevée : il était prévu que six flèches la surmontent. Un ultime incendie la ravage en 1914. Malgré ces catastrophes, elle est superbe et justement célèbre par la nature charismatique de ce site royal : vingt-cinq rois de France ont été sacrés dans l'actuelle cathédrale, de Louis VIII, en 1223, à Charles X, en 1825. Elle l'est aussi par l'expressivité surnaturelle de ses statues, le célèbre ange souriant, mais aussi le sourire resplendissant de Gabriel, la rude lassitude de sainte Élisabeth ou les traits fâchés d'Eutropie, sœur de saint Nicaise... Les statues jouent ici un rôle inusité : non seulement à l'extérieur, comme il est d'usage, mais aussi au revers de façade, tout orné de niches portant les « images » sculptées de prophètes

et de scènes du Nouveau Testament. Des vitraux du plus haut intérêt, en grisaille pour mieux laisser entrer le soleil, ou éblouissants de couleurs, datés du XIIIe siècle (grande rose de façade, fenêtres hautes du chœur, rose nord du transept), habillent de lumière cet ancien lieu de culte. Bien d'autres trésors médiévaux sont à voir dans la cathédrale : le sol dessine un labyrinthe – qu'on voyait bien, au Moyen Âge, car il n'existait pas de chaises fixes pour que les fidèles suivent l'office ; pour ceux qui s'intéressent aux techniques médiévales, curieuse horloge astronomique du XVe siècle, animée de figurines jouant les scènes de la Fuite en Égypte et de l'Adoration des Mages. C'est peut-être bien à Noël, malgré le froid glacial et les terribles courants d'air, qu'il faut emmener ses enfants (bien couverts) visiter la cathédrale, non seulement pour qu'ils voient ainsi défiler ces figurines de saison, mais aussi pour célébrer le souvenir du baptême de Clovis, qui se déroula la nuit de la Nativité...

Tlj 10 nov.-
15 mars
de 10 h à 12 h et
de 14 à 17 h,

Le Trésor de la cathédrale (lapidaire et orfèvrerie) est conservé dans le palais archiépiscopal, situé à droite de la cathédrale. Il est doté d'une chapelle du XIIIe siècle et d'une salle du Tau, ainsi appelée pour sa forme en T (XVe s.) et abrite notamment les statues dépo-

de mi-mars à fin
juin et de début
sept. au 15 nov.
de 9 h 30
à 12 h 30
et de 14 h
à 18 h ; en juil.-
août de
9 h 30 à 18 h 30.

De 8 h
(sf sam. et jeudi
9 h) à 19 h.

Tlj sf lun.
de 14 h à 18 h.
Tél. :
03 26 85 23 36.

Tlj sf mar.
de 10 h à 12 h et
de 14 h à 18 h.
Tél. :
03 26 47 28 44.

sées lors des restaurations, des objets mérovingiens (salle 24), les sculptures médiévales champenoises (salle 26) et du Reims gothique (salle 27), sacrées ou profanes, comme celles de la façade de la maison des Musiciens, au XIIIᵉ siècle.

Il faut ensuite aller lire dans la basilique clunisienne Saint-Remi, ravagée autant par les restaurations du XIXᵉ siècle que par la guerre, avant d'être restaurée dans les années 50, ce véritable livre d'images de la fin du XIIIᵉ siècle que constitue le dallage incrusté de plomb et historié de récits bibliques, provenant du chœur de l'abbaye Saint-Nicaise. La basilique (nef mi-XIᵉ s. et chœur fin XIIᵉ s.) fut construite pour abriter le tombeau de saint Remi. D'autres pièces médiévales sont réunies en ce lieu, ainsi des vantaux de porte du XVᵉ siècle, élégamment sculptés de l'Annonciation.

Le musée-abbaye Saint-Remi (53, rue Simon), dont la salle capitulaire date des XIIᵉ-XIIIᵉ siècles, est consacré à l'histoire et l'archéologie de la ville. On verra le trésor de l'abbaye dans la salle des arcs-boutants (émaux limousins). Tout un lapidaire religieux et même profane se révèle aux yeux du visiteur : un linteau ayant autrefois surmonté les fenêtres d'une opulente demeure romane de Reims figure un jeune couple nez à nez, tendrement enlacé, séduisante allégorie de l'amour...

On peut ensuite passer devant le musée/hôtel Le Vergeur (3, place Forum), restauré après les bombardements. C'est une belle demeure des XIIIᵉ-XVᵉ-XVIᵉ siècles, avec tour de pierre et pans de bois. Mais l'aménagement intérieur date des années 20. Au musée des Beaux-Arts, belles et rares toiles peintes de la deuxième moitié du XVᵉ siècle exécutées pour les Hospices de la ville (scènes de la vie de Jésus)...

📖 P. Demouy, *La Cathédrale de Reims*, Éd. La Goélette.

RIBÉRAC (DORDOGNE) ✳

Petite ville très animée, du moins le jour de marché, à partir de laquelle on peut organiser un très intéressant circuit d'églises romanes à coupoles, dont beaucoup sont fortifiées.

→ *Ne pas manquer Coutures, Saint-Martial-Viveyrol, Vendoire, Goût-Rossignol, Lisle. On peut voir également Saint-Privat-des-Prés (l'une des plus remarquables églises – fortifiée – du Périgord, selon les spécialistes), Saint-Aulaye, Aubeterre-sur-Dronne (église monolithe du XIIᵉ siècle).*

RICHARD-DE-BAS (Puy-de-Dôme) ✳✳✳

Tél. :
04 73 82 03 11.

Tout proche d'Ambert, un moulin à papier construit dans les années 1460 fonctionne encore, remis en activité en 1943. Le site doit son nom à un papetier du xve siècle, Antoine Richard, et le bâtiment, aujourd'hui meublé façon arts et traditions populaires, est surtout remarquable par son impressionnante salle des maillets, sortes de marteaux géants de bois renforcé d'acier, qui mus par une roue entraînée par la rivière, s'abattent pesamment et inlassablement dans un sourd grondement continu sur les chiffons de lin ou de chanvre ainsi réduits en pulpe et destinés à devenir du papier selon les méthodes médiévales. Vous y verrez prendre forme les feuilles de beau papier doux et granuleux, lavées à grande eau, pressées dans une énorme presse à cabestan entraîné par deux hommes, séchées sur des fils, comme des serviettes, et vous pourrez même en acheter. Richard-de-Bas est célèbre auprès des bibliophiles du monde entier. Un petit musée retrace l'évolution du papier et de ses marques et filigranes, depuis le Moyen Âge et à travers le monde. Attention, en plein été, il y a foule pour visiter ce site unique : venez tôt ou choisissez de préférence le printemps ou l'automne.

Le papier au Moyen Âge

C'est au début du siècle de saint Louis que se produit, d'abord en Espagne, la première « révolution du papier ». Notaires et archivistes, gens de loi et de justice prennent conscience du formidable intérêt de cette technique exotique, transmise par les Arabes. Le papier était connu, tout au moins en Italie du Sud et en Sicile, dès le xiie siècle. Le Dauphiné l'adopte dès le xiiie siècle et l'Auvergne dès les années 1270, notamment dans la région d'Ambert, mais pas la Savoie, ni l'Angleterre. Dans le nord de l'Europe, il ne se diffuse qu'à partir de la fin du xiiie siècle. Cependant, en France, on n'accepte pas aussitôt cette nouveauté : on travaille toujours sur parchemin au xive siècle. Les auteurs lettrés de poésies ou de romans et les bibliophiles s'en tiendront longtemps encore à cette matière, plus solide, et surtout bon support pour les enluminures. Pourtant le papier, qui présente bien des avantages – facilité d'usage pour prendre des notes, encombrement et poids moindres, transport et rangement plus aisés –, est largement diffusé bien avant l'invention de l'imprimerie.

Comprendre le xiiie siècle, sous la dir. de P. Guichard et D. Alexandre-Bidon, Lyon, PUL, 1994, voir les articles de F. Brechon et P. Guichard.

RIOM (Puy-de-Dôme) ✶✶

Tél. OT :
04 73 38 59 45.

La cité de Riom a gardé, dans son ensemble, son tracé du XIIIe siècle et conserve quelques remarquables témoignages du temps où elle était capitale du duché d'Auvergne. Elle présente un grand intérêt, à commencer par la Sainte-Chapelle commandée par Jean de Berry. Il faut débuter la visite depuis le jardinet qui entoure le

chevet à pans coupés, puis examiner l'intérieur, qui abrite des vitraux du début du XVe siècle et présente quelques innovations techniques dans la conception de ses voûtes. La luminosité des verrières fait oublier la froideur de la pierre de Volvic. Les deux alcôves réservées de part et d'autre du chœur pour le couple ducal ont une entrée remarquablement sculptée. On peut voir aussi la basilique Saint-Amable, construite au XIIe siècle mais souvent remaniée et l'église Notre-Dame-du-Marthuret, qui montre différentes reprises de la construction, dont l'abside date du VIe siècle et une façade du XVe ; elle a été construite pour l'ensemble à partir du XIVe siècle. À l'intérieur, une très belle statue, à mettre en relation avec les ateliers ducaux qui ont travaillé dans la ville au XIVe siècle, représente une Vierge à l'Enfant Jésus ; ce dernier tient un oiseau – ce

joli motif se réfère à la légende dorée de sa vie d'enfant (les oiseaux qu'il modelait dans l'argile et qui s'envolaient lorsqu'il soufflait dessus) ou d'adulte (l'oiseau qui s'appliquait à retirer du bec les épines de son front...). Les deux musées de la ville exposent des collections très bien mises en valeur ; le musée Mandet notamment contient des pièces majeures d'art religieux médiéval. Les intéressantes maisons de l'extrême fin du Moyen Âge et de la Renaissance s'articulent le plus souvent autour de cours. Le beffroi est un mélange de styles des deux époques.

➜ *À voir, dans les environs, l'église abbatiale de Saint-Pierre à *Mozac, l'église Saint-Priest à *Volvic, le château de *Tournoël, la collégiale Saint-Victor-Sainte-Couronne d'Ennezat. Aller à *Nonette.*

RIPAILLE (Haute-Savoie) ✶✶

Tél. :
04 50 26 64 44.

Son château de plaisance, édifié sur les rives du Léman, est une confortable et longue bâtisse de deux étages seulement, à la façade ponctuée de quatre tours rondes. Contrairement à ce que l'on croit, son nom, en apparence très rabelaisien, n'a en réalité rien à voir avec les fêtes somptueuses qui y étaient données. D'origine germanique, il provient des Burgondes, anciennement installés en

242

ce lieu, et signifie tout simplement « broussailles ». De fait, un rendez-vous de chasse des comtes de Savoie y était installé au XIIIe siècle. Au XIVe siècle, la princesse Bonne, épouse du fameux « Comte vert », prince de Savoie, y installa la Cour et un couvent. Amédée VIII, duc de Savoie et futur pape, y fit enfin construire, en 1431, un château à sept tours, entouré d'un fossé et d'un mur, auquel on avait accès grâce à un pont-levis. Plusieurs fois remanié, détruit partiellement au cours des guerres avec la Suisse, le château a été restauré et encadré de beaux jardins.

→ *Aller au château des *Allinges.*

RIQUEWIHR (HAUT-RHIN) ✲✲

Tél. OT :
03 89 47 80 80.

Ses maisons de ville à pans de bois, datant de l'extrême fin du XVe siècle, et son château, en font un des plus beaux villages de la France... actuelle : au XIVe siècle, il appartenait aux comtes de Wurtemberg. C'était alors une ville bien surveillée et protégée, avec un beffroi, édifié en 1291, une tour dite des Voleurs, où ces derniers étaient emprisonnés, et des murs d'enceinte. Aujourd'hui, la ville, plantée au milieu des vignes, a mis une rose au fusil et le beffroi est doté d'un encorbellement en pans de bois fleuri à tous les étages...

ROCAMADOUR (LOT) ✲✲✲

Tél. OT :
05 63 33 62 59.

C'est, nous dit-on, le deuxième site de France après le *Mont-Saint-Michel... Il ne faut pas manquer de visiter Rocamadour, un haut lieu médiéval s'il en est, qu'ont fréquenté les rois et des centaines de milliers de pèlerins. Aujourd'hui encore, le site, même si les touristes en été envahissent la place, demeure un sanctuaire religieux. Certes, ce n'est plus « le rocher marial de l'époque médiévale », mais il demeure un lieu de culte où les foules viennent encore prier. Il faut passer plusieurs heures à Rocamadour, pour en découvrir toutes les richesses nichées dans un paysage grandiose. Les restaurations, les constructions quelque peu anarchiques, ont pu dénaturer le site, qui reste malgré tout saisissant par son ampleur et sa diversité. C'est à partir du XIe siècle que s'est développé le pèlerinage de la Vierge sur la route qui menait à Saint-Jacques de Compostelle. Bien sûr, la légende donne à ce lieu

des origines beaucoup plus lointaines, puisqu'elle attribue la naissance de Rocamadour à Zachée, que l'on retrouve dans les Évangiles. La prospérité de la ville se situe entre le XIIe et le XIVe siècle. Grâce à des donations importantes, elle se développe tandis qu'affluent des pèlerins par milliers. Guerre de Cent Ans, guerres de Religion, ont porté à ce pèlerinage un coup très rude. Il faut visiter le village, où les commerçants tentent d'attirer le touriste qui prend le grand escalier (vous n'êtes pas obligé de le gravir à genoux !) pour aller au sanctuaire. Il faut voir la chapelle Notre-Dame, qui doit beaucoup au XIXe siècle mais qui a des origines bien plus anciennes. La Vierge noire qui trône dans le sanctuaire date du XIIe siècle. Tout en haut, le château du XIXe siècle est adossé aux remparts médiévaux. Un lieu unique, qu'il faut visiter en oubliant les touristes ou hors saison.

ROCHEFORT-EN-VALDAINE (Drôme) ✳

Non loin de *Montélimar, sur une barre rocheuse, on peut se promener dans les ruines d'un château dont l'origine remonte au Xe ou au XIe siècle. Alors se dressaient à 300 m de distance l'une de l'autre, deux éléments de fortifications fossoyés : le profil bien caractéristique d'une motte se lit encore dans le paysage, à côté du donjon oriental. Au XIVe siècle, le château fort était protégé d'une

haute courtine à chemin de ronde, dominant un village. Au XVe siècle, le château, jusqu'alors relativement dépourvu de confort, est modernisé : on aménage une terrasse, un portail dans le mur d'enceinte, une galerie voûtée d'ogives, armoriée du blason de la famille des possesseurs, les Dupuy-Montbrun.

→ *Aller à *Clansayes.*

ROCHEMAURE (Ardèche) ✳

Juin-sept.
les sam.-dim.
de 15 h à 19 h ;
juil.-août
tlj sf mar.

Une jolie petite route étroite grimpe jusqu'au bourg castral édifié à proximité immédiate de cet imposant château construit en pierre noire, qui est à l'origine de son nom ; bâtie sur un pic basaltique pour défendre le Rhône, l'énorme forteresse, protégée par des murs d'enceinte qu'on traverse en voiture, paraît d'en bas sombre et inquiétante. On est donc surpris de pénétrer par une porte fortifiée (arrachée) dans un charmant petit bourg médiéval, nullement abandonné et même en cours de réhabilitation, qu'il faut traverser à pied avant d'atteindre le château – hélas fermé hors saison.

→ *Aller à *Cruas.*

RODEZ (Aveyron) ✳✳

Tél. OT :
05 65 75 55 70.

Capitale du Rouergue, aujourd'hui préfecture, Rodez longtemps endormie s'est considérablement développée depuis 1960 – et continue d'ailleurs : on a beaucoup parlé, récemment, du centre de la ville médiévale détruit par les travaux urbains... Cependant, il ne faut pas manquer de voir la cathédrale Notre-Dame, dont la construction s'est étendue sur trois siècles, depuis 1277 où elle a pris la place d'une église du xe siècle. Elle marque une intrusion du gothique septentrional dans la province du Midi. Le clocher-tour s'élève à 87 m et frappe par sa puissance mais aussi son élégance. L'église mesure 107 m de long et 30 m de haut, la nef est à six travées. À l'intérieur, de très belles stalles à miséricordes méritent que vous leur consacriez une bonne part de la visite. Les stalles supérieures, datées de 1472, sont sculptées de motifs particulièrement intéressants, portraits de femmes, d'un prince noir, mais aussi d'attendrissants animaux, un chien et un chat pelotonnés l'un contre l'autre (symbole de la paix), trois chatons couchés dans un panier, un chat guettant une souris (la guerre), un prêtre faisant la lecture de la Bible à des nonnes. Les stalles inférieures sont plus tardives (1490).

→ *À voir, dans les environs, le village de Sainte-Radegonde, pour ses maisons et son église forteresse, et Belcastel (château et église).*

ROQUETAILLADE (Gironde) ✳✳

Tél. :
05 56 76 14 16.

Ici, à 7 km de Sauternes, on baigne dans les vignobles de Graves, ce qui n'est point déplaisant pour la vue et le goût. On croirait l'important château de Roquetaillade construit pour les besoins d'un film, tant il est bien conservé. Il est vrai que Viollet-le-Duc est passé par là au xixe siècle et qu'il s'en est donné à cœur joie, à l'extérieur comme à l'intérieur, qui a été totalement réaménagé. La forteresse se compose de deux constructions à l'intérieur d'une même enceinte. Les Lamothe, seigneurs du lieu, qui avaient déjà un puissant château, ont profité de l'accession de l'un des leurs au trône de saint Pierre (Clément V, premier pape d'*Avignon), pour agrandir leur demeure et lui adjoindre un « château-neuf ». L'ensemble est imposant avec ses six énormes tours et son donjon qui atteint 30 m de hauteur.

ROSHEIM (Bas-Rhin) ✳✳✳

Tél. :
03 88 50 75 38.

La cité s'est construite à l'abri derrière une double enceinte, traversée dans sa plus grande longueur par la rue principale. D'importants restes de ces fortifications sont encore visibles, principalement celles du second rempart du XIVe siècle. L'église, dédiée aux saints Pierre et Paul, est considérée comme un joyau de l'art roman et attire les visiteurs désireux de connaître le style rhénan. De multiples influences se lisent au travers des décors

sculptés, telles les bandes dites lombardes qui ornent la façade. Mais Rosheim, agréable et accueillante, mérite avant tout la visite pour sa maison dite « Païenne », un exemple rare de « maison haute » romane, qui passe pour la plus ancienne demeure d'Alsace. Elle a été bâtie en pierre dans la deuxième moitié du XIIe siècle et présente un haut pignon percé de timides fenêtres ; une porte en hauteur atteste également son rôle défensif. L'ensemble a été magnifiquement restauré. Vous lui consacrerez une bonne part de la visite, non seulement par intérêt pour l'architecture civile à l'époque romane, bien moins connue que l'architecture religieuse, mais aussi parce qu'elle présente à partir de l'été 1997 une exposition permanente sur la vie quotidienne au XIIe siècle.

→ Aller à *Ottrott.

ROSNAY (Marne) ✳

Dans l'église romane de ce village situé à une dizaine de kilomètres de *Reims, une exposition photographique est consacrée aux églises romanes de la région.

ROUEN (Seine-Maritime) ✳✳

Tél. OT :
02 32 08 32 40.
Visite de la ville :
02 32 08 32 46.

La capitale du duché de Normandie, qui a terriblement souffert pendant la Seconde Guerre mondiale, a néanmoins gardé de superbes témoins de son brillant passé médiéval. Rouen s'était dotée de magnifiques édifices religieux ou civils qui en font encore aujourd'hui, malgré les destructions, une ville riche d'un patrimoine architectural exceptionnel, intelligemment relevé et restauré après la guerre. La liste des monuments à voir absolument est longue.

Outre la cathédrale Notre-Dame, sur la place du Vieux-Marché, s'élevaient autrefois les halles. Actuellement, la moderne église Sainte-Jeanne-d'Arc peut surprendre : à l'intérieur, ont été replacés les vitraux du début du XVIᵉ siècle de l'ancienne église Saint-Vincent. La construction de ce nouvel édifice a permis la mise au jour de vestiges de l'église Saint-Sauveur, du bûcher où Jeanne d'Arc a été brûlée en 1431, ainsi que de l'échafaud où les condamnés étaient présentés à la foule puis exécutés. Les maisons à colombages qui entourent la place sont du Moyen Âge mais proviennent d'autres quartiers de la ville. Allez admirer celles des rues Saint-Romain, Eau-de-Robec, entièrement réhabilitée, de la rue du Gros-Horloge, la plus célèbre et la plus vivante de la ville, occupée par des commerçants depuis le Moyen Âge. La cathédrale était terminée dès le milieu du XIIIᵉ siècle, mais c'est seulement à la fin du XVᵉ siècle que les tours ont été construites et la flèche ne date que du XIXᵉ siècle. Il faut remarquer le tracé de la circonférence des cloches, sur le parvis. Son décor extérieur est d'une très grande richesse. À l'intérieur, le chœur, qui date du XIIIᵉ siècle, frappe par

sa simplicité et la légèreté de sa construction. Sa crypte du XIᵉ siècle appartenait à l'ancienne cathédrale romane. Les églises Saint-Ouen (abbatiale du XIVᵉ s.) et Saint-Maclou sont deux monuments majeurs de la cité, mais le XXᵉ siècle a malheureusement ajouté au bâtiment une façade pseudo-médiévale d'un effet discutable ; c'est surtout l'aître Saint-Maclou (un des rares charniers de pestiférés conservés) qui surprendra le visiteur. Il s'agit d'un ancien ossuaire qui a été remanié au XVIᵉ siècle. Une atmosphère toute particulière y règne lorsque le soir descend et que la brume se glisse entre les arcades. Lors de travaux, les murs ont révélé un chat noir momifié, probablement emmuré là par superstition. Ne partez pas sans détailler les motifs macabres qui ornent les poutres de l'aître : os et crânes, outils du fossoyeur, reflet d'un temps où l'on avait peut-être moins peur de la mort qu'aujourd'hui… On doit voir aussi l'église Saint-Patrice, la tour Jeanne-d'Arc, ancien donjon et seul vestige du château élevé par Philippe Auguste ; Jeanne y fut enfermée et « questionnée ». L'archevêché est une imposante construction du XVᵉ siècle, remaniée au XVIIIᵉ, dont l'aspect est plus militaire que religieux (ne se visite pas). Enfin, le superbe musée départemental des Antiquités, dont la visite s'impose, conserve de beaux objets médiévaux – et même vikings, ce qui est rare.

→ *A partir de Rouen, vous pouvez organiser de magnifiques excursions médiévales : l'abbaye cistercienne de Fontaine-Guérard, fondée au XIIe siècle dans la forêt de Lyons, une des plus belles de France ; l'abbaye de Mortemer (XIIe-XIIIe s.), dont il ne reste que des vestiges mais suffisamment importants pour être visités ; la collégiale Saint-Louis, dans le Vexin normand, bâtie au début du XIVe siècle par Enguerrand de Marigny, ministre de Philippe le Bel, qui devait terminer sa carrière au gibet de*

Montfaucon en 1315. Elle contient nombre de statues remarquables des XIVe et XVe siècles. Ne manquez pas non plus de faire une escapade dans le pays de Bray, curiosité géologique, la fameuse « boutonnière » bien connue des géographes. Région d'élevage, on y fabrique un excellent fromage, le Neufchatel, dont les origines sont attestées depuis le Moyen Âge. Le Pays de Bray est également riche en églises rurales ou urbaines, qui ont beaucoup de style, même les plus simples : voir Saint-Hildebert à Gournay-en-Bray, en grande partie du XIIe siècle, Saint-Germer-de-Fly, Mainneville (belles statues du XIVe s.), Notre-Dame à Neufchatel-en-Bray (XVe s.). Beaucoup d'autres églises, en général inconnues des touristes, méritent une visite. Se renseigner auprès des offices du tourisme de Gournay-en-Bray, Neufchatel-en-Bray et Forges-les-Eaux.

ROUGIERS (VAR) ✵✵✵

Il est rare de pouvoir déambuler dans un village médiéval déserté aux maisons certes en ruine mais dont les murs sont encore hauts. Ne manquez donc pas la visite de cet intéressant site perché. Pour y accéder, mieux vaut arriver par la route départementale sur le plateau, puis prendre le chemin piétonnier et rejoindre la chapelle Saint-Jean (XIXe) d'où vous aurez un large panorama sur la région. Commencer la visite par le solide donjon carré à deux étages au moins, de 7,50 m de côté, entouré d'une enceinte, continue autrefois, ponctuée de tours tous les 10 m. Les ruines actuelles, encore fort imposantes, correspondent à une forteresse édifiée à partir de la fin du XIIe siècle, mais détruite au milieu du siècle suivant, qui a elle-même succédé à une occupation seigneuriale mentionnée pour la première fois, dans les textes, au début du XIe siècle. Le complexe militaire et résidentiel comprend aussi une tour polygonale à l'entrée de la basse cour, une tour-chapelle, une citerne accolée au logis seigneurial et des silos jouxtant le donjon ; des latrines, à l'aplomb de la falaise, donnaient commodément au-dessus du vide. Un second rempart, aujourd'hui arasé à hauteur de la base des archères, cernait le plateau. Autour du château, sur la pente, s'est organisé un village de maisons hautes de deux ou trois étages, au réseau serré et doté de ruelles étroites ou en escalier. C'est ce qu'on appelle un *castrum*. On y descend

par un sentier balisé, en tenant ses enfants par la main ; surtout prenez garde à ne pas dégrader le site ou risquer un accident en marchant sur les arases des murs. Au pied de la falaise sur laquelle se dresse le château, on trouve des grottes aménagées, dont l'une a servi de citerne. Une maison s'est aussi établie sur deux petites grottes. Dans ce village ont vécu des hommes qui étaient sans doute, pour partie, des officiers seigneuriaux. Des fouilles archéologiques célèbres ont permis de retrouver le mobilier domestique, exposé à la mairie du village actuel de Rougiers : coupes de majoliques de provenance italienne, céramiques culinaires, couvre-feu, outillage, fusaïoles pour filer à la quenouille, dés à coudre, verrerie, mais aussi pommeau de dague, couteaux damasquinés, éperons, belles boucles de ceintures, enseignes de pèlerinage, boutons héraldiques et monnaies qui attestent le niveau social relativement élevé de la population.

G. Démians d'Archimbaud, *Rougiers, village médiéval déserté*, Paris, Imprimerie nationale, 1987.

RUE (Somme) ✸✸

Tél. :
03 22 25 69 94.

Au Moyen Âge, Rue était un port de mer actif. Aujourd'hui, 6 km séparent cette petite ville du littoral, occupé par le parc ornithologique du Marquenterre (nous vous en recommandons la visite). Rue doit son existence à une légende, comme il y en avait beaucoup alors. En l'an 1101, un pêcheur trouve dans une barque échouée une statue en bois du Christ. La rumeur rapporte qu'elle proviendrait de Palestine, envoyée par les Croisés de la première croisade (1095-1099) qui l'avaient trouvée près de la porte du Golgotha à Jérusalem. Très vite, la mystérieuse statue fut vénérée comme une relique et attira de nombreux pèlerins que l'on accueillit dans une maison hospitalière. De ce pieux passé, Rue garde plusieurs édifices. La première chapelle, proche de l'hospice, et dédiée à saint Jacques de Compostelle et à saint Nicolas (patron des navigateurs), possède une charpente de bois en carène de bâteau (XVIe s.). On peut y découvrir, sculptés, des scènes de chasse, des fruits, des animaux étranges... La première chapelle se révélant trop petite, une deuxième, la chapelle du Saint-Esprit, proche de l'église paroissiale, fut construite de 1440 à 1514. C'est une merveille du gothique flamboyant. Sa décoration tant intérieure qu'extérieure est d'une très grande finesse. Deux escaliers conduisent à deux salles qu'il ne faut pas manquer de visiter pour leur sculpture : la Trésorerie, où les pèlerins venaient verser leur obole et la salle haute, où est exposé le retable de l'ancien autel. Rue, à 25 km d' *Abbeville, possède également un beffroi à quatre tourelles du XVIe siècle.

SAINT-AMAND-DE-CÔLY (Dordogne) ✳✳✳

À 22 km de *Sarlat, dans un petit village du Périgord noir, se dresse une ancienne abbatiale-forteresse. On y accède par une porte fortifiée ; l'église était jadis encourtinée par un rempart. Un porche-donjon de 21 m de haut, avec une salle de défense, sert d'entrée au sanctuaire. Particularité, l'église est en pente : 2,65 m de déclivité de l'entrée au chevet ! Huit marches permettent d'accéder au chœur voûté d'ogives. On peut y voir un symbole, mais le choix résulte sans doute d'impératifs techniques. La nef unique, sous berceau brisé, s'élance à 17 m. À la croisée du transept s'élève une coupole sur pendentifs. Le chevet, éclairé par trois baies surmontées d'un *oculus*, est plat. L'intérieur de l'église, dont les murs sont malades d'une moisissure verte, comprend toute une série de dispositifs de défense.

→ *À voir, dans les environs immédiats le château de Salignac (XIIe-XVIIe s.), ancienne place forte qui appartint notamment aux Salignac-Fénelon dont est issu le célèbre archevêque de *Cambrai. Saint-Crépin-et-Carlucet, tout petit village avec une belle église romane. Les villages des environs possèdent souvent de modestes églises romanes et de vieilles maisons aux toits de lauzes.*

SAINT-ANDRÉ-DE-BÂGÉ (Saône-et-Loire) ✳✳

Dressé au milieu du cimetière se détache un magnifique clocher roman octogonal, construit au XIe siècle, qui surplombe une nef à charpente et un transept élevé ouvert sur trois absides basses. Un beau portail et ses chapiteaux font l'intérêt de cet ancien monastère dépendant de l'abbaye de *Tournus et bâti non loin de Mâcon.

SAINT-ANTOINE-L'ABBAYE (Isère) ✳

Tlj sf pdt les off., en été 9 h-19 h, hiver 9 h-17 h.
Tél. :
04 76 36 40 68.

L'imposante église abbatiale, gothique (1130-1490, façade XVe s.), maison-mère de l'ordre des antonins, est entourée de bâtiments conventuels en grande partie reconstruits au XVIe siècle. Elle a longtemps abrité les représentants de cet ordre hospitalier spécialisé dans l'accueil aux malades souffrant de l'ergotisme et accueilli

Visites guidées
du trésor,
contacter l'OTSI.
Tél. :
04 76 36 44 46.

les pèlerins qui se rendaient au *Puy, point de départ pour Saint-Jacques-de-Compostelle. Elle abrite les restes du saint ermite égyptien (251-356), mort sur les bords de la mer Rouge, et le riche trésor des antonins (reliquaires, ornements liturgiques, orfèvrerie, notamment un Christ d'ivoire). Dans le bâtiment des novices, un musée départemental accueille des expositions sur l'histoire du site, de l'ordre et sur les temps médiévaux. On peut se promener pour finir dans les rues du petit village de Saint-Antoine, en cours de restauration.

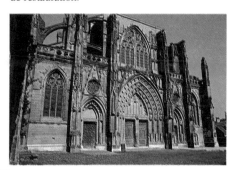

LE MAL DES ARDENTS

Saint Antoine avait pour animal fétiche un cochon et les antonins jouissaient par privilège du droit de divagation des porcs dans les rues des villes et villages où étaient implantées leurs commanderies. Les antonins ont pris en charge le traitement des malades atteints d'une affection qui a fait des ravages au Moyen Âge : le « feu saint Antoine » ou mal des Ardents. Cette maladie est apparue vers 1090 en Dauphiné.

Elle doit son nom à ce qu'elle affectait les terminaisons nerveuses, provoquant des délires et convulsions ou une grangrène avec des sensations de brûlure épouvantables, voire l'amputation spontanée des extrémités des membres. On en connaît la cause depuis la fin du XVIe siècle : la consommation de l'ergot de seigle, un champignon parasite de cette céréale.

 SAINT-ARNOULT-EN-YVELINES (YVELINES) ✵✵

Le village doit son existence à l'un de ces miracles dont le Moyen Âge raffolait. Arnoult et son épouse Scariberge, nièce de Clovis, décidèrent d'entrer en religion une fois leurs enfants élevés. Mais Arnoult, en route vers le tombeau de saint Remi, est assassiné en

534. Le cortège funéraire, ramenant son corps à *Tours, se trouva un moment dans l'incapacité d'avancer. L'épouse, interprétant cette halte forcée comme un signe du ciel, décida qu'Arnoult serait inhumé là. Une église fut édifiée à cet endroit. L'actuelle fut construite en 1104 (remaniée aux XVIe et XXe s.). On remarquera notamment la superbe charpente lambrissée de la nef (fin XVe s.) et le décor sculpté, particulièrement riche.

SAINT-AVIT-SÉNIEUR (DORDOGNE) ✳

Située à 5 km de *Beaumont, cette abbatiale qui appartint à une abbaye bénédictine fondée au XVIe siècle a encore belle allure . De tous les bâtiments, il ne subsiste, en dehors de la maison de l'abbé commendataire, que l'église, puissante forteresse flanquée de deux tours carrées. L'édifice est fermé depuis des lustres en raison d'une interminable restauration. Faire le tour de l'église ; on verra des traces du cloître et d'anciennes salles. L'église paroissiale est installée dans la salle capitulaire. Belles maisons dans le village.
→ *A voir dans les environs la bastide de *Molières, *Beaumont, *Cadouin, Urval et beaucoup d'autres lieux.*

SAINT-BENOÎT-SUR-LOIRE (LOIRET) ✳✳✳

Tél. OT :
38 35 79 00.

Tte l'année sf off.
Visites organisées
en été en
fonction des off.
Journées
bénédictines
en juillet.
Tél. Visite
de l'abbatiale :
02 38 35 72 43.

Que l'on vienne de *Sully-sur-Loire ou de *Germigny-les-Prés, la D 60 qui longe les bords de Loire offre sur le fleuve des vues d'une grande harmonie. Dès le VIIe siècle était implantée sur le site une abbaye bénédictine. C'est également à cette époque que les corps de saint Benoît et de sainte Scholastique ont été ramenés d'Italie. L'abbaye de Fleury prend alors le nom de Saint-Benoît et ne cessera jamais de prospérer. Le roi Philippe Ier s'y fit même ensevelir. La puissante tour-porche est construite au tout début du XIe siècle. Elle

conserve de superbes chapiteaux, dont l'un porte la signature de son sculpteur. Ces sculptures font partie des plus remarquables que compte l'art roman français. Le chœur a été édifié à la fin du XIe et au début du XIIe siècle. Il possède son propre transept et les absidioles s'ordonnent avec régularité autour du déambulatoire,

tout comme les arcatures aveugles qui donnent l'impression de soutenir les fenêtres hautes. Le sol du sanctuaire est formé d'une superbe mosaïque de tesselles de marbre ; mais les stalles, datées de 1413, ont été mutilées pendant les guerres de Religion. Ce n'est qu'au XIIᵉ siècle que le chœur fut relié au porche par un large vaisseau divisé en sept travées ; à la croisée de la nef et du transept, une coupole sur trompes porte le clocher central. C'est dans ce transept que se trouve la statue de Notre-Dame-de-Fleury, œuvre d'albâtre pleine de grâce et d'élégance. Le rayonnement de Saint-Benoît ne fut pas seulement artistique. Des abbés célèbres lui ont donné une grande réputation de foi et de connaissances.

Au IXᵉ siècle, Théodulphe y crée une école, Gauzlin devient archevêque de *Bourges après avoir réalisé la construction du porche, tandis que les abbés Guillaume et Macaire terminèrent les travaux de l'abbaye et rassemblèrent dans sa bibliothèque de nombreux manuscrits.

→ *Pour aller à *Germigny-les-Prés, passez de préférence par la petite route de La Prieurée.*

LES BÉNÉDICTINS

L'ordre des bénédictins est l'un des très grands ordres du Moyen Âge. Il fut fondé après la disparition, vers 547, de saint Benoît de Nursie, abbé du Mont-Cassin, en Italie. La règle de saint Benoît entendait adapter l'idéal monastique de l'Orient aux conditions de vie de l'Occident. Le monachisme bénédictin connut rapidement un succès important et les abbayes se multiplièrent au VIIᵉ siècle. Charlemagne et Louis le Pieux rendirent obligatoire la règle de saint Benoît pour tous les monastères. Le succès de cette règle qui a marqué toute la spiritualité médiévale tient à ce qu'elle apportait aux moines un équilibre de vie harmonieuse. Le religieux partageait ses journées entre l'office divin, le travail intellectuel et le travail manuel. Les monastères bénéficiant de privilèges et de dons s'enrichirent considérablement et se retrouvèrent à la tête d'importants domaines agricoles, ce qui leur permettait de vivre en autarcie, mais aussi d'encaisser de confortables revenus. Cette richesse s'accompagna d'un appauvrissement spirituel qui provoqua des réactions salutaires, comme celle de Benoît d'Aniane, au IXᵉ siècle, *Cluny au XIᵉ, Cîteaux au XIIᵉ. Les grandes institutions ont besoin régulièrement de se réformer sous peine de disparaître...

SAINT-BERTRAND-DE-COMMINGES (Haute-Garonne) ✳✳✳

Tél. OT :
05 61 88 37 07.

Ce lieu a laissé de superbes témoignages historiques. Il y a d'abord la ville antique, avec ses thermes, son temple, son marché, son théâtre, ses sanctuaires, sa place à portique, sa basilique chrétienne. Sans doute s'agit-il de vestiges, mais ils sont encore très parlants. La cité médiévale renaît au XIe siècle. À voir l'ancienne cathédrale Notre-Dame-de-Saint-Bernaud (XIe-XVIe s.) ; elle doit son nom à Bernaud de l'Isle-Jourdain, qui sera canonisé. Devenue trop petite, l'église, qui marque une étape sur la route de Saint-Jacques-de-Compostelle, sera rebâtie au XIIIe siècle. Styles roman et gothique cohabitent ainsi que des sculptures Renaissance et classique. Il faut voir le cloître, à trois galeries romanes.

SAINT-BRIEUC (Côtes-d'Armor) ✳✳

Tél. OT :
02 96 33 32 50.

Une cathédrale forteresse, dotée d'une nef à sept travées, dédiée à saint Étienne (XIIIe-XIVe, remaniée), possède une façade armée de deux grosses tours à meurtrières et mâchicoulis, avec contreforts. Des tours poivrières protègent les bras du transept. Voir aussi, rue Fardel, deux maisons du XVe siècle et l'« hôtel des ducs de Bretagne ».

SAINT-BRISSON-SUR-LOIRE (Loiret) ✳

Tlj sf mar. de
10 h à 12 h et
de 14 h à 18 h 30
du 15 mars au
31 mai,
de 10 h à 19 h
du 1er juin au
30 sept.,
de 14 h à 18 h 30
du 1er oct.
au 30 nov.

En sortant de *Gien, emprunter le grand pont d'origine médiévale et prendre à gauche la D 951. Le village de Saint-Brisson, situé sur une hauteur en esplanade au-dessus de la Loire, à quelques jets d'arbalète de Gien, doit sans doute son nom à Brice, un disciple de saint Martin. Un château édifié au XIIe siècle, remodelé par les siècles (encore habité dans les années 1980), vaut le déplacement pour les reconstitutions de machines de guerre qu'il abrite dans ses douves : couillard, mangonneau, pierrière attendent leurs servants, qui les animent à la belle saison ; des panneaux en expliquent le fonctionnement. (Entrée libre dans les jardins et douves du château.)

SAINT-CADO (Morbihan) ✳✳

Relié par une courte digue à un petit port breton, le pittoresque îlot de Saint-Cado possède un intéressant édifice du culte qui fait un peu figure de chapelle du bout du monde. Construite à la fin du XIe siècle, elle a aussitôt attiré nombre de pèlerins : elle était dédiée à la guérison des sourds ; un autel de pierre, usé par les

malades qui y frottaient leur tête, témoigne encore d'une ancienne dévotion à Cado, moine gallois du VIIIᵉ siècle devenu saint patron des malentendants. Mais l'on visite au son du grégorien...

LES SOURDS AU MOYEN ÂGE

De fréquentes maladies des oreilles poussaient les pèlerins de sanctuaire en sanctuaire. Selon les lettrés du Moyen Âge, les sourds étaient considérés soit comme dépourvus d'intelligence, soit comme malades incurables. Dans les deux cas, seule une guérison miraculeuse pouvait les libérer de leur infirmité. Dans cet espoir, les sourds se vouaient d'abord à saint Louis (en raison d'une homonymie avec « l'ouie » – un jeu sur les mots habituel à l'époque) ; saint Cado étant un autre de leurs nombreux patrons. On testait leur guérison en faisant sonner des cloches à leurs oreilles.

(D'après Aude de Saint-Loup, professeur au cours Morvan, Paris.)

SAINT-CHEF (ISÈRE) ✷✷

Ts les dim.
à 15 h 45
en juil.-août ;
sept.-juin :
3ᵉ dim.
à 16 h 15.
Tél. :
04 74 95 13 90.

Une église abbatiale aux fresques romanes d'une grande richesse iconographique (Jérusalem céleste, Christ en gloire, Apocalypse...) fait l'ornement de ce bourg médiéval juché sur une colline, dans lequel quelques maisons anciennes ont été préservées. Dans l'église, on parvient aux fresques par un escalier étroit. Dans l'abside, deux colonnes (rajoutées en 1930) proviennent de l'ancien cloître. La maison du prieur, hélas très modifiée, est devenue la mairie ; la « Chamarerie », demeure du gestionnaire des biens du chapitre, dispose d'un escalier à vis dans une tour octogonale. Un musée lapidaire doit s'ouvrir. Promenez-vous, pour finir, sur le chemin qui passe au-dessus de l'église et dans les rues en pente du village, en pensant à Frédéric Dard, alias San Antonio, qui y naquit.

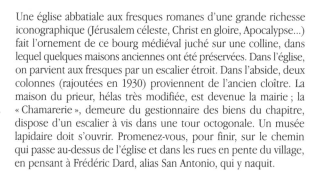

SAINT-CIRQ-LAPOPIE (LOT) ✷✷

Tél. OT :
05 65 31 29 06.

À 25 km de *Cahors, sur la route de *Figeac, accrochés à un éperon abrupt, une église du XVIᵉ siècle au clocher flanqué d'échauguettes, les ruines de fortifications et un village restauré dominent le Lot de 100 m. Ce village de falaise, aux ruelles pavées, qui se visite à pied, n'a retrouvé qu'en apparence son aspect d'avant le téléphone et l'électricité... Il est presque trop propre et trop résidentiel, davantage village d'art que d'histoire. Néanmoins les vestiges du passé sont nombreux et dignes d'être vus. Une porte de ville gothique, une belle maison à pans de bois datée du XIVᵉ siècle dans la Grand-Rue, une tour du XIIIᵉ siècle sur la place du Carol, une demeure des XIIIᵉ-XIVᵉ siècles, peut-être l'ancien hôpital des pèlerins et voyageurs, un manoir de la fin du XVᵉ ou du début du XVIᵉ siècle, construit au-dessous de l'église, les arcades des boutiques de marchands, s'alignent le long des rues en pente de ce site pittoresque. Florissant au XIIIᵉ siècle, enrichi par ses artisanats (peaussiers et chaudronniers), le village disposait d'une école, d'un hôtel de ville et de pas moins de trois châteaux contigus, ruinés dès la fin du XIVᵉ siècle et définitivement abattus au XVIᵉ siècle : comme à *La Garde-Guérin ou à Merle, des co-seigneurs se partageaient la responsabilité du lieu. Suivez leurs traces et faites halte dans la jolie auberge installée dans un bâtiment médiéval en réservant de confiance la chambre n° 4, dont la meurtrière offre une vue imprenable sur l'à-pic au-dessus du Lot.

SAINT-CLAUDE (Jura) ✵✵

Tél. OT :
03 84 41 42 62.

La cathédrale Saint-Pierre est tout ce qui reste de la grande abbaye fondée par saint Lupicin. A partir du IXᵉ siècle, l'abbaye et ses vastes domaines formeront une principauté ecclésiastique rattachée à l'Empire. A partir du XIIᵉ siècle, le monastère et la cité, qui s'est développée dans son sillage, prennent le nom de saint Claude, qui fut archevêque de *Besançon avant de se faire moine. Les miracles pleuvent sur l'abbaye, ce qui attire de nombreux pèlerins sur la tombe du saint, sur laquelle Louis XI viendra lui aussi se recueillir en exécution d'un vœu. Anne de Bretagne, qui n'arrivait pas à avoir d'enfant, s'y rendra en pèlerinage. Exaucée, elle donnera naissance à une fille qu'elle appellera Claude, qui épousera plus tard François Iᵉʳ. Aux temps modernes, les moines finissent par oublier qu'ils ont fait vœu de pauvreté et qu'ils sont astreints à une certaine austérité. Ils prennent goût à la bonne vie... Les candidats moines sont tous des nobles qui mènent grand train. La Révolution mettra – radicalement – bon ordre à cette situation en abolissant la principauté. De l'abbaye, on peut voir aujourd'hui l'église, devenue cathédrale ; construite aux XIVᵉ et XVᵉ siècles, elle a été terminée au XVIIIᵉ. Le chœur est garni de superbes stalles dont une partie a été incendiée en 1983.

SAINT-DENIS (SEINE-SAINT-DENIS) ❊❊❊

Tél. OT :
01 42 43 33 55.

Ouv. tlj sf
les mar. et jif de
10 h à 17 h 30,
les dim. de 14 h
à 18 h 30.
Tél. :
01 42 43 05 10.

La ville de Saint-Denis a été l'une des premières à développer l'archéologie urbaine d'une façon systématique et avec compétence. Il en résulte qu'aujourd'hui le passé de la ville est mieux connu ; les nombreux objets mis au jour permettent de se faire une idée plus précise des modes de vie de nos ancêtres. C'est ce message que délivre le musée d'Art et d'Histoire qui, installé dans l'ancien carmel, a reçu le prix européen des musées il y a quelques années. L'histoire du monastère et de l'Hôtel-Dieu y est retracée, mais ce sont surtout les salles d'archéologie médiévale qui méritent une attention toute particulière. Dans un cadre magnifiquement restauré, accessoires vestimentaires et bijoux, enseignes de pèlerinage ou monnaies, superbes verreries s'ajoutent aux nombreuses poteries, témoins de l'évolution des techniques et de l'alimentation ; des éléments de tabletterie en os ou en ivoire et des céramiques richement décorées contrastent avec les écuelles et ustensiles en bois.

Tlj sf dim. et off.,
d'avr. à oct.
de 10 h à 19 h ;
de nov. à mars
de 10 h à 17 h.

En sortant du musée, prendre la rue Franciade puis la rue de la Légion-d'Honneur (jardin sur la droite) pour vous rendre à la basilique. C'est en fait une abbatiale devenue cathédrale, considérée comme le berceau de l'art gothique en France. Les premières travées de la nef datent des années 1140 et ont été élevées sur ordre de l'abbé Suger, qui a su imposer de nombreuses innovations techniques pour la construction de son abbatiale. L'édifice accueillit, pendant plus de mille ans, les sépultures des rois, des reines et de certains grands personnages. Malgré les mutilations dues à la Révolution, plus d'une soixantaine de gisants sont visibles. Certains tombeaux constituent de véritables monuments : celui de Marguerite de France, comtesse de Flandre, avec son incroyable baldaquin, ou de Dagobert sous un enfeu richement ouvragé. Certains gisants sont des portraits, traités magistralement par de grands maîtres, tel le gisant du roi Charles V ou celui d'Isabelle d'Aragon. Le réalisme est même poussé à l'extrême lorsque, à la Renaissance, les princes se font représenter en « transis », à moitié décharnés, le corps mangé par la vermine. Enfin, que le visiteur ne s'étonne pas de trouver des rois du Moyen Âge endimanchés d'une fraise Renaissance. En effet, les commandes faites aux artistes ont été quelquefois réalisées bien après la mort du roi en question… C'est dans la crypte, en revanche, que l'on peut voir les sarcophages les plus anciens, dont celui de la reine Arégonde, belle-fille de Clovis, qui a livré aux archéologues des objets de parure rares et précieux de l'époque mérovingienne.

A. Erlande-Brandenbourg, *Gisants et tombeaux de la basilique de Saint-Denis*, Saint-Denis, 1975 ; *Atlas historique de Saint-Denis, des origines au XVIIIe siècle*, sous la dir. de M. Wyss, Paris, DAF, n° 59, 1997.

SAINT-ÉMILION (GIRONDE) ✱✱✱

Tél. OT :
05 57 24 72 03.

Tour : tlj de
9 h 30 à 12 h 30
et de 14 h 30
à 18 h 45.
Saint-Émilion
souterrain :
visites guidées
tte l'année tlj,
ttes les 45 mn,
de 10 h à 17 h ;
17 h 45 du 1er
avr. au 31 oct.
En juil.-août,
visites guidées de
la ville en noct.
ts les mer. soir.

Ce ravissant village est, par beau temps, comme un coin de Provence en Bordelais… Il y a bien sûr le vin de renommée universelle, mais c'est aussi une très ancienne cité, qui mérite une longue visite avant les dégustations quasi obligatoires. Fondé au VIIIe siècle par un moine errant venu de Vannes, du nom d'Émilian, un ermitage s'installe, puis un monastère bénédictin. Un village se crée dans son sillage. Au XIIe siècle, ce sont des moines augustins qui résident dans le monastère. En 1199, Jean sans Terre renouvelle des privilèges déjà accordés à la cité par Richard Cœur de Lion. La ville est ensuite ceinte de remparts et dotée d'un donjon dans le premier tiers du XIIIe siècle (le « château du roi »). La guerre de Cent Ans en fait une ville tantôt française tantôt anglaise. Elle est occupée par les Anglais au XVe siècle. Outre les belles ruines laissées par cet épisode, celles du Palais Cardinal, qu'habita le cardinal Gaillard de Lamothe, neveu du pape Clément V, et les « Grandes murailles », vestiges d'un couvent de dominicains du XIIIe siècle, il faut voir avant tout sa grande église monolithe des XIe-XIIIe siècles, dotée d'une crypte troglodyte à sarcophages qui ne peut laisser personne indifférent : un ossuaire ouvert par un oculus percé dans le plafond par où l'on jetait les ossements des moines recueillis dans le cimetière lors du creusement de nouvelles tombes ; panorama du haut du clocher (198 marches) ; on verra aussi l'église collégiale au beau portail sculpté (XIIe-XVIe s.), une nef romane à coupole, un chœur et un transept gothiques, avec son cloître (XIVe s.), les ruines romantiques du couvent des cordeliers (XIVe s.), les splendides voûtes gothiques du couvent des jacobins, la chapelle de l'Ermitage (XIIIe s.), avec ses vestiges de fresques et ses chapiteaux, la commanderie, maison romane remaniée au XVe siècle et fortifiée, les portes de ville, dont celle de la Cadène ; achevez la visite au musée d'Histoire et d'Archéologie, installé sur le rempart dans un logis fin XVe siècle. Enfin, au cœur d'anciennes carrières, des céramiques médiévales et modernes sont exposées dans un musée de la Poterie.

→ *À voir dans les environs le château des Vayres, mélange heureux de bâtiments médiévaux et d'une aile Renaissance.*

SAINT-ÉTIENNE-DE-TINÉE (ALPES-MARITIMES) ✲✲

Tél. OT :
04 93 02 41 96.

Un clocher roman et un petit musée d'art religieux font le charme du lieu, mais surtout le site est riche de chapelles peintes : l'une, au débouché d'un petit pont, est dédiée à saint Sébastien et vouée au combat contre la peste. Des fresques dues à Jean Baleison et Canavesio, en 1491, ornent son intérieur et même sa façade extérieure, autrefois sous auvent. Celles de la chapelle Saint-Maur datent de 1540 et les peintures des chapelles Saint-Michel-des-Pénitents et de l'église des Trinitaires du XVIIe siècle.

→ *En redescendant sur Nice, on rencontre d'autres villages dotés de chapelles peintes. On s'arrêtera à *Auron, Roubion et Clans (village médiéval, fresques du XIIe s.).*

📖 C. Lorgues-Lapouge, *Trésors des vallées niçoises. Les peintures murales du Haut Pays*, Nice, Serre, 1990.

SAINTES (CHARENTE-MARITIME) ✲✲✲

Tél. OT :
05 46 74 23 82.

Cette calme cité, capitale de la Saintonge, est une ville romaine qui a gardé un superbe monument de cette période : l'arc de Germanicus (sauvé par Prosper Mérimée), quelques vestiges et une remarquable collection lapidaire au musée archéologique. Saintes a joué un rôle important dès le haut Moyen Âge, grâce aux comtes d'Anjou et de *Poitiers. Le mariage d'Aliénor d'Aquitaine, séparée du roi Louis VII, avec Henri II

Plantagenêt, comte d'Anjou et futur roi d'Angleterre, va faire entrer Saintes dans le domaine angevin. Elle subira par la suite les aléas de la guerre de Cent Ans, jouant le rôle périlleux de ville-frontière. Elle changera plusieurs fois de maître mais redeviendra définitivement française en 1372 avec Du Guesclin. Les guerres de Religion lui causeront maints dégâts, la ville se trouvant prise entre deux influences – *Bordeaux, catholique, et *La Rochelle, protestante... De sa période médiévale, Saintes a conservé une cathédrale Saint-Pierre. Construite au XIIe siècle, elle s'effondra partiellement en 1420. Sa reconstruction dura du XVIe au XVIIIe siècle. Plus intéressante est l'église abbatiale Notre-Dame, de style roman saintongeais, édifiée sur la rive droite de la Charente. C'est Geoffroy Martel, comte d'Anjou, et son épouse Agnès de Bourgogne, qui fondèrent vers 1047 cette abbaye de moniales bénédictines où Aliénor d'Aquitaine viendra se reposer après sa séparation d'avec Louis VII. L'abbaye (xiᵉ s., remaniements) bénéficiera de nombreux privilèges, notamment du droit de battre monnaie. Prison pendant la Révolution, puis caserne au xixᵉ siècle, elle a été restaurée aux xixᵉ et xxᵉ siècles et est considérée comme l'un des joyaux de l'art roman saintongeais. Le décor de l'Abbaye-aux-Dames mérite une vive attention. Les sculptures les plus anciennes sont les chapiteaux de la nef ; l'archivolte du portail est d'une extrême richesse. Il faut voir ensuite la basilique Saint-Eutrope, avec ses chapiteaux d'une grande finesse d'exécution aux motifs complexes, en frise où se succèdent la géométrie, le végétal, l'animal et l'homme comme si l'artiste déclinait de haut en bas les différents règnes vivants. Construite entre 1080 et 1090 par des moines clunisiens, elle accueillait les pèlerins en route pour Saint-Jacques-de-Compostelle. Elle comprend deux niveaux, qui permettaient d'accueillir les pèlerins sans gêner la vie monastique. L'église supérieure n'a gardé que le transept et le chœur (intéressants chapiteaux historiés). Le clocher est un « cadeau » de Louis XI, qui invoquait fréquemment saint Eutrope. L'église inférieure est à demi enterrée. Le chœur abrite le sarcophage du saint (ivᵉ s.), découvert en 1843.

→ *En sortant de la ville, s'arrêter à l'échoppe médiévale du restaurant du Bois Saint-Georges, à moins que, si vous habitez la région, vous n'y organisiez un banquet médiéval mémorable. Prenez ensuite votre temps pour entreprendre le superbe circuit des églises romanes saintongeaises. Il faut voir notamment Corme-Royal, Thaims, Rioux Echebrune, Pérignac, Chadénac, Marignac, Avy-en-Pons, les abbayes de Sablonceaux et de Fontdouce.*

SAINT-FLOUR (Cantal) ❋

Tél. :
04 71 60 03 37.

Vieille cité médiévale qui, au xiiiᵉ siècle, était peuplée de 8 000 habitants, ce qui était déjà considérable. Durant la guerre de Cent Ans, elle fut l'un des derniers bastions français face aux Anglais. Malgré de nombreux assauts, elle résista victorieusement et reçut en 1437 la visite de Charles VII. À voir, la cité médiévale et la cathédrale élevée à partir de 1398, sur les fondements d'une église romane antérieure.

→ *À voir dans les environs les ruines du château d' *Alleuze (xiiiᵉ s.).*

SAINT-FRONT-SUR-LEMANCE (Lot-et-Garonne) ✣✣✣

Tél. :
05 53 71 90 33.

Là, se trouve l'un des plus étonnants châteaux de France : Bonaguil, exemple quasi parfait de l'architecture militaire de la fin du xve et du début du xvie siècle. Il ne fut jamais attaqué. La Révolution le démantela en partie. Ses restes sont superbes.

→ *Deux autres châteaux peuvent être visités dans le secteur : Gavaudun, construit sur un roc dominant la vallée de la Léde (xiiie s.), et celui des Rois-Ducs à Sauveterre-la-Lemance, bâti en 1284 par Edouard III sur le modèle des châteaux gallois.*

SAINT-GÉNIEZ-Ô-MERLE (Corrèze) ✣✣✣

Tél. OT
d'Argentat :
05 55 28 16 05.

Le visiteur qui débouche sur ce site magnifique, au fond d'un ravin où coule une rivière, découvre stupéfait une accumulation de châteaux, ou plutôt de donjons, serrés les uns contre les autres dans l'espace étroit de cet éperon qui forme comme une presqu'île. Toutes proportions gardées, Merle est le Manhattan de la France médiévale... Les tours de Merle forment un ensemble castral qui domine la vallée de la Maronne. À l'entrée d'un pont-levis, disparu, se dressait une maison forte qui commandait l'entrée, accessible en un seul et étroit point de passage, à l'aide d'un escalier taillé dans le substrat. Dès les xiie-xiiie siècles s'élèvent les tours de

Merle et la chapelle Saint-Léger. Les derniers bâtiments, édifiés au xve siècle, témoignent d'un sens du confort et du luxe certains, avec cheminées (dont l'une était fermée par un volet de bois pour éviter les courants d'air), latrines, éviers, armoires murales, fenêtres à meneaux, ce qui ne nuisait pas au caractère défensif du lieu. La forêt de tours et de murailles rend ce site vraiment très impressionnant. Ces superbes ruines servent régulièrement de cadre à un son et lumière qui retrace l'histoire bien compliquée du lieu. En effet la châtellennie appartenait à sept seigneurs en même temps ; le promontoire rocheux était donc divisé en autant de secteurs. Même si chacun possédait son donjon, l'entrée et la chapelle du site étaient communes, les sept écus des seigneurs figurant en bonne place au-dessus de la porte. Au xiiie siècle, l'un de ces seigneurs était une dame. Au xvie sièclè, Merle a été occupé par les Huguenots et, au xviie, le château a servi de garnison à des fauconniers du duc de Noailles.

SAINT-GERMAIN-DE-CALBERTE (Lozère) ✳

Au cœur des Cévennes, juché à la pointe d'un piton rocheux, le site (lieu-dit « Las Tourres », Saint-Pierre) domine le paysage sauvage de la Lozère. Il comprend un château défendu par le vide d'une part, un fossé d'autre part, et un village déserté protégé par un mur d'enceinte. L'architecture du château tire très intelligemment parti du roc en place : pour donner plus de hauteur à une tour ronde, on l'a étroitement juchée sur un socle de schiste arrondi taillé à son exact diamètre et entaillée à sa base de la forme triangulaire du pignon d'un toit de bâtiment aujourd'hui disparu, tout comme les maisons du village castral. La fouille des vestiges a démontré qu'elles étaient rectangulaires et couvertes de lauzes, c'est-à-dire de pierres plates. Un chemin pédestre assez court mais pentu mène au château. Pour amateurs de vastes paysages et d'archéologie.

SAINT-GERMAIN-EN-LAYE (Yvelines) ✳

**Tél. Musée :
01 34 51 53 65.**

Le château qui vit naître le futur Louis XIV a des origines très anciennes. Il a conservé son soubassement médiéval et le donjon de la forteresse de Charles V. Il a fait l'objet d'une restauration complète sous le Second Empire. À voir, avant d'entrer dans le musée des Antiquités nationales (le plus complet de France, comportant des collections mérovingiennes), la Sainte-Chapelle du XIIIe siècle, construite par Pierre de Montreuil.

SAINT-GILDAS-DE-RHUYS (Morbihan) ✳

Abélard (1079-1142), qui y fut abbé, en dit le plus grand mal : un « pays barbare » à la langue incompréhensible, une abbaye qui ne ressemble à rien de chrétien... En fait il subsiste en ce lieu une église des XIe-XIIe siècles et le paysage était beau, mais après les malheurs que l'on sait, cette retraite n'avait rien pour charmer un lettré habitué à la proximité des bibliothèques parisiennes et des grands esprits ; de fait, persécuté par ses moines, il s'enfuit de ce lieu vers 1136 pour rentrer à *Paris.

SAINT-GILLES (Gard) ✳✳

**Tél. OT :
04 66 87 33 75.**

L'abbaye de Saint-Gilles, en Camargue, est une splendide ruine. L'abbatiale, commencée au début du XIIe siècle, possède une façade terminée au plus tard au début du siècle suivant. Les sculptures qui sont restées en place sont d'un grand raffinement ; les plis des

vêtements, les mèches des cheveux ou des barbes ainsi que les visages montrent une grande pureté de lignes et parfois une expressivité saisissante. En regardant les étonnants animaux de la base des portails, on voit que le ou les maîtres des sculptures de Saint-Gilles ont su véritablement donner du mouvement à leurs œuvres par un remarquable traitement des volumes que complètent les frises géométriques, les rinceaux de feuillages ou les médaillons. Il est dommage que les bâtiments aient tant souffert des vicissitudes des ans et qu'ils aient été remodelés au XVIIe siècle. En dessous de l'abbatiale, se développe une vaste crypte parfaitement appareillée, dont la décoration n'a d'égale à sa beauté que sa grande sobriété. Tout à côté des ruines de l'ancien chœur roman, un escalier, appelé la « vis de Saint-Gilles », est un chef-d'œuvre des tailleurs de pierre du XIIe siècle. Les nombreux graffitis anciens lisibles dans sa partie supérieure attestent le passage des compagnons venus l'admirer. La cité sauvegarde son patrimoine de maisons du Moyen Âge et de la Renaissance. L'une d'elles, très belle, est romane et conserve des sculptures de l'abbatiale ; un musée à vocation régionale y est également installé.

SAINT-GUILHEM-LE-DÉSERT (HÉRAULT) ✳✳✳

De l'abbaye fondée en 804 par Guillaume d'Aquitaine, comte de *Toulouse, subsiste l'église abbatiale, d'une grande sobriété. Elle possède un remarquable chevet à trois absides dont la principale, soutenue par de puissants contreforts, est coiffée de 18 niches en archivoltes retombant sur des colonnes. La crypte, découverte en 1962, est un vestige d'un sanctuaire préroman. Le cloître présente

deux étages de galeries (XIe-XIIIe s.) ; une bonne partie a été vendue aux États-Unis et se trouve au musée des Cloîtres de New York. Il ne faut à aucun prix manquer la visite de cette abbaye, dont l'histoire est exposée, documents à l'appui, dans l'ancien réfectoire.

SAINT-ILPIZE (Haute-Loire) ✵

Pour ceux qui aiment marcher dans les pas du voyageur médiéval, il est possible de gravir à pied le dyke fort élevé au sommet duquel sont édifiées une tour et sa chapelle castrale du XIIᵉ siècle, entourées d'une courtine remaniée au XIIIᵉ siècle et d'une seconde enceinte, élevée au XVᵉ siècle ; dans la basse cour est construite l'église paroissiale. Vu d'en bas, depuis les berges de l'Allier, le site volcanique est impressionnant, bien que de petite taille, et l'on comprend pourquoi il a été choisi.

SAINT-JEAN-PIED-DE-PORT (Pyrénées-Atlantiques) ✵✵

Tél. OT :
05 59 37 03 57.

Cette ancienne place forte, fondée à la fin du XIIᵉ siècle par les rois de Navarre, doit son nom au fait qu'elle se trouvait auprès du col (du « port ») de Roncevaux. Cette ville neuve prit rapidement de l'importance, tant sur le plan stratégique que politique et économique. Charles le Mauvais, au XIVᵉ siècle, la considérait comme la clef de son royaume. Il faut passer, si possible, quelques heures dans la ville. L'on y verra de belles demeures anciennes, dont certaines médiévales – ne pas manquer la maison des évêques (XIIIᵉ-XIVᵉ s.), la citadelle (ne se visite pas) avec son panorama sur la ville, la région et la montagne.

→ *Belles promenades dans les environs : Aincille (église avec une Vierge du XIVᵉ s.), Ainmice-Mongeloc (ancienne bastide, Vierge du XIIIᵉ s. dans l'église), Bemurleguy (statues médiévales dans l'église), Saint-Palais (fondation navarraise du XIIIᵉ s., musée de Navarre qui présente, entre autres, le temps des pèlerinages) et Garris (motte, place du Foiral, église). Pousser enfin jusqu'au col de Roncevaux.*

SAINT-LÉON-SUR-VÉZÈRE (Dordogne) ✵✵✵

Une petite merveille d'église romane, un véritable bijou qu'il ne faut manquer à aucun prix. Dressée en bordure de la Vézère, Saint-Léon, édifiée sur un soubassement romain très visible, comprend une nef unique du XIᵉ siècle, charpentée, et un clocher à trois étages. La croisée du transept est voûtée d'une coupole sur pendentifs. Des passages font communiquer l'abside avec les absidioles. Le cul-de-four de l'abside a gardé quelques fresques. Une église d'une harmonie extraordinaire dans ce petit village riche de deux châteaux privés qui méritent d'être contemplés, à défaut de pouvoir être visités.

264

SAINT-LOUP-DE-NAUD (SEINE-ET-MARNE) ✳✳

Tél. :
01 64 08 65 11.

Une des plus belles églises d'Île-de-France vous attend dans ce village. Sa fondation remonte à 980 avec l'arrivée de moines bénédictins de l'abbaye de Saint-Pierre-le-Vif. L'église fut placée sous le patronage de saint Loup ou Leu. Bénéficiant de nombreuses dotations, le prieuré connut une grande prospérité au cours du XIIIe siècle notamment. À voir pour son porche du XIIe siècle.

SAINT-MACAIRE (GIRONDE) ✳

Tél. :
05 56 63 03 64.

Petite ville, à 20 km de *Bordeaux, qui mérite un arrêt ; elle a gardé bien des souvenirs de son passé médiéval : des ruelles bordées de vieilles maisons, la place du Mercadion avec ses « couverts » gothiques, la vaste église romane Saint-Sauveur (XIIe-XVe s.).

SAINT-MALO (ILLE-ET-VILAINE) ✳✳

Tél. :
02 99 56 64 48.

Saint-Malo a beaucoup souffert de la guerre mais les blessures, avec le temps, se sont cicatrisées. Il faut d'abord se promener sur les remparts, qui ont échappé aux bombardements de 1944. De la période médiévale, subsiste la grande porte, avec ses deux grosses tours à mâchicoulis (XVe s.). La tour Bidouane, ancienne poudrière, date également du XVe siècle, mais les autres portes sont du XVIIe. Les hôtels particuliers – Surcouf habita l'un d'eux – ont tous été reconstruits à l'identique, à l'exception de deux seulement, qui avaient été épargnés. Le château a été construit par les ducs de Bretagne aux XVe et XVIe siècles. La cathédrale Saint-Vincent, touchée en 1944, a été restaurée. Sa construction date du XIIe siècle. Ne pas manquer de se promener dans le vieux Saint-Malo. Arrêtez-vous au n° 3 de la rue Chateaubriand. C'est dans cet hôtel particulier que naquit l'auteur du *Génie du christianisme…*
→ *Vous pourrez également retrouver sa trace au château de Combourg (tél. : 02 99 73 22 95), où il passa sa jeunesse. Ce château comprend une partie médiévale (XIIIe, XIVe et XVe s.).*

SAINT-MARCEL-DE-FÉLINES (LOIRE) ✳

Tél. :
04 77 33 15 39
ou
04 71 09 38 41.

Son petit château ou maison forte, fondé au XIe siècle, remanié au XVIe, peint à fresque au XVIIe, se trouve sur la « route historique La Fayette », parcours qui inclut, entre autres forteresses, des châteaux médiévaux : Sury-le-Comtal, Chalain d'Uzore…
De Pâques à Toussaint de 14 h à 18 h.

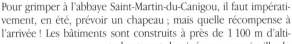

SAINT-MARTIN-DU-CANIGOU (Pyrénées-Orientales) ✣✣✣

Tél. :
04 68 05 50 03.

Pour grimper à l'abbaye Saint-Martin-du-Canigou, il faut impérativement, en été, prévoir un chapeau ; mais quelle récompense à l'arrivée ! Les bâtiments sont construits à près de 1 100 m d'altitude et sont dominés par une aiguille du haut de laquelle on découvre l'abbaye et ses environs en un magnifique panorama. On reste sans voix devant ces audacieuses constructions, qui sont pourtant bien modestes par rapport à la nature environnante, à la puissance des montagnes. L'abbaye, fondée au XIIe siècle par Guifred, comte de Cerdagne, date principalement des XIe et XIIe siècles et conserve un magnifique cloître édifié au bord de l'à-pic. L'aile élevée au XIIe siècle abrite d'intéressants chapiteaux qui contrastent avec la rusticité des matériaux employés et l'allure un peu rude de la tour, dont le sommet est aménagé en créneaux. L'abbatiale, avec ses trois nefs, reprend le plan de sa crypte et l'on peut remarquer, tout à côté, des tombes creusées dans le roc.

(Pointe de) SAINT-MATTHIEU (Finistère) ✣

Dans un panorama superbe, contrastant avec le phare moderne qui les jouxte, on verra les ruines d'une église abbatiale dotée d'un chœur du XVIe siècle.

La mer au Moyen Âge

La mer est symbole de la chrétienté : Jésus tient bon la barre de la nef de l'Église ; elle est aussi danger de mort : avant de prendre la mer, ce qui est alors une entreprise à haut risque, on s'entoure de précautions ; les marins baptisent leur navire de noms de saints ou de saintes, cousent une croix de tissu sur la grand-voile, choisissent une girouette cruciforme, prient et invoquent en cas d'orage et de tempête les saints patrons des navigateurs, Nicolas, Clément et les autres, ou se vouent à un pèlerinage à la Vierge, qu'il faut accomplir si l'on survit à un naufrage. On préfère

266

donc le cabotage, avec escale chaque soir, à la navigation hauturière. Les marchands qui confient leurs biens aux marins inventent l'assurance mutuelle, les voyageurs font leur testament... et s'embarquent avec victuailles et bagages. Ils feront la cuisine sur le pont. Les bateaux sont petits, et le confort médiocre, voire inexistant, mais aux plus aisés sont fournies des cabines, et l'on voit même, dans les gravures du XVᵉ siècle, des latrines sur les châteaux arrière des nefs. C'est un soulagement pour tous de parvenir à bon port malgré les risques, car si les bouées de sauvetage sont déjà connues elles ne servent encore qu'à des fins militaires et seulement pour traverser des cours d'eau.

SAINT-MAXIMIN-LA-SAINTE-BAUME (Var) ✳✳✳

Tél. OT :
04 94 59 84 59.

Petite ville harmonieuse et gaie, surtout les jours de marché, avec ses étals de textiles provençaux aux couleurs éclatantes, Saint-Maximin possède quelques trésors médiévaux, sur le chemin d'un très ancien pèlerinage, celui de la grotte de sainte Madeleine, « réfugiéc » en Provence. Dans la ville, où se dressent encore des maisons de la fin du Moyen Âge, rue Colbert, il faut voir la basilique à la masse impressionnante, dominant les maisons, dédiée à la sainte et construite de 1295 à 1532. Elle est très vaste : 81,5 m de largeur, 30 m de haut, et pouvait accueillir des milliers de pèlerins. Trapue à l'extérieur, d'autant qu'elle est privée de façade ; l'intérieur (trois nefs sans transept) a l'élégance des plus belles églises gothiques. Elle abrite des trésors artistiques et religieux : une petite crypte du IVᵉ siècle, découverte en 1279, emplie de sarcophages historiés dont l'un contenait un crâne qui avait gardé un lambeau de chair en parfait état de conservation : il ne pouvait s'agir que de Marie-Madeleine, dont le Christ avait touché le front de sa main. Dès lors, les pèlerins se précipitèrent à Saint-Maximin et *Vézelay perdit avec cette découverte le monopole de la dévotion à la sainte. Mais l'église possède aussi des tableaux intéressants, notamment un immense retable de Ronzen (1520) devant lequel il faut prendre le temps d'observer chaque image, où vous reconnaîtrez, peints de façon très détaillée, quelques paysages et villes du temps (Venise), et où vous aurez l'occasion de vous étonner devant mille détails de la vie quotidienne d'alors (jeux d'enfants, animaux, costumes...). La basilique abrite également la chape brodée d'or de saint Louis d'Anjou, sur le tombeau duquel tant d'enfants morts subitement ont été miraculeusement réanimés au Moyen Âge. Voir aussi, adossé à l'église et construit en même temps, l'ancien couvent royal, notamment le cloître (XVᵉ s.), oasis de paix et de fraîcheur sous le soleil de la Provence. Les dominicains s'y installent en 1316.

LES DOMINICAINS

Le fondateur des frères prêcheurs ou dominicains est Dominique de Guzuran (1172-1221), né dans une famille noble de Castille. Il fut un brillant étudiant en théologie puis, devenu prêtre, il accompagna son évêque à travers l'Europe où ils découvrirent l'étendue et les progrès de l'hérésie cathare. Ils estimèrent alors que pour lutter efficacement contre les Cathares, il fallait tout à la fois mener une vie exemplaire et posséder un sérieux bagage théologique afin de contrer les hérétiques sur leur terrain. Son évêque étant reparti, Dominique entreprit d'organiser des prédications itinérantes et des « disputes » théologiques où il se montrait particulièrement brillant. L'Ordre des frères de la prédication sera définitivement fondé en 1215 et prendra le nom de frères prêcheurs trois ans plus tard. Dominique, rompant avec la tradition monastique, envoie ses frères en mission dans toute la chrétienté. Des couvents sont installés au cœur des villes et non à l'écart des populations : c'est la vie dans le siècle, et non l'éloignement et la solitude dans le « désert ». Un couvent est fondé à *Paris, rue Saint-Jacques, en 1218 (il existe toujours). Les frères dispensent un enseignement de qualité et gratuit, ce qui leur vaudra de solides inimitiés de la part de l'Université, qui ne tardera pas à les attaquer sur leurs positions théologiques. L'Ordre des dominicains connaîtra une forte expansion en Europe. En France, il ouvrira 58 couvents au XIIIe siècle dans la province de France, 25 dans celle de *Toulouse, 14 dans celle de Provence... Dominique mourra à Bologne au cours d'une mission en 1221. Il sera canonisé en 1234.

Chassés à la Révolution, ils reviennent en 1859, avec Lacordaire, et y restent jusqu'en 1957. Le couvent est aujourd'hui un centre culturel. Enfin, ne manquez pas, en quittant la ville, de monter à la grotte de la Sainte-Baume, située à flanc de falaise à une quinzaine de kilomètres de la ville, reprenant le chemin d'un très ancien pèlerinage qu'accomplirent saint Louis d'abord, puis le jeune François Ier lui-même, accompagné de sa mère, en signe d'action de grâce pour la victoire de Marignan ; il y prit un plaisir si vif qu'il en fit peindre le souvenir dans ses livres d'éducation morale et religieuse. Le site abrite une chapelle. Un père dominicain y vit en ermite. L'accès à la grotte se mérite : 150 marches à gravir, ce qui donne le temps de réciter les 150 « Ave » de la prière du Rosaire, mais vous pouvez aussi penser à autre chose...

→ À voir dans les environs, le château de Saint-Sauveur à Rocbaron (XIIIe s.) ; la collégiale Saint-Pierre à Cuers (styles roman et gothique), le monastère royal de La Celle, l'un des plus anciens monastères de Provence avec les deux galeries du cloître, la salle capitulaire, les dortoirs et le logis du prieur (XIIe s.). La chapelle romane sert aujourd'hui d'église paroissiale.

Sainte Madeleine et ses reliques

Sainte Madeleine est une héroïne créée par le pape Grégoire le Grand (590-604) à partir de trois saintes bibliques homonymes, la possédée délivrée par Jésus, la sœur de Marthe et la très célèbre pécheresse aux longs cheveux qui enduisit de parfum les pieds du Christ. Ce sont les Bourguignons, en l'occurrence les moines de *Vézelay, et non les Provençaux, qui ont impulsé, dès le IXe siècle, le culte de ses reliques, que le fameux Gérard de Roussillon aurait fait exhumer et ramener en Bourgogne. Le pèlerinage à Vézelay a été détrôné, au XIIIe siècle, par la découverte en Provence de la grotte où Madeleine se serait réfugiée : la Sainte-Baume (qui signifie caverne). Saint Louis lui-même fait le pèlerinage, consacrant de fait ce nouveau lieu saint. En 1281, les ossements et la chevelure de la sainte sont placés dans des reliquaires et on construit une basilique à Saint-Maximin pour abriter le « chef » de cette dernière. Le reliquaire actuel a été refait au XIXe siècle mais heureusement des enlumineurs ont eu l'occasion en 1517 de représenter le modèle d'origine, de même que le reliquaire du bras de saint Maximin.

Jean Gobi l'Ancien, *Miracles de sainte Marie Madeleine*, éd. par J. Sclaeffer, Paris, CNRS, 1996.

SAINT-MICHEL-DE-CUXA (Pyrénées-Orientales) ***

Tél. : 04 68 96 02 40.

C'est la plus ancienne des abbayes romanes du Roussillon, puisqu'elle fut fondée en 833. Elle connut son apogée entre le Xe et le XIIe siècle. À la Révolution elle fut vendue par lots : en 1912 un Américain « cultivé » acheta plusieurs arcades du cloître et des chapiteaux ; sans doute faut-il regretter que la plupart soient actuellement conservés au musée des Cloîtres de New York – qui mérite d'ailleurs amplement le voyage pour qui s'intéresse au Moyen Âge français. Toutefois, le cloître a été en partie remonté et montre encore d'extraordinaires chapiteaux et l'abbatiale conserve l'un des portails les plus remarquables de l'art roman. L'église, consacrée en 974, est d'un

style original : on y retrouve des influences wisigothique et mozarabe ; en effet, les arcs romans se referment en fer à cheval. C'est ce que l'on appelle des arcs doubleaux « outrepassés ». Ces arcs, d'influence arabo-espagnole, se retrouvent dans toute la région. Le couvrement de la très belle crypte repose sur un seul pilier qui s'ouvre comme un palmier en recevant les voûtes.

→ *À voir, dans les environs, l'abbaye de *Saint-Martin-du-Canigou, Corneilla-de-Conflent : il faut visiter absolument son admirable église romane (xiᵉ et xiiᵉ s.), trop méconnue, et magnifique exemple de l'art roman catalan. *Villefranche-de-Conflent, Prades (clocher du xiiᵉ s. en marbre rose et granite), que le violoniste Pablo Casals a rendu célèbre...*

SAINT-MICHEL-EN-THIÉRACHE (Aisne) ✳

Tél. :
03 23 97 84 75.

En ce lieu, à 4 km d'Hirson et 69 de Saint-Quentin, des moines irlandais fondèrent, au xᵉ siècle, une abbaye. Comme toutes ses sœurs, elle subit au cours des siècles tous les outrages possibles, tout en étant reconstruite à chaque fois. La Révolution, une fois n'est pas coutume, épargnera le monastère. L'église devint une manufacture, ce qui lui évita d'être transformée en carrière. Les deux guerres mondiales ne lui causèrent aucun dommage mais un incendie la ravagea en 1971... Elle a été restaurée depuis et présente un ensemble remarquable d'époques différentes : du xiiᵉ (pour le chœur, le transept et la rose) au xviiᵉ siècle (pour la nef, le portail et le clocher), xviiiᵉ pour les orgues (acoustique exceptionnelle).

SAINT-MONTAN (Ardèche) ✳✳

Au S-O de *Montélimar, s'étageant sur une pente au-dessous d'un grand château de la fin du xiiᵉ siècle et du xiiiᵉ siècle en ruine, sous la protection d'une petite chapelle romane, et d'un prieuré, se développent sur 3000 m² les vestiges d'un *castrum* ou village féodal, comportant de puissantes maisons fortes crénelées : comme à *Saint-Géniez-ô-Merle, le lieu était divisé en co-seigneuries. Le site doit son nom et son existence à la présence, aux vᵉ et viᵉ siècles, d'un ermite lorrain, Montan. De puissants personnages viennent le visiter – saint Remi, les évêques de *Viviers – de même que des pèlerins.

→ *Voir aussi dans les environs le village de Larnas (église romane), Meysse, *Rochemaure, Donzère (château XIIe s., courtines XVe-XVIe s., ne se visite pas mais est bien visible depuis la N 7.*

SAINT-NECTAIRE (Puy-de-Dôme) ✲✲✲

Tél. OT :
04 73 88 50 86.

Le saint-nectaire, comme tout le monde le sait, est un fromage d'Auvergne parmi les plus réputés. Ne manquez pas en passant d'en ramener chez vous (mais de la variété « fermier »...) après l'avoir goûté. Mais ne manquez pas non plus de visiter ce joyau de l'art roman qu'est l'église du lieu, considérée comme l'une des cinq églises romanes majeures d'Auvergne. Édifiée entre 1146 et 1178 par les abbés de *La Chaise-Dieu, l'église, modeste extérieurement, présente à l'intérieur une pureté architecturale quasi parfaite. Tout y est beauté et simplicité. Ses chapiteaux historiés, exceptionnels, présentent des scènes remarquables : les saintes femmes au tombeau, la Passion, ou la descente du Christ aux Limbes, thème rare. Très belles pièces dans le Trésor. Cette église a été érigée en l'honneur de saint Nectaire, compagnon de saint Austremoine ; tous deux évangélisèrent la basse Auvergne au IIIe siècle.

→ *Sans s'arrêter davantage dans la ville, qui présente assez peu d'intérêt, on conseillera à l'amateur de belles églises romanes de rayonner dans le département : voir à l'est *Issoire, la petite église Saint-Saturnin (troisième quart du XIIe s., fresque XVe s.), *Orcival, *Mozac, Ennezat (collégiale bâtie vers 1070, agrandie au XIIIe s., fresques macabres du XVe s.) – et bien d'autres : il n'existe pas moins de 250 églises romanes en Auvergne... de quoi organiser un vaste périple spécialisé.*

SAINT-OMER (Pas-de-Calais) ✲✲

Tél. :
03 21 98 70 00.

Un riche patrimoine embellit cette ville qui fut, aux temps médiévaux, un centre important de fabrication du drap, une métropole religieuse et un carrefour commercial très actif. Il faut voir la cathédrale Notre-Dame, fondée par saint Omer au VIIe siècle. Collégiale au Moyen Âge, elle fut érigée en cathédrale en 1559 et le resta jusqu'en 1802. Elle porte aujourd'hui le titre de basilique. La construction actuelle couvre trois siècles (XIIIe-XVIe s.). La tour-porche est surmontée de tourelles de guet du XVe siècle. La nef (103 m de long, 30 de large, 23 de haut) comporte neuf travées. Le transept (XIIIe s.) a été rallongé au siècle suivant. Le chœur du XIIIe siècle est entouré d'un déambulatoire s'ouvrant sur trois chapelles rayonnantes. Le mobilier de la cathédrale est particulièrement intéressant : on peut notamment y voir le tombeau de saint

Erkembode (sarcophage du IXe s.), des dalles gravées du XIIIe siècle, rapportées d'une autre église, une horloge astronomique dont le mécanisme date de 1558. Ne pas manquer la statue du Grand Dieu de Thérouanne (XIIIe s.) qui ornait jadis le portail de la cathédrale de *Thérouanne, rasée par Charles Quint.

SAINT-OUEN-L'AUMÔNE (VAL-D'OISE) ✱✱✱

Tél.
01 34 64 36 10.

L'abbaye de Maubuisson fut fondée en 1236 par Blanche de Castille, qui s'y fera ensevelir en 1252. Cette abbaye royale, d'obédience cistercienne, était prévue pour accueillir 120 religieuses. Saint Louis y séjourna plusieurs fois. En 1307, Philippe le Bel y signa l'arrestation des Templiers. Abondamment dotée, l'abbaye prospéra et se développa jusqu'au XVe siècle. La période commendataire entraîna un certain relâchement de la vie religieuse ; Henri IV fit nommer comme abbesse Angélique d'Estuis, sœur de sa maîtresse, et la spiritualité n'était pas la vertu première de cette religieuse. Une réforme sera introduite en 1618. À la veille de la Révolution, Maubuisson n'a plus d'activité religieuse. Les bâtiments seront plus tard vendus aux enchères, transformés en hôpital militaire puis en carrière de pierres : restent les logis claustraux des hôtes (XVIIIe s.) et la grange aux dîmes. La fondation Rothschild rachète la propriété en 1926 et entreprend de la restaurer. Le département en devient propriétaire en 1979 et procède à des fouilles et à des restaurations qui permettent de restituer la vie des religieuses au XIIIe siècle et l'histoire de l'abbaye.

→ *À voir dans les environs *Beaumont-sur-Oise, Auvers-sur-Oise (petite église XIIe-XIIIe s., remaniée au XVe, restaurée au XIXe, beaux chapiteaux), l'abbaye du Val à Montsoult (propriété privée) qui, entretenue et restaurée par une association fort active, mérite d'être visitée.*

SAINT-OUTRILLE-EN-GRAÇAY (CHER) ✱

L'église Saint-Outrille présente un chœur et un transept du XIIe siècle ; la nef a été reconstruite au XVe siècle. La décoration des baies aveugles du chevet et le traitement stylistique des chapiteaux sont très intéressants mais l'originalité de l'édifice réside essentiellement dans son clocher. Une flèche vrillée, à quatre pans abattus, repose sur un massif de charpenterie de semblable section, le tout recouvert de bardeaux, ou tuiles de bois. Le site est bien mis en valeur et les environs sont parfaitement entretenus : idéal pour s'arrêter le temps d'un pique-nique.

SAINT-PHILBERT-DE-GRAND-LIEU (LOIRE-ATLANTIQUE) ✳✳✳

Tél. :
02 40 78 70 07.

Malgré des transformations aux dommages irréparables opérées au XIXᵉ siècle, l'abbatiale Saint-Philbert est l'un de ces rares édifices qui vous plonge dans la France carolingienne. C'est essentiellement l'intérieur qui est surprenant, car peu commun. La crypte abrite un sarcophage du VIIᵉ siècle qui a contenu, entre 836 et 858,

le corps de saint Philibert. La nef est ponctuée par de gros piliers construits tant en pierre qu'en brique et qui, en assises alternées, donnent naissance à des arcs rythmés de même. Les dernières rénovations mettent bien en valeur les différentes époques de construction et ont redonné au monument un peu de son lustre d'antan.

SAINT-PIERRE-DE-CHARTREUSE (ISÈRE) ✳✳

Le monastère de la Grande-Chartreuse a été fondé par saint Bruno à la fin du XIIᵉ siècle dans un « désert », instaurant une tradition monastique de cet ordre. Pour répondre au désir d'isolement manifesté par les quelques chartreux fondateurs, fut constitué alentour un domaine protégé d'où toute violence était proscrite : étaient interdits le passage d'hommes en armes, la chasse et même la pêche, de même que le droit de pacage aux paysans. Malgré la grande reconstruction de Saint-Pierre de Chartreuse en 1676, due à un incendie, et les réparations du XIXᵉ siècle, il reste encore contrairement à ce que l'on croit des bâtiments médiévaux : la tour

de l'horloge, avec son plan successivement carré et octogonal et ses baies trilobées, qui domine le monastère de ses 30 m de haut, le chapitre, la partie nord et la galerie ouest du cloître, immense. La plupart, il est vrai, datent de la fin du XVᵉ siècle : ainsi le réfectoire et les cuisines, aux fenêtres gothiques. Parmi les plus anciens vestiges, l'église, fortement remaniée, dont l'abside daterait de la fin du XIVᵉ siècle, et la chapelle des Morts ; des marques de tâcherons nombreuses se lisent sur leurs murs, signature des artisans médiévaux. La chartreuse ne se visite pas mais un musée de la vie cartusienne – qui n'a pour ainsi dire pas changé depuis le Moyen Âge – est installé dans la Correrie, ou maison basse, qui

Tél. Musée : 04 76 88 60 45.

accueillait autrefois les serviteurs et les chartreux malades. Fort intéressant, et sans cesse amélioré, il justifie pleinement le déplacement. De plus, la route d'accès, par beau temps, est un enchantement et un sentier pédestre accessible à tous surplombe parfois les bâtiments inaccessibles.

📖 *Les Chartreux, le désert et le monde*, catalogue d'exposition du musée Dauphinois, Grenoble, 1984 ; B. Bligny, *Saint Bruno, le premier chartreux*, Rennes, Ouest-France, 1984.

SAINT-RAMBERT-EN-BUGEY (AIN) ⁂

L'église se dresse, austère, mais dans sa petite crypte préromane, au sol de larges dalles de pierre, on peut voir d'énigmatiques chapiteaux : l'un présente une main gravée en creux, au tracé primitif (la main de Dieu ?). C'est là le dernier témoignage de l'abbaye Saint-Domitien fondée au Vᵉ siècle. Rambert, prince franc, y subit le martyre en 680.

📖 *Saint-Rambert, un culte régional depuis l'époque mérovingienne*, Paris, CNRS, 1995.

SAINT-ROMAIN-LE-PUY (LOIRE) *

Juchée sur un pic volcanique petit mais escarpé (le « puy »), dont on repère de loin la silhouette caractéristique, son église priorale domine de 80 m la plaine du Forez. Le site, naturellement défensif, a incité à construire un château (ruiné), au XIIᵉ siècle, pour la protéger. Bâtie aux environs de l'an Mil, c'est peut-être la plus ancienne église du Forez. Bien que le bâtiment, en basalte, soit austère, sa décoration l'apparente à la basilique d'Ainay, à *Lyon. Dans cette église à nef unique voûtée en berceau en plein cintre, au chevet lumineux, il faut faire le tour des chapiteaux aux motifs variés : entrelacs, crosses, animaux symboliques (béliers, paons – symbole d'éternité –, phénix – symbole d'immortalité –, colombe et dragons – le bien et le mal ; mais aussi marguerites et feuilles de vigne). Elle possède encore de rares témoignages de fresques murales : pour le XIᵉ siècle, les animaux de l'Apocalypse, pour le XIIIᵉ le martyre de son saint patron, Romain d'Antioche, pour le XVᵉ, les saintes Catherine, Barbe et Madeleine. En sortant, il faut aller admirer, sur le mur extérieur du chevet, une frise (abîmée par le temps et le rude climat du Forez) figurant d'autres motifs sculptés qui éclairent l'austérité des pierres : svastikas, taureau, symboles de l'eucharistie et images du péché originel : tout un programme...

📖 *Le Prieuré de Saint-Romain-le-Puy*, Publ. de l'Univ. de Saint-Étienne, Saint-Étienne, 1992.

➔ *Aller à *Essertines.*

SAINT-SAVIN-SUR-GARTEMPE (Vienne) ✳✳✳

Tél. OT :
05 49 48 11 00.

Sur la route de *Poitiers à Châteauroux, l'abbaye de Saint-Savin est surtout remarquable par les fresques de son abbatiale, datées des XIe-XIIe siècles, car ses bâtiments conventuels ont subi de nombreuses vicissitudes. Une haute flèche gothique domine l'ensemble, particulièrement saisissant depuis le pont qui enjambe la Gartempe. En entrant dans l'abbatiale, on est tout d'abord frappé par l'ampleur et le nombre des peintures, puis par la luminosité qui s'en dégage. Dans la crypte, parfaitement reconstituée dans un bâtiment voisin, ont été peints les martyres de saint Savin et de saint Cyprien, le Christ en majesté encadré par les symboles des

évangélistes et par des saints. Toute la voûte de la nef est recouverte de fresques : elles illustrent l'Ancien Testament, avec la Création du monde, Adam et Ève, Moïse et Noé... Dans le passage du clocher-porche, on découvre l'Apocalypse, alors qu'au-dessus, au niveau de la tribune, se retrouvent, très dégradées, des scènes de la Passion du Christ. Il faut noter la présence de dédicaces sur certains autels des chapelles du chœur, en relation avec la représentation des saints figurant dans la crypte. Sur place, vous pourrez acquérir une plaquette fort bien faite et utile pour permettre de s'orienter et de procéder à une lecture aisée des peintures, classées patrimoine mondial par l'UNESCO.

SAINT-SEVER (Landes) ✳✳✳

Tél. :
05 58 76 34 64.

Saint-Sever a connu une histoire glorieuse et tragique. Durant tout le Moyen Âge, la cité fut un centre religieux, politique et commercial de premier ordre. La cité devait sa réputation et son rayonnement à son abbaye, fondée en 988. Au XIe siècle, le père abbé Grégoire de Montaner décida de la reconstruire. Les travaux se poursuivent jusqu'au XIIIe siècle. C'est dans cette abbaye que fut réalisé le très célèbre manuscrit de l'Apocalypse, aujourd'hui

conservé à la Bibliothèque nationale de France, à *Paris. L'ouvrage est considéré comme l'un des chefs-d'œuvre de l'enluminure médiévale. Incendiée, ruinée, l'abbaye sera restaurée au siècle dernier. Les bâtiments qui demeurent méritent une visite attentive. Le chœur de l'église présente notamment un grand intérêt. Sept chapelles s'organisent à partir du transept, qui communiquent entre elles par des arcades. Les colonnes sont ornées d'admirables chapiteaux aux motifs essentiellement végétaux mais on peut aussi voir des figures animales, griffons et lions, comme à *Agen ou dans la crypte de Saint-Front à *Hagetmau.

SAINT-SULPICE-DE-FAVIÈRES (Essonne) ✶✶✶

Situé près d'*Arpajon, ce village possède une très imposante église, qui nous rappelle qu'elle fut, au Moyen Âge, le siège d'un important pèlerinage. Selon la légende, saint Sulpice, archevêque de *Bourges, se serait arrêté en ce lieu où il aurait redonné vie à un enfant noyé. Une église existait au XIIᵉ siècle, dont subsistent deux nefs appelées chapelle des Miracles. Au XIIIᵉ siècle, face au succès du pèlerinage, une église beaucoup plus vaste, celle que l'on voit aujourd'hui, fut construite. La nef a six travées, le chœur polygonal, plus élevé que la nef, présente trois étages. L'église possède trois nefs aboutissant à trois portails richement sculptés (le Jugement dernier, la Résurrection des morts, la pesée des âmes par saint Michel, le Christ bénissant, un calice dans la main gauche, saint Jean, des anges, saint Sulpice) et, dans la chapelle de la Vierge, une magnifique verrière du XIIIᵉ siècle. On admirera enfin le clocher coiffé en batière.

SAINT-SYLVAIN D'ANJOU (Maine-et-Loire) ✶✶✶

Visites guidées et animées :
avr. à juin, sept.-oct., dim. et jf de 14 h à 18 h ; juil.-août : tlj de 14 h à 18 h.

À 6 km au nord d' *Angers, et à proximité immédiate du site médiéval de La Haie Joulain, qui a inspiré Saint-Sylvain, des archéologues ont reconstitué, avec l'aide de compagnons charpentiers du Devoir, un château de bois sur motte, unique en Europe, tel qu'on en construisit entre le Xᵉ et le XIIᵉ siècle, de même que son village. Une tour de guet se dresse au-dessus de sa basse cour, bien protégée d'un fossé, d'un rempart de terre et d'une palissade de pieux. À

Tél. :
02 41 76 45 80.

l'intérieur de l'enceinte, travaillent divers artisans, tel le boulanger.

On connaît, grâce à un récit exceptionnel du XIIe siècle, celui de Lambert d'Ardres (situé dans l'actuel Pas-de-Calais), le mode de vie dans cet ancêtre du château fort.

LA VIE QUOTIDIENNE DANS UN CHÂTEAU À MOTTE

« Une maison de bois qui surpassait toutes celles construites en ce même matériau dans la Flandre d'alors (...). Le premier niveau était à la surface du sol : là se trouvaient les celliers et les magasins à grains ainsi que des grands coffres, des jarres, des tonneaux et autres ustensiles domestiques. Au second niveau, il y avait l'habitation et la pièce à vivre de la maisonnée. S'y trouvaient les offices, celui des panetiers et celui des échansons ainsi que la grande chambre où dormaient le seigneur et sa femme et, attenant à celle-ci, un cabinet, chambre ou dortoir des servantes et des enfants. Dans la partie la plus reculée de la grande chambre il y avait une sorte de réduit où, au point du jour, le soir, ou en cas de maladie, pour faire les saignées ou encore pour réchauffer les servantes et les enfants sevrés, on avait l'habitude d'allumer le feu. À ce même étage, la cuisine faisait suite à la maison : elle avait deux niveaux. En bas étaient mis les porcs à l'engraissement, les oies destinées à la table, les chapons et autres volailles tout prêts à être tués et mangés. En haut vivaient les cuisiniers et autres préposés à la cuisine : ils y préparaient les plats les plus délicats destinés aux seigneurs ainsi que la nourriture quotidienne des familiers et des domestiques. Au niveau supérieur de la maison il y avait des chambres hautes. Dans l'une dormaient les fils du seigneur, quand ils le voulaient ; dans une autre ses filles, parce qu'il le fallait ainsi ; ailleurs, les veilleurs, les serviteurs chargés de la garde de la maison et les gardes prêts à intervenir, toutes les fois qu'ils prenaient leur repos. Des escaliers et des couloirs menaient d'étage en étage, de la maison à la cuisine, de chambre en chambre, et aussi de la maison à la loge [où]... les seigneurs avaient coutume de s'y asseoir pour d'agréables entretiens, comme de la loge à l'oratoire ou chapelle, comparable par ses sculptures et ses peintures au tabernacle de Salomon. »

Extrait de : *Sources d'histoire médiévale, IXe-milieu du XIVe s.*, sous la direction de G. Brunel et É. Lalou, Paris, Larousse, 1992, p. 332-333.

SAINT-THIBAULT-EN-AUXOIS (CÔTE-D'OR) ✳

Le voyageur est dérouté, de loin – et c'est tant mieux – en découvrant l'étrange silhouette en obus de cette église de campagne qui s'est prise pour une cathédrale : une abside monumentale, datée du XIIIe siècle, seulement flanquée d'un chœur privé de quelques travées et démunie de nef ! Les promoteurs de ce lieu de pèlerinage n'ont jamais trouvé le financement nécessaire à l'accomplissement du projet. Ils ont tout de même réussi à la doter d'un

porche admirablement sculpté, où quatre personnages, dont trois laïques, une femme, un jeune homme et un homme mûr vous accueillent. Ce porche est habillé sans doute au XVe siècle d'une très belle porte en bois, sculptée de petits personnages d'apôtres et de saints. À l'intérieur, un intéressant retable de pierre polychrome retrace la vie du saint patron des lieux, de curieuses piscines ou lavabos encadrent l'abside, et une chapelle Saint-Gilles édifiée au XIIIe siècle est hélas fermée pour protéger ses reliques, décourageant le visiteur à qui l'on n'indique pas l'adresse où se procurer les clefs. Le voyageur au regard averti décèlera quelques maisons anciennes, très dégradées, dans les rues de ce village, qui mérite bien une courte halte sur la route de l'abbaye de *Fontenay.

➔ *Aller à *Fontenay.*

 SALAGON (ALPES-DE-HAUTE-PROVENCE) ✳

Tél. :
04 92 75 19 93.

Le prieuré bénédictin de Notre-Dame de Salagon (commune de Mane), bâti sur un tertre de quelques mètres de haut, verdoyant car doté d'une source, est judicieusement établi sur la route d'Apt à Forcalquier, à l'emplacement d'une basilique et d'une nécropole des Ve-VIIe siècles. Assez rustique, avec son portail dissymétrique, il comprend un groupe d'églises romanes du XIIe siècle : une église double et, à 100 m au sud, une autre dédiée à saint Laurent. L'intérieur est simple et caractéristique de l'art roman provençal, avec quelques chapiteaux dont un historié et des petits bas-reliefs. Le logis prioral, édifié au XIIIe siècle et surélevé aux XVe-XVIe siècles, est constitué d'une salle voûtée, sans doute un cellier destiné au stockage des vivres, et d'une pièce attenante, peut-être la cuisine. Une étable-grange a été réaménagée aux temps modernes. Le tout était défendu par une petite tour de plan carré édifiée au XIIIe ou au XIVe siècle, et enclos de mur.

On se promènera pour finir dans le jardin médiéval reconstitué.
Tlj du 1er avr. au 30 juin de 14 h à 18 h ; du 1er juil. au 30 sept. de 10 h à 12 h et de 14 h à 19 h. du 1er oct. au 11 nov. les sam. dim. et vac. scol. de 14 h à 18 h. du 12 nov. au 31 mars les dim. et vac. scol. de 14 h à 18 h.

SALERS (CANTAL) ✳✳

Tél. OT :
04 71 40 70 68.

À près de 1 000 m d'altitude, le village de Salers est reconnu comme l'un des plus beaux de France. Il subsiste d'importants vestiges de l'enceinte, dont la construction date de la première moitié du xve siècle. Même si les pierres en saillie au-dessus des portes défensives indiquent l'emplacement de probables hourds de bois, c'est la pierre qui domine dans les constructions, jusqu'aux toitures qui sont le reflet du sol de la montagne. Rapidement l'enceinte a servi d'appui aux nouvelles maisons. Dans l'unité de la pierre, les constructions plus tardives gardent le même esprit tout au long du Moyen Âge et au-delà. Le village s'articule autour d'une place et de l'église. Si vous aimez les boutiques d'artisanat animées, promenez-vous en saison estivale ; si vous préférez la découverte des vieilles pierres dans la tranquillité, choisissez une saison plus fraîche et le plaisir d'une bonne « truffade ».

SALIES-DE-BÉARN (PYRÉNÉES-ATLANTIQUES) ✳

Tél. :
05 59 38 00 33.

Dès le Moyen Âge, Salies exploita ses salines à des fins thérapeutiques. La place du Bayaa était le centre d'exploitation du sel, menée selon une organisation très stricte mais pittoresque dont on trouvera l'explication au musée du Sel. Il faut voir aussi l'église Saint-Martin (xive s.) et la tour du château de Saint-Pé (xve-xvie s.).

SALSES (PYRÉNÉES-ORIENTALES) ✳✳✳

Tél. :
04 68 38 66 13.

À 15 km de *Perpignan, c'est un bâtiment militaire de premier ordre que cette forteresse construite en 1497 par un ingénieur aragonais. Elle était d'abord destinée à résister aux attaques françaises et commandait alors le passage entre la France et l'Espagne. Mais, en 1642, Salses changea de camp et de patrie, et perdit de sa valeur stratégique. La forteresse deviendra prison d'État, dépôt de poudre. Elle a échappé aux destructions et a été minutieusement restaurée. Très belle vue du sommet.
→ *À voir, dans les environs de *Perpignan, l'église de Saint-Genis-les-Fontaines, dont le linteau est la plus ancienne pierre romane datée de France. Il représente le Christ en gloire, entouré de six apôtres.*

SANCERRE (Cher) �✳✳

Tél. OT :
02 48 54 08 21.

Dominant la Loire, Sancerre a compté des seigneurs illustres. Même si la tour César, construite vers 1390, ne se visite pas, la vieille ville est très agréable. Au pied du piton, se sont développés les villages médiévaux de Saint-Satur, dont les moines, au XIVᵉ siècle, furent les premiers à planter la vigne, de Saint-Thibault, avec son quartier marinier, et le bourg de Ménétréol.

SANTEUIL (Val-d'Oise) ✳✳✳

L'église Saint-Pierre-et-Saint-Paul de Santeuil, dans le Vexin, a eu la chance d'échapper aux folies destructrices de la guerre de Cent Ans. C'est un très beau sanctuaire roman dont le chœur et le transept datent du XIIᵉ siècle et la nef du début du XIIIᵉ siècle. Celle-ci, très élégante, s'élève sur trois niveaux. La tour-clocher est particulièrement remarquable.

SAORGE (Alpes-Maritimes) ✳✳✳

Son haut clocher roman de pierre claire, son village aux toits de lauzes, et les fresques de Notre-Dame-del-Poggio, joints à une situation privilégiée dans la vallée et les gorges superbes de la Roya, attireront le visiteur amateur d'images médiévales. Ses fresques de la vie de la Vierge furent peintes entre 1470 et 1480 par Jean Baleison.
→ *Aller à *La Brigue*.

SARLAT-LA-CANÉDA (Dordogne) ✳✳✳

Tél. :
05 53 59 27 67.

Une ville en plein cœur du Périgord noir, qui a retrouvé tout son lustre grâce à la loi Malraux de 1962. Même si elle n'est pas l'unique merveille du Périgord, Sarlat mérite une longue visite, mais sachez que mieux vaut venir au printemps ou en automne pour éviter la foule des touristes en été. Sarlat est née autour d'une abbaye qui existait déjà en l'an Mil, sous le vocable de Saint-Sauveur puis de Saint-Sacerdos. La ville, rangée sous la bannière du roi de France, connut un important développement au Moyen Âge, mais dut se doter d'imposantes fortifications durant la guerre de Cent Ans. L'âge d'or de la ville s'étend entre la fin du XVᵉ siècle et la première moitié du XVIᵉ siècle. Comme ailleurs, les guerres de Religion lui apportèrent pillage et désolation. Sarlat retrouva une certaine prospérité aux siècles suivants, mais la Révolution, l'amputant de son évêché et de son présidial, lui ôta une grande part de son importance. La ville s'endormit doucement, gardant ses joyaux architecturaux intacts, même si au XIXe siècle on perça la ville d'une grande artère.

Sarlat est riche de monuments médiévaux et Renaissance (quatorze sont classés Monuments historiques, une cinquantaine d'autres sont inscrits à l'inventaire supplémentaire). La restauration entreprise depuis plus de trente ans, et qui se poursuit aujourd'hui, a permis la sauvegarde et la réhabilitation de l'ancien noyau urbain. Pour découvrir la ville, il existe de bonnes visites guidées (s'inscrire à l'office de tourisme). On peut aussi, à condition de se munir d'un plan et d'un guide, déambuler seul dans la cité. Ne pas manquer la cathédrale Saint-Sauveur, la chapelle des Pénitents bleus et celle des

Pénitents blancs, la lanterne des morts, l'ancien évêché, l'ancienne église Sainte-Marie, les hôtels Planion, de Maleville, de Gisson, de La Boétie (l'ami de Montaigne), de la Miandole, la rue des Courals, etc. Donnez-vous le temps. Il faut « goûter » Sarlat comme on déguste un bon foie gras, avec gourmandise...

→ *À voir dans les environs immédiats : Temniac (chapelle Notre-Dame de style roman), Saint-Geniès (petit village plein de charme, maisons anciennes et château XIIIe-XVIe s., église romane fortifiée et, située un peu à l'écart, la chapelle gothique du Cheylard, XIVe s. et ses peintures murales qui mériteraient une sérieuse restauration), *Saint-Amand-de-Coly, Salignac (maisons périgourdines des XIIIe-XIVe s., église gothique des XIVe-XVe s., château, ancienne place forte des Salignac de la Mothe-Fénelon), l'étonnant château de la Grande Filolie (ne se visite pas).*

SARZAY (INDRE) ✵

On arrive sur le site en venant de La Châtre, par la D 41 A. Malgré des travaux de mise en valeur du site quelque peu abusifs et d'ailleurs condamnés par les Monuments historiques, le donjon de Sarzay permet une approche intéressante de l'architecture militaire du XVe siècle. Un grand corps de logis, à la fois demeure seigneuriale et élément défensif, est flanqué de six tours. L'une d'elles abrite l'escalier qui dessert les différents étages. Les tours sont couronnées de mâchicoulis et l'ensemble de la construction est couverte ; la charpente présente d'imposantes pièces de bois d'origine. Il reste assez peu de la courtine qui délimitait, en une vaste basse cour, la place forte.

→ *Aller à *Neuvy-Saint-Sépulchre par la D 51.*

SAUMUR (MAINE-ET-LOIRE) ✳✳✳

Tél. OT :
02 41 40 20 60.
Tél. Château :

02 41 40 24 40
ou
02 41 40 30 46.

Admirer la vieille ville de Saumur lors d'une promenade en bateau permet de bien s'imprégner de l'atmosphère plaisante et agréable du Val-de-Loire. Puis il faut découvrir le château. De puissantes constructions du XIIIe siècle servent de support aux bâtiments actuels. Ceux-ci ont été bâtis à la fin du XIVe siècle pour Louis Ier d'Anjou. Ce dernier, comme ses frères, le roi et les ducs de Berry et de Bourgogne, est un prince fastueux et mécène. La miniature du calendrier des *Très Riches Heures* du duc de Berry, qui le figure, présente très bien le monument : à la fois résidence dominant la campagne et forteresse militaire. La visite intérieure est enrichissante et **vous** commencerez par les salles basses et les cachots.

Architecture des façades de la cour, sculptures, restitution des pavages du Moyen Âge, complètent les objets et le mobilier présentés, dont de remarquables tapisseries. En marge de notre Moyen Âge, on verra, exposée dans les logis, une intéressante collection de céramiques et, dans les combles, l'histoire de l'équitation est racontée dans une

présentation un peu sévère. Enfin, dans la cour, ne manquez pas d'observer le mécanisme du puits : tout en bois, il date de la fin du Moyen Âge. À côté, s'offre un beau panorama sur la ville et, à vos pieds, en saison touristique, le théâtre de verdure des jardins vous invite au spectacle qui se prépare. En ville, voir les fortifications, la poudrière, la maison des Compagnons...

SAUVETERRE-DE-BÉARN (PYRÉNÉES-ATLANTIQUES) ✳✳

Tél. :
05 59 38 50 17.

Sauveterre-de-Béarn est un village fort ancien. Situé sur les bords du gave d'*Oloron, qu'une île partage en deux bras, Sauveterre offre un patrimoine architectural médiéval très complet. On le doit, pour l'essentiel, à Gaston VII Moncade (deuxième moitié du XIIIe s.). Gaston Febus n'y apporta que des retouches. Le bourg fut jadis entouré d'une muraille. Sauveterre avait pour mission de protéger le flanc méridional du « bec-de-canard » béarnais. Le clocher-donjon de l'église Saint-André (XIIe-XIIIe s.) témoigne de cette volonté de défense. Le sanctuaire comprend trois nefs et un transept peu développé (chapiteaux sculptés). À voir également : le pont construit au XIIIe siècle, qu'on peut comparer à celui d'*Orthez. Il ne comprend qu'une arche et la seconde ne fut jamais construite. Une passerelle de bois mobile permettait d'accéder à l'île de la Glère ou d'en interdire l'entrée. On doit voir aussi la maison dite du Sénéchal, les restes de fortifications et les vestiges du château vicomtal qui s'est effondré en contrebas dans le gave, qu'il dominait.

→ *Belles visites possibles dans les environs, pour admirer les églises de Saint-Gladié, Montfort et L'Hôpital-d'Orias.*

SEMUR-EN-AUXOIS (CÔTE-D'OR) ❉

Tél. OT :
03 80 97 05 96.

La cité médiévale des XIIIe-XIVe siècles s'est greffée sur le site d'une forteresse carolingienne du VIIIe siècle. En 1010, un prieuré est fondé par les moines bénédictins de *Flavigny et un bourg s'établit ensuite autour de ces deux pôles d'attraction. Le château

devient une fortification complexe ; il se double d'une seconde enceinte dotée de quatorze portes pendant la guerre de Cent Ans. L'église Notre-Dame est bien connue pour ses vitraux (1460-1465) hauts en couleur, figurant les différents métiers (drapiers, teinturiers, tanneurs, bouchers, ce dernier d'autant plus important que les hommes du Moyen Âge, bourgeois et paysans, mangeaient

Tél. Musée :
03 80 97 24 25.

beaucoup plus de viande qu'on ne le croit communément...). Le musée municipal abrite des collections d'archéologie et d'art médiéval intéressantes.

→ *À voir dans les environs Senailly ; dans cette commune située à égale distance de *Montbard et Semur, vaste ferme fortifiée bâtie en 1401.*

SENLIS (OISE) ❉❉❉

Tél. OT :
03 44 53 06 40.

Antique cité romaine *(Augustomagus)*, Senlis s'est développée dans la seconde moitié du IIIe siècle sur une surface restreinte (moins de 7 ha), derrière une imposante muraille flanquée de tours. La ville deviendra par la suite le siège d'un évêché. Une première cathédrale fut construite au IVe siècle. D'autres églises sont édifiées, ainsi que des bâtiments civils. Senlis, bien protégée, voit croître son importance. Hugues Capet, le premier roi de la dynastie capétienne, y est élu en 987. Senlis et sa région, qui relevaient du domaine royal, devinrent l'un des bastions les plus sûrs de la jeune dynastie. La ville prospéra jusqu'au XIVe siècle et connut un redressement à la fin du XVe et au début du XVIe siècle, avant de subir un long et inexorable déclin malgré une présence cléricale très importante. La guerre de 14-18 endommagea gravement la ville qui reste malgré tout, et grâce à un secteur sauvegardé, un haut lieu médiéval d'exception.

Il ne faut pas manquer la cathédrale Notre-Dame, l'une des plus petites de France, réalisée sur le modèle de *Saint-Denis. La scène du couronnement de la Vierge, sur le portail occidental, est la première du genre et servit de modèle par la suite. La flèche du XIIIe siècle a également été imitée de nombreuses fois. Les façades du transept datent du XVIe siècle. À voir également les vestiges du château royal (XIIe s.), la muraille gallo-romaine, l'hôtel de Vermandois, d'époque romane, le musée d'Art (ancien palais épiscopal, XIIe s., avec une superbe salle gothique présentant des pièces médiévales de grande valeur) ; l'église Saint-Pierre, l'abbaye Saint-Vincent (église du XIIe s.), la porte de Meaux (XIIIe-XIVe s.), la chapelle royale Saint-Frambourg, fondée vers l'an Mil par la veuve d'Hugues Capet, édifice repris à la fin du XIIe siècle. Ancien garage, la chapelle a été rachetée par le pianiste George Cziffra, qui l'a aménagée en auditorium. Il faut aussi flâner dans les vieilles rues, riches en vestiges médiévaux (église Saint-Aignan, rue des Prêtres) et en résidences et hôtels du XVe siècle et des siècles suivants.

→ *À voir dans les environs Mont-L'Évêque (château des évêques de Senlis, XIVe-XVIe s., revu et corrigé au XIXe s.) ; l'église Saint-Germain, Chaalis, ancienne abbaye cistercienne qui connut un grand rayonnement au Moyen Âge : ruines de l'abbatiale (XIIIe s.), chapelle de l'abbé (XIIIe s.), bien conservées, et le palais abbatial, classique, qui abrite le musée Jacquemart-André où l'on peut voir, entre autres, des œuvres des écoles italiennes du XIVe au XVIIIe siècle ; Ver-sur-Launette (église XIIe-XVe s.).*

Tél. Musée :
03 44 53 00 80.

SENS (YONNE) ✳✳

Tél. :
03 86 64 46 22.
Tlj du 1er juin
au 30 sept.
de 10 h à 12 h et
de 14 h à 18 h ;
du 1er oct.
au 31 mai les
mer., sam., dim.,
de 10 h à 12 h et
de 14 h à 18 h ,
les lun., jeu.
et ven.
de 14 h à 18 h.

C'est surtout pour ses vitraux, des XIIIe et XVIe siècles, et son trésor exceptionnel que la cathédrale mérite la visite, et l'on consacrera davantage de temps au palais épiscopal qui la jouxte, avec ses toits de tuiles glaçurées à motifs losangés. Si les ailes sud et est datent du XVIe siècle, l'aile ouest a été édifiée vers 1230-1240 – mais restaurée par Viollet-le-Duc. Il comprend une salle de tribunal ecclésiastique, avec salle de garde et prisons aux murs couverts de graffitis, dont certains sont des images gravées à la fin du XIIIe siècle. Le premier étage est une immense salle voûtée aux murs échancrés de fenêtres et rosaces, où se tenaient les réu-

nions. Des salles médiévales sont en préparation. Le palais abrite le trésor de la cathédrale, qui est l'un des deux plus riches de France. Les textiles précieux sont nombreux : soieries du haut Moyen Âge, souvent d'origine orientale, chasuble de saint Ebbon (VIIIe s.), habits sacerdotaux de saint Thomas Becket (XIIe s.), parements d'autel, etc. Les ivoires, les émaux, les pièces d'orfèvrerie foisonnent : crosses épiscopales, calices et croix.

SERRABONE (PYRÉNÉES-ORIENTALES) ✳✳✳

**Tél. Prieuré-
Musée :
03 68 84 09 30.**

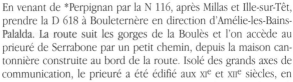

En venant de *Perpignan par la N 116, après Millas et Ille-sur-Têt, prendre la D 618 à Bouleternère en direction d'Amélie-les-Bains-Palalda. La route suit les gorges de la Boulès et l'on accède au prieuré de Serrabone par un petit chemin, depuis la maison cantonnière construite au bord de la route. Isolé des grands axes de communication, le prieuré a été édifié aux XIe et XIIe siècles, en

schiste. Les arcades du cloître, où alternent gros et petits piliers, regardent sur la vallée. L'intérieur étonne par l'extraordinaire richesse des sculptures et des matériaux employés. Fleurs, feuilles et animaux fantastiques s'affrontent dans le marbre, parfois rose pour certaines colonnes.

Pour avoir une idée plus complète de l'art roman roussillonnais, compléter la visite du prieuré par celle de *Saint-Michel-de-Cuxa et de *Saint-Martin-du-Canigou.

SIREUIL (DORDOGNE) ✳✳

Proche des *Eyzies-de-Tayac, le château de Commarque, à Sireuil, est, dans un cadre unique, l'une des plus romantiques ruines de France. Dominant un paysage de bois et de marais, le château de Commarque (XIIe s.), qui appartient encore à un Commarque, comprend une vaste enceinte qui jadis renfermait un village aujourd'hui ruiné. On admirera notamment la chapelle du XIIe siècle. Mais le « bijou » de Commarque, c'est son donjon qui s'élance hardiment vers le ciel. Défendu d'un côté par un à-pic qui surplombe la vallée, protégé sur les autres côtés par un fossé creusé dans le roc, Commarque a connu une histoire mouvementée et ses maîtres en firent parfois un sinistre repaire. La forteresse est livrée à l'abandon bien avant la Révolution ; celle-ci ne fera qu'en accentuer la ruine. Les fantômes peuplent Commarque, ruine étrange et fascinante...

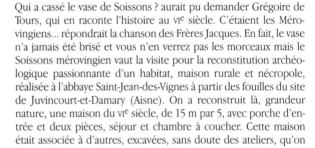

SOISSONS (AISNE) ✷✷

Tél. OT :
03 23 53 17 37.

Qui a cassé le vase de Soissons ? aurait pu demander Grégoire de Tours, qui en raconte l'histoire au VIe siècle. C'étaient les Mérovingiens... répondrait la chanson des Frères Jacques. En fait, le vase n'a jamais été brisé et vous n'en verrez pas les morceaux mais le Soissons mérovingien vaut la visite pour la reconstitution archéologique passionnante d'un habitat, maison rurale et nécropole, réalisée à l'abbaye Saint-Jean-des-Vignes à partir des fouilles du site de Juvincourt-et-Damary (Aisne). On a reconstruit là, grandeur nature, une maison du VIe siècle, de 15 m par 5, avec porche d'entrée et deux pièces, séjour et chambre à coucher. Cette maison était associée à d'autres, excavées, sans doute des ateliers, qu'on appelle les « maisons-toits » parce que leurs toitures de chaume descendaient jusqu'à terre.

L'abbaye Saint-Jean-des-Vignes elle-même présente des vestiges superbes : fondée en 1076, son église du XIIIe siècle a disparu au début du XIXe mais il reste une façade avec ses deux tours qui est un véritable chef-d'œuvre architectural (XIIIe-XIVe s.) ; d'autres bâtiments conventuels existent toujours : le logis abbatial, le réfectoire, le cellier et le petit cloître (XIIIe s.). La cité médiévale a gardé d'autres joyaux de l'époque gothique : la cathédrale Saint-Gervais-et-Saint-Protais, dont la construction débuta vers 1190, juste avant *Chartres. Le chœur sera inauguré en 1212 et la nef (110 m de long, 25 m de large, 30 m de haut) achevée en 1230. Autres monuments à ne pas manquer : l'abbatiale Saint-Léger, fondée en 1152 (aujourd'hui bibliothèque municipale) ; la crypte de l'abbaye Saint-Médard (époque carolingienne-début du XIe s.), qui servit de sépulture à Clotaire Ier († 561), l'église Saint-Pierre (XIIIe s.) ; l'abbaye Notre-Dame, aujourd'hui ruinée, détruite à la Révolution, qui fut un magnifique édifice roman en même temps qu'un centre de pèlerinage important.

Tél. Musée
de l'abbaye :
03 23 58 87 27.

➜ *À voir, dans les environs, l'abbatiale de Braine, Septmonts (belle église, avec des poutres de gloire, donjon du XIIIe-XIVe s. doté d'une haute guette) et la collégiale de Bercy-le-Sec. On trouvera également du côté de Droizy plusieurs petites églises du XIIe siècle.*

SOLUTRÉ (SAÔNE-ET-LOIRE) ✷

On connaît surtout ce site par la pure *légende* des chevaux précipités au bas de l'à-pic par des chasseurs préhistoriques et par les promenades annuelles de François Mitterrand. On sait moins qu'une forteresse médiévale, dont il ne reste que quelques vestiges, le château de la Roche, avait choisi de s'implanter en ce lieu imprenable. Acheté par l'évêque de Mâcon pour trois cents marcs d'argent... et un cheval, et gardé par quelques chanoines au nom du roi, le château fut disputé au XIIIe siècle par le comte de Mâcon Jean de Braine et enlevé à l'évêque, qui fut emprisonné – mais excommunia ses ravisseurs. La forteresse fut démantelée en 1434 sur ordre du duc de Bourgogne. Rappelant le mythe préhistorique, une historiette du XIIIᵉ siècle raconte qu'on jeta aussi à cette période du haut de cette roche non des chevaux mais des... chevaliers. Cette histoire est peut-être à l'origine de la légende. Solutré n'est donc pas seulement un but de promenade pour passionnés de préhistoire.

📖 J. Berlioz, *Saints et damnés. La Bourgogne du Moyen Âge dans les récits d'Étienne de Bourbon, inquisiteur*, Dijon, 1989.

SOUILLAC (LOT) ✷✷

L'histoire de Souillac se confond avec celle de son abbaye, qui avait été fondée par saint Éloi, mais son existence n'est vraiment connue qu'au début du Xᵉ siècle, quand Géraud, comte et abbé d'*Aurillac, y fonda un monastère bénédictin. L'abbaye connaîtra un important développement. Les Anglais la pillèrent au XIVᵉ siècle et les protestants au XVIᵉ. Elle sera rattachée en 1659 à la congrégation de Saint-Maur. La décadence suivra au XVIIIᵉ siècle et la Révolution lui porta un coup fatal. Souillac mérite une promenade attentive car la ville ne manque pas de constructions d'époque médiévale, mais on visitera surtout l'ancienne abbatiale Sainte-Marie, d'une grande pureté de lignes et de style, terminée vers 1145 et remaniée au XVIIᵉ siècle. La tour-porche est un vestige de l'époque carolingienne. Le plan de l'église est en croix latine avec transept et abside à chapelles rayonnantes avec des chapiteaux de type languedocien dans le chœur. Au fond de l'église, ne pas manquer d'examiner, en prenant du recul, cinq fragments sculptés provenant de l'ancien portail extérieur, malheureusement mutilé par les guerres de Religion. On peut y voir aussi saint Pierre et saint Benoît encadrant Théophile, le diacre qui vendit son âme au diable mais sut retrouver le droit chemin en suppliant la Vierge d'annuler le pacte signé avec lui.

SOULAC-SUR-MER (GIRONDE) ✷✷

Tél. : 05 56 09 86 61.

Il faut voir, à 90 km de *Bordeaux, la basilique Notre-Dame-de-la-fin-des-Terres, de style roman poitevin et qui date du XIIᵉ siècle. Les parties les plus anciennes de l'édifice remontent au XIᵉ siècle. Bâtie dans un creux, envahie par les sables, le chœur devint crypte au xıvᵉ siècle et on suréleva l'ensemble. Mais l'ensablement continuait son œuvre inexorable. Au xvıııᵉ siècle, seule la pointe du clocher émergeait encore (noter les anneaux d'attache pour les chevaux placés haut sur le mur du clocher !). En 1860, l'église fut dégagée et restaurée. Elle a conservé de beaux chapiteaux historiés.

STRASBOURG (Bas-Rhin) ✳✳✳

Tél. Musée
de l'Œuvre :
03 88 32 48 95.
Tél. Musée
archéologique :
03 88 32 48 95.

Les deux points forts de la ville : une cathédrale altière sur une place où s'imposent les maisons à pans de bois, dont l'une date du xıııᵉ siècle, et, la jouxtant, un musée de l'Œuvre Notre-Dame à ne manquer sous aucun prétexte ; outre des statues parmi les plus belles de la cathédrale, déposées en ce lieu, telle la Synagogue, dont vous ne voyez *in situ* que la copie, des vitraux (dont la fabuleuse tête de Christ de Wissembourg), un très intéressant lapidaire (notamment une petite collection de grandes cuves baptismales historiées), et des objets domestiques rarement montrés dans les

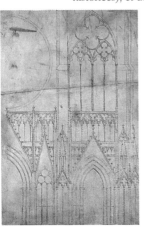

autres musées : on appréciera notamment la collection de jouets en terre cuite du xıııᵉ siècle, le mobilier xvᵉ et xvıᵉ siècles avec coffres, table de comptes, maquettes miniatures de meubles alsaciens : lavabo, poêles, etc., et de superbes tableaux strasbourgeois du xvᵉ siècle, le tout dans un merveilleux bâtiment médiéval et Renaissance. Enfin, des collections mérovingiennes sont conservées au musée archéologique (Palais Rohan, 2, place du Château). La ville dégage un charme puissant : canaux, rivière, colombages, ponts flanqués de tours médiévales. On a envie d'y vivre.
➔ *À voir aux environs : Eschau (abbaye romane).*

SULLY-SUR-LOIRE (Loiret) ✳✳

À 45 km d'Orléans, ce château de bord de Loire, entouré d'un plan d'eau, est imposant et élégant tout à la fois. Édifié au xıvᵉ siècle, le fort donjon, rectangulaire, est flanqué de quatre tourelles et couvert d'une grande toiture pentue. Même si à l'est, le château a été remanié au xvııᵉ siècle par Sully, l'ensemble conserve cependant son allure médiévale. Si les appartements, aménagés à l'époque moderne, n'évoquent que bien peu les temps médiévaux – à l'ex-

Du 1er mars
au 30 avr. et
du 1er au 30 nov.,
10 h-12 h,
14 h-17 h ;
du 1er mai
au 15 juin et
du 16 sept.
au 31 oct.
10 h à 18 h.
Tél. :
02 38 36 36 86.

ception de l'oratoire, confortablement chauffé d'une cheminée – en revanche les parties hautes du château donnent encore une bonne image d'une forteresse médiévale, avec les boiseries du chemin de ronde et la formidable charpente de chêne en berceau brisé des salles hautes, datant de 1363 qui, à elle seule, mérite la visite de l'amateur de Moyen Âge. Côté ville, un pont-levis de bois reconstitué, manœuvré deux fois par jour, donne sur un parc en libre accès.

→ *Aller à *Germigny-les-Prés, *Saint-Benoît-sur-Loire et *Gien.*

SUSCINIO (Morbihan) ✵✵✵

Tél. :
Musée/Château :
02 97 41 91 91.

Aujourd'hui restauré, cet ancien lieu de villégiature des ducs de Bretagne (commune de Sarzeau) est à la fois une puissante forteresse et un palais. Bien que la plupart des pièces soient nues, on devine encore combien ce château a dû être exceptionnel, par son confort, la somptuosité de ses décorations intérieures, et surtout l'ampleur de l'espace habitable, qui donne au visiteur l'impression de parcourir un immense labyrinthe. Le château possède l'une des plus fabuleuses collections de carreaux de pavement du Moyen

Âge. Des fouilles réalisées il y a quelques années en ont mis au jour plus de 33 000, qui décoraient les salles et surtout la chapelle, des couleurs les plus simples aux motifs les plus complexes – et les plus inattendus (des alphabets...). Larges escaliers ou étroites échauguettes, vastes salles d'une longueur inusitée, chapelle castrale aux logettes confortablement chauffées de cheminées ou innombrables latrines astucieusement dissimulées par des barbacanes à l'intérieur des murs, mâchicoulis vertigineux ou « case-

mates » à canons enterrés et quelque peu oppressants, on ressort admiratif de ce château digne d'un roi, qui abrite également une vaste exposition des objets et œuvres d'art du plus haut intérêt découverts dans les fouilles, sobrement et efficacement présentés au fil des salles de pierre nue du monument.

SYLVANÈS (Aveyron) ✷✷

Tél. :
05 61 99 61 83.

Abbaye du XIIe siècle sauvée de la ruine grâce à une association. L'abbatiale a été construite à partir de 1151 ; ne pas manquer d'admirer la façade orientale et de voir les bâtiments conventuels. Sylvanès qu'anime aujourd'hui un frère dominicain, passionné de musique, est un lieu cultuel et religieux fort sympathique qui attire un public averti.

TALMONT (Charente-Maritime) ✷✷

L'église Sainte-Radegonde de Talmont occupe un site bien particulier. À l'écart du village, elle domine, du haut de sa falaise, l'estuaire de la Gironde. La vue est particulièrement belle depuis la corniche sur laquelle l'édifice est implanté. C'est de la grève que l'on a le meilleur aperçu du chevet, avec ses trois absides romanes, sa tour carrée construite à la croisée du transept et les décors aveugles qui rythment les élévations.
→ *Aller à *Mortagne-sur-Gironde.*

TARASCON (Bouches-du-Rhône) ✷✷

Tarascon doit son nom à la tarasque, un dragon qu'aurait combattu sainte Marthe, réfugiée en ce lieu. Raban Maur, au IXe siècle, explique que cet endroit était auparavant appelé Nerluc, ce qui signifiait Bois noir. Le château de Tarascon domine le Rhône et fait face à celui de *Beaucaire. La visite de l'un ne va d'ailleurs pas sans l'autre. On connaît l'existence de la forteresse dès le XIe siècle ; mais le site que l'on peut voir actuellement date du XVe siècle. Le monument est divisé en deux parties. La première, par laquelle on pénètre sur le site, correspond à l'ancienne basse cour. Elle est entourée d'une courtine qui reprend le tracé de diverses fortifications. À droite de la porte, vers le sud, se dressent de puissantes constructions organisées autour d'une petite cour. C'est le logis résidentiel du roi René d'Anjou (XVe s.). Les salles sont bien conservées et l'on reconnaît facilement la fonction de chacune d'elles : ici les appartements royaux, là la chapelle des fidèles et des serviteurs. Défendu au nord par une grosse tour circulaire, on peut y contempler un

MARTHE ET SA TARASQUE

« Entre Arles et Avignon, villes de la province Viennoise, près des bords du Rhône, entre des bosquets infructueux et les graviers du Rhône, était un désert rempli de bêtes féroces et de reptiles venimeux. Entre autres animaux venimeux rôdait çà et là, dans ce lieu, un terrible dragon d'une longueur incroyable et d'une extraordinaire grosseur. Son souffle répandait une fumée pestilentielle ; de ses regards sortaient comme des flammes ; sa gueule, armée de dents aiguës, faisait entendre des sifflements perçants et des rugissements horribles. Il déchirait avec ses dents et ses griffes tout ce qu'il rencontrait, et la seule infection de son haleine suffisait pour ôter la vie à tout ce qui l'approchait de trop près. On ne saurait croire le carnage qu'il fit en se jetant sur les troupeaux et sur leurs gardiens, quelle multitude d'hommes moururent de son souffle empoisonné. » Les habitants du lieu supplient donc Marthe, qui prêchait la bonne parole, de les délivrer de ce monstre. « Alors (...) elle s'avance à la vue de tout le peuple qui applaudit à son courage, se rend avec assurance dans le repaire du dragon, et par le signe de la croix qu'elle fait, elle apaise sa férocité. Ensuite, ayant lié le col du dragon avec la ceinture qu'elle portait, et se tournant vers le peuple, qui le considérait de loin : "Que craignez-vous ? leur dit-elle. Voilà que je tiens ce reptile et vous hésitez encore ! Approchez hardiment au nom du Sauveur et mettez en pièces ce monstre venimeux !" »

Vie de sainte Marie Madeleine et de sainte Marthe, sa sœur, attribuée à Raban Maur, IXe siècle, *Cahiers de la Sainte-Baume,* La Sainte-Baume, 1994.

magnifique panorama et surveiller la tarasque, histoire de voir si les légendes du fleuve sont véridiques...

THÉROUANNE (PAS-DE-CALAIS) ✻

Ce petit village joua, jadis, un rôle important. Il fut, au Moyen Âge, le siège d'un puissant évêché mais il ne reste presque rien de son passé médiéval. L'un de ses évêques devint pape en 1378 sous le nom de Clément VII. Charles Quint, mécontent que la cité lui ait résisté, ordonna sa destruction totale après que les troupes autrichiennes s'en furent emparées en 1533. Thérouanne, enclave française en terre bourguignonne, devait disparaître. Tous les monuments, civils et religieux, furent littéralement rasés, notamment la cathédrale gothique, l'une des plus belles du nord de la France. On peut visiter le site archéologique de la cathédrale ainsi qu'un petit musée où sont présentés les objets qui en proviennent. On verra aussi, mais à *Saint-Omer, le superbe Dieu de Thérouanne, qui ornait le portail occidental de la cathédrale.

THIERS (Puy-de-Dôme) ✷

Thiers est célèbre pour sa coutellerie, et cela depuis le Moyen Âge. Aujourd'hui encore la ville, et c'est assez rare, reste la capitale de ce secteur, avec de nombreuses diversifications... Voir le musée des Couteliers. On peut visiter l'église romane de Saint-Genès, du XIᵉ siècle, mais profondément remaniée par la suite.

THUIR (Pyrénées-Orientales) ✷✷

De nombreux vestiges demeurent de cette ancienne ville royale fortifiée dès le Xᵉ siècle, à 10 km de *Perpignan. Thuir est célèbre pour sa Vierge à l'Enfant du XIIᵉ siècle. Cette statue, qui se trouve dans l'église Notre-Dame-de-la-Victoire (XIIᵉ s.), est présentée dans une niche sculptée du XVIIIᵉ siècle. La Vierge, très hiératique, porte une couronne et un collier, tout comme l'Enfant Jésus qui bénit de la main droite tandis que la gauche tient un livre.
→ *Aller à Castelnau (village fortifié XIIIᵉ-XIVᵉ s.).*

TIFFAUGES (Vendée) ✷✷

Tél. :
02 51 65 70 51.

Fondé au XVᵉ siècle, le château de Tiffauges est surtout connu pour avoir eu comme seigneur Gilles de Rais, qu'on a accusé d'avoir, en ce lieu, « débauché plusieurs garçons et filles pour exercer sur eux ses débauches libidineuses ». Ce compagnon d'armes de Jeanne d'Arc est un personnage ambigu. Pour les uns, auteur d'atrocités, il est Barbe-Bleue, pour les autres une victime de sombres complots dirigés par des personnages plus attachés à son or qu'à sa personne. Quoi qu'il en soit, grâce aux évolutions architecturales, les ruines du château esquissent l'histoire du site : un donjon roman du XIIᵉ siècle, une chapelle du XIIIᵉ et une vaste enceinte des XIIIᵉ-XVᵉ siècles. Avec son coussiège de pierre, le chemin de ronde couvert de la tour Vidâme montre les mutations militaires du XVIᵉ siècle. On y verra aussi un conservatoire des machines de guerre, impressionnantes, et un centre de l'Alchimie.

TONNERRE (Yonne) ✳✳

Tél. OT :
03 86 55 14 48.

Outre la collégiale Saint-Pierre (xIVe-xVIe s.), le monument essentiel à visiter est son hôpital, construit à la fin du xIIIe siècle sous l'impulsion de Marguerite de Bourgogne, qui y est d'ailleurs enterrée ; la charpente de sa longue salle (80 m) est remarquable et forme un berceau en lambris de chêne. Dans sa chapelle attenant à la grande salle, deux pièces admirables, une Vierge de pierre et une Mise au tombeau (xVe s.).

Tlj sf le mar. de Pâques à la Toussaint, de 10 h à 11 h 30 et de 14 h à 17 h 30. Tlj en juil.-août.

LES HÔPITAUX AU MOYEN ÂGE

Dès les temps mérovingiens et sous l'impulsion de l'Église, des clercs ouvrent au petit peuple des malheureux les portes d'hôpitaux destinés à recueillir tous ceux qui se retrouvent marginalisés, sans abri ou protection familiale : d'abord les pauvres aimés de Dieu, enfants abandonnés ou orphelins, mais aussi, au fil du temps, les vieillards, parfois les femmes adultères qui viennent y accoucher d'enfants bâtards, et les malades de toutes sortes. De tels hôpitaux sont souvent subventionnés par la charité publique. Les monastères ouvrent aussi les portes de leur infirmerie, l'espace d'une nuit, à tous les pèlerins ou voyageurs qui ont besoin de leurs soins ou d'une paillasse pour dormir. Certains ordres religieux se spécialisent même dans leur accueil : l'ordre du Saint-Esprit pour les abandonnés, celui de Saint-Antoine pour le mal des Ardents, etc. L'hôpital médiéval peut être un beau et vaste bâtiment, comme à *Beaune, ou un petit hôtel de quelques lits, dans lesquels on dort à plusieurs, toujours rassemblés dans une longue et vaste salle chauffée d'une cheminée ou de « chariotes à feu », sortes de braseros à roulette, sous la protection d'une chapelle en bout de salle. La forte mortalité est due essentiellement à cette proximité et à l'absence de médicaments efficaces et non à l'accueil, le plus souvent chaleureux, ni au manque d'hygiène, la civilisation médiévale ayant recours à l'eau (même bouillie).

✑ M.-J. Imbault-Huart, *La Médecine au Moyen Âge*, Paris, BN/Porte Verte, 1983.

TOULOUSE (Haute-Garonne) ✳✳✳

Tél. OT :
05 61 11 02 22.

Grande métropole très active et dynamique, ancienne capitale des comtes de Toulouse, la ville a gardé de son passé médiéval de nombreux monuments dignes d'être visités. Une merveille tout d'abord, l'ensemble conventuel des Jacobins : son église (xIIIe s.)

293

est un joyau de l'art gothique. La basilique Saint-Sernin, le plus grand édifice roman encore debout et qui est considéré à juste titre comme l'un des chefs-d'œuvre de l'art occidental. L'église Saint-Nicolas (début du XIVe s.), l'église Notre-Dame-de-la-Daurade (XVIIIe s.) qui s'élève à l'emplacement d'un sanctuaire du Ve ou VIe siècle, l'église Notre-Dame-du-Taier, la cathédrale Saint-Étienne (XIIIe-XVIIe siècles), de style gothique, Notre-Dame-de-la-Dalbade (XVe-XVIe s., restauration XXe). À voir également le musée Saint-Raymond, installé dans l'ancien collège médiéval du même nom, le musée des Augustins, ancien couvent de style gothique méridional, très riche en sculptures médiévales.

TOURNEMIRE (CANTAL) ✳✳

Tlj de 14 h à 18 h 30 des Rameaux à la Toussaint. Tél. : 04 71 47 61 67.

À 21 km d'*Aurillac, le château d'Anjony, un bel édifice de basalte rougeâtre, ressemble à un pictogramme de château médiéval : c'est un bâtiment quadrangulaire aux étroites façades flanquées de quatre hautes tours à créneaux et mâchicoulis. Construit vers 1439, sans souci des progrès militaires, par un compagnon de Jeanne d'Arc, il est intact et toujours habité par ses descendants : à visiter pour ceux qui rêvent eux aussi de vivre dans un décor médiéval ! Il comprend une austère salle d'audience voûtée d'ogives, une superbe chapelle castrale entièrement peinte, murs et plafond, de fresques hautes en couleur exécutées à la fin du XVe ou au début du XVIe siècle, et l'*aula*, la salle noble, ornée du portrait du couple seigneurial en 1560 et des neuf Preux dans une facture à la fois puissante et rustique.

→ Voir, dans les environs, Saint-Chamont (donjon XVe s. et stalles peintes dans l'église), Saint-Cernin (église romane, stalles XVe s.).

TOURNOËL (PUY-DE-DÔME) ✳✳

Tél. : 04 73 33 53 06.

Proche de Volvic, c'est un des plus imposants châteaux de la basse Auvergne ; il dresse ses deux donjons, l'un carré, l'autre circulaire, au sommet d'un pic et conserve, malgré les destructions des guerres de Religion, une cour d'honneur, un escalier gothique flamboyant et ses vastes cheminées médiévales.

→ Voir dans les environs Châteaugay (donjon carré XIVe s., logis Renaissance, tte l'année tlj de 10 h à 12 h et de 14 h à 19 h).

TOURNUS (Saône-et-Loire) ✵✵

Il faut faire l'effort de sortir de l'autoroute pour visiter cette ville située à deux pas de l'A 6 et placée sous le saint patronage du Gascon Philibert, un mérovingien qui a grandi à la cour du « bon roi » Dagobert en compagnie d'autres futurs saints, tels Éloi ou Dadon (saint Ouen). Le culte de Philibert s'est notamment développé à *Jumièges, *Saint-Philbert-de-Grand-Lieu et Noirmoutier (Vendée), ou grâce à de beaux prieurés romans dépendant de Tournus : *Cunault (Maine-et-Loire) ou Le Villars

(Saône-et-Loire), *Saint-André de Bagé (Saône-et-Loire) ou le Val des Nymphes (Drôme)... À Tournus, d'intéressantes maisons romanes et gothiques sont visibles, qu'on a récemment et très convenablement restaurées, notamment celle du 21, rue de l'Hôpital dont la galerie de bois et la baie du rez-de-chaussée sont des reconstitutions modernes, mais fondées sur l'analyse archéologique. Les plus anciennes maisons datent du XIIᵉ siècle, période de grand essor économique de la ville, mais parfois on n'en trouve plus que des éléments remployés dans des constructions postérieures. L'église abbatiale Saint-Philibert, belle et austère avec ses deux clochers, est plus ancienne : la crypte et le sanctuaire ont été édifiés au tout début du XIᵉ, l'avant-nef et la nef dans le second tiers du siècle. En plus des quelques fresques, il faut voir statues cariatides, dont l'une figure le saint, et chapiteaux sculptés qui sont exposés dans le *locutorium* (le parloir) du monastère, doté d'un cloître. Dans le musée Greuze, on pourra admirer des collections archéologiques de la Préhistoire au Moyen Âge.

Tél. Musée :
03 85 51 30 74.

P. Riché, *Sur les pas de saint Philibert*, Tournus, 1994.

TOURS (Indre-et-Loire) ✵✵✵

Tél. OT :
02 47 70 37 37.

L'ancienne capitale des Turons, qui devint par la suite *Caesarodunum*, doit beaucoup de sa réputation à deux éminentes personnalités religieuses : saint Martin et Grégoire de Tours. Martin est le saint le plus célèbre de France si l'on en juge par le nombre de villages et d'églises qui portent son nom. Ancien officier de l'armée romaine, converti au christianisme, Martin fut évêque de Tours de 371 à 397, avant de fonder à la sortie de la ville le monastère de Marmoutier. Son tombeau attira durant tout le Moyen Âge des centaines de milliers de pèlerins. Grégoire dit « de Tours » qui, au VIᵉ siècle, fera de la ville dont il est alors l'évêque un centre religieux prestigieux, est également l'auteur d'une *Histoire des Francs* dans laquelle il célébra sans trop d'esprit critique la gloire et les vertus de Clovis. Parmi les rois qui s'intéressèrent à Tours, citons notamment Louis XI, installé dans un château proche, à Plessis-lès-Tours, et qui introduisit l'industrie de la soie.

Tours, qui a beaucoup souffert de la guerre de 1870 et de celle de 1939-1945, mérite cependant une large visite tant pour ses monuments que pour ses rues anciennes. La cathédrale, dédiée à saint Gatien, qui fut peut-être le premier évêque de la ville, est édifiée au centre de la ville romaine. Construite au début du XIIᵉ siècle, son chœur sera refait au XIIIᵉ, le transept au XIVᵉ, la nef aux XIVᵉ-XVᵉ, la façade au XVᵉ et les tours au XVIᵉ siècle... Très beaux vitraux des XIIIᵉ et XIVᵉ siècles. Après avoir visité la cathédrale, promenez-vous dans les petites rues qui l'entourent, bordées de maisons à pans de bois et hauts pignons. Voir également les vestiges de la forteresse médiévale construite par Philippe le Hardi au XIIIᵉ siècle, dont il ne subsiste que deux tours. L'église Saint-Julien, ancienne abbaye fondée par Grégoire de Tours, est également intéressante mais elle a été reprise au cours des siècles et sauvée d'une ruine totale par Prosper Mérimée. La salle capitulaire, du XIIᵉ siècle, le dortoir des moines et le cellier (aujourd'hui un musée des Vins) peuvent être visités. La basilique Saint-Martin, où se trouvait la tombe du saint, était un édifice grandiose qui avait été reconstruit peu avant l'an Mil avant d'être restauré aux XIIᵉ et XIIIᵉ siècles. La Révolution en fit une écurie avant qu'elle ne soit rasée en 1802. Il ne reste aujourd'hui que la tour Charlemagne et la tour de l'Horloge. La tour Charlemagne, construite sur le tombeau de la troisième femme de Charlemagne, Luitgarde, a été en grande partie refaite en 1928 puis restaurée en 1963. La basilique actuelle dédiée à saint Martin a été construite entre 1886 et 1902. Le tombeau du saint se trouve dans la crypte, sous le chœur. Voir le musée Saint-Martin, installé rue Rapin dans la chapelle Saint-Jean, édifice du XIIIᵉ siècle.

→ *A visiter, dans les environs, le prieuré de Saint-Cosme, en grande partie détruit en 1944. ; le château de Plessis-lès-Tours, résidence favorite de Louis XI, qui y mourut ; le château d'Ussé, une ancienne place forte admirablement transformée ; le château de Luynes (XIIIᵉ s.).*

TRÉVOUX (AIN) ✵✵

Trévoux est un château de la Dombes appartenant à la famille de Villars et dépendant de l'archevêché de *Lyon, au large et ample donjon octogonal, taluté, fort élégant bien qu'un peu bas avec ses lits de « pierre dorée » régionale (de couleur jaune orange) et

blanche alternées. Il a été décoiffé et rabaissé à 16 m de haut seulement en 1793 et faisait à l'origine 28 m de haut pour six étages. On peut le comparer à celui de Largoët-en-Elven et le dater de la fin du XIVe ou du début du XVe siècle. Chaque angle de l'enceinte triangulaire est confortée d'une tour : outre le donjon, une tour (le donjon primitif, daté du XIIIe s., déclassé par la consruction de la tour octogonale) est en forme de fer à cheval, dotée de jolies fenêtres ogivales à linteau trilobé ouvrant au sud, et une autre, petite et circulaire, est un simple élément de défense, démuni de tout confort. Le monument est sûr et parfaitement entretenu, mais la commune exige que les enfants soient tenus par la main lors des visites et décline toute responsabilité en cas d'accident.

📖 *Châteaux médiévaux en Rhône-Alpes*, numéro spécial des *Cahiers de René de Lucinge*, 6, Lyon, 1990.

TRONOËN (Finistère) ✳✳

Dominant la superbe baie d'Audierne et la pointe de la Torche, la petite église Notre-Dame de Tronoën paraît abandonnée des hommes, hors saison. Pourtant, elle protège le plus vieux calvaire de Bretagne. Datées du milieu du XVe siècle, ses sculptures développent une vingtaine de scènes du Jugement dernier et du Nouveau Testament et semble défier les vents marins.

📖 V.-H. Debidour, *Grands Calvaires de Bretagne*, Chateaulin, Éd. Jos Le Doaré, 1994.

QU'EST-CE QU'UN ENCLOS PAROISSIAL ?

Les calvaires de Bretagne faisaient partie d'un ensemble que l'on appelle « enclos paroissial ». Autour de l'église, un périmètre matérialisé par un mur délimitait l'emplacement du cimetière. À l'intérieur, les tombes étaient disposées autour du calvaire. Lorsque la place venait à manquer, ou lorsqu'une nouvelle sépulture exhumait des ossements, ils étaient transférés dans un ossuaire. La porte principale de l'enclos était généralement formée par un arc triomphal et les portes secondaires closes à mi-hauteur par une pierre plate, l'« échalier », qui empêchait les animaux vagabonds de pénétrer. Pour avoir une idée de ces enclos, il faut visiter les sites de Pleyben, Sizun, Brasparts ou encore Sainte-Marie-du-Menez-Hom, même s'ils ne datent pas tous du Moyen Âge.

G. Leclerc, *Les Enclos de Dieu*, Éd. J.-P. Gisserot, 1996.

TROYES (Aube) ✴✴✴

Tél. OT :
03 25 82 62 70.

On aura plaisir à arpenter les anciennes rues pavées de cette ville dont, c'est difficile à croire, le plan affecte la forme d'un bouchon de champagne... ! Ville frontière, guignée par les Bourguignons de Charles le Téméraire, elle disposait de remparts flanqués de tours. Parmi les monuments, on visitera la cathédrale Saints-Pierre-et-Paul (XIIIᵉ -XVIIᵉ s.), dont le trésor possède une chape de soie du XIIIᵉ siècle et des émaux limousins et mosans ; la basilique Saint-Urbain, bâtie entre 1262 et 1286, mais dont la voûte n'est en pierre que depuis 1905, décevra car les vitraux en sont provisoirement déposés ; on verra aussi l'église Saint-Jean-au-Marché (XIIIᵉ -XVIᵉ s.), l'Hôtel du petit Louvre, situé à l'angle de la place du Préau et de la rue de la Montée Saint-Pierre, avec sa tour ronde et ses pans de bois. Les maisons urbaines méritent une promenade attentive : celle de l'office du tourisme, rue Mignond, les alignements de maisons à pans de bois de la rue Mole, de la rue Passerat, l'étonnante et étroite ruelle des Chats, dont les encorbellements se touchent, la rue Champeaux, avec sa tourelle de l'Orfèvre au n° 9, la maison dite du Boulanger au 16, l'hôtel Juvénal des Ursins au 26, évoquent encore bien l'apparence d'une ville du XVᵉ siècle, même si nombre d'entre ces demeures ne datent sans doute que du siècle suivant. Une visite guidée contribuera à remettre en valeur son rôle à la fin du Moyen Âge : celui d'une ville de plus de 15 000 habitants, haut lieu du commerce médiéval, qu'ont habitée les marchands enrichis par les foires de Champagne, drapiers et épiciers, mais aussi représentants de moindres métiers, merciers, tanneurs, vignerons, ou encore officiers assermentés, notaires, procureurs, sergents royaux... Les noms des rues témoignent encore de ce riche passé : place des Changes, rue de la Monnaie... Pour finir, le musée des Beaux-Arts accueille dans sa section archéologique des armes et bijoux mérovingiens, princiers voire royaux, contemporains de Childéric (✝ vers 481), provenant de la gravière de Pouan (Aube).

UVWXYZ

UZÈS (GARD) ✳✳

Tél. OT :
04 66 22 68 88.

Une petite ville encore très marquée par son passé médiéval, présent dans de nombreuses ruelles. La loi Malraux, en 1962, l'a fait sortir de sa torpeur et a permis une intelligente restauration. Au cœur de la ville, on verra la forteresse seigneuriale avec les trois tours symboles des trois pouvoirs : la tour ducale, la tour de l'évêque et la tour du roi (XIe s.). La cathédrale Saint-Theodorit a été construite au XVIIe siècle à l'emplacement d'une église médiévale. Il faut musarder dans Uzès, où hôtels historiques et maisons médiévales s'offrent au regard du visiteur, pour autant qu'il prenne son temps.

VAL (CANTAL) ✳

Son château de plaisance, du XVe siècle, est édifié à l'extrémité d'une avancée rocheuse sur un lac mais si les plans d'eau étaient alors considérés autant comme agrément que comme élément de défense, il ne faut pas oublier que celui-ci n'a rien de médiéval ! Le château est flanqué d'une petite église ou chapelle castrale servant à la fois de lieu de culte pour le seigneur et de châtelet d'entrée : dotée d'une tour ronde fortifiée, elle défend un fossé surtout symbolique, selon une pratique répandue qui consiste à installer,

même dans les plus grands châteaux, la chapelle au-dessus de l'entrée pour mieux placer les bâtiments castraux sous la protection de Dieu. Il faut s'arrêter quelques minutes sur le barrage de Bort pour méditer sur ce paysage apaisant qui combine harmonieusement l'image de la construction militaire médiévale et l'hydraulique contemporaine.

VALENCIENNES (NORD) ✳

Tél. :
03 27 46 22 99.

Parmi les quelques monuments médiévaux, voir la maison du Prévôt Notre-Dame, en brique et pierre, qui date du XVe siècle. À l'origine, elle devait être rattachée à un monastère, l'église Saint-Géry. Elle a subi bien des destructions, remaniements et reconstructions depuis son édification vers 1232 par Jeanne de Flandre pour le compte des franciscains. La basilique Notre-Dame-du-Saint-Cordon date du XIXe siècle et pastiche le gothique du XIIIe. Mais elle vaut d'être mentionnée pour son curieux nom, dû à un miracle de la Vierge survenu en 1008 durant une épidémie de peste. Un cordon tenu par un ange isola la ville menacée, qui échappa ainsi au terrible mal. La procession du Saint-Cordon, tout autour de la ville, a encore lieu chaque année. Voir enfin la tour de la Dodenne, vestige de l'enceinte médiévale.

VAUCELLES (NORD) ✶✶

Villard de Honnecourt aurait, ceci étant bien écrit au conditionnel, dirigé au XIIIe siècle le chantier de cette vaste abbaye, située à 10 km de *Cambrai. D'importants vestiges subsistent : réfectoire, salle capitulaire, ainsi que d'autres bâtiments postérieurs.

VAUCLAIR (AISNE) ✶✶

Tél. :
03 23 22 40 87.

Cette abbaye cistercienne, fondée au XIIe siècle, est située au S-E de *Laon et donne sur le chemin des Dames. Elle connaît une belle prospérité jusqu'au milieu du XIIIe siècle, date à laquelle elle est rénovée ; les ruines actuelles appartiennent à cette reconstruction – de brève durée : Édouard III d'Angleterre la trouve sur sa route pour *Reims et le monastère est pillé et brûlé. Relativement épargné par la Révolution, le site sert de carrière en 1918 pour reconstruire routes et maisons. Aujourd'hui, les ruines, éparses sur un vaste périmètre, se parent d'un charme romantique et des fouilles archéologiques ont réanimé le lieu : carreaux de terre cuite à motifs variés, céramiques glaçurées du XIVe siècle, accessoires vestimentaires sont exposés. Les colonnes qui soutenaient les voûtes du bâtiment des frères convers (XIIIe s.) se dressent isolées, telles des cheminées de fée. Le visiteur découvre l'emplacement des anciens pressoirs, le tracé du cloître, où sont inhumés les abbés, de même que dans la salle du chapitre, dont les vestiges associent les styles roman et gothique. Un parloir, une cellule, l'« armoire » (salle des manuscrits), la sacristie, et les vestiges des églises des XIIe-XIIIe siècles complètent le parcours qui culmine avec la découverte du jardin monastique.

VAUCOULEURS (Meuse) ✳

Même s'il ne reste guère de traces du château où le sire de Baudricourt reçut Jeanne d'Arc, un vieux tilleul est là pour rappeler l'importance historique du site. Malgré des fouilles anciennes, les ruines sont largement enterrées et la porte de France, sous laquelle serait passée Jeanne d'Arc lors de son départ pour *Chinon, a été rebâtie au XVIIe siècle. Un peu plus en avant sur le site, la basilique moderne conserve la crypte de l'édifice castral primitif daté du XIIIe siècle. Il subsiste une partie du mur d'enceinte de la ville, construit au XIIIe siècle puis remanié aux XIVe et XVe siècles.

→ *Voir, à 3 km, le château de Gombervaux (XIVe s.).*

VENANSON (Alpes-Maritimes) ✳

Tél. Mairie :
04 93 03 23 05.

À 1100 m d'altitude, dans la vallée de la Vésubie, le village se dresse sur un piton rocheux. Il mérite qu'on s'y arrête pour sa vue, mais aussi pour une petite chapelle vouée à saint Sébastien, toute peinte de fresques datées de 1481. Ce site est un ancien lieu de culte « antipesteux ». Sébastien était en effet le saint patron des malades de la peste : ses multiples plaies évoquaient les bubons des pestiférés et les flèches de son martyre étaient assimilées à la colère divine, souvent figurée sous forme d'un trait projeté sur les hommes.

→ *On peut voir, aux alentours, Roure (chapelle peinte), Clans (village médiéval, chapelle peinte).*

LA PESTE AU MOYEN ÂGE

La peste est pulmonaire ou bubonique, alors transmise par la puce du rat. Mortelle dans 60 à 100% des cas, selon son type, elle a décimé la population médiévale. On se souvient surtout de celle de 1348, la « Peste noire ». Mais ce n'était pas la première : entre le VIe et le VIIIe siècle, la maladie avait déjà frappé vingt fois l'Occident médiéval...

L'épidémie, qui faucha un tiers de la population, a atteint davantage les jeunes, les pauvres et les citadins, et contribué à la dépression économique de la fin du Moyen Âge ; au XVe siècle, toujours active, elle eut finalement un tel impact sur les mentalités que des formes artistiques nouvelles et dramatiques, comme les « danses macabres », en sont issues.

VENTADOUR (Corrèze) ✳

Pour initiés à la littérature occitane du XIIᵉ siècle. Dans ce lieu, qui n'est plus que ruines, naquit Bernard de Ventadour, fils du fournier du château. Il devint troubadour et est considéré comme l'un des plus grands poètes médiévaux, avec ses chansons d'amour empreintes de sensibilité.

📖 G. Brunel-Lobrichon, C. Duhamel-Amado, *Au temps des troubadours (XIIᵉ-XIIIᵉ s.)*, Hachette, 1997.

« QUAN VEI LA LAUSETA MOVER... »

« Quand je vois l'alouette s'élancer, joyeuse, dans un rayon de soleil, puis se laisser tomber, comme étourdie par la douceur qui lui vient au cœur, hélas ! comme j'envie tous les êtres que je vois heureux ! Et je m'émerveille que mon cœur, sur-le-champ, ne se fonde point de désir... »

📖 Extrait de l'*Anthologie des troubadours*, trad. P. Bec, « 10/18 », 1979, p. 34.

VERDUN (Meuse) ✳

Tlj sf mar. d'avr. à oct., de 10 h à 12 h et de 14 h à 18 h.
Tél. Musée :
03 29 86 10 62.

La cathédrale (XIᵉ-XIIᵉ s.) a subi bien des remaniements, ce qui s'explique aisément par les ravages que la ville a subis. Mais la crypte et le trésor sont d'un grand intérêt. On verra, au musée de la Princerie, dans un élégant bâtiment du XVIᵉ siècle, organisé autour d'une cour à galerie, une collection de mobilier funéraire issue de fouilles de nécropoles mérovingiennes.

➔ *À voir, dans les environs, l'église fortifiée de Dugny-sur-Meuse (romane, clocher fortifié, bourds de bois) et celle de Génicourt.*

VERGT (Dordogne) ✳

Patrie du troubadour Pierre de Vergt et capitale de la succulente fraise du Périgord, Vergt peut être le point de départ d'agréables promenades, dans un rayon de quelques kilomètres.

➔ *À Beauregard-et-Bassac, ancienne baside anglaise fondée vers 1280, voir la halle du XIIIᵉ siècle, l'église romane avec beau portail aux chapiteaux sculptés. Clermont-de-Beauregard (vestiges d'un château où subsiste un donjon roman), château de Rossignol à Chalagnac.*

VERVINS (Aisne) ✷✷

Tél. :
03 23 98 11 98.

Tél. Musée :
03 23 58 21 33.

Des tribus gauloises, occupant le site de Vervins, y avaient édifié un *oppidum* quand les légions de César arrivèrent, en 57 av. J.-C. Vervins, capitale de la Thiérache, appartint aux sires de *Coucy, qui entourèrent la cité d'un vaste rempart dont il reste une dizaine de tours sur les vingt-deux construites à l'origine. La ville mérite un arrêt. Elle a gardé des témoignages importants de son passé, l'église Notre-Dame-de-l'Assomption, fortifiée, bâtie à la fin du XIIe siècle puis reconstruite en 1552 après un incendie. Le chœur gothique et la nef Renaissance sont superbes. Singularité : les piliers sont ornés de curieuses peintures du XVIe siècle ; on y voit notamment un ex-voto offert par les Coucy-Vervins et qui représente la Résurrection du Christ. À voir également, dans une dépendance du Château-neuf (XVIe s.), aujourd'hui sous-préfecture, le musée de la Thiérache (quelques belles pièces de l'époque médiévale).

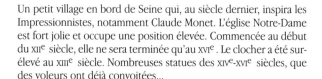 **VÉTHEUIL** (Val-d'Oise) ✷

Un petit village en bord de Seine qui, au siècle dernier, inspira les Impressionnistes, notamment Claude Monet. L'église Notre-Dame est fort jolie et occupe une position élevée. Commencée au début du XIIe siècle, elle ne sera terminée qu'au XVIe. Le clocher a été surélevé au XIIIe siècle. Nombreuses statues des XIVe-XVIe siècles, que des voleurs ont déjà convoitées...

 VÉZELAY (Yonne) ✷✷✷

Tél. :
03 86 33 23 69.
Basilique Sainte-
Madeleine ; visite
hors saison du
lever au coucher
du soleil,
en saison
de 7 h à 19 h.

Vézelay connaîtra, au Moyen Âge, une célébrité extraordinaire grâce aux reliques de sainte Madeleine, sœur de Lazare, qu'un moine aurait rapportées au début du XIVe siècle. Les pèlerins partant pour Saint-Jacques-de-Compostelle ne pouvaient que s'arrêter en ce lieu. Saint Bernard viendra y prêcher la deuxième croisade devant Louis VII, son épouse Aliénor d'Aquitaine et la fine fleur de l'aristocratie bourguignonne. Saint Louis ne manquera pas d'y venir en pèlerinage. L'église, qui avait été construite au IXe siècle, est agrandie entre 1096 et 1104. Un incendie en 1120 provoque la mort de plusieurs milliers de fidèles mais l'église est immédiatement reconstruite. Le transept et le chœur roman, devenus trop exigus, seront reconstruits en gothique à la fin du XIIe siècle. Vézelay connaîtra le déclin quand on apprendra, et le pape le confirmera, que les vraies reliques de sainte Madeleine se trouvent à en Provence, à *Saint-Maximin. Les guerres de Religion mirent à mal le sanctuaire. La Révolution s'emploiera à le raser. Seule sub-

Musée de l'œuvre
de la basilique :
du 22 juin
au 30 sept. tlj sf
mar. de 10 h
à 12 h 30 et
de 15 h à 19 h.

sistera l'abbatiale, que Viollet-le-Duc, âgé de 26 ans, tirera littéralement de la ruine. Aujourd'hui la basilique a retrouvé toute sa splendeur, et il convient de la visiter longuement, de préférence avec un
guide, qui saura vous en montrer toutes les richesses architecturales et spirituelles. Vézelay est un des monuments majeurs de la
chrétienté ; sa grandeur tient notamment à la simplicité de sa composition : une longue nef de 120 m de long, précédée d'un narthex
et se terminant par un chœur gothique avec un transept à peine
saillant. Le décor de la nef est superbe, chaque colonne étant surmontée d'un chapiteau historié, dont plusieurs sont universelle-
ment connus.

→ *A voir dans les environs Saint-Père-sous-Vézelay, au pied de la colline
de Vézelay, pour sa très belle église gothique bourguignonne (XIIIᵉ et
XIVᵉ s.) ; le manoir de Chastenay à *Arcy-sur-Cure, ancienne maison tem-
plière du XIVᵉ restaurée au XVIIIᵉ siècle.*

VICHY (ALLIER) ✲

Tél. OT :
04 70 98 71 94.

Si vous suivez une cure à Vichy, profitez-en pour faire quelques intéressantes promenades médiévales dans la région.

→ *On visitera l'église romane de Châtel-Montagne (XIIᵉ s.), magnifique,
dans un site sauvage, le château de Chabannes à Lapalisse, le village de
Mortaigne-Leblin (église et château), les villages de Cognat et de Biozat,
l'église Notre-Dame d'Aigueperse, qui est l'un des premiers édifices
gothiques d'Auvergne ; le village de Thuret (église des Xᵉ -XIIᵉ siècles), la cité
médiévale de Gannat, les églises romanes d'Escurolles, de Jenzat et de
*Charroux, l'ancienne abbatiale Saint-Léger à Elsseuil, le château de
Saint-Quintin-sur-Sioule (XIIᵉ -XVᵉ -XVIIᵉ s.).*

VILLAMBLARD (DORDOGNE) ✲

Cette forteresse médiévale, ravagée par un incendie, présente
cependant d'importants vestiges. Ce fut une des principales places
fortes du Périgord ; le gros donjon carré témoigne encore de sa
puissance.

→ *À voir dans les environs : Saint-Jean d'Estissac (église romane), châteaux de La Poncié, de La Beylié et de Jaure (XVᵉ s.), Mont-Réal à Issac. La*

*région est riche en cluzeaux, galeries creusées
par l'homme soit dans une falaise soit sous
terre et qui pouvaient abriter la population
d'un village avec son bétail. Leur origine est
assez mystérieuse mais ils furent souvent utili-
sés durant la guerre de Cent Ans et les guerres
de Religion.*

VILLARS (Dordogne) ✣✣

N'hésitez pas à passer plusieurs heures en ce lieu privilégié qui possède, à 12 km de *Brantôme, des richesses exceptionnelles : le château de Puyguilhem, qui rappelle les châteaux de la Loire et qui date essentiellement de la Renaissance ; l'abbaye de Boschaud, une des quatre abbayes cisterciennes du Périgord avec Peyrouze, *Cadouin et Le Dalon. Fondée en 1154, elle connut le sort de maintes institutions religieuses de la région (pillage, guerres de Religion, Fronde, régime désastreux de la commende, Révolution...).

VILLEBADIN (Orne) ✣✣

Le manoir d'Argentelles, à Villebadin, est un grand bâtiment de plan rectangulaire de la fin du XVe siècle, flanqué de petites tours rondes dans les angles. Une élégante tourelle d'escalier polygonale surmontée d'un colombage se mire dans une pièce d'eau qui a vraisemblablement remplacé les douves. Pour y aller, depuis Argentan, prendre la N 26 puis la D 14 en direction de Exmes ; après Saint-Léonard, prendre sur la gauche la D 305 jusqu'à Villebadin.
→ *Aller à *Chambois.*

VILLEBON (Eure-et-Loir) ✣

Élégante bâtisse de brique rouge flanquée de tours et entourée de douves, tel se présente ce manoir, modèle de la fin du Moyen Âge (privé, ne se visite pas) situé à la sortie d'un plaisant village dont la rue principale est protégée entre deux murs d'enceinte. Pour rejoindre le manoir, au sud de Courville-sur-Eure, prendre la D 23 en direction de Blandainville. Laisser Fruncé sur la droite et prendre la D 143.

VILLEFRANCHE-DE-CONFLENT (Pyrénées-Orientales) ✳

Tél. OT :
04 68 96 22 96
ou
04 68 96 10 78.

C'est une ancienne place forte avancée du royaume d'Aragon, à 30 km de Font-Romeu. La ville, fondée au XIᵉ siècle, est l'un des joyaux du Roussillon. Les enceintes des XIᵉ et XVᵉ siècles ont été intégrées par Vauban dans l'important système défensif qu'il fit construire. Belles maisons romanes dans la rue Saint-Jean. L'église Saint-Jacques, encastrée dans les remparts, date des XIIᵉ et XIIIᵉ siècles, avec deux superbes porches romans à chapiteaux et un clocher gothique crénelé. À l'intérieur, voir un Christ en bois, du XIIIᵉ siècle, une cuve baptismale romane, et une statue en albâtre, du XIVᵉ siècle, de Notre-Dame-du-Bon-Secours.

VILLEFRANCHE-DE-ROUERGUE (Aveyron) ✳✳

Tél. OT :
05 65 45 13 18.

Bastide fondée en 1252 par Alphonse de *Poitiers, elle joua un rôle important et bénéficia de solides privilèges dont celui de battre monnaie, à cause des mines d'argent et de cuivre proches. À voir, la collégiale Notre-Dame, commencée au XIIIᵉ siècle mais achevée en 1519 et la chartreuse Saint-Sauveur (XVᵉ siècle), construite grâce aux libéralités d'un négociant de Villefranche qui avait légué sa fortune aux Chartreux.

→ *Aller, dans les environs, admirer la place forte de Najac.*

VILLEFRANCHE-SUR-SAÔNE (Rhône) ✳

Comme son nom l'indique, cette « ville franche » est une ancienne bastide, fondée par les sires de Beaujeu. On peut encore y voir, rue Nationale, d'intéressantes maisons anciennes, de la fin du Moyen Âge et du XVIᵉ siècle ; son église date des XIIᵉ-XVIᵉ siècles.

→ *À voir dans les environs les nombreux témoignages du Beaujolais médiéval en vallée de l'Azergue : le château de *Châtillon d'Azergue, mais aussi quelques églises romanes (Bagnols, Charnay, Alix...), Oingt (tout petit donjon) ou Ternand (petite église avec crypte mérovingienne, vestiges d'un château). L'ombre de Jacques Cœur plane encore sur ces lieux médiévaux industrieux : il exploitait à Chessy, où l'on peut encore voir un donjon circulaire construit en 1271 et bien restauré, l'une des mines qui ont fait sa fortune.*

VILLENEUVE-LÈS-AVIGNON (Vaucluse) ✳✳✳

Tél. :
04 90 25 61 55.

Située en face d' *Avignon, au bord du Rhône, cette petite ville se développa à l'ombre de la cité des papes (les cardinaux y avaient leur résidence dont certaines existent toujours) ; Villeneuve-lès-Avignon est riche de quelques monuments remarquables : la chartreuse du Val-de-Bénédiction fut fondée au XIVe siècle par Innocent VI, pape d'Avignon et perdura jusqu'à la Révolution ; ensuite, les bâtiments furent vendus ou tombèrent en ruines. Heureusement, Prosper Mérimée intervint. Superbement restaurée, elle accueille aujourd'hui tout à la fois les écrivains, des manifestations culturelles et les touristes, qui peuvent visiter les cellules des moines, le grand cloître, les vestiges de la chapelle. Le fort Saint-André domine le mont Andaon. Construit par Jean le Bon entre 1362 et 1368, histoire d'affirmer la présence de la France face à l'Empire romain-germanique et à la papauté avignonnaise. A voir également la tour Philippe le Bel (très belle vue du sommet), la collégiale Notre-Dame (XIVe s.). Ne pas repartir sans entrer dans le musée Pierre de Luxembourg (XIVe s.), qui abrite un chef-d'œuvre mondialement connu, le *Couronnement de la Vierge*, d'Enguerrand Quarton (XVe s.).

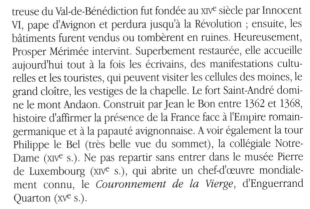

VINCENNES (VAL-DE-MARNE) ✳✳✳

Tél. OT :
01 48 08 13 00.

À l'orée d'un bois cité dans les textes dès le IXe siècle, le château de Vincennes reflète par la puissance de ses constructions le pouvoir royal. Philippe Auguste y asseoit son pouvoir en construisant un « manoir » qui servit de relais de chasse. À partir de 1360, le roi Charles V, le « Sage » commande à ses architectes le donjon puis la vaste enceinte rythmée de six tours et trois portes monumentales. Enfin, il fait entreprendre les longs et coûteux travaux de la Sainte-Chapelle. Entouré de douves et défendu par un châtelet, auquel on accède par un pont-levis, le donjon se développe sur six

niveaux. Il est de plan carré et reçoit dans chacun de ses angles des tours cylindriques engagées. À chaque étage, une grande salle, dont les voûtes jaillissent d'un pilier central, communique avec des latrines et les petites salles polygonales logées dans les tours. La simplicité des sculptures (cheminées, retombées des voûtes...) et la pureté des lignes en font un monument remarquable, subtile alliance entre les nécessités militaires et les devoirs du pouvoir.

Entre le donjon et la porte de la Surintendance, la Sainte-Chapelle élance sa flèche vers le ciel. Là encore, le juste équilibre architectural a été trouvé. Elle se divise en cinq travées voûtées, plus celle du chœur à cinq pans. Sous les retombées de chacune d'elles et entre les verrières, sont restées en place les consoles sculptées qui étaient destinées à recevoir des statues. Les personnages ciselés sont d'une qualité artistique rare et ces sculptures, tout comme celles du portail d'entrée, ont été réalisées sous les ordres de Raymond du Temple, maître des œuvres de Charles V. La Sainte-Chapelle ne sera terminée qu'au XVIe siècle.

Ancienne caserne, le site comporte des constructions militaires modernes qu'il convient d'effacer de son esprit pour retrouver le Vincennes médiéval. Les dernières recherches archéologiques ont mis au jour des témoins matériels importants pour l'histoire du site et s'inscrivent dans un vaste programme de remise en valeur du château. Mais le donjon est actuellement en restauration et les visites quelquefois un peu légères...

J. Chapelot, *Le Château de Vincennes, une résidence royale au Moyen Âge*, Paris, 1994.

LES ZOOS AU MOYEN ÂGE

Les rois et les princes médiévaux, depuis les temps carolingiens, sont sensibles à l'exotisme des pays lointains, qu'ils combattent souvent. Ils affectionnent tout particulièrement les animaux d'Afrique, tout comme les artistes qui, tout au long des XIe-XVe siècles, sculptent à l'envi aux chapiteaux des églises des dromadaires, des éléphants... à l'image de celui que Saladin, dit-on, offrit à Charlemagne ou que saint Louis envoya à Henri III d'Angleterre. À partir du XIVe siècle, les grands princes, qui possèdent au moins des singes savants et au mieux de véritables ménageries, vont jusqu'à engager des Maures pour convoyer et entretenir ces animaux, sans doute installés dans les douves des châteaux : ainsi le roi René possédait, à *Angers, des oiseaux exotiques (les perroquets sont symbole d'éternité), de même que lions, léopards et dromadaires. À *Mehun-sur-Yèvre, le duc Jean de Berry entretenait peut-être une girafe. Les princes s'échangent ou s'offrent volontiers des animaux, bien sûr les plus exotiques possibles. Le duc de Berry, peut-être las de ses ours, de ses merles blancs et de sa biche, fit venir des autruches, des singes et un dromadaire... Ce sentiment pour les bêtes sauvages s'étend aux animaux familiers. On n'hésite pas à faire prendre des bains de mer aux chiens boiteux ou malades, à faire construire des chenils chauffés, ou à soigner les cervidés avec du beurre frais, comme les hommes.

VITRÉ (ILLE-ET-VILAINE) ✳✳✳

Tél. :
02 99 75 04 46.

Une intéressante ville fortifiée, qui domine la vallée de la Vilaine. Le château, repris au XIVe siècle, est une superbe construction triangulaire aux trois grosses tours. L'église Notre-Dame est de style gothique flamboyant (XVe s.). Sur son côté sud, ne pas manquer l'étonnante et rare chaire extérieure, destinée aux prédicateurs. La chapelle-musée Saint-Nicolas est une ancienne église d'hôpital ; construite au xve siècle, elle abrite aujourd'hui un musée d'Art religieux. Ne manquez pas de vous promener dans la vieille ville, riche en maisons médiévales et hôtels Renaissance ou du xviiie siècle.

VIVIERS (Ardèche) ✲✲

Tél. OT :
04 75 52 77 00.

En route pour l'Ardèche, ne manquez pas de traverser le Rhône et de faire halte dans la petite ville épiscopale de Viviers, porte du Midi, dont le passé somptueux se lit parfaitement dans l'architecture urbaine. La ville, fortifiée, était divisée en deux : la ville basse, habitée par les laïcs, et la ville haute, résidence des chanoines. Là, toute l'ambiance médiévale se dégage encore du site dominé par une cathédrale, consacrée en 1119 mais remaniée au xviie siècle, bâti d'anciennes maisons canoniales et d'une maison Renaissance dite « des chevaliers »... En bas, deux ou trois façades de maisons romanes ou gothiques survivent encore rue de la Chèvrerie et Grande-Rue.

📖 *Viviers, cité épiscopale*, Lyon, DARA, SD.

VORLY (Cher) ✲

Non loin de *Bois-Sir-Amée, la petite église romane de Vorly montre sur son portail un étonnant chapiteau représentant des éléphants attachés par les trompes...

➜ *Aller à *Plaimpied.*

(Forêt de) VOUVANT (Vendée) ✲

Aux environs de Fontenay-le-Comte, beau massif forestier classé, parsemé de témoignages du Moyen Âge : Vouvant, bourg médiéval (église romane à façade sculptée, remparts et tour Mélusine du xiiie s.) qui rappelle la présence des Lusignan, et Foussais-Payré (église romane à façade sculptée).

WASENBOURG (Bas-Rhin) ✲

Agréable promenade à faire à partir de Niederbronn-les-Bains. C'est une forteresse perchée, aux murs incroyablement épais, protégeant un petit corps de logis construit au début du xive siècle. Du haut des ruines, le panorama permet d'embrasser toute la région.

PETIT GUIDE PRATIQUE DU MOYEN ÂGE AUJOURD'HUI
(quelques suggestions)

Apprendre à connaître le Moyen Âge ne se limite pas à rouler de site en site. Il faut prendre le temps de lire, de profiter, partout, en septembre, des journées du Patrimoine dans les sites historiques, alors d'accès libre et gratuit, pendant lesquelles sont ouverts au public de nombreux monuments fermés le reste de l'année. Attention aussi aux jours fériés (25 décembre, 1er janvier, 1er mai, 11 novembre...) Il faut surtout ne pas négliger les musées, qui ne sont plus ces lieux poussiéreux d'antan mais se proposent dorénavant de redonner âme au temps passé et d'initier vos enfants à la vie médiévale, qui les passionne toujours autant. Et tester par vous-même la cuisine médiévale ou les plaisirs du jardinage à la mode du Moyen Âge, à la portée de tous. Des animations ou des reconstitutions vous sont offertes par centaines.

◆ Quelques adresses. *Pour les Parisiens*, les animations du musée de Cluny, aujourd'hui dénommé musée national du Moyen Âge : « Les midis du musée » (visites, musique, d'une durée d'une heure, au moment du déjeuner à 12 h 30). *En province* : musée-mémorial capétien à Bernières-sur-Mer (tél. : 02 31 96 44 75) ; musée de l'Histoire médiévale à Châtel-sur-Moselle (tél. : 03 29 67 14 18) ; musée des Traditions populaires et d'histoire d'*Azincourt (tél. : 03 21 04 41 12), etc.

◆ *Pour les enfants* : À Paris, au musée national du Moyen Âge, les ateliers du mercredi : contact avec les œuvres médiévales puis réalisation d'une œuvre qu'on emporte ensuite chez soi. Le mercredi à 14 h 30 et durant les vacances de Toussaint, Noël et d'hiver. Atelier du vitrail, atelier du costume, atelier de calligraphie et d'enluminure, atelier d'orfèvrerie, etc., à des dates s'échelonnant tout au long de l'année. Pour les 8-12 ans, Paris, musée national du Moyen Âge, Thermes de Cluny, 6, place Paul-Painlevé. Inscription tél. : 01 53 73 78 16, durée 2 h 30.

◆ Toujours au musée national du Moyen Âge, les visites-découvertes du mercredi. Matériel mis à disposition gratuitement à l'accueil, et « Contes autour d'une œuvre », notamment *La Dame à la licorne*, accompagnement à l'orgue portatif, texte et narration Fabienne Thiéry. Le mercredi, tout public à partir de 8 ans. Réservation tél. : 01 53 73 78 16.

◆ À *Anse (Rhône), une idée originale à l'occasion d'un anniversaire ou d'une fête de famille : chasse au trésor à travers la ville et dans le petit château médiéval. « Sur les traces du seigneur d'Anse » est une aventure historique interactive avec courses, énigmes et jeux d'adresse pour retrouver la bannière de la cité, dissimulée. Les équipes (de 10 à 50 personnes) s'affrontent pendant 2 heures. Amusante initiation au Moyen Âge, où enfants et adultes partageront la même passion pour le passé. Tél. : 04 74 69 88 79.

◆ Au palais des Papes d'*Avignon (Vaucluse), les ateliers pédagogiques attirent déjà 5 000 enfants par an ; au programme : l'image au Moyen Âge, le métier de fresquiste, le costume médiéval, etc. Tél. : 04 90 27 50 71 ou 04 90 27 50 72.

◆ Au château de *Castelnaud-la-Chapelle (Dordogne), des ateliers pédagogiques pour la jeunesse. Avec jeu de piste et travaux pratiques. Qui veut apprendre à tirer à l'arbalète ? Tél. : 05 53 31 30 00.

◆ À *Coulommiers (Seine-et-Marne), dans la commanderie des Templiers, journées à thème organisées pour les élèves du CM1 à la 5e : les bâtisseurs et l'architecture, la ville, les croisades, la vie quotidienne, les jardins anciens sont au programme. Tél. : 01 64 65 08 61.

◆ À *Orsan (Cher), prieuré et jardins médiévaux, parcours et questionnaire-découverte pour les enfants. Tél. : 02 48 56 27 50.

◆ Voulez-vous apprendre à vos élèves à écrire en caractères gothiques sur parchemin ? Des classes de CM1 l'ont déjà testé au musée vivant du Parchemin de Miramont-de-Guyenne, rue du Temple, 47800. À partir d'avril, le musée s'installe à 7 km de là, à Allemans-du-Dropt (Lot-et-Garonne). De mars à juin 1997, les scribes du musée présenteront à l'exposition « L'écriture, quel caractère » du musée d'Aquitaine de *Bordeaux un *scriptorium* complet et donneront pendant quatre jours des cours de calligraphie médiévale aux enfants. Musée agréé par l'Éducation nationale pour l'animation de classes de découverte sur le parchemin et l'environnement médiéval ; les animateurs peuvent se déplacer en milieu scolaire. Tél. : 05 53 20 75 55.

◆ « Fabrique ton livre » à *Lyon (Rhône), dans l'Hôtel de Gadagne (xve s.) au musée de l'Imprimerie et de la Banque, stages de typographie et d'impression sur des presses anciennes, pendant les vacances scolaires d'été et de la Toussaint pour les 8-15 ans. Pour ceux qui savent que l'imprimerie a été inventée au milieu du xve siècle. Tél. : 04 78 37 65 98.

◆ Toujours à Lyon, apprentissage des saveurs médiévales avec Olivier Smadja, animateur des « semaines du goût » dans les écoles. Tél. : 04 78 39 98 33.

◆ À Élancourt (Saint-Quentin-en-Yvelines), une visite, entre autres monuments, des sites médiévaux en réduction (les clochers des églises arrivent à mi-corps), citadelle d'*Angers, *Mont-Saint-Michel, *Pierrefonds, *Val, etc. « France en miniature », centre de loisirs en forme de carte de la France, les expose astucieusement à leur place géographique exacte. À pratiquer avant une visite en famille sur le site historique. Au 25, route du Mesnil, depuis Paris, autoroute A 13, sortie Saint-Quentin/Dreux. Ouvert du 1er mars au 15 nov. tlj de 10 h à 19 h. Tél. : 01 30 62 40 79.

◆ Stages d'été de l'UCPA : « Sur la route des chevaliers du temps », course au trésor passant par *Cordes, *Bruniquel, *Penne ; « Le maître des vautours », jeu de rôles médiéval dans les grottes du Causse, et « La route du sel et des templiers ».

QUELQUES AUTRES INSTITUTIONS OUVERTES AU PUBLIC

◆ Centre d'Études cathares (R. Nelli, maison des Mémoires, 53, rue de Verdun, BP 197, 11004 Carcassonne Cedex). Bibliothèque spécialisée ouverte à tous publics, photothèque, audiovisuels. Actions d'animation et de vulgarisation à la demande.

◆ À 1 h de *Bordeaux, non loin de l'autoroute Bordeaux-Toulouse, le petit musée vivant du Parchemin et de l'Enluminure, sis à Miramont-de-Guyenne (Lot-et-Garonne). Idéal pour le grand public et encore unique en Europe. Tél. : 05 53 20 75 55.

◆ Centre médiéval et culturel du Maine, à Sainte-Suzanne, journées animations médiévales, sur réservation. Tél. : 02 43 01 43 60.

◆ Abbaye de *Noirlac (Cher), près de Bruère-Allichamps. Centre de l'enluminure et de l'image médiévale. Y sera bientôt présenté au public un film sur la fabrication des manuscrits, réalisé par les Archives du Cher sur les conseils de F. Dufront. Tél. : 02 48 96 23 64.

◆ IRHT-Section iconographie, av. de la Recherche-Scientifique, 45000 Orléans ; 70 000 enluminures dont 20 000 indexées consultables. Tél. : 02 38 25 78 48.

◆ Dans une église romane restaurée pour la circonstance, à Saint-Palais-sur-Mer (Charente-Maritime), existe une maison de l'Art roman, axée sur le patrimoine saintongeais. Tél. OT : 05 46 23 22 58.

QUELQUES FÊTES MÉDIÉVALES GRANDES ET PETITES

(Les plus « historiques » sont signalées par 👑.)

◆ *Aigues-Mortes, la « fête de la Saint-Louis », en août, avec cavalcades costumées, catapultes, bal médiéval, etc.

◆ Bannegon (Cher), fête médiévale. Renseignements M. De Bengy, Tél. : 02 48 61 81 50.

◆ « La fête au temps des seigneurs » de *Blandy-les-Tours (Seine-et-Marne), animations et spectacle de rue avec les Chevaliers de Roselune. Tél. : 01 60 66 90 23.

◆ 👑 Les « Fêtes romanes » de Charente-Maritime, animation intercommunale dans les alentours de Royan. D'un village à l'autre, souvent dotés d'une jolie petite église romane, on assistera aux concerts de musique médiévale, théâtre son et lumière, animation de rue dans le village de Mornac, qui a conservé son caractère médiéval – saltimbanques et troubadours – mais aussi conférences par des historiens, expositions ; animations costumées dans les rues, repas médiéval animé de jongleries et d'historiettes. Renseignements J. Chauvin, tél. : 05 46 05 77 06.

◆ 👑 Au château de *Bruzac (Dordogne), deux samedis d'août, animation médiévale sur le thème d'« Un seigneur hospitalier ». La plus conviviale et la mieux informée à la fois ; le public, peu nombreux, est déguisé par les organisateurs, formés à l'histoire et l'archéologie médiévales, les animations sont nombreuses et variées et le public invité à y participer activement : de l'entraînement à l'épée et du tir à l'arc au cours de calligraphie, toutes les activités seigneuriales figurent à l'appel. Des femmes brodent, filent à la quenouille, font la cuisine – le public est même nourri... –, un herboriste classe ses plantes, les gardes jouent aux dés. Sur réservation seulement (une centaine de visiteurs à la fois) : relativement intime, mais interactif ; cela ne vaut-il pas mieux que le Puy du Fou... ? Renseignements M. Pouxviel, tél. : 04 75 67 05 54 ; en août : 06 11 40 55 37.

◆ Animations médiévales de la ferme de Champs, Le Villard, Chanac (Lozère). Tél. : 04 66 48 25 00.

♦ Cons-la-Grandville (Meurthe-et-Moselle), fête médiévale du 25 août avec grand tournoi, saltimbanques et faucons en vol. Tél. : 03 82 44 97 66.

♦ À *Cordes, les « Fêtes médiévales du Grand Fauconnier » (entrée gratuite pour les enfants... et les adultes costumés), pendant la fin de semaine de la mi-juillet : cortège historique, concert de musique ancienne, dresseur d'ours, chantier de bâtisseurs de cathédrale, troubadours, grand-messe en grégorien... Tél. : 05 63 56 00 52.

♦ À *Crest (Drôme), dans le monumental donjon, les « Gourmandes médiévales », avec un festin costumé (quelque peu Renaissance...) à la clef. Tél. : 04 75 25 11 38.

♦ « Eymet-diévales »... dans une petite ville du Périgord, *Eymet, les métiers, etc., en juillet. Tél. : 05 53 23 81 60.

♦ À *Foix, les « Médiévales Gaston Febus » du 9 au 17 août (sous réserve). Animations de rues, bateleurs, défilé ou tournoi de chevalerie, le programme est modifié chaque année. Tél. : 05 61 65 12 12.

♦ *Issoire, « Saison romane », en août : cavalcade en costumes médiévaux, farces et contes en public, animations de rues par la compagnie Athra. Tél. : 04 73 89 07 58.

♦ ♛ Montferrand les « Fêtes du Dauphin d'Auvergne ». L'association animatrice, « Il était une fois Montferrand », très compétente sur le plan historique, organise en juin trois jours de voyage dans le temps. Cavalcade et saynètes de rue, interprétation sur tréteaux d'un mystère, de farces, jeux médiévaux pour les enfants, concours d'archers, artisans au travail, reconstitution d'une cérémonie d'adoubement, tournoi au pied des remparts ; messe en chant grégorien, concerts de musique médiévale, rien ne manque aux réjouissances.

♦ Montmayeur (Savoie), fête médiévale de juillet, au pied des tours (vue magnifique sur la vallée). Tél. : M. J. David, 04 79 25 74 43.

♦ *Moret-sur-Loing (Seine-et-Marne), fête historique, pas exclusivement médiévale, mais avec attaque des Vikings et siècle de saint Louis... Tous les samedis soir d'été jusqu'à début septembre. Tél. : 01 60 70 41 66.

♦ Près de Morez (Jura), vigoureuse animation médiévale jouée par les Chevaliers de Franche-Comté. Les couleurs font davantage circus que médiéval mais le spectacle ne manque pas d'originalité, quoique pas toujours du meilleur goût. Ici

un acteur joue le rôle du pendu de Villon, la corde au cou, là un autre hurle sous les coups de scalpel d'un chirurgien... En mai 1997, au château de *Sully-sur-Loire. Renseignements MM. Crotti. Tél. : 03 84 33 34 00.

♦ *Murol (Puy-de-Dôme), en été, visite animée médiévale : le château au temps de saint Louis, avec chevaliers, belles dames et paysans. Tél. OT : 04 73 88 62 62 ou M. Alain Pachoud, 04 73 88 67 11.

♦ Une « Balade médiévale » de mai à *Noyers-sur-Serein (Yonne). Tél. : 03 86 82 83 72.

♦ Fête médiévale de *Nozeroy (Jura), le 27 juillet 1997 à 16 h 30, pour le 10e « Assaut des remparts » ! Tél. : 03 84 51 19 15.

♦ Fête médiévale de *Provins (Seine-et-Marne). Du 15 juin au 31 août tous les samedis à 16 h. Attaque des remparts à grand renfort de machines de guerre, camp militaire assiégeant la ville, et tournoi de chevalerie au cours duquel Thibaud de Champagne affronte Philippe Hurepel, comte de Picardie... Tél. : 01 64 60 26 26.

◆ Puy du Fou (Les Épesses), les « Grandes fêtes de la chevalerie » et cascades équestres : hollywoodien mais fatigant... et le château n'est pas médiéval mais Renaissance. Incontestable réussite sur le plan technique mais site plutôt factice quant à l'image donnée du Moyen Âge – qui n'est de surcroît pas le seul objet du spectacle. Du 1er juin au 15 septembre. Tél. : 02 51 64 11 11.

◆ Le « Sacre du Folklore », du 5 au 10 juin 1997, et les « Fêtes Johaniques » de *Reims, les 7 et 8 juin, évoquent l'entrée de Jeanne d'Arc dans la ville pour faire sacrer Charles VII : grand cortège des rois de France, funambules et saltimbanques... Tél. : 03 26 68 37 52.

◆ Une « Cité médiévale en fête » à Rodemack (Moselle), en juin.

◆ En juillet, à *Saint-Antoine-l'Abbaye, tout le village se déguise et se peuple de comédiens troubadours. Tél. : 04 76 36 40 68.

◆ 👑 « Les Médiévales » de *Saint-Sylvaind'Anjou, début octobre. Animation historique et reconstitution de la vie quotidienne dans un château de bois sur motte du xie siècle et autour : les soldats, les ribaudes, les jongleurs, les marchands... Tél. : 02 41 76 45 80.

LES JARDINS ET LES BOIS

◆ À Ainay-le-Vieil, dit « le petit Carcassonne » (Cher), restitution d'une roseraie médiévale au pied des courtines du château. Tél. : 02 48 63 50 67.

◆ Jardin médiéval ethnobotanique d'Antignac (Cantal) : champ d'avoine, potager, ornemental, médicinal. Petit mais composé sur l'emplacement même d'un jardin médiéval et selon une démarche scientifique : n'y figurent que les plantes retrouvées *in situ*. Vallée de la Sumène, 15240 Saignes. Tél. : 04 71 40 23 76.

◆ Jardins romans d'Arconce (Saône-et-Loire) : plantes aromatiques et « cloître des senteurs »... 71110 Varenne l'Arconce. Tél. : 03 85 25 92 05.

◆ Jardins médiévaux du château de Bouillé-Thévalle (Mayenne), dans un cadre du xve siècle. Tél. : 02 41 61 09 05.

◆ À Champs (Lozère), dans la vallée du Lot, reconstitution d'un jardin et d'une ferme médiévale, avec son bétail. Tél. : 04 66 48 25 00.

◆ Petit jardin médiéval tracé dans le parc du château de Villiers à Chassy, dans le Cher (xve-xviie siècle). Tél. : 02 48 80 21 42.

◆ Chemillé (Maine-et-Loire), conservatoire de plantes médicinales et tinctoriales. Tél. : 02 41 30 35 17.

◆ Jardin médiéval de la commanderie des Templiers à *Coulommiers (Seine-et-Marne) : plantes du potager et simples médicinales, aromatiques et bouquetières entourées de leurs barrières de clayonnage tressé, verger, saules et vignes. Tél. : 01 64 65 08 61.

◆ Jardin médiéval reconstitué au pied du château de *Culan (Cher). Tél. : 02 48 56 64 18.

◆ Petit jardin du château de Farcheville à Bouville (Essonne).

◆ Jardin de plantes aromatiques et médicinales de l'abbaye de *Flaran (Gers) : huit carreaux semés de plantes anciennement cultivées en milieu monastique. Tél. : 05 62 28 50 19.

◆ Reconstitution de jardin monastique des simples de *Fontevraud (Maine-et-Loire), accompagnée d'une exposition permanente sur « Plantes et jardins du Moyen Âge ». Tél. : 02 41 51 71 41.

◆ Jardin de plantes médicinales, exposition, salle J.-C. Legrand, *Les Eyzies (Dordogne). Tél. OT : 05 53 06 97 05.

◆ Parmi les six « jardins historiques » de Limeuil (de la préhistoire au xxe siècle), un jardin monastique médiéval. Tél. : 05 53 63 32 06.

◆ Jardin carolingien de l'abbaye de Melle, au sud de *Niort (Deux-Sèvres), reconstitué à partir du plan de l'abbaye de Saint-Gall (VIIIe s.) : arbres fruitiers, plantes médicinales. Tél. : 05 49 27 00 23.

♦ Jardin médiéval de *Melrand (Morbihan) : saponaires (pour faire le savon), carottes, pois, blé, coloquinte, moutarde, chicorée, marroube et autres plantes, encore connues ou oubliées, sont plantées en « carreaux » réguliers à la mode médiévale. Tél. : 02 97 39 57 89.

♦ À Ensisheim, à 11 km de Mulhouse (Haut-Rhin), au sein d'un village composite idéal, est semé un jardin de simples de la fin du Moyen Âge au pied de la reconstitution d'une maison forte à tour, enceinte fortifiée et douves. Écomusée d'Alsace. Tél. : 03 89 74 44 74.

♦ *Niort (Deux-Sèvres), aire autoroutière, « Les Ruralies », jardin médiéval reconstitué et conservatoire des plantes de la préhistoire à nos jours.
Tél. : 05 49 75 68 27.

♦ Petit jardin médiéval de plantes médicinales de l'abbaye de *Noirlac (Cher).
Tél. : 02 48 96 23 64.

♦ Jardinet de moines de l'abbaye de Nouaillé-Maupertuis (Vienne). Tél. : 05 49 55 16 16.

♦ Jardin médiéval de la maison des Châteaux forts d'Obersteinbach (Bas-Rhin). Tél. : 03 88 09 50 65.

♦ Jardin médiéval du prieuré Notre-Dame-d'*Orsan, Maisonnais (Cher), ensemble de clos à thèmes végétaux et symboliques variés : du jardin de Paradis à l'usage des moines, le cloître des charmilles, avec la fontaine centrale figurant les quatre fleuves du Paradis, à la roseraie de château. Cadre exceptionnel, entretien remarquable et étonnante présentation des plessis. Tél. : 02 48 56 27 50.

♦ Jardin médiéval à *Paris, place Painlevé (en prévision), face au musée national du Moyen Âge.

♦ *Hortulus* médicinal et potager de *Pérouges (Ain), dans les ruines de la maison des Princes de Savoie.

♦ Reignac (Indre-et-Loire), un très origi-nal labyrinthe de 4 ha, d'inspiration médiévale... bien que dans un champ de maïs plutôt anachronique, peuplé d'acteurs effrayants ou complices, déguisés en corbeaux, etc. ; ils vous donnent des conseils. Peureux s'abstenir ! Situé entre *Tours et *Loches, le champ est isolé en plein plateau tourangeau, mais désormais fléché. Si vous ne trouvez pas, obstinez-vous, il vaut le déplacement en famille.

♦ « Jardin des senteurs » de *Rosnay (Marne), semé de plantes aromatiques à la manière des jardins monastiques, au pied de l'église romane du lieu.

♦ Jardin des amoureux de Saint-Valentin (Indre), près d'*Issoudun, basé sur un thème médiéval, celui du pèlerinage

d'amour. Chaque couple peut planter un arbre portant son nom, et une grande fête le dimanche le plus proche du 14 février réunit tous les amoureux. Renseignements à la mairie.

♦ Jardin médiéval en damier du prieuré de *Salagon, Mane (Alpes-de-Haute-Provence), associant les plantes de consommation courante au Moyen Âge (céréales et légumineuses) aux herbes médicinales et aux herbes communes non cultivées mais consommables. Les herbes injustement appelées mauvaises, orties, armoise, chélidoine... y ont trouvé leur place. Elles étaient en effet consommées et/ou tissées, comme l'ortie. Plusieurs autres jardins, 600 espèces végétales.
Tél. : 04 92 75 19 93.

♦ À *Strasbourg (Bas-Rhin), la cour du musée de l'Œuvre Notre-Dame, qui comprend une magnifique collection d'objets et

316

de tableaux du Moyen Âge, est aménagée en jardin médiéval. Tél. : 03 88 32 88 17.

◆ Tout petit jardinet dans la cour du magnifique château de *Suscinio (Morbihan), mariant le thym et la bardane, la rue et la sauge, la bette (ou « porée »), la ciboulette, la menthe, le fenouil et l'armoise, mais aussi des plantes tinctoriales comme le pastel.

◆ Jardin historique et médiéval de Valromey, à 1 200 m d'altitude, dans le ravin d'Arvières (Ain), composé par deux gardes forestiers dans l'ancien jardin monastique d'une chartreuse fondée en 1135 par saint Arthaud. Potager, avec variété ancienne d'aubergine, de salsifis, de carotte jaune, mais aussi jardin piquant avec l'ortie (qui se tisse) et la rose. Association Les Amis du jardin d'Arvières, J.-P. Fraysse, La Lézardière, Les Lades, 01260 Don.

◆ Grand et magnifique jardin médicinal de l'abbaye de *Vauclair (Aisne), remarquable par sa richesse (400 espèces différentes), s'inspirant des documents carolingiens, plan de Saint-Gall et capitulaires. Mais qui peut dire à quoi ressemblait vraiment un jardin monastique au temps de Charlemagne ? Tél. : 03 23 22 40 87.

◆ Au milieu de jardins Renaissance, un jardin des simples d'inspiration médiévale et un potager en damier encadré d'ifs et de buis à Villandry (Indre-et-Loire). Le château présente un donjon médiéval, mais l'essentiel date de 1536 (avec un plafond espagnol XIIIe s. rapporté). Sur la route des châteaux de la Loire. Tél. : 02 47 50 02 09.

◆ Jardin des cinq sens d'Yvoire (Haute-Savoie) : l'un des potagers du château est transformé en jardin paysagé à la mode du Moyen Âge, avec allées, bassins, arbres fruitiers, mais aussi prairie alpine, champ d'avoine bleue et roseraie à l'ancienne. Mais c'est le labyrinthe végétal qui doit retenir l'attention, avec ses cinq jardins, pour chacun des cinq sens ; le goût : légumes et fruits rouges ; l'odorat : roses et plantes aromatiques ; la vue : plantes aux couleurs vives ; le toucher : feuillages aux fortes textures ; l'ouïe : une belle volière de tourterelles et de faisans dorés. Ouv. tlj, mi avr.-mi oct., de 10 h à 19 h, du 15 sept. au 15 oct. de 13 h à 19 h. Tél. : 04 50 72 88 80.

◆ Voir enfin la « salle des plantes » du palais Bénédictine de *Fécamp (Seine-Maritime), utilisées dans les recettes monastiques de cordial – dont nous avons fait une liqueur célèbre, créée au début du XVIe siècle... Tél. : 02 35 10 26 10.

◆ Promenade en forêt de *Brocéliande (Ille-et-Vilaine).

◆ Forêt d'*Othe (Yonne), parcours botanique dans une ancienne forêt médiévale.

LES FOIRES ET MARCHÉS

◆ Marché médiéval d'*Aigues-Mortes (Gard), pendant la fête de la Saint-Louis, en août.

◆ Marché d'artisans de la fête médiévale de *Castelnaud-la-Chapelle (Dordogne), pendant la journée du Patrimoine, à la mi-sept., avec un repas médiéval ouvert au public.

◆ Marché médiéval de *Chinon, 1re fin de semaine d'août. Tél. : 02 47 93 17 85.

◆ Marché médiéval de *Crest, à l'occasion des fêtes « Médiévales gourmandes », les 14 juin 1997 et 13 juin 1998 : reconstitution de rues médiévales, artisanat traditionnel, mais aussi produits alimentaires anciens et volailles vivantes ! Informations : Tambao, M.-J. Moncorgé. Tél. : 04 75 76 42 32.

◆ Marché médiéval du 14 juillet sous la halle de *Cordes, à l'occasion de la fête du Grand Fauconnier. Tél. : 05 63 56 00 52.

◆ Marché médiéval de *Foix pendant les « Médiévales Gaston Febus », en août. Les artisans sont en costume d'époque... Tél. : 05 61 65 12 12.

◆ Marché médiéval animé d'*Issoire, en

août, pendant le festival d'Art roman. Tél. : 04 73 89 07 58.

◆ Marché médiéval de Montferrand pendant la fête du Dauphin, en juin.

◆ Marché médiéval de *Saint-Antoine-l'Abbaye (Isère), aux alentours du 20 juillet, pendant la fête des Nuits médiévales. Grande cour, de 20 h 30 à 23 h. De nouveau aux alentours du 20 décembre, « qu'il pleuve, qu'il vente ou qu'il neige », pour la fête du Noël médiéval. Une occasion rêvée pour trouver des cadeaux de Noël originaux. Grande Cour, de 15 h à 19 h.

◆ Le marché des artisans au château sur motte de *Saint-Sylvain-d'Anjou : émaux, vannerie, fer forgé, et parfois produits culinaires selon des recettes médiévales sont en vente à l'étal.

◆ Marché médiéval de Segonzac (Gironde) en été. Tél. : 05 45 83 37 77.

◆ Foire médiévale de Souvigny (vers *Moulins), en août, pendant le festival d'Art roman d'*Issoire.

◆ Marché médiéval de Taillebourg (Charente-Maritime).
Tél. Mairie : 05 46 91 71 20 (Mme Thomas).

◆ Le marché médiéval de Vaux-sur-Mer (Charente-Maritime), pendant les Fêtes romanes, à la mi-avril, un samedi de 10 h à 18 h. Tél. : 05 46 05 77 06.

MANGER COMME AU MOYEN ÂGE

◆ Pour se procurer des plantes médicinales médiévales, Arom' Antique, contacter M. L. Bourgeois, Quartier La Ville, 26750 Parnans. Tél. : 04 75 45 34 92.

◆ Indispensable, un stage aux Rencontres archéo-culinaires ou un festin médiéval du samedi midi (attention, jours spéciaux), à la Commanderie des Antonins (dans une belle et immense salle voûtée du XIIIe siècle). 30, quai Saint-Antoine, Lyon, 2e. Renseignements et réservation : 04 78 37 19 21.

◆ Encore un restaurant à *Lyon, La Table des échevins , spécialités de cuisine médiévale, organisation de banquets médiévaux : 12, rue Major-Martin, 69001. Le seul restaurant à ne servir *que* de la cui-

LA COMMANDERIE DES ANTONINS

Fondée en 1245 par des moines de Saint-Antoine en Viennois, la commanderie était un établissement ouvert aux malades atteints du mal des Ardents ou « feu Saint-Antoine ». Aujourd'hui, la commanderie se visite dans certaines conditions, plus agréables qu'au Moyen Âge : elle abrite une association vouée à la reconstitution des repas médiévaux, suivant les recherches des historiens de l'alimentation. Les repas médiévaux, au feu de bois, se tiennent dans la grande salle capitulaire du XIIIe siècle, magnifiquement voûtée, et sont animés par de sérieuses conférences historiques, en général données par le maître des lieux, Daniel Soudan, qui organise aussi, tous les deux ans, un colloque-stage de cuisine ancienne. Selon le cas, vous participerez à un banquet inspiré du *Ménagier de Paris*, du *Viandier* de Taillevent, du XIVe siècle, des livres de cuisine anglo-normands des XIIe-XIIIe siècles, des traités italiens ou français du XVe siècle, notamment celui de Jehan Chiquart, cuisinier du duc de Savoie, en 1420. De l'avis des auteurs, c'est dans ce lieu qu'on peut le mieux « goûter » le Moyen Âge en France.

sine médiévale : du lundi soir au samedi soir, trois menus dont un « menu du jour » à des prix raisonnables. Au programme, potage clair au levain, tourte des marchands, saumon en pot (dans une marinade au verjus, épices et vin rouge, sauce liée au pain grillé comme il était d'usage), carpe à l'étouffée, viande en gelée au safran et persil, rôtisseries aux sauces aillées... Un peu de cuisine médiévale anglo-normande ou andalouse pour faire bonne mesure. Le responsable, Olivier Smadja, s'inspire des traités de cuisine médiévaux et travaille en relation avec les archéoethnobotanistes (ouf !) pour retrouver les légumes anciens. Souhaitons bonne chance à cette initiative nouvelle. Tél. : 04 78 39 98 33.

◆ Pour organiser un banquet médiéval ou repas monastique au choix, concoctés à l'occasion de colloques ou conférences ou d'une fête familiale par le Relais du Bois Saint-Georges, rue de Royan, cours Genêt, à *Saintes (Charente-Maritime), un hôtel doté de surcroît de chambres à thèmes : dormez romain ou... moyenâgeux. Salle à manger et échoppe médiévales vous accueillent. Composez vous-même votre repas du Moyen Âge, selon votre budget, et le cuisinier fera le reste... L'hôte, Jérôme Émery, a été couronné lauréat du 1er prix Qualité France Poitou-Charente 1995 et l'hôtel organise la visite de *Saintes, de l'île d'*Oléron, etc. Tél. : 05 46 93 50 99, Mme Barillou.

◆ Pour acheter de la cuisine médiévale ou commander un festin, contactez « Les Faiseurs de Ripaille » avec Dame Denise et Messire Jean Saint-Lo, 08430 Raillicourt (Ardennes). Tél. : 03 24 35 02 06.

◆ À *Avignon, un traiteur organise des « galas moyenâgeux » (sic !) et autres reconstitutions historiques au palais des Papes. Helen traiteur, route de Château-blanc, B.P. 60, 84310 Morières-lès-Avignon. Tél. : 04 90 33 31 73.

◆ Mitonnées par la Conserverie du Languedoc, qui cuisine d'ordinaire des cassoulets en conserve de qualité, on trouve désormais en vente (par correspondance) deux recettes médiévales extraites de livres de cuisine d'alors : le « Hochepot de poulaille » et le « Civé de connin », aromatisés au verjus ou à la graine de paradis... Goûts nouveaux pour gourmets curieux. Moulin d'Arius, BP 67, 11404, Castelnaudary (Aude).

◆ Un repas médiéval les soirs des 14 juin 1997 et 13 juin 1998, pour les « Médiévales gourmandes » à *Crest. Tél. : 04 75 76 42 32.

◆ Banquet médiéval de la mi-juillet pendant la fête du Grand Fauconnier de *Cordes. Tél. : 05 63 56 00 52.

◆ Et pour les cuisiniers professionnels : un concours de cuisine médiévale, toujours à l'occasion des « Médiévales gourmandes » de *Crest (14 juin 1997 et 13 juin 1998). Tél. : 04 75 76 42 32.

◆ Pendant les « Médiévales Gaston Febus », de *Foix, en août, banquet médiéval en costume sous la halle, en plein air. Tél. : 02 31 27 14 14.

◆ Dégustation de fougasses selon la traditionnelle recette médiévale dans le village troglodytique de Marson-Saint-Hilaire (Maine-et-Loire).

◆ À l'occasion de la fête de *Nozeroy (Jura), banquet médiéval géant avec bœuf entier à la broche, accompagné de terrines et gratin dauphinois (hélas intemporel...) mais préparé dans un gigantesque chaudron, baladins, danses et musique avec le groupe Ménestrandise. Maison des Annonciades. Tél. : 03 84 51 19 80.

◆ À l'Auberge du Chapître, Rennes. Tél. : 02 99 30 36 36.

◆ Et si vous décidez de passer la frontière, rejoignez les « Compagnons aventuriers », ASBL, 20, champ des Fontaines, 1300, Limal, Belgique.

◆ La solution la moins coûteuse et peut-être la plus conviviale est de cuisiner vous-même des recettes médiévales : *La Gas-tronomie au Moyen Âge*, 150 recettes culinaires France-Italie, Stock, 1991. Un remarquable livre de cuisine illustré indispensable à tous les amateurs de vie médiévale : recettes faciles à réaliser soi-même – nous les avons testées avec succès – composées par O. Redon, F. Sabban et S. Serventi, historiens professionnels et gastronomes.

BOIRE COMME AU MOYEN ÂGE

◆ Bière « La Gaillarde » brassée sur lie et refermentée, Unbroue Inc., Chambly, Québec ; distribuée en France par les Artisans de la Bière, Champigny, et disponible dans certaines grandes surfaces. Brassée « dans le plus grand respect d'une recette médiévale », nous dit-on. Nous n'avons pu vérifier la validité de cette affirmation, mais la bière est exquise et son titre amusant (« Gaillarde » était un nom courant au Moyen Âge, tant pour les femmes que pour... les châteaux ; bien révélateur de ce que les hommes attendaient de leurs filles et épouses, et il a même fini par désigner... les femmes de mauvaise vie !).

◆ Hydromel de l'abbaye de *Saint-Antoine-l'Abbaye. Visite de l'hydromellerie, d'avril à septembre, de 15 h à 19 h, contacter J.-M. Renevier, tél. : 04 76 36 45 84. On boit aussi à la taverne médiévale du marché de Saint-Antoine pendant la fête des Nuits médiévales.

◆ Du vin de sauge ou de basilic rouge à la Commanderie des Antonins, à *Lyon.

◆ Tous les vins d'herbe, de romarin, de sauge, les hypocras, des liqueurs de baies de genévrier, de carvi, ou de noix, à La Table des échevins, 12, rue Major-Martin, à *Lyon (69001).

◆ À la « taverne médiévale » de la Fête de la Saint-Louis, à *Aigues-Mortes, en août.

◆ Du vin et de l'hypocras à la taverne médiévale de Breuillet (Charente-Maritime), pendant les Fêtes romanes.

◆ Aux « hostelleries » de Montferrand, pendant la Fête du Dauphin, en juin.

◆ Le célèbre hydromel, à l'Ostellerie du Vieux *Pérouges (Ain).

◆ Et, pour les souffreteux, une recette du XIIe siècle, l'élixir de persil (vin au persil et au miel) selon l'abbesse Hildegarde de Bingen, disponible auprès de l'Arche de saint Benoît , 856, route de Tarare, Gleizé, 69400 Villefranche. Pour celui « Qui a une douleur au cœur, à la rate ou au côté »...

ORGANISER UNE RÉCEPTION DANS UNE SALLE MÉDIÉVALE

◆ Au château de Bagnols (Rhône), pour un souper (hélas, moderne) dans la salle des gardes chauffée par sa cheminée monumentale (xve siècle). Tél. : 04 74 71 40 00, P. Lechat, cuisinier.

◆ Dans le bastion de l'Hôtel-Dieu de *Beaune, une immense salle de la fin du xve siècle en forme d'abside, à deux nefs séparées par des voûtes d'arête, incluant la base d'une tour ronde à canonnière visant l'intérieur de la salle... Là se déroule aussi le fameux repas de la vente des vins des Hospices de Beaune. Tél. : 03 80 24 45 00.

◆ Dans le cellier cistercien du xiie siècle de l'hôtel Athanor, à *Beaune. Tél. : 03 80 24 09 20.

◆ Avec repas médiéval de grande qualité, dans la vaste salle capitulaire du XIIIe siècle de la Commanderie des Antonins à *Lyon. Tél. : 04 78 37 19 21.

◆ Au château de la Bourdaisière, 37270 Montlouis-sur-Loire : salles pour 8/60/300 personnes. Salle voûtée du XIVe siècle (350 m²) dans un château Renaissance avec parc et jardins.

◆ Abbaye de *Noirlac, proche de Bruère Allichamps. Tél. : 02 48 96 23 64.

◆ Au château de Sagonne (Cher).
Tél. : 02 48 80 01 27.

Une soirée au Moyen Âge :

◆ 45 mn de visite-spectacle de l'abbaye cistercienne de *La Bénisson-Dieu, audiovisuel par lumière et stéthoscope individuel... Tél. : 04 77 66 64 65.

◆ Dans l'enceinte du château de *Castelnaud-la-Chapelle, ouvert en été jusqu'à minuit, et pour les « nocturnes » de 20 h 30, avec animation théâtrale. Tél. : 05 53 29 57 08.

◆ Dans la magnifique cité épiscopale de *Meaux, au pied de la cathédrale, pour « Le chant de la pierre », de l'an 600 à 1930. Les habitants de la ville se transforment en personnages historiques : 450 figurants. Juin-septembre.
Tél. : 01 60 23 40 00.

◆ Un Noël médiéval à l'abbaye *Saint-Antoine-l'Abbaye (Drôme), en costumes du temps. Prière d'éviter anachronismes et déguisements hollywoodiens.
Tél. : 04 76 36 40 68.

◆ Une soirée de concert au château sur motte de *Saint-Sylvain-d'Anjou, près d'Angers, tous les samedis de septembre à 20 h 30.
Tél. : 02 41 76 45 80.

Une nuit au Moyen Âge

◆ À l'ombre d'une cathédrale, dans la chapelle de l'Hôtel du Prieuré, une demeure du XVe siècle, à *Amiens. Tél. : 03 22 92 27 67.

◆ À *Arras (Pas-de-Calais), dans une maison du XVe siècle, à l'Ostel des Trois Luppars. Tél. : 03 21 07 41 41.

◆ À Bouesse (Indre), dormez dans un château fort des XIIIe-XIVe siècles, dans la suite médiévale, dominée par un donjon de plus de 30 m de haut. Un restaurant à la table réputée vous attend dans le corps de logis... Tél. : 02 54 25 12 20.

◆ Une nuit à la Ferme de la Rançonnière (maison forte XIIIe-XVe s.), de Creuilly (Calvados) ; malgré son nom peu rassurant, les prix sont raisonnables...
Tél. : 02 31 22 21 73.

◆ Au gîte d'étape de *Cruas, dans une maison médiévale réhabilitée, au milieu des ruines ; prévoir le ravitaillement et ne pas avoir peur de l'inconfort et des fantômes...

◆ Une nuit (coûteuse – mais le prix comprend la visite des lieux), bien à l'abri dans le château de la Flacellière, dans le haut bocage vendéen, remarquable par son puissant donjon du XVe siècle.
Tél. : 02 51 57 22 03.

◆ Une nuit hors du temps à *La Garde-Guérin en hiver, à l'Auberge Régordane (pneus à chaîne impératifs !).
Tél. : 04 66 46 82 88.

◆ Au château hôtel du XVe siècle de La Malène (Tarn), situé dans un beau site de village avec église romane.

◆ Une nuit au temps des Stuarts, dans le

château de la Verrerie (Cher), à Oizon, qui évoque les Écossais du Moyen Âge installés en Berry (aucun fantôme n'est signalé...). Tél. : 02 48 58 06 91.

◆ À l'Ostellerie du Vieux *Pérouges (Ain), dans une belle bâtisse en pans de bois du xve siècle, un verre d'hydromel posé sur la table de nuit... Tél. : 04 74 61 00 88.

◆ Une nuit dans la chambre n° 4 de l'hôtel de la Pelissaria à *Saint-Cirq-Lapopie, éclairée par une meurtrière, pour ceux qui n'ont pas peur du vide.
Tél. : 05 65 31 25 14.

◆ Une nuit à *Saintes, à l'hôtel du Relais du Bois-Saint-Georges où le dragon vous guette jusque dans votre lit ! La chambre médiévale, non dénuée d'humour, est haute en couleur, carrelée comme il était d'usage : on entre dans une salle de garde, la salle de bains dispose d'une meurtrière à coussiège et douche et baignoire sont dissimulées derrière une voussure ; le lavabo est de type gothique et dans la chambre le lit est surhaussé et couvert d'une courtepointe, à la mode médiévale ; un escalier de rondins monte jusqu'à une « grotte » aménagée dans une mezzanine où un saint Georges grandeur nature, sculpté par un artiste d'Angoulême, sort littéralement du mur pour combattre le dragon. Idéal pour les admirateurs de bandes dessinées médiévales (il en existe d'excellentes, renseignez-vous).
Tél. : 05 46 93 50 99.

◆ Hôtel des remparts/Château de la Bastide, dans la cité médiévale de *Salers. Tél. : 04 71 40 70 33.

◆ Dans le vieux *Troyes, rue de la Monnaie, à l'hôtel des Comtes de Champagne.
Tél. : 03 25 73 11 70.

Dans la chaîne « Châteaux hôtels indépendants et Hostelleries d'atmosphère » :

◆ Hôtel du Vieux Château à Bricquebec (Manche), au pied d'un donjon-musée du xive siècle. Tél. : 02 33 52 24 49.

◆ Au château de Danzay, route de *Fougères-sur-Bièvre (Loir-et-Cher), consruit en 1461 ; de là on peut rayonner vers *Loches, Langeais, *Saumur...
Tél. : 02 47 58 46 86.

◆ Dans l'ancien Palais du Bailliage de *Chinon (Indre-et-Loire), construit au xve siècle, à l'Hostellerie Gargantua.
Tél. : 02 47 93 04 71.

◆ À l'hôtellerie de l'abbaye de La Colle-sur-Loup (Alpes-Maritimes), un bâtiment roman ancienne résidence d'été des moines de *Lérins, devenu hôtel restaurant. Tél. : 04 93 32 66 77.

◆ Au château de Ligny, Ligny-Haucourt (Nord), avec salle d'armes et cheminée médiévale. Tél. : 03 27 85 25 84.

◆ Dans les (superbes) communs du château de la Bretesche, à Missillac (Loire-Atlantique). Tél. : 02 40 88 30 05.

Dans la chaîne « Relais et Châteaux » :

◆ Au château de la Treyne, à Lacave (Lot), avec chapelle romane, chambres gothiques, tour carrée xive siècle...
Tél. : 05 65 32 66 66.

◆ Château de Trigance (Var), aux chambres tendues de tapisseries du xve siècle, lits à baldaquin (plutôt Renaissance...), coffres et sièges sculptés...
Tél. : 04 94 76 91 18.

◆ Au château de Codignat (xve s.), à Bort-l'Étang (Puy-de-Dôme), avec tours à mâchicoulis et cheminées armoriées.
Tél. : 04 73 68 43 03.

LA MUSIQUE COMME AU MOYEN ÂGE

◆ Sessions de chant grégorien ou de chant médiéval, stages du festival d'art sacré de *Champeaux (Seine-et-Marne). Renseignements : Association Guillaume de Champeaux, 1, rue des Champarts, 77720 Champeaux.

◆ Concerts de musique médiévale à la Commanderie des Templiers de *Coulommiers. Tél. : 01 64 65 08 61.

◆ Chant grégorien à *Dijon : Dominique Vellard (dir.), ensemble Gilles Binchois.

◆ Concerts-conférences de musique médiévale au musée national du Moyen Âge, *Paris, 6, place Paul-Painlevé, avec l'ensemble Ultreia, tous les vendredis à 12 h 30 et le samedi à 15 h, sept programmes annuels différents. Billet jumelé avec l'entrée au musée.
Renseignements : 01 53 73 78 16.

◆ Concerts en soirée, à *Paris, au musée national du Moyen Âge.
Tél. : 01 53 73 78 16.

◆ Chant grégorien à l'abbaye de Randol (mais dans une abbaye moderne).
Tél. : 04 73 39 91 00.

◆ Stage de musique médiévale à l'abbaye de *Royaumont (Val-d'Oise). L'ensemble Organum, sous la direction de Michel Perez, organise tous les ans des stages d'interprétation musicale (luth, etc.).
Tél. : 01 30 35 40 18.

◆ Festival de Saint-Chartier, en Berry, on assistera aux prestations des maîtres sonneurs et joueurs de vielle à roue traditionnelle. Mais la sonorité médiévale était-elle vraiment du type de la bourrée ?

S'EXPRIMER COMME AU MOYEN ÂGE

◆ Récitals de poésie médiévale, au musée national du Moyen Âge, Thermes de Cluny, 6, place Paul-Painlevé, 75005 Paris. Tél : 01 53 73 78 00.

◆ M. Gouillet et M. Parisse, *Apprendre le latin médiéval*, manuel pour grands commençants, Paris, Picard, 1996. Pour les plus fanatiques – ou les plus sérieux.

◆ Parler d'amour, après avoir lu l'étonnant recueil de lettres d'amour, aux Éditions Nil, *La Lettre d'amour au Moyen Âge*, éd. par E. Wolff, Paris, 1997.

APPRENDRE À ÉCRIRE COMME AU MOYEN ÂGE

◆ Dans l'atelier de calligraphie d'*Issoire, festival d'Art roman d'Issoire, stage d'onciale, juillet-août.
Tél. : 04 73 89 07 58.

◆ Atelier de calligraphie du musée de l'Imprimerie et de la Banque, 13, rue de la Poulaillerie, *Lyon (métro Cordeliers).

Pour adultes, dans le cadre superbe d'un hôtel du XVe siècle. Tél. : 04 78 37 65 98.

◆ Stages de calligraphie médiévale le premier samedi de chaque mois au musée vivant du Parchemin, Miramont-de-Guyenne/Allemans-du-Dropt.
Tél. : 01 53 20 75 55.

◆ École française d'enluminure, 112, rue de Frémur, à *Angers. Dans le cadre d'un ancien couvent de Visitandines, trois ans d'études pour les plus motivés (inscriptions en janvier, niveau bac, admission sur entretien), mais aussi et surtout des stages pour les enfants le mercredi après-midi, des cours du soir pour les adultes et des stages pour les classes « découverte ». Une journée « portes ouvertes » est organisée le premier week-end de décembre.
Tél. : 03 41 47 97 47.

◆ Deux stages (professionnels) d'enluminure chez Françoise Dufront, place de la Libération à *Saint-Savin-sur-Gartempe (Vienne), en août et sept., pour retrouver les pigments végétaux des enlumineurs médiévaux. Tél. : 05 49 84 52 40.

◆ Petit stage du samedi au musée vivant du Parchemin de Miramont-de-Guyenne/ Allemans-du-Dropt, 47800.
Tél. : 03 53 20 75 55.

◆ *Se fournir en parchemin auprès d'un parcheminier :* M. J.-P. Bavouzet, rue des Parcheminiers, 36110, Levroux. Tél. :

02 54 35 17 15. *Se fournir en pigments :* Sennelier, 3, quai Voltaire, Paris ; Laverdure, 58, rue Traversière, 75012 Paris ; Rougier et Plé, 13-15, bd des Filles-du-Calvaire, 75003 Paris. *Se fournir en minéraux :* L'Escarboucle-Bodenstein, à Paris. *Se fournir en dorure :* Ets. Cleton, 20, rue de la Roquette, 75011 Paris. *Se fournir en gommes et plantes pour pigments végétaux :* Herboristerie centrale du Maine-et-Loire Caillau, 21, rue Robert-d'Arbrissel, Chemillé (49). *Se fournir en encre et en plumes :* Le comptoir des écritures, 82, rue Quincampoix, 75003 Paris.

VOIR TRAVAILLER LES ARTISTES COMME AU MOYEN ÂGE

◆ À *Conques, Centre européen d'art et de civilisation médiévale, ateliers de l'école Boulle, sculpture et orfèvrerie, diplôme Métiers d'Art, session d'art médiéval, sur le parvis et dans le cloître de l'abbatiale, ouvert au public, fin octobre. Renseignements au centre.
Tél. : 05 65 71 24 00 ; OT : 05 65 72 85 00.

◆ Atelier d'orfèvrerie, festival d'Art roman d'*Issoire. Tél. : 04 73 89 07 58.

◆ Atelier d'émaux champlevés, festival d'Art roman d'Issoire.

◆ Atelier du vitrail de Limoges, festival d'Art roman d'Issoire.

◆ Musée vivant du Parchemin et de l'Enluminure, à Miramont-de-Guyenne (47800)/Allemans-du-Dropt ; tout, et en direct, sur la fabrication d'un manuscrit médiéval : démonstrations par les artisans de fabrication du parchemin, de composition d'encre et de couleurs, d'écriture gothique, de taille de la plume. Groupes sur rendez-vous d'octobre au 1er avril, particuliers, tél. : 05 53 20 75 55. Pour grand public.

Se battre comme au Moyen Âge

◆ À l'épée, avec « Excalibur », à Villeurbanne (Rhône). M. Smadja, tél. : 04 78 93 17 91.

◆ Tirer à l'arc ? On respecte encore, dans certains clubs, la tradition médiévale de l'élection du roi des archers : un concours de « tir au papegai », un oiseau de papier mâché piqué au sommet d'une haute perche. Contacter la Fédération nationale de tir à l'arc, Ligue Lille-Nord-Pas-de-Calais. Pour en savoir plus sur l'archerie, musée de l'Archerie, rue Gustave-Chopinet, 60800 Crépy-en-Valois. Tél. : 03 44 59 21 97.

◆ Tirer à l'arbalète ? C'est possible pour les scolaires au musée de la Guerre au Moyen Âge de *Castelnaud-la-Chapelle (Dordogne). L'arbalète est à l'échelle des enfants, comme il en existait déjà pour eux au Moyen Âge...

◆ Apprendre les techniques de siège ? Avec le conservatoire des machines de guerre médiévales du château de *Tiffauges et celles du château des *Baux.

◆ S'initier au tir à la catapulte et autres machines de guerre ? Démonstrations au château de *Saint-Brisson-sur-Loire (Loiret), ts les dim. d'été à 15 h 30 et 16 h 30. Un petit trébuchet est mis en service en été à *Castelnaud-la-Chapelle (Dordogne) au musée de la Guerre au Moyen Âge, où l'on voit aussi cent vingt armes du XIIIᵉ au XVIIᵉ s. et des machines de siège. Tte l'année, tlj, juil.-août de 9 h à 20 h, mai-sept. de 10 h à 19 h, mars-avr. et oct.-mi nov. et vac. sc. de 10 h à 18 h ; hors saison tlj sf sam. de 14 h à 17 h. Tél. : 05 53 31 30 00. Tarif réd. le matin en juil. et gratuit pour les moins de 10 ans.

◆ Essayer une armure ? C'est possible, toujours à Castelnaud-la-Chapelle, tous les après-midi d'été.

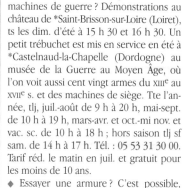

◆ De plus en plus fort, s'évader du château où vous êtes tenu prisonnier ? Descente en rappel de la paroi du donjon de *Crest (Drôme), tous les samedis entre le 1ᵉʳ juin et le 15 septembre de 15 h à 19 h. Tél. : 04 75 25 32 53.

S'habiller comme au Moyen Âge

◆ Chaussons style poulaines, Aris Isotoner, dans les grands magasins.

◆ S'habiller de motifs médiévaux ? Boutique Past Times, « Cadeaux et objets décoratifs pour revivre le passé », catalogue saisonnier, BP 120, 62246 Noyelles-sous-Lens Cedex : châles à motifs celtiques, cardigan « arbre de vie », selon le motif classique de l'abondance, bijoux...

◆ Bijoux conçus par la styliste Christine Buchs pour le musée national du Moyen Âge, Thermes de Cluny, Paris, à partir de ses collections : magnifique broche-pendentif du Xᵉ siècle « Le courtisan », déli-

cieuses broches inspirées des animaux de la tapisserie de *La Dame à la Licorne*, le lapin ou la genette notamment. Curieuse broche aux trois lapins se tenant par les oreilles, inspiré d'un motif sculpté dans la chapelle de l'Hôtel de Cluny, mais qu'on voit aussi à Saint-Jean de Lyon, Bard en Forez, en Allemagne, etc.

◆ Bijoux du Louvre en fac-similés.

Se maquiller dans un miroir à valve (fac-similé d'un objet du XIIIᵉ s.) du musée national du Moyen Âge, Thermes de Cluny.

OFFRIR À SES ENFANTS DES CADEAUX À LA MODE DU MOYEN ÂGE

Outre le cheval-bâton, que l'on trouve dans certains magasins spécialisés dans les jouets de bois, on trouve au catalogue de la chaîne Nature et Découvertes les billes de terre (de couleur, hélas, bien peu médiévales) et surtout la toupie de bois à lancer à la ficelle, en bois tourné, faite à l'imitation du jouet que l'on voit dans les enluminures... L'arc de bois indémodable est une valeur sûre et l'on a même pu voir, chez Soho, des arbalètes (en plastique...) pour enfants. Pour les plus petits, cousez-leur une poupée en chiffon de lin, comme on en voit citées dans les textes. Enfin, les « moulinets » type jardin d'Acclimatation étaient appréciés de tous les enfants médiévaux. Pour les 8-12 ans, voire au-delà pour les collectionneurs, de magnifiques et solides reproductions de machines de guerre médiévale (de 40 à 50 cm d'amplitude, fabriquées artisanalement, avec une belle finition, par l'atelier Claudie Alary/Pascal Briand, Les Magnanas, 24220 Vézac. Tél. : 04 53 29 59 70. En vente notamment à la librairie du palais des Papes à *Avignon. Au choix : trébuchet, scorpion, couillard ou tonnelon.

MEUBLER SA MAISON COMME AU MOYEN ÂGE

♦ Superbes torchons blancs à motifs de gravures du XVe siècle à la boutique de la Bibliothèque nationale de France, Galerie Vivienne, rue Vivienne, Paris.

♦ Paver sa cuisine ou sa salle de bains de carrelages médiévaux ? Entreprise CIVA, 39, bd Carnot, *Provins ; petits et grands carreaux historiés de motifs simples (jongleur, château héraldique, etc.) comme on en voit à la Maison romane/musée de Provins.

♦ D'autres carreaux, reproductions de ceux du palais des Papes à *Avignon, créés par Sylvie Serret. Comptoir de vente et informations à la librairie du palais des Papes.

♦ Magnifiques verres à eau, « Troubadours », chez Daum.

♦ Assiettes décorées de blasons, Christian Dior.

♦ Gigantesques chandeliers de bois en forme de tour crénelée, comme ceux qui ornaient le chœur des églises, chez Florent Monestier.

♦ Chaises Ogival en fer forgé, « À mon seul désir », par Mathias, chez Deuxième Cour à droite.

♦ Avec un peu d'imagination, et à moindre coût, vous décorerez facilement votre chambre à coucher à la mode médiévale : jonchez le sol d'herbe ou de paille, selon la saison, prenez un haut lit de grand-mère, entouré de courtines sur tringles (mais pas de baldaquin, apparu seulement à la fin du XVe siècle), garni de draps (de lin) et couvertures (de couleur vive, ou rayées) non bordés, de petits coussins brodés ou de soie de couleur en guise d'oreiller, d'une courtepointe comme dessus-de-lit. À la tête du lit une chaise, au pied du lit un coffre où vous rangerez la lingerie. Sur le sol, à défaut de jonchée ornée de quelques fleurs pour parfumer vos pas, nattes de paille sur lesquelles on dispose des « carreaux », c'est-à-dire d'énormes coussins qui servent de siège (à faire soi-même, mettre des glands à chaque angle). Reproductions de tapisseries médiévales ; coussins à motifs de tapisseries médiévales disponibles au Printemps ou au musée national du Moyen Âge. Un petit miroir rond accroché près de la fenêtre (musée national du Moyen Âge). Lumière tamisée de rigueur : quelques chandelles feront l'affaire. Si la chambre est munie d'une cheminée en état de fonctionner, idéal pour parfaire l'illusion. Brodez au coin du feu sur un canevas couleur chanvre un petit abécédaire au point de croix et au fil de soie rouge, selon des modèles de l'extrême fin du Moyen Âge ou du début du XVIe siècle encore conservés aujourd'hui ; cousus ensemble, indéchirables, ils peuvent, comme alors, servir de livre textile pour les petits enfants. Ou asseyez-vous sous une fenêtre de forme médiévale : l'entreprise Acibois (Caen, tél. : 02 31 74 60 40) fournit des encadrements de bois de fenêtres ogivales...

10 LIVRES SUR LE MOYEN ÂGE POUR LES ENFANTS

David MacCaulay, *Naissance d'une cathédrale*, Les Deux Coqs d'Or, 1983. F. Bonney, *Les Enfants jetés,* Castor Poche Flammarion, 1983. D. Alexandre-Bidon et F. Piponnier, *La France des châteaux forts,* Éd. Ouest-France, 1987, rééd. 1994, illustrations de Pierre Joubert (pour les 8-10 ans). D. Alexandre-Bidon et P. Riché, *La Vie des enfants au Moyen Âge*, Éditions du Sorbier, 1994 : illustré d'enluminures du temps. E. Charbonnier, *La Monnaie de singe, ou comment reconnaître les expressions issues du Moyen Âge*, Hatier, 1991. *Charlemagne raconté par Pierre Riché*, Perrin, 1996. R. Pernoud, *Saint Louis et le siècle des cathédrales*, Denoël, 1989 ; un ouvrage très vivant et abondamment illustré de dessins au trait d'enluminures médiévales. On pourra même suggérer au jeune lecteur d'« enluminer » à la peinture ou au crayon les dessins en noir et blanc de son livre. F. Barnes, *Les Châteaux*, Épigones, coll. Fenêtres, 1995. Aliki, *Un banquet médié-* *val*, Éd. du Sorbier. *Vivre au Moyen Âge*, Gallimard, coll. « Les Yeux de la Découverte », 1996. Magnifique et presque parfait, à l'exception de quelques erreurs (le lit à baldaquin...). Superbes reconstitutions en couleur d'habits et de mobiliers médiévaux. Et, hors concours, pour

les 12-14 ans et plus : *Enluminures, le livre atelier*, Hatier, 1995. Un magnifique livre de jeunesse pour apprendre l'art de l'enluminure, contenant une boîte de peinture (or, couleurs, stylo et brosse) permettant de réaliser des modèles de lettrines grâce à des grilles de dessins, de papier coloré et de pochoirs.

LES 10 MEILLEURS ROMANS « MOYENÂGEUX »

Pour le XIIIe siècle, Ken Follet, *Les Piliers de la terre* (Le Livre de Poche, rééd. 1996). Une belle histoire des maîtres tailleurs de pierre. Pierre Duhamel, *Les Fourmis de Dieu*, Plon, 1984. Les aventures d'Hugh Corbett, le nouveau héros médiéval, clerc de la chancellerie royale, espion du roi d'Angleterre, veuf de surcroît – tout comme James Bond – qui se déroulent dans l'Angleterre du XIIIe siècle : bons romans de Paul C. Doherty (en collection 10/18). Sur le XIIe siècle, la remarquable série de romans policiers d'Ellis Peters, série-culte en Grande-Bretagne, qui a pour héros frère Cadfaël, un ancien soldat gallois devenu moine herboriste en Angleterre. Décor et ambiance garantis. Les personnages féminins sont un peu trop modernes pour être vrais, mais qu'importe... (toujours collection 10/18). Sur les temps carolingiens, Marc Paillet, *Les Aventures d'Erwin le Saxon* : sous forme de romans policiers, les pérégrinations des *missi dominici* de Charlemagne combattant la corruption à travers la France ; on traverse *Lyon (La Salamandre)*, *Autun et *Auxerre aux temps carolingiens (même collection).

10 TITRES AMUSANTS OU PASSIONNANTS D'AUTEURS MÉDIÉVAUX

Les Évangiles des Quenouilles, Le Livre des merveilles de Marco Polo, *Le Roman de Renart, Robert le diable, La Manekine* (ancêtre de *Peau d'Âne*), *Le Décaméron* de Boccace, *Les Contes de Canterbury* de Chaucer, le *Merlin* de Robert de Boron, les *Fabliaux* érotiques, le *Perceval* de Chrétien de Troyes. Comment s'arrêter à 10 ? Il faudrait lire aussi les *Poésies* de Charles d'Orléans, l'épopée de Girart de Roussillon, etc. Voir toute la collection « Lettres gothiques » dans Le Livre de Poche et la collection Stock + Moyen Âge.

10 LIVRES D'HISTOIRE PARMI LES PLUS INTÉRESSANTS SUR LA CIVILISATION MÉDIÉVALE

F. Piponnier et P. Mane, *Se vêtir au Moyen Âge*, A. Biro, 1995. M. Pastoureau, *Figures de l'héraldique*, Gallimard, Découvertes, 1996. J. Le Goff, *Saint Louis*, Gallimard, 1996. Dans la série « La vie quotidienne » chez Hachette, à lire systématiquement, J. Verdon, *Les Plaisirs au Moyen Âge,* Perrin. *Le Livre au Moyen Âge* (sous la dir. de Jean Glénisson), Presses du CNRS, 1988. P. Riché, *Dictionnaire des Francs. Les temps mérovingiens*, Bartillat, 1996. *Id. Les temps carolingiens*, sous presse. P. H. Kendall, *Louis XI*, Fayard, 1974. R. Philippe, *Agnès Sorel*, Hachette, 1983. B. Laurioux, *Le Moyen Âge à table*, A. Biro. D. Poirion et C. Thomasset, *L'Art de vivre au Moyen Âge*, 1995.

◆ Adam de La Halle (1240-1287), *Le Jeu de Robin et Marion* (ambiance de foire). Guy Robert, Ensemble Perceval, ARN 68162, 1981.

◆ Bernatz Ventadorn – Bernard de *Ventadour (1125 ?-1195 ?), The Testament of Tristan*, douze chansons, et fragments de sa *Vida*, composée par l'un de ses héritiers. Hypérion CDA 66211.

◆ Gilles Binchois (1400-1460), et Dufay, *Chansons, motets*, Ensemble Gilles Binchois, 1987. Harmonic Records H CD 8.719.

◆ Guillaume Dufay (1400-1474), *Messe Ecce ancilla domini*, Clemencic consort, 1973-1977. Harmonia Mundi HMA 190939.

◆ Guillaume de Machaut (1300 ?-1377), *Chansons*, vol. 1, Studio der Frühen Musik, 1971. EMI Reflexe 7631422.

◆ Hildegarde de Bingen († 1179), *A feather on the breath of God*, Gothic voices, Hypérion, CDA 66039.

◆ Josquin Desprez (1440 ?-1521), *Missa L'Homme armé*, The Tallis Scholars, 1988. Gimell CDGIM 019.

◆ Philippe de Vitry (1291-1361), *Motets et chansons*, Ensemble Sequentia, 1988. Deutsche Harmonia Mundi RD 77095.

◆ Pierre de la Rue (1460-1518), *Missa pro defunctis*, New London Chamber Choir, 1985. Amon Ra CD-SAR 24.

◆ Anne Azéma, *L'Unicorne*, Chants médiévaux français, Érato, 4509-94830-2, 1994.

◆ Pour engager des musiciens capables d'accompagner musicalement une fête familiale ou de village, ou apprendre à reconnaître les instruments de musique médiévaux reconstitués à l'identique, contacter l'excellent ensemble de musique médiévale Xeremia, 10, avenue Paul-Delorme, 69580 Sathonay-Camp. Tél. : 04 78 23 76 21.

◆ *Peinture médiévale dans le Midi de la France*, Art'Hist, 1995.

◆ *L'Art au Moyen Âge*, coll. « Histoire de l'art », Éd. Carré multimédias, Gallimard-Réunion des Musées nationaux, sous la dir. de J.-P. Caillet, 1997.

◆ *Initiation à l'art roman*, Notre Histoire-Zodiaque, 1996.

◆ *Jeanne d'Arc, Histoire et vie quotidienne au Moyen Âge*, Notre Histoire-Intelligere, 1996.

Et pour les plus branchés :

◆ Visiter Conques sur Internet : http : //www.allia-com.fr/conques

FRANCE MÉDIÉVALE

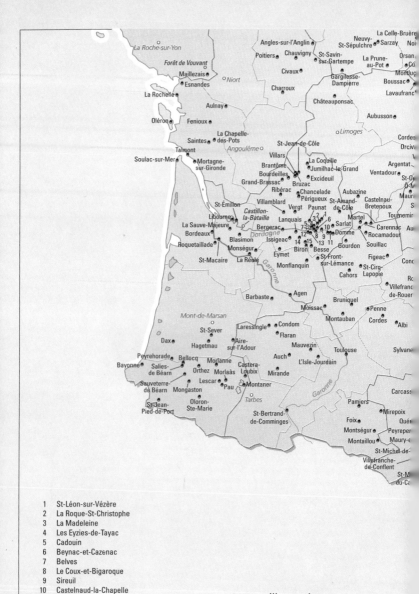

La Celle-Bruère
Neuvy-St-Sépulchre · Sarzay   Noi

Angles-sur-l'Anglin ·
Poitiers ·   Chauvigny ·   St-Savin-sur-Gartempe   Orsan
La Prune-au-Pot ·   Cô

La Roche-sur-Yon
Forêt de Vouvant   Civaux ·   Montluç

Maillezais ·   Gargilesse-Dampierre   Boussac ·
Esnandes ·   Niort   Charroux ·   Lavaufranc

La Rochelle ·   Châteauponsac ·

Aulnay ·   Aubusson ·

Oléron ·   Fenioux ·
La Chapelle-des-Pots   o Limoges   Cordes
Saintes ·   St-Jean-de-Côle   Orciv
Angoulême   Villars ·   La Coquille ·   Argentat
Talmont   Brantôme ·   Jumilhac-le-Grand   Ventadour ·   St-G
Soulac-sur-Mer ·   Mortagne-sur-Gironde   Bourdeilles ·   Excideuil   O-M
Grand-Brassac ·   Bruzac   Aubazine   Maur
Ribérac ·   Chancelade   Périgueux ·   St-Amand-de-Côle   Castelnau-Bretenoux
St-Émilion   Villamblard   Vergt   Paunat   Martel   Tourmemir
Libourne   Castillon-la-Bataille   Lanquais   Sarlat   Carennac   Au
La Sauve-Majeure   Bergerac ·   Domme   Rocamadour
Bordeaux ·   Blasimon   Issigeac   Besse   Gourdon   Souillac
Roquetaillade ·   Monségur ·   Biron   St-Front-sur-Lémance   Figeac
St-Macaire   La Réole   Eymet   Monflanquin   Cahors   St-Cirq-Lapopie   Conc

Barbaste ·   Agen ·   Villefranche-de-Rouer
Moissac ·   Bruniquel ·   Penne
Mont-de-Marsan   Montauban   Cordes ·   Albi
Laressingle ·   Condom
St-Sever   Flaran   Sylvane
Dax ·   Aire-sur-l'Adour   Mauvezin
Peyrehorade ·   Bellocq   Morlanne   Auch ·   L'Isle-Jourdain   Toulouse
Bayonne ·   Salies-de-Béarn   Orthez   Morlaàs   Castera-Loubix   Carcass
Sauveterre-de Béarn   Lescar   Montaner   Mirande
Mongaston   Pau   Tarbes   Pamiers
St-Jean-Pied-de-Port   Oloron-Ste-Marie   St-Bertrand-de-Comminges   Mirepoix
Foix ·   Quér
Montségur ·   Peyreper
Montaillou ·   Maury-
St-Michel-de-
Villefranche-de-Conflent
St-M
du-Ca

o Valence   villes repères

· Grenoble   sites médiévaux

o Mt Aiguille   sites, paysages

100 km

INDEX

En romain : sites ; *en italique* : personnages historiques
Les chiffres **en gras** renvoient aux pages des notices.

339

341

Index des sites par région

Table des encadrés

CRÉDITS PHOTOGRAPHIQUES

0143549073

Achevé d'imprimer par
Gráficas Estella, S.A. -Espagne.
ISBN : 2-253-17004-4
Édition 02
Dépôt édit. 8270-04/1998

⊕ 31/7004/0